本书得到湖南师范大学博士论文出版基金
和湖南省第十五届优秀社会科学学术著作出版资助

守望斯文：
叶德辉的生命历程和思想世界

张晶萍 著

中国社会科学出版社

图书在版编目(CIP)数据

守望斯文：叶德辉的生命历程和思想世界／张晶萍著．—北京：中国社会科学出版社，2011.7
ISBN 978－7－5004－9754－7

Ⅰ．①守… Ⅱ．①张… Ⅲ．①叶德辉（1864～1927）—人物研究 Ⅳ．①K825.4

中国版本图书馆 CIP 数据核字（2011）第 066919 号

策划编辑	郭沂纹
特约编辑	丁玉灵
责任校对	刘　俊
封面设计	四色土图文设计工作室
技术编辑	张汉林

出版发行	中国社会科学出版社			
社　　址	北京鼓楼西大街甲 158 号	邮　编	100720	
电　　话	010—84029450（邮购）			
网　　址	http://www.csspw.cn			
经　　销	新华书店			
印　　刷	新魏印刷厂	装　订	广增装订厂	
版　　次	2011 年 7 月第 1 版	印　次	2011 年 7 月第 1 次印刷	
开　　本	710×1000　1/16			
印　　张	20.5			
字　　数	359 千字			
定　　价	48.00 元			

凡购买中国社会科学出版社图书，如有质量问题请与本社发行部联系调换
版权所有　侵权必究

長沙葉德輝先生遺像

原載《郋園全書》卷首

葉德輝先生手劄之二，致汪啟甲信。原件藏常熟市圖書館。

目　录

绪论 ……………………………………………………………… （1）
　　一　叶德辉——近代史上的一面多棱镜 ……………………… （1）
　　二　学术史回顾 ………………………………………………… （3）
　　三　研究思路与方法 …………………………………………… （10）

第一章　半吴半楚：叶德辉早期经历和思想旨趣的形成 ……… （14）
　　第一节　生于"理学之邦" ……………………………………… （16）
　　第二节　接三吴汉学之余绪 …………………………………… （23）
　　第三节　重建湘学知识谱系 …………………………………… （35）
　　第四节　独特的汉宋学术论 …………………………………… （44）

第二章　扶世翼教：叶德辉与戊戌变法 ………………………… （53）
　　第一节　商量旧学，启迪新知 ………………………………… （53）
　　　　一　商量旧学 ……………………………………………… （53）
　　　　二　关注维新 ……………………………………………… （58）
　　第二节　扶世翼教，批驳"新说" ……………………………… （63）
　　　　一　不安于康学 …………………………………………… （63）
　　　　二　公开辩难 ……………………………………………… （66）
　　　　三　维持风俗，攻击时务学堂 …………………………… （72）
　　第三节　"后学争呼韩退之" …………………………………… （76）

第三章　双重保守：叶德辉的政治思想和文化思想 …………… （85）
　　第一节　在变法与变人之间 …………………………………… （85）
　　　　一　"只言去弊，不言变法" ……………………………… （85）

二　变法先变人 ………………………………………… (89)
　　三　从新旧之分到顺逆之辨 …………………………… (94)
第二节　"孔不必悲,教不必保" …………………………… (97)
　　一　晚清保教论与传统儒学危机 ……………………… (97)
　　二　"孔不必悲,教不必保" …………………………… (101)
第三节　在中西、古今之间 ………………………………… (108)
　　一　叶德辉的"夷夏之辨" …………………………… (108)
　　二　叶德辉的"新旧之辨" …………………………… (119)

第四章　从"权绅"到"劣绅":清末社会变迁与叶德辉的
　　　　身份转换 ……………………………………………… (124)
第一节　我为逃世看春色 …………………………………… (124)
第二节　足智多谋一权绅 …………………………………… (137)
　　一　筹措赔款与赈灾 …………………………………… (138)
　　二　主张"废约不如改约" …………………………… (139)
　　三　既开放又"排外"的活动家 ……………………… (144)
第三节　由权绅而劣绅:叶德辉身份的转换 ……………… (148)
　　一　抵制新学新政 ……………………………………… (148)
　　二　有谷不售遭处分 …………………………………… (154)

第五章　尊儒崇经:叶德辉的经学思考与经学调适 ………… (158)
第一节　抵制公羊学说,维护经学体系 …………………… (159)
　　一　晚清今文经学的兴起 ……………………………… (159)
　　二　叶德辉的《左传》、《公羊》之辨 ……………… (161)
　　三　学术与思想的纠缠 ………………………………… (167)
第二节　传授治经门径,绵延经学教育 …………………… (171)
　　一　"变法即失学":叶德辉对清末新政的批判 …… (171)
　　二　叶德辉绵延经学教育的努力 ……………………… (175)
　　三　叶德辉经学思想的内在困境 ……………………… (188)

第六章　心系斯文:易代之际的选择 ………………………… (194)
第一节　背时违俗,守先待后 ……………………………… (194)

一　流播中国旧籍,抵御西学泛滥 ……………………………… (194)
　　　二　考索乡邦掌故,树立人伦风范 ……………………………… (199)
　第二节　强为斯文重此身 ……………………………………………… (202)
　　　一　我生不幸逢国变 ……………………………………………… (202)
　　　二　强为斯文重此身 ……………………………………………… (207)
　第三节　另类的遗老 …………………………………………………… (212)
　　　一　以战为守攻民党 ……………………………………………… (212)
　　　二　讥评时政遭追捕 ……………………………………………… (220)
　　　三　教育会长的作为 ……………………………………………… (225)

第七章　存古续绝:叶德辉晚年保存旧学的努力 ……………………… (232)
　第一节　存古书,保国学 ……………………………………………… (232)
　　　一　藏书以传古 …………………………………………………… (232)
　　　二　刻书保国学 …………………………………………………… (239)
　第二节　探字原,存中文 ……………………………………………… (250)
　　　一　清末民初的汉语言文字之危机 ……………………………… (252)
　　　二　叶德辉的文字学研究 ………………………………………… (254)
　　　三　在新旧学术视野下的不同定位 ……………………………… (266)
　第三节　薪火相传,旧学转新 ………………………………………… (271)
　　　一　叶德辉对民国初年湖湘学术的影响 ………………………… (272)
　　　二　叶德辉对日本新汉学的影响 ………………………………… (278)

第八章　一去郎园呼不返,读书种子竟如何 …………………………… (284)
　第一节　还乡仍作客,何处是桃源 …………………………………… (284)
　第二节　高才生不偶,大乱死无名 …………………………………… (294)

结论 ………………………………………………………………………… (303)

参考文献 …………………………………………………………………… (312)

后记 ………………………………………………………………………… (319)

绪　论

一　叶德辉——近代史上的一面多棱镜

晚清以来，中国遭遇"三千年未有之变局"。社会的嬗变使人们失去了承平时代的中庸平和，人性最隐蔽的一面得到尽情呈现。浩如烟海的晚清民初之掌故，正是"易代"之际众生百态的反映。然而，即便是在这样一个异言异行如过江之鲫的时代里，叶德辉依然是引人瞩目的传奇性人物。

叶德辉（1864—1927），字焕彬（也作奂彬、奂分），一号郋园，祖籍江苏吴县，后迁居湖南长沙。在中国近代史上，叶德辉可以说是一个风云人物，曾多次站到了历史舞台的中央，或者舆论关注的焦点。数其荦荦大者即有：1898年春，当湖南维新运动方兴未艾之时，叶德辉在"扶世翼教"的激情感召下，著文立说，摇唇鼓舌，在攻击南学会、时务学堂之时，矛头直指康有为的公羊学说，成为湖南保守派（这里借用传统说法，姑妄称之）的领袖。戊戌政变后，随着叶德辉所刊刻的《翼教丛编》在全国各地的流播，叶德辉"名动天下"。辛亥革命前夕的1910年春，长沙发生了抢米风潮。叶德辉因"有谷不售"、"与巡抚生隙"等罪名遭到革职处理，一时引起全国舆论的关注。1913年，叶德辉因涉嫌攻击辛亥革命元勋黄兴而被唐蟒捉拿，几遭不测。1914年，叶德辉因攻击湘督汤芗铭苛政"迹近土匪"而被汤芗铭追捕，险些送命。1915年，袁世凯统治期间，叶德辉任筹安会湖南分会的会长，为袁世凯复辟帝制鸣锣开道，被视为帝制余孽。20世纪20年代，叶德辉又因反对湖南省宪运动、主张统一，遭到湖南省议会的弹劾和舆论的抨击。叶德辉的死更是一件轰动全国的大事。1927年北伐战争期间，湖南农民运动如火如荼。（传闻）叶德辉戏作对联，对农民运动极尽讽刺之能事，最终被当作土豪劣绅遭到镇压。是以有人感叹，"揆其平生，似乎是专业逆历史潮流而动的'反动派'"①。

几乎和叶德辉在政治上一贯守旧等量齐观的是，叶德辉作为藏书家、出版家、经学家等给后人留下了一笔丰富的文化遗产。叶德辉家筑观古堂，藏书近30万卷，不仅是晚清民初湖南最大的藏书家，也是全国有名的藏书家。他一生刊刻、整理、撰述著作达百余种之多，诚可谓著述等身的硕学通儒，在全国乃至海外都产生了一定的影响。对于叶德辉的学术成就，湖南著名学者李肖聃曾有过这样的评价："论者谓湘州丽年以来，文儒相望，而甄微广术，孤诣致精，撰集穷乎众流，徒人及于域外，未有若先生也。"（《湘学略·郋园学略》）叶德辉在学术上贡献之大、影响之广由此可见一斑。

而公众舆论津津乐道的则是叶德辉的种种奇闻轶事。他郁郁多文，辩才无碍，笔掣雷电，舌涌波澜，恰如今人所言之"毒舌"。他"文断"乡曲，目中无人，傲视前贤，唯我独尊。不仅如此，他还耻言高尚、及时行乐，声色犬马，无所不通，并且毫不掩饰，公然撕去读书人道貌岸然的遮羞布。他出入公门，鱼肉乡里。当然，有时也被誉为"侠义之儒"，热心公务，解急纾难。他还是一位湘剧的拥趸，清末时"家蓄梨园一部"，在引领湘绅雅集新时尚的同时，也推进了湘剧经营的近代化。"君子喻于义，小人喻于利"，是中国传统文化的教诲。而叶德辉似乎全不受这种教诲的约束，颇得"文人下海"之先机，经营有方、独擅胜长，凭借富饶的家资，一度成为长沙商业领袖，斡旋于商人与政府之间。

职此之故，关于叶德辉，实在很难"一言以蔽之"。"劣绅"、"侠儒"、经学家、卫道者、才子、痞子等，似乎都对，也似乎都不对。奇闻轶事流传多了，便成了传奇。传奇多了，便遮盖了历史的真相。以至于时至今日，叶德辉在世人的心目中依然是"犹抱琵琶半遮面"。叶德辉仿佛一面多棱镜，折射出近代社会文化嬗变过程中种种光怪陆离的现象。

那么，如何拨开传奇的迷雾，真实地再现叶德辉的一生？如何透过叶德辉这面多棱镜，去反观近代社会文化变迁的多种面相？这是专业历

---

① 朱健：《叶德辉之死》，《书屋》1997年第4期，第30页。

史研究者的职责所在，也是本书的研究目标所在。

从专业研究的角度看，叶德辉一生扮演了多重角色，拥有多重身份，既是政治上的守旧派，又是文化上的传统学者，还是社会上的传统绅士；多重身份的底色是忠于传统文化的学者。叶德辉是近代史上值得关注的人物，他虽然由于行事风格独特而为世人侧目，但绝不是历史的例外，而是清末民初之际旧式文化人的典型，其经历、思想是新旧冲突、中西碰撞之际旧式学者的一种缩影，为我们观察近代学术文化诸面相提供了一扇独特的窗口。研究他的重大活动、思想逻辑，总结其学术成就及其局限，探讨其内心世界，无疑有助于我们全面了解近代史上的各种现象，起到解剖麻雀的作用，具有相当的学术价值；同时也能为当前的学术文化建设提供借鉴，具有一定的现实意义。

二 学术史回顾

叶德辉一生跌宕起伏，"惊天动地"，故在新中国成立以前，其奇闻轶事颇有流传，但大多属于事出有因、查无实据的传闻，不具备学术价值。此外，由于叶德辉藏书丰富、著述等身，其学术成就引起了较多的关注，专业的学术评论也间或有之。如，章太炎就称叶德辉为"读书种子"，1914年在给女婿龚未生的信中称："得叶德辉一人，可与道古。"并在20世纪20年代由于省宪问题与叶德辉产生争执时感叹："如此好学问，甘作谯周，何欤？"[①] 在痛惜叶德辉的政见错误之时，还肯定叶德辉"如此好学问"。梁启超是叶德辉在戊戌新旧之争时的论敌，但也承认叶德辉学问甚好。叶德辉去世后，梁启超在与家人的信中说："叶平时为人本不自爱（学问却甚好）……"[②] 这些评论在一定程度上可以反映当时国内学术界的部分意见。与此同时，日本学术界也对叶德辉其人、其学予以了关注。1925年6月，叶德辉的日本弟子松崎鹤雄在日本人田冈正树主编的《辽东诗坛》"著述绍介"栏目中，撰文介绍叶德辉的《说文读若字考》。1927年4月，叶德辉去世后，松崎鹤雄又

---

① 参见汤志钧主编《章太炎年谱长编》卷4，中华书局1979年版，第478、749—751页。

② 丁文江、赵丰田编：《梁启超年谱长编》，上海人民出版社1983年版，第1145页。

撰写了《叶德辉传略》,揄扬其师"大而经史四部,小而词曲,无书不购,无学不通",是湘学自王闿运、王先谦、皮锡瑞诸儒弃世之后的硕果仅存。① 稍后,日本学术界在东京举行了叶德辉追悼会,叶德辉的另一日本弟子盐谷温撰《先师叶郋园先生追悼记》,在回顾自己与叶德辉的学术交往的同时,将自己在中国戏曲方面的研究成就归功于"先师教导所致"②。

1935 年,叶德辉的后人将叶氏平生所刊、撰、校之书汇集成《郋园全书》刊行,前有汪兆镛纂《叶吏部郋园先生事略》、黄兆枚撰《郋园先生传》,对叶德辉的生平事迹作了简要介绍;李肖聃《郋园全书总叙》、杨树达《郋园全书序》、王啸苏《叶郋园先生全书序》以及叶德辉从子叶启发《郋园叶先生全书序》、叶德辉之子叶启倬《先府君郋园全书跋》等则对叶德辉的治学路径进行了分析,对叶德辉的学术成就作了高度评价。李肖聃指出:叶德辉治学,"守吴先正遗法,与侍讲(指王闿运——引者注)异趣,于阁学(指王先谦——引者注)为再传弟子,执礼甚勤,论学亦不苟同,而于同光今文师说疾其诬妄惑世,颂言攻之"③。又指出,叶德辉平生治学以小学、目录版本学为工具。杨树达则誉叶德辉"于经也,推本雅故,驰贯众家,追踪段王,自标独得";"于史也,淹通目录,识别版藏";"于子也,述作余间,游心艺术",并说:"尝谓自来经术,莫盛有清,先生生丁末季,殿彼一朝,大可理初,愧其博洽;渊如西庄,逊其专诣。信学林之传业,旷代之鸿儒矣。"④ 王啸苏则将叶德辉放在湖湘学术发展史上,揄扬叶德辉的学术贡献:"先生之学,通矣博矣,条枚所施,实本于东吴;沾溉之宏,乃衍夫南楚。《七略》、四部,穷术业之大原;五际六情,续天人之附绪。荟丛编而远行海国,寻佚简而欲度流沙,淹雅有称,足光楚学。"并详述叶德辉"明于诂训也","专于目录也","精于辑校也","雄于诗文也"⑤。不过,由于这些序、跋之作的特殊背景,不免有"死后谀

---

① 转引自王雨霖《辽东诗坛所载叶德辉死事》,《书屋》2006 年第 1 期,第 50 页。
② [日]盐谷温:《先师叶郋园先生追悼记》,海客甲译,《斯文》1927 年第 8 期。
③ 李肖聃:《郋园全书总叙》,见《郋园全书》第一册卷首,长沙叶氏观古堂 1935 年版。
④ 杨树达:《郋园全书序》,见《郋园全书》第一册卷首,长沙叶氏观古堂 1935 年版。
⑤ 王啸苏:《叶郋园先生全书序》,见《郋园全书》第一册卷首,长沙叶氏观古堂 1935 年版。

墓"之嫌疑，与真正意义上的学术评价可能还有一定的差距。

20世纪30年代，叶德辉的侄子叶启勋曾撰写《叶郋园先生年谱》，在《南强旬刊》上连载了三期，对叶德辉早年的活动作了记述。① 遗憾的是该《年谱》不完整，只记到叶德辉27岁止。此外，在湘人左舜生《万竹楼随笔》、朱德裳《三十年闻见录》、杨钧《草堂之灵》等笔记中都对叶德辉有零碎的记述，尤其是杨著对叶德辉的学问不无讥刺，反映了杨、叶的不同学术路径。值得注意的是，湖南陈子展先生在《蓬庐枝语之一》中有一节《叶德辉与康有为》，对叶德辉与康有为思想的对立进行了分析，提出"叶主去弊、康主变法"，"叶主张翼教尊孔、康主张创教尊孔"，"康派学说，一时流行，尤以湖南为盛；叶先生笃于乡邦观念，自不免生出反感也"等看法②。这些观点，至今对我们研究叶德辉仍然有启发意义。而在几种湘学史著作中，钱基博的《近百年湖南学风》、刘茂华的《近代湘学概论》都有意无意地遗忘了叶德辉，只有李肖聃在《湘学略》一书中，专门为叶德辉列《郋园学略》一目，对其学术思想、学术成就及其影响进行了中肯的分析与评价，其观点大体上与前述《郋园全书总叙》相同。

新中国建立以后直至改革开放前，叶德辉研究一片空白。一方面，叶德辉所著《书林清话》一版再版（较早的是1957年中华书局版）；另一方面，学术界始终没有正视叶德辉其人、其学。直到20世纪80年代，此种情况才有所改观。1982年，文干之写了《大劣绅叶德辉》③一文，基本上是从政治立场上批判、揭露叶德辉反动劣迹的。稍后，杜迈之、张承宗合著《叶德辉评传》④，对叶德辉进行了较为全面而粗略的研究。该书分上下两编：上编为叶德辉历年反动劣迹，下编则对叶德辉学术活动及其成果做了记述。虽然以今天的眼光来看，该书局限性很多，阶级义愤在相当程度上代替了历史考察，但在全面整理叶德辉的学术成就、肯定其学术地位方面，实有筚路蓝缕之功。另外，郑伟章、李

---

① 叶启勋：《叶郋园先生年谱》，《南强旬刊》第1卷，1938年第11、12、13期。
② 陈子展：《蓬庐枝语之一》，《人间小品：乙集》，上海人间世社1935年版，第168—172页。
③ 文干之：《大劣绅叶德辉》，《湖南文史资料选辑》第4辑，湖南人民出版社1982年版。
④ 杜迈之、张承宗：《叶德辉评传》，岳麓书社1986年版。

万健所著《中国著名藏书家传略》①，以《叶德辉与观古堂》为题，对叶德辉作了些介绍；申畅的《中国目录学家传略》②也对叶德辉的目录学有极简短的介绍。两书所论均不出《叶德辉评传》之范围。

20世纪90年代以后，在"其人不足取，其学实有可传"的思想指导下，学术界对叶德辉的具体学术活动、学术成就的研究，渐渐升温。到目前为止，以叶德辉为论题的单篇论文约有四十余篇，其中包括4篇硕士学位论文，即朱新民的《叶德辉及其历史文献学研究》（湖南师范大学，2005年硕士学位论文）、刘孝平的《叶德辉文献学研究》（武汉大学，2005年硕士学位论文）、李秋实的《〈秘书省续编到四库阙书目〉校证》（吉林大学，2006年硕士学位论文）、王晓娟的《书林清话研究》（湖南师范大学，2007年硕士学位论文）。这些单篇论文的共同特点是，集中探讨叶德辉在历史文献学方面的活动与成就，内容包括叶德辉的藏书活动及思想、校勘活动及方法、目录学成就、版本学成就等。其中《书林清话》又是重中之重，几乎每一篇与叶德辉的学术相关的研究论文，都会涉及此书，而直接以《书林清话》为论题的就有5篇之多。这些论文对叶德辉在历史文献学方面的成就进行了充分的挖掘、总结与肯定。

与此同时，港、台学术界也开始关注叶德辉，其中台湾蔡芳定以《观古堂研究》为题撰写了硕士论文，对叶德辉的藏书活动进行了研究。

此外，还有一些研究成果涉及叶德辉的思想观点，尤其是叶德辉在戊戌时期的思想主张。从现有研究成果来看，对于叶德辉在戊戌变法时期的思想主张，大体上有两种观点：

一是强调叶德辉是守旧派的典型。如尹飞舟的《湖南维新运动研究》③就在《湖南维新运动中的官绅（下）》一章，专列一节介绍叶德辉，把他作为湖湘文化中顽固守旧的典型；同时，对叶德辉攻驳康有为学说的学理依据进行了初步分析。在其他有关近代思想史的论著中，叶德辉也被看成是守旧派的典型。朱义禄指出，倭仁、徐桐、叶德辉、刘

---

① 郑伟章、李万健：《中国著名藏书家传略》，书目文献出版社1986年版。
② 申畅：《中国目录学家传略》，中州古籍出版社1987年版。
③ 尹飞舟：《湖南维新运动研究》，湖南教育出版社1996年版。

鸿锡是近代顽固派的代表;①郭双林则指出,当"夷夏之辨"观念即将彻底崩溃时,叶德辉成为固守这一"传统"的代表,他当时就对"近世时务之士,必欲破夷夏之防,合中外之教"表示"不能苟同",并起而辩驳,"但他依据的理由不过是不能以国之强弱大小定中外夷夏之局,这样的理由很难说服人"②。贾小叶指出,戊戌变法时期固守夷夏之辨的封闭性、反对学习西方的代表人物是叶德辉。③郭文与贾文都征引了叶德辉的《与南学会皮鹿门孝廉书》作为论据。王尔敏在《中国近代思想史论》中,将叶德辉作为保守人物的代表,其保守具体体现在坚守中国文化本位、反对西化上。④总之,他们都认为叶德辉是一个顽固守旧的人物。

二是认为叶德辉并不那么守旧,属于"旧中有新"人物。持这类观点者以罗志田为代表。罗志田先后撰有《近代湖南区域文化与戊戌新旧之争》、《思想观念与社会角色的错位:戊戌前后湖南新旧之争再思——侧重王先谦与叶德辉》,⑤从而打破了有关叶德辉是顽固守旧派的成见。两文的特色是撇开了变法与反变法、西政与西艺之类的模式,而从文化竞争的角度来看待王先谦与叶德辉,可谓另辟蹊径、匠心独运。正如文章标题所揭示的,作者认为,在戊戌变法时期,王先谦、叶德辉并非湖南最为守旧的人,王先谦积极参与了湖南新政中的许多大事,叶德辉虽没参与,但也不反对。促使他们反戈一击、由新而旧的原因,是他们与激进维新派对国情的不同判断、对中西文化竞争前途命运的关注。与其他研究成果相比,罗志田强调了叶德辉"旧中有新"的一面。周秋光在《熊希龄传》一书中也有部分内容论及叶德辉,指出

---

① 朱义禄:《夷夏之辨与近代中国的顽固派》,《同济大学学报》(社会科学版)2001年第4期。
② 郭双林:《近代西方地理学东渐与传统夷夏观念的变异》,《中州学刊》2001年第2期。
③ 贾小叶:《1840—1900年间国人"夷夏之辨"观念的演变》,《史学月刊》2007年第10期,第61页。
④ 王尔敏:《中国近代思想史论》,社会科学文献出版社2003年版,第142—147页。
⑤ 罗志田:《近代湖南区域文化与戊戌新旧之争》,《近代史研究》1998年第5期;罗志田:《思想观念与社会角色的错位:戊戌前后湖南新旧之争再思——侧重王先谦与叶德辉》,《历史研究》1998年第5期。两文同收入罗志田的《权势转移:近代中国的思想、社会与学术》,湖北人民出版社1999年版。

戊戌变法时期湖南新旧之争的主要内涵是"西政与西艺之争"①。许顺富在《湖南绅士与晚清政治变迁》中指出，湖南绅士的守旧与求新都是爱国救亡意念的驱动，王先谦、叶德辉等人并不反对、轻视西学，叶德辉也主张学习西方；他们主张引进外国的先进技术和机器设备来发展本国的民族工业，进行经济层面的改革，从而与主张政治改革的新派产生了分歧。②熊秋良在《"翼教"教略论》一文中指出，以王先谦、叶德辉为首的翼教派与维新派之争主要是学风、学理之争；他们并不反对变革，只是在如何变、变到何种程度上有歧见，他们主张学习西方自然科学，反对学习西政、西教。③

在上述研究成果中，无论视叶德辉为顽固守旧派的典型，还是"旧中有新"的人物，都是以一种间接映射的方式体现出来，研究者采取的是摘录片言只语以供立论的方式，并且选择的论据惊人相似。对叶德辉的思想缺乏全面、系统的阐发，对叶德辉思想的内在逻辑也缺乏透彻的分析。

综上所述，目前叶德辉研究还是一个薄弱环节，在很多方面还是一片空白。

首先，对叶德辉生平活动研究得还很不充分。仅有的一部《叶德辉评传》，对叶德辉生平履历介绍过于简略。而90年代以来的叶德辉研究成果中，很少有文章是专门探究叶德辉生平重大活动（藏书活动除外）的。近年"谈论"叶德辉的现象渐趋热闹，但绝大部分出于通俗史家或作家之手，道听途说、以讹传讹，充满夸张与想象，与真正的学术研究相距甚远。因此，迄今为止，关于叶德辉，依然是传奇多于历史。叶德辉一生究竟参与过哪些重大活动？起了什么作用？他真实的想法是什么？他与哪些人交往？爬梳史料、真实地重构叶德辉生平的重大经历，成为叶德辉研究中亟待解决的课题。

其次，对叶德辉的学术成就与学术活动的研究虽然取得了成果，但与叶德辉在历史上的影响与地位极不相称，而且现有研究结构很不合理。目前，学术界的关注重点是叶德辉在历史文献学方面的成就，叶德

---

① 周秋光：《熊希龄传》，湖南师范大学出版社1996年版。
② 许顺富：《湖南绅士与晚清政治变迁》，湖南人民出版社2004年版，第400页。
③ 熊秋良：《"翼教"教略论》，《湖南师范大学社会科学学报》1999年第1期。

辉的藏书、目录、版本、校勘等方法与思想。至于叶德辉学术活动中的重要组成部分经学研究、小学研究，除了笔者本人曾撰写过一篇学术论文外，[①] 尚无人涉足。由于叶德辉的经学研究是戊戌变法时期他反对康有为学说的学理依据，有关研究的缺失导致我们对叶德辉在新旧之争中思想立场理解的偏差。至于叶德辉一生为什么要执著于这些学术研究，有着什么样的情怀？他的学术研究在近代学术嬗变中处于什么位置？为今人提供了哪些启示？现有研究成果无法提供一个合理的解释，甚至可以说还是研究的盲点。

再次，学术界对叶德辉的思想虽有所涉及，但大都是在研究其他问题、特别是戊戌维新运动时，捎带提及叶德辉，以烘托背景、树立批判的靶子，因此，对叶德辉的思想缺乏全面、细致的考察。部分论著依据激进维新派的标准来选择论据，以激进维新派对叶德辉的批判当作研究者自己的批判。戊戌新旧之争中，双方在论战之时都不免有言过其实的地方，也有歪曲事实的地方。因此，仅根据新派的导引，摘录片言只语，是难以体现叶德辉思想全貌的。叶德辉在戊戌变法中，究竟提出了什么样的思想？他是如何看待变法的？他与康有为、梁启超、谭嗣同等人究竟有哪些思想分歧？他是如何回应时代课题的？凡此种种，都不是仅靠摘录片言只语就可以解释的。遗憾的是，目前尚无一篇以叶德辉的思想为主要论题的论文，更不用说专著了。至于对叶德辉思想的整体考察，对他的思想与他的学术研究之间、他的思想与他的乖张的行为之间究竟存在着怎样的关联的思索，就更是付诸阙如。这就使得当前的叶德辉研究呈现出一种人、学分裂的现象。人们一方面承认叶德辉在学术上的成就，一方面批判他的保守思想，同时把他的行事风格仅仅归结为个性使然，仅停留在表面现象的描述上，而不能深入叶德辉的思想世界。

尽管叶德辉研究本身存在着很多盲区，但学术界在其他领域如保守主义、湖湘文化、近代学术史等取得的成果，也为推进我们对叶德辉的认识提供了参考。本书既是在借鉴现有研究成果的基础上，将叶德辉其人、其事放在近代社会文化转型的背景下进行考察，追踪其生命历程，重构其思想世界，并力图借助叶德辉这面多棱镜，反观近代社会文化嬗

---

① 张晶萍：《从〈翼教丛编〉看叶德辉的学术思想》，《湖南大学学报》2004年第4期。

变过程中的诸种面相。

三 研究思路与方法

如前所述,叶德辉是个"话题人物",头衔多多。而从专业研究的角度看,这些身份如权绅、遗老与劣绅,实际上是叶德辉在生命历程中不同阶段所扮演的不同角色,是叶德辉与时代思潮互动的结果,也是时代思潮在叶德辉身上的投射;有些则是叶德辉在不同的领域所扮演的角色,如经学家、商人、绅士等,显示出叶德辉活动范围之大。无疑,叶德辉是个矛盾的结合体。综观叶德辉的一生,引人注目者一在于其人不合时宜的行事风格,一在于其旧学湛深、为后世留下了一笔丰富的文化遗产,是以后人有"其人不足道,其学实有可传"的论断。研究者们从各自的专业视角出发,各取所需,分而论之,理固当然;然而对于研究叶德辉而言,则必须统而观之,以恢复一个完整的叶德辉形象。笔者以为,除了个性、心理等非理性因素之外,决定叶德辉行事风格的深层因素是其思想,贯穿叶德辉其人、其事的也是其思想。因此,本书的目标就是重建叶德辉的思想世界。思想的形成不是纯粹概念演绎的结果,而是内在理路与外在环境互动的结果。本课题正是将叶德辉的思想放在历史的脉络中进行考察,它追问的是:叶德辉的思想是如何形成的?受到哪些因素的影响?遭遇哪些困惑?如何进行调适?是非得失如何?与他的身份之间是如何互动的?并进而探讨叶德辉的思想在近代文化嬗变中的位置与意义。

相对于历史上众多的以思辨见长、以构建理论体系著称的思想家们而言,叶德辉"思想性"的含量显然有限。除《翼教丛编》之外,叶德辉的思想大多是以闲言碎语的方式见诸各类著述之中,少有系统论述和理论阐发。从这个角度来看,叶德辉的思想反映的是"一般"水平,而不是最高水平。也正因此,反而更具代表性。近代社会文化转型之际,面对时代的挑战,学者们不能不有所思考、有所回应,形成自己的思想立场。此种思想,虽然未必都能引领时尚,却必然要影响到一己之进退出处。叶德辉就是这样一个具有"一般思想水平"的代表人物,为我们考察学问家的思想世界提供了一个范例。有鉴于此,本书将对叶德辉思想世界的探讨建立在对其学术活动的考察基础上。本书所说的

"思想",是指叶德辉对社会政治尤其是历史文化的总体看法。他一生都倾注着对传统学术文化的关怀,固守其文化信念。本书所说的"学术",不是指具体的某一学科的专业研究,如目录、版本、训诂、校勘之属,而是总体上的学术情怀、学术生态、学术模式,相当于"学术思想"之属。对于叶德辉来说,其文化思想的形成,直接以其古文经学的学术见解为依据;其文化保守思想,又并非停留在思想阐发、理论宣传上,而是落实到学术实践上。思想主张往往通过学术研究,获得学理的支持;学术研究,则往往蕴涵着思想诉求。因此,本书在研究方法上,不同于单纯的学术史研究,不甚措意于具体著述的得失,也无意于某个具体学术观点的是非,而更希望叩问学者的心路历程,在思想史的背景下,探讨其学术研究的文化关怀。本书也不同于单纯的思想史研究,不拟对思想逻辑作过分的诠释,而试图在学术史的背景下,确定思想在特定语境中的具体内涵。

历史人物的思想总是在一定的语境下展开。这个"一定的语境",既指纵向上的历史背景、历史沿革,也指横向上的空间背景、地域特征。本书力求做到纵横交错,获得一种"立体"的理解。因此,除了以近代文化与学术变迁作参照系考察叶德辉对时代思潮的个性化回应之外,还试图将这种个性化回应纳入一定的空间来考察,探讨叶德辉思想所代表的空间意义及其空间范围的变化。笔者认为,叶德辉是由地域人物上升为全国性的人物的。他首先是属于地域文化的,受湖湘文化、吴越文化的双重影响,尤以前者为重,既扮演了湖湘忠义传统代言人角色,又是晚清湖湘汉学的代表人物,代表了近代湘学变迁的中间环节。同时,他又是全国意义上的文化保守者,其"翼教"思想代表了中国近代文化保守思潮演进的一个阶段,并且是旧学阵营的代表人物,是中国传统学术文化转型过程中抗拒西化、因而没能完成调适的旧式学者群体的典型。此外,身处中外学术文化交流频繁的清末民初,他与域外学术界又保持着一定的联系,在某种程度上具有国际影响。因此,笔者在考察叶德辉的思想与学术活动时,依托的背景分别是湖湘学术、中国传统学术、国际汉学等。叶德辉在人生的不同阶段,有不同的自觉意识,因而代表的是不同范围的学术思潮;在不同的层次上,有着不同的文化使命与学术追求。当然,这只是叶德辉自身思想与学术演进的历程中呈现出的一种大致的脉络,而非截然分开的几个阶段。

一个历史人物之所以值得我们关注、探讨，不仅仅因为他本身的缘故，更在于他是时代的折射。叶德辉是近代史上的一面多棱镜，是近代文化嬗变之际旧式学者群的缩影。因此，本书虽是个案研究，而在研究目标上则希望达到以小见大、见微知著的效果。换言之，是想借叶德辉之眼观察一个时代。为了避免个案研究的片面性，本书采取了互动视角，既考察宏观的历史背景对叶德辉的影响，又考察叶德辉对于时代思潮的独特回应。据笔者浅见，历史的宏大叙事在洞察历史发展趋势的同时，往往会忽略历史人物的日常生活；而过于琐碎的私人化叙事，又会淹没历史的主题。如何保持两者的平衡、寻求两者之间的契合点，是本书想要突破的又一个方面。叶德辉对时代思潮有其个性化的理解。私人话语打上了时代的烙印，同时又囿于个人的成见，产生了某种误读与隔阂。叶德辉的一生，有其自身的逻辑演绎的一面，也有受时代思潮影响的一面。笔者所要寻找的，就是叶德辉自身思想与时代思潮之间的结合点，也即叶德辉是如何根据自身的思想逻辑来看待社会变迁，尤其是学术文化变迁；而近代社会思潮在具体的历史人物眼里，又得到了何种解读。此外，叶德辉的思想究竟在多大程度上具有"代表性"？如何从个案研究推导出一般结论而又避免以偏概全的漏洞？由"小"到"大"，这中间巨大的一跃究竟该如何跨越？史学界虽然有许多成功的范例，但并不完全适合本课题研究。为此，本书尝试着以叶德辉为中心，通过对人物交往、事件联系的梳理，层层外推，将叶德辉还原于一定的网络中间，内嵌于具体的历史语境下，发现叶德辉背后的群体，以求获得超越于叶德辉个体之外的认识。

　　叶德辉是学者，是商人，更是参与地方事务的绅士，既有学术追求与文化信仰，也有现实关怀与精神品格，思想世界与现实世界交织在一起。因此，要把握叶德辉的思想，除了在学理层面追本溯源之外，还必须重构叶德辉的生活场景，透视思想与现实之间的互动。对于叶德辉而言，最受人诟病者莫过于言行之不一，一方面以卫道者自居，另一方面又声色犬马、逾闲荡检。毋庸置疑，叶德辉的率性而为与其标榜独立的个性有关，然而，仅以个性来解释一个历史人物的行事风格，不免失之简单。例如，"生性伉直"是个典型的性格评判词，而所以"直"则必然与事主心中持有的标准（观念）相关。也即，对行事风格的分析只有与思想世界的考量结合起来，才能更加接近历史真相。反之亦然。因此，本书除个别章节重点阐述叶德辉的思想之外，并没有撇开叶德辉的生活去"提炼"其思想，而是将思想观念与人物活动结合起来考察，在历史的叙述中"呈现"其思想。

基于以上考虑，本书虽然以重构叶德辉的思想世界为目标，但在写作上，则力求实证，紧扣叶德辉的生平际遇、历史语境，梳理叶德辉思想的来龙去脉，将人物思想落实到人物活动中，由此形成统贯其人、其事、其学的叶德辉整体形象；并将观察的视角扩展到以叶德辉为中心的旧式学者群体上，借此反观近代学术文化嬗变中的多种面相。

由于课题本身的难度、史料的零散、自身学识水平的有限等原因，有的研究目标或许未能完全实现，有的史学理念如追求历史的细节也未能够贯彻到底。但大体上说来，经过此番钩玄索隐、左右参证的工作，叶德辉的生命历程与思想世界的面貌在一定程度上得到廓清。读者或许因此能够超越猎奇心理，而对叶德辉形成"同情之了解"。此外，必须说明的是，尽管任何研究都不可避免地带有主观性，但笔者力图将这种主观性降到最低，尽可能按叶德辉的本意来说明其思想，而无意于越过边界去替历史人物做裁判。如果能为后人的进一步研究提供实证基础，则心意已达。凡此种种，是耶非耶，敬请方家、时贤不吝赐教。

第一章　半吴半楚：叶德辉早期经历和思想旨趣的形成

有关叶德辉的掌故，腾于人口，举不胜举。掌故自属于传闻，叠加了若干夸张与想象，与真实的历史相差甚远，有时甚至背道而驰。但有时，掌故虽然在细节上与历史真实不尽符合，却像漫画一样，揭示了历史人物的思想倾向。下面这则掌故是坊间流传甚远的：叶德辉六十岁生日之时，收到这样一副寿联："海屋添筹，安期早熟；耆英盛会，长乐花开。"暗嵌"筹安会长"四字，讽刺叶德辉曾任筹安会湖南分会会长，是袁世凯复辟帝制的帮凶；叶德辉不以为忤，反以为荣，把它高挂在大厅之上。这则掌故的最初来源已无从查考，但衡之以时人对叶德辉的认识与叶德辉自身的性格，则至少具有相当的"艺术真实性"。相比之下，近代湘人杨钧的这则掌故则是有鼻子有眼的真事。杨说："叶郋园痛骂罗振玉，谓其自命遗老，又盗卖清宫宝物。论者以为至当。六十生日，余之贺联，曾用'遗老'二字，郋园以为不当，或谓老而不遗，或遗而不老。郋园古书，皆备值得来，故不愿与罗振玉同科也。"① 对于种种恶谥或美誉，叶德辉向来"照单全收"，如前述的"筹安会长"，如此前的"劣绅"等；而对杨钧略带调侃之意的"遗老"之说加以调整。"老而不遗，或遗而不老"，这个看似简单的文字游戏，却大体上道出了叶德辉的自我认同与自我定位。

"遗民"之出现，与易代有关。在中国几千年的历史上，改朝换代是常有的事，也使人们在如何应对"易代"问题上积累了经验，其中之一就是忠于前朝，自遗于新朝之外，是为"遗民"。从伯夷、叔夷的义不食周粟，到明清之际黄宗羲等人的不仕清朝，都兆示着故国之思。

---

① 杨钧：《草堂之灵》，岳麓书社1985年版，第195页。

清朝覆灭、民国建立，初一看不过是历史上又一轮的改朝换代，细一看则是儒家传统文化的沦亡——是所谓"亡天下"也。清廷逊位以后，颇有以遗老自居的，他们或寄寓上海、天津，或聚在青岛、大连，在一个相对封闭的小圈子内，寄托故国之思。这是民国初年典型的遗老们，其代表人物有罗振玉、郑孝胥等人。叶德辉自称"遗而不老，或老而不遗"，杨钧以为那是因为他不愿与盗卖故宫宝物的罗振玉为伍。这只是表面现象，其实质则是在清朝民国易代之际，叶德辉只能算是个"非典型意义上"的遗老，确切地说，叶德辉更多的是一种文化遗民。

戏说之外，更有正解。正解来自于能正确地领会叶德辉旨趣的叶氏门人与朋友，如"同里后学"朱锡梁在《叶郋园先生六十生朝重宴集序》中声称："夫世运值贞厄绝续之交，则必有康强巩笃之耆儒，继往开来，绵斯文之统绪；学术丁异曲泯棼之日，亦必有宏肆博辩之巨子，辟邪拒诐，树吾道之干城。是故秦蟠诗书，有伏生、申公诸儒之传训存，经术终有萌芽之一日；唐溺佛老，有韩愈、傅奕二公之谏疏出，圣教遂以炳焕乎中天。况近世学派支离，虫生于物腐，殊方译言庞乱，蜂午抵于儒柔。于斯时也，必有人焉，学足以皋牢百氏，辨足以辟易千人，典柱史之藏，留为偃武修文之籍，受尼山之戒，扫除疑经惑古之谈，望之者其惟我郋园先生乎？"[①] 显然，这段话不无谀辞之嫌疑，但至少反映了叶德辉的自我期待，即在"天下沦亡"之际，以绵延斯文、传承儒宗为己任，做传统文化的代言人。

正解更来自于叶德辉自身，来自于他对"郋园"这一号的解释。叶德辉一生有过许多号，大多与尚古、重学有关。如以"元尚"署书斋名，表示重小学之意；又取《大戴礼》、《尔雅》"以观于古"之义，名其堂为"观古堂"。叶氏堂、号中，以"郋园"最为著名。由于"郋"字颇为偏僻，人们常不知其读音、不知其字义，或读为"郎"，或写为"郇"。为此，叶德辉曾于1921年特意作《郋园字义说》，实际上也是借此阐释、总结自己一生的志向与抱负。文曰："按《说文解字》邑部，郋，汝南召陵里，从邑，自声系。""郋"字之意有两层：一为春秋时期鲁南召陵里，是春秋时期的儒学发源之地；一为东汉古文经学

---

① 参见朱锡梁《叶郋园先生六十生朝重宴集序》，叶德辉：《郋园六十自叙》附录，长沙叶氏观古堂1923年版，第1页。

家、文字学家许慎所居之地。故以"郋"为号，从小里说，表明了对汉朝经学家许慎的一种景仰——而从《说文解字》入手，从事经学研究，正是叶德辉一生学问的根基。从大里说，则是笃守儒学、且要将其广大之意。与此相映成趣的另一说法则是："吾平生颇尚汉学，而独崇朱子。"尚汉学是学术取径，崇朱子是信仰坚守，同样表达了对儒学经传、儒学义理的崇奉。若考虑到近代以来正学衰亡、斯文欲坠的趋向，则叶德辉如此强调对儒学文化的传承与守望，正是"遗而不老、老而不遗"的具体注脚，也是叶德辉思想世界的主色调。

历史人物的思想总是在一定的语境下形成的。追踪叶德辉的生命轨迹不难发现，叶德辉这一思想旨趣的形成实在是多重语境交叉影响的结果，既秉承晚清湖湘文化的精神，又受三吴汉学遗风之熏陶，复与同光之际京师风尚有关。多重语境影响的结果，使叶德辉形成了"尚汉学而独崇朱子"的思想旨趣，从而在晚清学人群体中与众不同。

第一节 生于"理学之邦"

同治三年（1864）甲子正月十四日，叶德辉出生于湖南省城长沙小西门下坡子街叶公和店中。据说，是日有鹊盈千，飞翔屋前后，竟日始散，次日又是上元灯节。故祖父叶绍业（字颐泉，号肯堂）给这个新生儿起小名曰"庆"，以示喜庆。[①]

叶氏本系吴人，世居江苏吴县洞庭西山。吴中叶氏乃世代望族，系宋代学者叶梦得之后。若再往前追溯，则出自春秋时期楚之叶公。叶德辉尝言："余姓出于楚之叶公，世家南阳，迁越迁吴，号为望族。"[②] 这是从叶氏最初的渊源说起。叶氏迁吴始祖为南唐刑部侍郎叶逵。叶逵五传至南宋叶梦得。叶梦得（1077—1148），字少蕴，号石林居士，南宋文学家、藏书家。叶梦得于北宋绍圣四年（1097）登进士第，累迁翰林学士、龙图阁直学士。宋室南渡之初，叶梦得曾两任江东安抚制置大使兼知建康府，行宫留守，除户部尚书，拜崇信军节度使，晚年上章请老，退居湖州（今属浙江），以读书吟咏自遣。叶梦得饱学早成，学识

[①] 参见叶启勋《叶郋园先生年谱》，《南强旬刊》1938年第11期，第1页。
[②] 叶德辉：《校辑鹖子序》，《鹖子》，长沙叶氏观古堂光绪壬辰刊。

渊博，熟知掌故；著有《石林诗话》、《石林燕语》等书，是宋代著名学者。叶梦得有子十人，以木榜名者五：栋，桯，模，楫，櫄。其中楫公绝，无后人，櫄公传数代而绝，栋公独传至今，是为湖州叶氏，不与其他叶氏后代同谱录。以吴中叶氏族谱所载来看，叶梦得后人主要是桯公与模公两系人丁兴旺。其中桯公以下共有13派若干支，模公以下共有2派若干支。叶德辉祖上出自桯公之后的茅园派。茅园派是传至13世时分支的。茅园派的叶氏32世祖应风公（字舜仪）迁洞庭西山消夏湾。应风公有子二人，长子为芳蓁，字茂宗，为叶德辉之高祖。茂宗公生子三人，长如松，字万新，为叶德辉之本生太高祖；次如柏，字廷芳，是为叶德辉太高祖；三允贤。万新公生子三人，长国良，字郑推；次国泰，字芳玉；三国明，字启东。由于廷芳公无子，故以国泰为嗣。国泰生子二人，长绍成，字懋林；次绍业，字颐泉，号肯堂。肯堂公即叶德辉的祖父。时值清代道、咸年间，太平天国运动兴起，洞庭山滨湖土匪乘时劫掠。肯堂公带领全家逃离吴州，辗转来湘，遂定居长沙。

叶氏本习钱谷（师爷），以馆幕未就，遂为行商。累代富饶，不慕仕进，不应考试。叶德辉之曾祖国泰公豪侠好义，又喜藏书，山居峻宇雕墙，极宫室之美。所交皆名流，轩斋题额，皆沈德潜、王鸣盛、钱大昕手书居多。肯堂公迁湘之初，在坡子街开公和染坊，后在小西门正街与人合伙开设玉和糟坊。积资渐丰后，又得到同乡姻亲劳澂的资助，与钱姓商人合伙经营黑茶生意，运销甘肃一带。其后，更在樊西巷、坡子街开设德昌和钱铺与怡和百货号。逐渐地，叶家成为长沙有名的富商大户。[1]

肯堂公生子二人，长浚兰，字涤贤，号雨村；次庭兰，字辅臣。肯堂公虽然出身商人之家，却继承了家族中重文墨的传统，楹书世守；又因生于清代汉学发源地之一的吴县，耳濡目染，多少有些文化气。由吴迁湘时，除衣箱外，皆书籯，大抵均江浙乾嘉儒先之书。入湘后，又送长子浚兰从长沙沈清泉先生澂游。沈澂是理学家唐鉴的弟子。唐鉴，字镜海，湖南善化人，生平学宗朱子，笃信谨守，无稍依违。嘉道之际，当考据之风流衍全国之时，唐鉴以笃信程朱倡为正学，蒙古倭仁、六安吴廷栋、昆明何桂珍、罗平等皆从问辨。曾国藩在京师任职之时，亦曾

---

[1] 参见杜迈之、张承宗《叶德辉评传》，岳麓书社1986年版，第1—2页。

向唐鉴问学。唐鉴著《国朝学案小识》15 卷，以陆陇其、张履祥、陆世仪、张伯行四人为传道，余为翼道、守道。曾国藩曾作《学案小识书后》，对其推崇备至。职此之故，叶浚兰虽然一生主要是行商，未能专心问学，但于理学亦可谓略有渊源。

咸丰九年（1859），雨村公娶湘潭县太学生马竟臣幼女为妻，是为马夫人即叶德辉之母。马氏祖籍亦是江苏吴县洞庭山，其父母于道光年间为避乱迁居湖南，马夫人即出生于湘潭。①

马夫人先后生子四人、女四人，叶德辉居长。二弟德耀，字昂文，生于 1866 年，卒于光绪二十八年（1902）。由于叶德辉的叔父庭兰公于 1866 年去世无子嗣，故二弟德耀襁褓中即出嗣为叔父庭兰公之后，由叶母马氏与叔母劳氏共同扶养。三弟德炯，字容皆，生于 1869 年，卒于民国二十四年（1935）；四弟德煌，字默安，生于 1875 年，卒于宣统三年（1911）。此外还有四姊妹：德贞，生于 1860 年；德芳，生于 1872 年；德钰，生于 1878 年；德宜，生于 1881 年。

叶德辉在入学之前，由父亲雨村公教之识字。每日课四、五字，并择字形相类者同时课之，使分别同异。一年下来，亦谓得 1800 字。夜间灯下，则由其母马夫人教《三字经》、《千字文》、《百家姓》三书。8 岁时入小学，从长沙徐菜圃先生学于樊西巷徐姓家塾。此时由其父命名"德辉"。小学所读，无非《诗经》、《书经》、《易经》等书。除此之外，雨村公还亲自指导叶德辉对理学的修习。每天傍晚，叶德辉由学塾回家，其父叶雨村就在灯下，课以篆书，用《说文解字》，先课以部首，后课以散字。在训练叶德辉兄弟识文断字的同时，还穿插着经史教育，间日轮讲司马温公的《资治通鉴》一则，朱熹的《名臣言行录》一二则。这两部书至叶德辉 16 岁始才讲完。这两部书对叶德辉的思想产生了深远的影响。他后来对人说："鄙人幼承庭训，习诵温公《资治通鉴》、朱子《名臣言行录》二书。生平学术略有本原，大都用力于此二书者最久。"② 这里所说的"学术略有本原"，当是指宋学的学习为他忠于儒学的思想打下了根基，所谓"培根乃能达支"。11 岁时，叶德辉在樊西巷徐姓家塾从湘阴黄敦堂先生就读，学唐诗。14 岁时，在路边

---

① 叶德辉：《为家母马太夫人八十生辰征诗文启》，民国石印（出版信息不详）。
② 叶德辉：《与罗敬则大令书》，《郋园论学书札》，长沙叶氏观古堂戊戌仲冬刊。

井徐姓家塾从浏阳焦壁莹先生学习，读《礼记》、《尔雅》、《春秋左氏传》，兼读《公羊》。之后又在福源巷私塾从长沙陈春楼先生学《公羊》、《穀梁》，并开始做时文及试帖诗。年15，从善化唐馥田先生森寅于下坡子街刘姓家塾。

对于早年的读书生涯，叶德辉在《郋园六十自叙》中曾有回忆。据载：幼年的叶德辉并不聪颖，而是相当的不开窍，几视读书为天下第一难事。初入小学时，"骤然脱慈母之怀，心肝若摧，日必数哭泣。平时家中往来亲眷，霭若可亲。忽日对面黄唇黑、眼著铜框镜、手执木界方之人，觉其支离可怪之形，有若庙偶之可怖。兼之顽童八九，列坐相环。余性洁而孤，何能相耐。盖此时以为天下至苦之事莫读书若矣"[①]。这种对读书"至苦"的记忆，与叶德辉幼年的木讷有关。叶德辉记性极差，"今日所授读，明日辄忘之"。相比之下，二弟叶德耀要聪明得多。虽然初入学时，识字不如其兄多，然记性极好，日诵四五百字，背诵如流，绝无脱误。除在私塾所学之外，回家后叶雨村的督课也让叶德辉心生畏惧。在他的记忆中，"先君督课至严，夏楚之威如临汤火"。这使得叶德辉更加认定，天下最苦之事莫过于读书。于是在光绪四年（1878）15岁时，一度弃学习贾。习贾未三月，"一夜，仰卧忽开悟，忆所读书皆了解。试为文，亦颇成章段，持以质塾师，极称誉"[②]。于是重新入学，渐渐能做八股试帖。除做八股试帖外，读全经。叶父屡嘱塾师勿节删，故叶德辉所读皆全经。及冠，叶雨村请唐先生为叶德辉命字，曰"焕彬"。

光绪六年（1880），叶德辉入岳麓书院读书。如果说雨村公对叶德辉的督课多少具备了一些理学因子的话，那么，入岳麓书院就读则使叶德辉受到较为全面的理学熏陶。这里必须说到岳麓书院在湖湘文化史上的地位以及湖湘文化的特色。

众所周知，湖南向来被称为"理学之邦"，而岳麓书院则是湖南省的学术中心，湖湘学派的大本营。岳麓书院开创于北宋大中祥符年间，曾得到宋真宗赐书、赐额，山长受到宋真宗的接见。至南宋时期，岳麓书院发展到鼎盛，成为全国四大书院之一。期间抗金名将张浚之子张栻

[①] 叶德辉：《郋园六十自叙》，长沙叶氏观古堂1923年版。
[②] 同上。

主讲于此,以"成就人材,以传道济斯民"为宗旨,吸引了大批士子前来求学。岳麓书院不仅是湖湘学派的大本营,而且也是全国理学思潮发展的基地,以岳麓书院为基地的湖湘学派成为和朱熹的闽学、陆九渊的江西学、吕祖谦的婺学并盛的四大理学流派之一。特别是理学名家朱熹到岳麓书院进行学术交流,举行著名的"朱张会讲",更是使当时书院盛况空前,听者策马而来,以至于书院前的"饮马池水立涸",成为书院史上的一段典故。以此为契机,朱熹的思想也渗透到湖湘学派之中,成为湖湘之学的思想渊源。

宋代岳麓书院的盛况成就了湘学史上的一段辉煌。南宋以后,湖湘学派虽然作为一个完整的学派逐渐分崩离析,但学术思想的传承仍在继续,形成了推崇义理之学、强调经世致用、主张躬行实践的湖湘地域文化特色。尤其是朱熹、张栻等理学大师在岳麓书院的遗泽,更成为重要的精神资源,成为湘人持续传承的"道德偶像"。岳麓书院的历任山长皆"以洛闽正学陶铸弟子",教诲士生"务以程朱为宗"。清帝康熙、乾隆分别为书院赐额"学达性天"和"道南正脉",就是对该书院理学地位的肯定。故湘人多奉理学为正宗,而不管外界的学术思潮如何变化。至清代乾嘉之际,汉学风行海内,"湖湘尤依先正传述,以义理、经济为精宏,见有言字体音义者,恒戒以逐末遗本。传教生徒,辄屏去汉唐诸儒书,务以程朱为宗"[①]。不仅学术上宗理学,而且官僚、士大夫亦多以理学之道劝勉、激励湖南士子,使理学思想不仅作为学术思想受到崇奉,而且渗透到了日常生活和社会习俗中。前述叶雨村以朱熹《名臣言行录》教授叶德辉,在一定程度上正是湖湘学风的一种体现。

除了岳麓书院这种传统的延续外,时势的变化还使理学话语在晚清时期的湖南得到强化。1851年,太平军异军突起,严重地威胁到清王朝的统治。以曾国藩为首的湘军集团,以理学为指导思想,以忠义相号召,镇压了太平天国运动,成就了清王朝的中兴,也使一度被怀疑为玄虚无用的理学的活力得到证明,改变了以往人们对理学的态度,使理学话语在湖南得到强化。曾国藩和其他湘军集团将领如刘蓉、郭嵩焘、江忠源、李元度等,都曾在岳麓书院学习过。他们成为湖湘学子新的道德偶像,反过来进一步加强了岳麓书院的理学色彩。

---

① 罗汝怀:《绿漪草堂文集卷首》,光绪九年版。

第一章 半吴半楚：叶德辉早期经历和思想旨趣的形成

作为崇奉理学的副产品，湖湘学风中也形成了信奉天理、自觉地维护封建礼制的传统，从王夫之到魏源，再到湘军集团，无不如此。王夫之认为"尊其尊，卑其卑，位其位"，"以贤治不肖，以贵治贱"，是"万世不易之大经"，不能颠倒，不能僭越；他虽然反对绝对君权，但又主张君臣之义不可废，以为"原于天之仁，则不可无父子，原于天之义，则不可无君臣"①。王氏思想的另一特色是严夷夏之辨，主张"夷狄之与华夏，所生异地，其地异，其气异矣；气异而习异，习异而所知所行蔑不异焉"②。将华夷之辨提高到"古今之通义"的程度，将它看得比君臣名分的维系还要重要。道光年间，王夫之受到湖南士人的重视，成为湖南先贤形象资源，其保守思想也为湖南人所继承。嘉道间湖南经世派在分析清王朝由盛转衰的原因时，也从封建礼制入手，认为乃由忠、信、孝、悌、礼、义、廉耻等伦理道德遭到破坏所致。要改变这种情况，必须从古圣人经典中寻找治世良方，通过恢复封建道德、挽救世道人心来扭转局面。魏源在近代史上以倡导"师夷之长技以制夷"著称于世，成为近代中国学习西方的先驱。但是在魏源的本意中，"师夷"只是救国、强国的一种辅助手段，是"兵机"；而"兵本"则是重整传统的伦理纲常以正人心，并引用明臣"欲平海上之倭患，先平人心之积患"为证，说明御外最终要落实到人心上来，兵机才能发挥作用。他认为仅有兵机还不足以抵御外患，还必须正本，就是要以传统伦理道德来规范人心，去心中之贼。所以他反复强调"千举万变，其道不穷；势变道不变"，"若夫君臣之义，父子之亲，夫妇之别，朋友之序，必不可弃"③。

这种卫道意识在湘军集团中表现尤为突出。湘军集团的领袖与骨干成员如曾国藩、左宗棠、郭嵩焘、罗泽南、刘蓉等都是理学的信徒。而"理"衍化为社会政治道德秩序，就是"礼"，即封建伦理纲常。他们把封建伦理纲常看成是"无须臾之敢离"、"无毫发之敢差"、"地维所以赖立、天柱所以赖尊"的万古不变的常道，不容颠倒，不容紊乱。维护这种万古不变之常道是他们的责任。正是这种卫道的责任感，使他们

---

① 王夫之：《读通鉴论》卷11，中华书局1975年版，第780页。
② 王夫之：《读通鉴论》卷14，中华书局1975年版，第976页。
③ 魏源：《海国图志序》，《魏源集》，中华书局1976年版，第207页。

投笔从戎,组织湘军。而经过曾国藩等人的诠释,湘军镇压太平天国不是一般意义上的镇压叛乱者、捍卫清王朝,更是一场捍卫夷夏之大防、维护名教圣统的文化保卫战。随着湘军镇压太平天国的成功,湖南作为"忠义之邦"的形象得到强化。对于湖南学术文化,它带来了两种相反的影响:一方面,湘军走向全国,湘军将领成为晚清政坛上一支重要力量,使湖南一改以往"碌碌无所轻重于天下,亦几不知有所谓对于天下之责任"①的局面。一批湘军将领成为雄踞一方的封疆大吏,甚至跨出国门,亲眼目睹西方资本主义政教制度的优越,成为倡导洋务、介绍西学的先驱。另一方面,湘军的胜利也使曾国藩等人相信这是理学对西教的胜利。曾氏兄弟在攻下天京后,大肆刊刻《船山遗书》,利用他的重礼思想来强化保守的传统观念。湘军将领还通过大修地方志,为湘军阵亡将士建立专祠等形式,来宣扬湘军的忠义思想。这样,恪守封建忠义,维护传统圣道的湘军成为湖南士人心目中的道德典范,争先效法的众趋人格。高度的成就感和荣誉感助长了湖南人的自负感与使命感,强化了湘人自觉卫道的社会观念;同时加大了湘人坚信名教无往而不胜的虚骄之气。卫道、严夷夏之辨,成为地域文化中的公共心理。这使得在戊戌维新运动以前,湖南本土成为全国最为保守的省份之一,长沙甚至被称为传教士难以进入的"铁门之城"。由拒夷反教又进一步发展到反对一切与洋人有关的事物,以至于曾国藩、郭嵩焘等本该被湘人引以为豪的名宦却在他们的家乡一度遭到排斥。

叶德辉的青少年时期,正是湘军战胜太平天国、湖南本土重修地方志与书院、理学话语得到强化、卫道意识最浓的时期。这对于年少的叶德辉,自然不无潜移默化的影响。而进入有理学大本营之称的岳麓书院就读,使叶德辉受到了更为全面的理学熏陶。此后的叶德辉,在论及湘学时,每每表彰湘人"笃守乡风","怀抱忠义","经世之作,开风气之先;讲学之儒,奏勘乱之绩"②。又说:"道咸之间,粤逆倡乱,湘军特起,成勘定之功。其间柄兵大臣如胡文忠、曾文正、左文襄以及罗忠节、王壮武诸公,皆以理学名儒,出膺艰巨。"③ 表彰理学名臣成就经

---

① 杨毓麟:《新湖南》,《杨毓麟集》,岳麓书社2001年版,第36页。
② 叶德辉:《答友人书》,《翼教丛编》,上海书店出版社2002年版,第176页。
③ 叶德辉:《十三经注疏》(又一部),《郋园读书志》卷1,上海澹园1928年版。

国之大业。从中亦可见湖湘文化中的理学传统对叶德辉潜移默化的影响。

第二节 接三吴汉学之余绪

　　湘人对于理学的崇奉主要体现为对儒家义理的信仰和理学家敦行践履工夫的效法，而非对性理之学的探讨和治学途径的采用。入岳麓书院就读使叶德辉在思想上受到理学的熏陶；而在具体的治学上面，则先是习科举应试之术，继而对考据学产生了兴趣。

　　在岳麓书院，叶德辉先是从宁乡刘树瑚佩衡学。刘以工于时文著称。当时盛行管世铭的《韫山堂稿》，人人揣摩，以为逢时利器。刘先生则曰："学管韫山，不如学方望溪。韫山本学望溪。所谓取法乎上，而后得力于中也。"于是叶德辉从坊肆间购得二方时文合刻。二方者，一方望溪，一朴山先生桀如也。刘先生又说："时文即古文。试取俞长城辑刻百二十家名文考之，所录宋王安石、陈傅良诸家经义文，无有作八比式者。八比六比一体，盖始于明嘉靖以后。然艾千子南英，及国朝姚惜抱鼐，所为时文，尚不拘守八比六比之式，是皆以古文名害者。明乎此中消息，时文安有不工者耶。"受刘先生的引导，叶德辉从此苦溺于时文，凡刘先生平日所列举者的诸家文集，无不搜罗馨尽，馈寝沉思。刘先生所教的"取法乎上"使叶德辉受益匪浅，以后所作之文也能"意深而辞达，格高而调谐"①。

　　叶德辉在岳麓书院除了跟随刘佩衡学做时文之外，还跟随宁乡崔识先生家量学习解经文字。当时，崔先生引导叶德辉阅读段玉裁的《说文解字注》。段玉裁的《说文解字注》在清代文字学史上地位甚高。《说文解字》本为东汉许慎所作。在清以前，并不特别被人看重。宋元间徐锴、李焘、吾邱衍等虽间有撰述，然而发明甚少，或者治丝益棼。至明末文学家中有的人好用僻字，故拿来当枕中鸿秘，但并不了解它的价值和作用。明清之际，方以智提倡《说文》，在《通雅》中常常称引或解释。清初经学家渐多，而于《说文》依然无甚兴趣。乾嘉中，惠定宇著《说文记》15卷，实为清儒《说文》专书之首。此后，江永、戴震

---

① 叶启勋：《叶郋园先生年谱》，《南强旬刊》第1卷第12期，第14页。

往复讨论六书。戴氏于《说文》虽无专著，但曾用力颇勤。戴氏弟子段玉裁作《说文解字注》，卢文弨称其为"自有《说文》以来未有善于此书者"，王念孙说"七百年来无此作"。百余年来，人人共读，几与正经正注争席。故当时崔家量先生令叶德辉阅读段注作为功课。叶德辉将幼所习汲古阁本《说文解字》与段玉裁的《说文解字注》相比较，发现其中多有不同，段注擅删、擅改之处颇多。在崔先生的指导下，叶德辉又进一步读王筠的《文字蒙求》、《说文句读》、《释例》三书，此三书在清代亦是小学名著。通过通读这几本书，叶德辉认识到段、王二家之得失，以为：段固失矣，王亦未为得也。此后，叶德辉又得到武昌官局刻本桂未谷馥《说文义证》，逐字参考，遂通训诂之学。

从上述叶德辉的求学经历来看，与一般湖湘士子没有什么两样。然而，家学渊源也使叶德辉接触到了理学、科举之外的汉学。如前所述，叶德辉的曾祖父与祖父两代因好藏书而和当时的社会名流结识，往来颇为频密，其藏书包括江苏先贤顾亭林、钱大昕诸书、毛晋汲古阁所刊经史残册、唐宋诗文集，及叶氏先祖著述。这些书部分被肯堂公携来湘中，为叶氏兄弟打开了科举之外的另一扇大门，得以开阔眼界，甚至使他们在个别地方超出师长。据叶德辉回忆，有一次，其二弟德耀影写"上大人，孔乙己，化三千，七十二，尔小生，八九子，佳作仁，可知礼"摹本，问塾师：这段话出自何书、有何取义？孔夫子何以一作孔乙己？八九子是否为七十二子？塾师不能对。实则是叶氏兄弟因看了家藏明代叶盛的《水东日记》，上面记载这一则故事，故意向先生发难也。入岳麓书院就读后，由于崔家量先生的引导，叶德辉对文字考据产生兴趣，遂通训诂学。之后，他将先祖所遗藏书找出，一一翻阅。其中有顾炎武的《日知录》、惠栋的《九经古义》、钱大昕的《十驾斋养新录》等。虽书多残缺不完，而触类引申，益人神智。这些都非科举应考之书，而是清代江浙汉学家的专门著述。阅读这些书，使叶德辉对汉学考据产生了兴趣。当时，他见到孙星衍《问字堂集》中有一篇文章《释人》，感觉很有意思，于是取清代另一汉学家沈彤的《释骨》一文两相校正，为之疏证，写成《释人疏证》。这也是叶德辉平生第一篇汉学论文，后于1902年出版。似乎可以这样说，在叶德辉学术成长的道路上，家中所藏江浙经师之书的确使叶氏兄弟略窥著作门庭（而真正通汉学则是在北游京师之后）。是以后来叶德辉一方面以湘学忠义传统的代言人自居（如戊戌变法时期，详见第二章），但论及学术时则强调自己平生学旨颇异于湘人，而以接绪三吴汉学之绪为荣。当然，这是在叶德辉有了明确的汉学意识之后特意凸显的。

在早年的求学经历中，叶德辉除了受到业师的指点之外，还特别受到了几位官员的知遇提携。叶德辉尝言："余于受业、受知多不记录，以受业者每视束脩丰俭为去留，是以利合，非以义合。受知出于暗中摸索，不过一日文字之缘，其于经师、师人之道，固漠然未之闻也。"[①]这几位官员对叶德辉有特知情分，期望殷勤，致使叶德辉终身不忘。第一位是山东潍县曹仲铭鸿勋。1882年，曹鸿勋督学湖南。下车伊始，课试观风，将叶德辉置为童卷第一名。并说："此生尚属英年。诸艺如出己作，他日当以诗文名世。"为此，叶德辉将曹鸿勋作为平生第一知己。多年后，尝有诗记之："忆昔潍县师，持节来湘渚。下车例观风，题目争先睹。时余少年狂，下笔驰风雨。一挥当千言，如春蚕丝吐。……公览再称奇，执卷为起舞。谓是名世英，奖励殊侪伍。……追念知己深，大儒出东鲁。功业著史戚，琐记终何取。只今校经堂，尚有甘棠树。"[②]

叶氏原籍江苏苏州府吴县，迁湘后无县籍，不能在湖南参加科举考试，故1883年拟回吴县参加童试。经业师徐峙云介绍，叶家捐八百金修学宫，取得长沙府湘潭县籍。徐峙云原籍吴县，后入湘潭籍学者，故通过此举帮助叶德辉获得参试资格。待到叶家捐金取得县籍之时，则当年的考试时限已过。当时，徐峙云正在湖南督粮道、江西新建人夏献云幕中佐事，夏献云得以听闻叶德辉。夏献云风雅爱士，有乾嘉诸老流风。当时省城每月官师轮课二次，一次课时文，一次课经古。叶德辉每次考试都能名列前茅，甚至于易名参考，夏献云也能认出叶氏之作。叶德辉获奖颇多。后来叶乡试中试，向夏献云执贽称门生，因为在他看来："师官粮道，宏奖后进，真贤有师也。"[③]

光绪十年（1884）二月，叶德辉正式参加湘潭县试。当时湘潭县知县、仁和洪锡绶，将他列为前七名。五月，应府试，叶德辉又受到长

---

① 叶德辉：《五先生咏》，《浮湘集》，长沙叶氏观古堂1929年版，第1页。
② 同上。
③ 叶德辉：《郋园六十自叙》，长沙叶氏观古堂1923年版。

沙知府、富平高万鹏的赏识，被拔置前列第三。以叶德辉好议人短长的个性，对于这样一位所谓知己之师，虽然心存感激，却依然不忘攻击高万鹏之命题。科举考试中，为了防止考生作弊，命题形式也是绞尽脑汁，五花八门，最为人诟病的是所谓割裂题，即将一句话的最后几个字与下一句的前几个字联结起来。高氏即是如此。在府试中，五场每卷拈一字命题，叶德辉拈得"禹闻善言则拜"之"拜"字，于是从结句讲起："盖其好善之诚，固有积于未拜之前者矣。"追补"则"字神理。该卷为高万鹏击掌称赏，赞许叶德辉为他日国家之栋梁，将其拔擢第三名。叶德辉一方面得意于自己的卖弄聪明、感激高万鹏的赏识之情，一方面仍然不忘指责其"割侮圣经，实不足为法"[①]。

光绪十年（1884）十一月，叶德辉与善化劳德扬之二女成婚。劳氏祖上亦是吴县洞庭山人，清初有劳澂字在兹者始由吴迁湘。劳在兹本善画事，与叶氏先祖、明代著名文人叶燮为至交，劳、叶两家时通婚姻。后来劳在兹于吴三桂反叛时卖药于长沙，遂占籍善化（今长沙县）。劳在兹手绘九芝双桂图卷，后代便以"劳九芝"为其药店堂号。叶、劳两家同为吴人迁湘者，又同为湖南富商大户，结秦晋之好亦属门当户对。

成婚后的叶德辉，一边准备科举考试，一边开始了经学研究，特别是对文字学颇为留心。由于对段、王、桂三家之书均不满意，于是想仿经注集解之例，搜辑魏晋以上文字古谊，为《说文故训》，以桂氏义证为底本，存其精要，而去其泛引，再以桂书未采及之故籍，及新出见之古书，校勘拾遗。即使旧说两歧，亦并存之，不为之别是非、辨同异，本着述而不作、信而好古的态度来研究《说文》。这本书历经二十余年乃成，是叶德辉平生最为自负的一部文字学著作，但不幸稿佚，世人无由共睹。

光绪十一年（1885）八月，叶德辉参加湖南乡试中举，正考官为侯官陈芸敏编修琇莹，副考官为福山谢南川编修隽杭，同考官宁乡县知县富平景天相。几位考官中，叶氏独视谢隽杭为受知师。谢为庚辰（1880）进士，出晚清著名学者缪荃孙之门，故后来叶德辉称缪荃孙为"太老师"（太夫子）。

---

① 叶德辉：《五先生咏》，《浮湘集》，长沙叶氏观古堂1929年版，第3—4页。

第一章 半吴半楚:叶德辉早期经历和思想旨趣的形成

由于受祖上好藏书风气的影响,叶德辉较早就注意书籍的搜讨。1885年,湘潭县袁漱六的卧雪庐藏书散出,叶德辉乘机收购了一部分。袁芳瑛,字漱六,湖南湘潭人,清道光二十五年(1845)进士,授翰林院编修。袁芳瑛工文能翰墨,一生注重藏书,收藏有清代乾嘉时期著名学者、藏书家孙星衍之物,其中包括不少宋元珍本。另外,他还从杭州的一些藏书故家中收购到一大批珍贵图书,又增加了他藏书的1/5。袁氏藏书之富,至有人称"其盛为二百年所未有,则其真价可想也"①。袁芳瑛的藏书处名"卧雪庐"(又名卧雪楼)。他每得一书,即加盖"古潭州卧雪庐收藏"之章,经其鉴定、校勘之精品则盖有"雪庐精鉴"等印章。由于袁芳瑛精通版本目录学,所收藏图书大多为精品,因此"卧雪庐藏书"往往成为"精品图书"的代称。当袁芳瑛"卧雪庐藏书"散出之时,其中的宋元旧椠大多被李盛铎所收。叶德辉因资力有限,与李氏竞争不过,但还是收到了不少残本,或抄或配,得到一些零散的袁氏藏书。收购"卧雪庐藏书"成为叶德辉藏书中的重要来源之一。

在叶德辉求学应考的这段时期内,湖南本土的学界领袖为赋闲在家的晚清名臣兼学者郭嵩焘和公羊学家、文学家王闿运。郭嵩焘(1818—1891),字伯琛,号筠仙,又以太平军进攻湖南时尝避居湘阴县东之玉池山,因别署玉池山农,晚年更号玉池老人,曾筑室曰"养知书屋",学者又称其为"养知先生",湖南湘阴人。郭嵩焘是中国近代著名的政治家、外交家和思想家,以谈洋务著称。另一方面,郭嵩焘又是一位著述丰富、成就显著的学者。"养知始宗晦庵,后致力于考据训诂,其治经先玩本文,采汉宋诸说以求义之可通,博学慎思,归于至当,初不囿于一家之言,故能温故而知新,明体以达用。"② 和一般湖湘学人蔑视文字训诂不同,郭嵩焘认为,治经离不开训诂考订。他说:"国朝诸儒创立汉学、宋学之名,援其说以诋程朱,而郑学乃大显。讨论研习之深,精义之发于人心,亦足上掩前贤矣。"又曰:"国朝乾、嘉以来,标立汉学、宋学之名,以所得训诂古义寻求义之所归,其言深当经旨,

---

① 李盛铎:《木犀轩藏书题记及书录》,北京大学出版社1985年版,第12页。
② 徐世昌编:《养知学案》,《清儒学案》卷182,中国书店1990年版。

多所发明。"① 郭嵩焘不仅在原则上赞同汉儒之训诂有助于经义之发明，而且也从事考订工作，涉及经学、子学、史学、地理等方面，著有《礼记质疑》、《中庸章句质疑》、《大学章句质疑》、《毛诗余义》、《校订朱子家礼》等，诚为专门名家。在近代湘籍大员中，郭嵩焘是治经治史成果最为丰富的一个。

在学术思想上，郭嵩焘既继承了湖湘学术重视经世致用的传统，又常反思湖湘学术之不足，曾说："乾嘉之际，经师辈出，风动天下，而湖以南黯然，无知郑、许《说文》之学者。"② 湖湘文化固然讲究经世致用，不知郑、许《说文》之学毕竟是一种缺憾，有待于后来者的改进。其实，早在道光十三年（1833），清代汉学名臣阮元的弟子吴荣光任湖南巡抚时，就曾经在岳麓书院内设立湘水校经堂，倡导经史实学，引进汉宋并重的学风。但湘水校经堂在湖南命运曲折，几兴几废，没有从根本上改变湖南经史人才匮乏的局面，也没有从根本上改变湖南士子蔑视经学考据的风气。郭嵩焘晚年定居长沙，在日记中时常抱怨湘中无人文。如光绪六年（1880）正月初四："吾邑人文尤苦少，求一二可与言及文事，竟不可得。"③ 为此，他重整湘水校经堂，摒弃举业教育，而以经史课士，倡导汉宋兼融；又发起禁烟公社，纠正弊俗；又开思贤讲舍，以培育人才。在思贤讲舍中，郭嵩焘倡导："读书必自经始，读经书必自训诂始，学问本原，必由于此。要之，训诂考订，著书名家，学中之一艺耳。其本原在立身制行。"④ 同时，郭嵩焘还注意表彰素不为湘人所注重的湖湘汉学者如罗汝怀，关注湖南经学世家如新化邹氏、湘潭胡氏。可见郭嵩焘在晚清湖南学术史上试图建立新的学术传统，诚可谓用心良苦。

王闿运（1832—1916），字壬秋，一字壬父，湖南湘潭县人。因自题所居曰"湘绮楼"，学者称其为"湘绮先生"。王闿运湛深经术，著作繁富，于《尚书》、《诗经》、《礼》均有研究，于《春秋公羊传》深造自得，是晚清公羊学大师；文学成就尤为突出，被誉为"一代儒宗"。王闿运早年入四川主持尊经书院，以分别古今、兼治穀梁、公羊

---

① 郭嵩焘：《郭嵩焘诗文集》，岳麓书社1984年版，第22、27页。
② 郭嵩焘：《罗研生墓志铭》，《郭嵩焘诗文集》，岳麓书社1984年版，第445页。
③ 郭嵩焘：《郭嵩焘日记》第4卷，湖南人民出版社1983年版，第3页。
④ 同上书，第310页。

为其特色，造就经学人才无数。后来又先后移主长沙校经书院、衡州船山书院。王闿运治学颇守湘学经世致用的宗旨，所谓"学不仅占毕，志在于匡俗；通经欲以致用，文章蕲于经国"①。在学术上，王闿运追求"独立千载谁与友，自成一家始逼真"的境界，认为治经当求有用、心得与独创，因而对纯粹的文字训诂不甚措意，解经也不受经学家法之约束。是以在固守经学规范的学者看来，诚有"外行不入格"之讥。然而正因为其不守经师轨辙，独到以成湖湘经学一派。王闿运绝非皓首穷经之流，而是讲究帝王之术、纵横之计，惜乎不成。郭嵩焘曾评论道："君子之学，必远乎流俗，而不必可远道。壬秋力求绝俗而无一不与道忤，往往有甘同流俗之见以畔道者。但论文章，友之可也，师之可也。至于辨人才之优绌，语事理之是非，其言一入，如饮狂药，将使东西迷方，玄黄易色，颠沛蹉失而不可追悔。"② 推崇王闿运的文章，而于其行事、论学则有微辞。

同光之际，湖湘文人学士多从郭嵩焘、王闿运游，郭、王一时号为学者所宗。光绪十二年（1886）六月十五日，王闿运集诸名士在省城北门外开福寺成立碧湖诗社。诗社成立时共有19位会员，同时邀请了湖南著名的诗僧寄禅和尚。碧湖诗社成立后的一两年，王闿运、郭嵩焘、寄禅等迭相主盟，诗词酬唱，好不热闹。因主持者乃为湘学领袖郭嵩焘、王闿运，尤其是王闿运已是闻名全国的文坛泰斗，碧湖雅集无疑是当时湖南本土层次最高的学人交往活动。据叶德辉后来回忆，他也曾于1888年受到邀请，但只是偶尔赴会而不入社。叶德辉以《儒林外史》中所谓"斗方名士，麇集其间，徐凝恶诗，千载一辙"比拟碧湖诗社的情况，似乎不屑于诗社中的鱼龙混杂。据说，王楷，字雁峰，任过"观察"当时主讲城南书院，也曾入社，后作一诗："长沙近事君知否？碧浪湖中多鲫鱼。"寓讥刺之意也。后来郭嵩焘去世，王闿运出游，诗社遂寂然。③ 不过，这是叶德辉的事后回忆，不免自我炫耀的成分。以叶德辉新科举人的身份，未必会受郭、王等名家的青睐，也未必有资格去鄙夷这种高层次的雅集——叶德辉活跃于湘省政、学、

---

① 钱基博：《近百年湖南学风》，中国人民大学出版社2004年版，第60页。
② 同上书，第65—66页。
③ 参见叶启勋《叶郋园先生年谱》，《南强旬刊》第1卷第13期，第19页。

商各界，还是会试及第、告假还乡之后的情形。叶德辉后来说："湖南先辈如王湘潭、郭湘阴，一时号为学者所宗，鄙人未尝依附。"① 其弟子也说："同治、光绪中，湖湘文人学士多游郭嵩焘、王闿运之门，郋园笃守家学，未尝一执雁焉。"② 这倒是事实。叶德辉一生在论学方面与王闿运有颇多分歧，纷纷扰扰，以至于王、叶两派弟子互不认同，诚所谓"争而不矜"也。叶德辉承认王闿运的文学造诣非自己所能比，以为王氏所作《湘军志》确能倾倒一时；至于王氏解经注子，则不过是向壁虚造，根本不符合经学的规范，是以有"侍讲乃六朝文士，不足当经学大师"③ 之讥。相对而言，叶德辉对于为湘人所宗的另一领袖郭嵩焘，则虽然未尝执贽称弟子，但在实质上还是受其影响。叶德辉后来则告诫弟子，"为文非本源经术，精熟义理，决无佳文"。按照这个标准，郭嵩焘同叶德辉所推崇的宋代朱子、明代归有光、清代方苞、姚鼐、张惠言等"粹然儒者"一样，列为"可以引为师法"者，认为湘人中郭嵩焘"充实在曾文正之上"，是湘人中最值得效法的。④ 亦可见叶德辉对郭嵩焘的推崇。其原因，就在于郭嵩焘治学接近于叶德辉所尊奉的汉学一途。

湖南乡试中举后的第二年即1886年，叶德辉计偕入都，应试礼部不售。1887年，长子杞儿出生，给这个家庭带来了生机。杞儿聪慧伶俐，极得叶德辉之疼爱。在等待来年会试的日子里，叶德辉家居应课自给，所获膏奖已够文房之需。然而，婚姻生活却频起波澜。据说叶妻劳氏"生长膏腴，性极勤俭"，深受叶母马太夫人怜爱，却与叶德辉性情不投，十日九张角。直到1923年，叶德辉写回忆录时，还对当日夫妻之纷争耿耿于怀，坦言家庭不睦："内子性温柔，尚俭约，又能佐中馈，得吾母欢心。惟染其家族田舍翁之风，颇厌文史。性亦阴妒，妯娌时有违言。余喜唐宋人律绝诗，以内室向南，荣光甚敞，抄诗习字，时在室中。倦或出游，迨晚归，则内子已将笔砚移置外室几案间。于是者数

---

① 叶德辉：《与罗敬则大令书》，《郋园论学书札》，长沙叶氏观古堂戊戌仲冬刊。
② 松崎鹤雄：《叶德辉传略》，转引自王雨霖《辽东诗坛所载叶德辉死事》，《书屋》2006年第1期，第50页。
③ 杨树达等：《郋园学行记》，《近代史资料》1985年第4期，第120页。
④ 同上书，第119—120页。

数,渐有勃豀者。吾母素怜之,每事必责余也。"①

光绪十四年(1888)冬,叶德辉再度北上,取道山东入京。光绪十五年(1889)三月,会试不第。由于光绪大婚亲政,同年举行恩科乡试,第二年有恩科会试。为免南北往返之劳,叶德辉没有回家,而是与长沙涂稚衡孝廉景涛一起,僦居京城。这一年,劳氏在长沙产下了第二个儿子叶启倬。光绪十六年(1890),叶德辉再次参加会试,不第,于四月南归。1891年,在叶德辉的婚姻生活中发生了一桩变故:夫人劳氏在产下第三子叶启慕之后,患上痧症,未满月即病亡。叶德辉"虽恸悼之,深以此后少室家儿女之累为幸,自是誓不再娶"②。在这前后,叶德辉最疼爱的长子杞儿也亡故。由于对杞儿的偏爱,以至于叶德辉对二子启倬、三子启慕多有不满,甚至在多年以后,还因为杞儿早亡、二子、三子不称己意,发出"久已无子"的感慨。

尽管家庭生活不太如意,叶德辉的科举应试之路这时却渐渐平坦起来。光绪十八年(1892)四月,叶德辉再次参加会试,中试第九名贡士。五月殿试,得二甲,赐进士出身。同科进士有吴士鉴、陈伯陶、汤寿潜、蔡元培、尹昌龄、张元济、唐文治、沈宝琛等。叶德辉朝考二等,以主事用,分发吏部。当时湖南已二十余年无人在吏部任职,故同乡同年皆向叶德辉称贺。

几度进京应试及任职京师期间,正值光绪中叶,朝政尚未陵替,京官从容文宴,酣嬉太平。京官重视学问甚于论政。朱德裳在《同光之际学风》一文中说:"自翁叔平、潘伯寅以朝贵为公羊学,兼治古文辞、金石,提挈宗风,倡导后进,京师上自尚、侍,下至编检以及部曹内阁才俊之士,靡然从风。而以张孝达为上首。宗室盛伯羲,满人宝竹坡、端午桥,丰润张佩纶,吴人吴清卿、洪文卿,浙人沈子丰、子培、李忠伯、黄漱兰,赣人文道希,粤人梁鼎芬,湘人王益吾等均相尚以学问,然不及时政也。"③ 发展至光宣之际,更是出现了汉学复兴的局面,正如桑兵所指出的:"清代学术,号称极盛,实为对历代学术做一总结,虽然不免于偏,而且越到晚近,越行偏锋,毕竟人才辈出。道咸以后,

---

① 叶德辉:《郋园六十自叙》,长沙叶氏观古堂1923年版。
② 同上。
③ 朱德裳:《三十年闻见录》,岳麓书社1985年版,第55页。

迭经内乱外患,承平时的盛况,一去不复返。但流风余韵,依然可见。同光两朝,欲图中兴,学术文化方面,延续旧途,开启新轨,出现表面的繁荣。文士学人,虽然成就不及前辈,也还昭昭可观。末代王朝,内外交困,政治上日暮途穷,学术文化亦趋于消沉,可还是不乏其人。"①这个判断应该说是有相当的根据的。京师的风尚对叶德辉产生了深远的影响,在叶德辉的思想、学术发展史上都是重要的一环。叶德辉后来说:"自登乡荐,北游京师,于是日与日下知名之士文酒过从,又时至厂肆遍取国朝儒先之书读之,遂得通知训诂考订之学。"②可以说,正是在京师的交游,才使叶德辉真正接触到汉学,得以"预汉学之流"。概括言之,叶德辉的京师生活以下几个方面较为突出:

第一,重视搜集图书。

如前所述,叶德辉在湖南之时,就重视搜藏图书。进京之后,此种爱好尤甚。第一次进京期间,叶德辉即遍游琉璃厂书肆,尽搜近儒治《说文》之书数十种,捆载南归。归家后,开始著《说文故训》。第二次入京时,与长沙涂稚衡一起僦居郡馆。涂氏为乙亥科举人(1875),工骈偶文,好旧书,于是间日与叶德辉一起游厂肆,各挟书而归。当时,正赶上河南商丘宋莹的纬萧草堂藏书和山东曲阜孔继涵的红椆书屋藏书散出,两家藏书运到北京书肆出卖。叶德辉虽限于财力,不能将宋、孔两家藏书全数收购,但也选择了不少珍贵版本,如明活字本《太平御览》与万历甲辰重刻《太平御览》、前后七子诗文集部,及清康乾诸学者名流所校、所藏之书,共得12箱运回湖南。在北京时他住在郡馆中,每天翻阅《玉函山房丛书》,发现其中引据资料有不少讹漏,遂下决心找来原书一一校对补充,故特别留心广搜书籍。这部分收藏后来成为观古堂藏书的重要组成部分。

进士及第后,叶德辉在搜集图书方面有了更多的同道。叶德辉在《书林清话》中云:"吾官京曹时,士大夫犹有乾嘉余韵。每于退值或休务日,群集于厂肆,至日斜,各挟数破帙驱车而归。"③《后买书行》中也多有回忆,如云:"计偕入京师,欲探酉山邃。日从厂甸游,琳琅

---

① 桑兵:《民国学界的老辈》,《历史研究》2005年第6期,第8页。
② 叶德辉:《与罗敬则大令书》,《郋园论学书札》,长沙叶氏观古堂戊戌仲冬刊。
③ 叶德辉:《书林清话》,岳麓书社1999年版,第216页。

启金匮。……同官半书淫，交游重文字。"① 所谓"书淫"、"文字"，正是当时交游特征的写照。

在搜集图书方面，叶德辉显示了较强的鉴赏能力。据其弟子回忆："其时书值未若今日之昂贵，吾师所得多在冷摊破书堆中，其明人旧刻稀本、名贤手校手抄书，书估不知，往往为吾师贱值所得。"② 当然由于当时识见尚陋，也有很多遗失。如有一次有帖估持原拓《天发神谶碑》十张，要价京平银20两。叶德辉不信该拓本为原拓，只因拓本古致，遂收购了其中之一。等到帖估离去，叶德辉再细审，发现确是原拓。再去寻找帖估，其帖早已为识货者全部购去。又曾见过黄丕烈士礼居影刻宋大字本《三字经》，叶德辉认为从来藏书家都未提及该版本书，它不过是村塾用书而索银二两，遂放弃了。后来回想起来，每每引为恨事。

第二，确立了宗郑、尊经的思想倾向。

叶德辉第二次入京期间，除了注意搜集图书之外，还对《尔雅》一书进行了研究。《尔雅图赞》为晋郭璞所作，久散佚，为清代学者严可均所辑。严可均赞郭璞"博洽古文，覃精术数，以不附王敦谋逆，杀身成仁。其为赞也，穷物之形，尽物之性，羽仪经业，粹然儒者之言"。此《图赞》原本附在《山海经图赞》后，叶钞时将其析出。叶赞严氏"抉择之精，校雠之密"，不仅是有功郭氏，而且"羽仪经传，揖让姬孔"③。

进士及第之后，与京官交游，获闻其绪论，进一步确立了汉学的取向。叶德辉后来回顾自己的学术道路时提到："壮年通籍宦京曹，于时汉学帜正高。郑庵尚书主先进，后生奔走多贤豪。"④ 而表明自己宗郑、尊儒志向的"郋园"之号，正是叶德辉在京师风尚影响下为自己所取的："余壮岁通籍，正同光中兴盛时。朝士崇尚朴学，人人企慕汉许叔重、郑康成二氏，援李赓芸别号'鄦斋'之例，吴县潘文勤公祖荫号'郑庵'，仁和汪柳门侍郎鸣銮号'郋亭'。其他师鄦师郑之称，几遍朝

---

① 叶德辉：《后买书行》，《于京集》，长沙叶氏观古堂1929年版，第12页。
② 杨树达等撰，崔建英整理：《郋园学行记》，《近代史资料》1985年第4期，第115页。
③ 叶德辉：《尔雅图赞序》，《尔雅图赞》，长沙叶氏观古堂1902年版。
④ 叶德辉：《还吴集（丙辰）》，长沙叶氏观古堂1929年版，第22页。

野。余方温《说解》,亦趋时尚,取号'郋园',意谓师鄎师郑,千百雷同,而仰止高山,不可无所向往。"① 郑庵即前述潘祖荫,正是京师学界宗风的倡导者。

京师不仅对叶德辉的治学风尚产生了影响,而且还影响到叶德辉的业余生活。叶德辉一生观剧捧角,狎优狎妓,为人诟病。追本溯源,这一爱好是受京师风尚的熏染而成。由于慈禧喜爱京剧,经常征召外班优伶进宫演戏,使慈禧实际秉政的同光两朝,轰饮征歌、声色追逐愈演愈烈,狎优狎妓成为不合法下的"合理"存在。在同光政坛和文人学士圈子里最有影响力的翁同龢和潘祖荫,都与名伶来往。翁、潘风流不仅引领着京师城里的政治新动向,也引领着京师城里的娱乐新动向。所谓政治新动向,就是以"清流"为主力的对外主战和攻击洋务能臣的言论;所谓娱乐方向,就是混宴饮、金石和优伶为一体的交往形式。声色之中有政治议论,有学问漫谈,有炫耀。翁、潘流风所及,士人效法。似乎可以这样说,当时与优伶交往、以美色侑酒不仅是一桩艳事,更是一桩雅事。外省士子来京,立即效仿起京师交往应酬的方式,不管是否真的好此道,一旦有交际的需要,即看戏,或叫优伶佐酒。当然,雅事发展到后来,便免不了由精神层面向欲望层面过渡。由艺而色,由狎优而狎妓,高雅的狎优在慈禧秉政的后期逐渐转向狎妓。②

说起来,同光之际长沙城里也是观剧成风。湘军镇压太平天国成功后,大批富贵弟子衣锦还乡,推动着省城娱乐消费的发展。其时颇有"夜夜箫鼓、百戏竞新"之景象,掀起了巨大的湘剧热潮。富贵人家花大价钱叫堂会,把戏班子请到家里;而普通百姓则在庙会、茶馆等地免费观剧。同治十三年(1874)中秋节,住在六堆子的退休官员郭嵩焘,从家中出发,经过营盘街往北走,忽然发现街上的长沙县城隍庙里演早戏,"人肩相摩,肩舆不能入"。可见长沙人看戏风气之盛。不过,长沙城里的这股湘剧热似乎并没有影响到叶德辉——他关注湘剧已是在京剧呈衰势的清末之际了。

叶德辉对戏剧产生兴趣,还是在北游京师之后。1886 年第一次入

---

① 叶德辉:《郋园北游文存》,财政部印刷局 1921 年版,第 58 页。
② 关于同光之际京师狎优狎妓的风尚,参见王中江《"清流"研究》一书第五章"声色'清流'",上海世纪出版集团 2009 年版,第 118—142 页。

京时，即受京师风尚影响，热衷于看戏，很快熟悉了当时的名伶。其时，燕伶时小福、余紫云、陈紫仙、田际云、侯青山皆年20或30外，声名鹊噪，无论朝市，皆为倾倒。到1889年至1890年间，叶德辉第二次北游京师，同样追逐京班名伶。当时的名伶如周顺龄、孙怡云、周子龄，或以声，或以技，"酒楼应召，如惊鸿瞥逝；剧场演唱，坐客为之加满"①。其声艺之佳，使叶德辉叹为观止，以至于后来叶德辉出都还乡之后，还向来自京都的宾客打听京班名伶的情况。此后全国各地皆有京班，而在叶德辉看来，皆不如旧时京班之声望，于是感叹"此曲只应天上有，人间能得几回闻"，转而追捧湘剧。

第三节 重建湘学知识谱系

叶德辉进士及第，分发主事，观政吏部。吏部与翰林同属清要之选，按理说，叶德辉的美好前途已经展开。然而，他在吏部主事任上不到一年，就放弃了这份光明的前程，告假回乡。从此优游林下，专以著书为事。

叶德辉为什么要辞官？他自己没有太多的说法，只是在1922年所作的《五先生咏》中有"宦情本间淡，归卧湘江东"之句，表明自己本无做官之瘾，叶氏家族祖上也有不慕仕进的传统。张承宗、杜迈之在《叶德辉评传》中说："但因为主事的月薪只有七两银子，当然不能满足叶德辉的名利欲望；以家庭经济情况论，他也不愿呆守这个京官的位置。所以，当他得到这个'钦点主事、观政吏部、保升员外郎加四品衔'的出身后不久，就以乞养为名，请长假回籍。"②似乎叶德辉是嫌这个职位俸禄太低。这种说法有一定道理，当时京官月俸普遍较低，若无额外的陋规钱，几乎难以生存，更不用说养家糊口了。但俸禄低只是原因之一，更重要的是，在晚清吏治渐败的背景下，京官很难有所作为。

以后的叶德辉常以"叶吏部"的名义活动，而"吏部"一衔也带给了他不少荣耀。那么，这个"吏部"到底是个什么样的官？陈三立

---

① 叶德辉：《曲中九友诗后序》，《曲中九友诗》，长沙叶氏郋园光绪三十四年刊。
② 杜迈之、张承宗：《叶德辉评传》，岳麓书社1986年版，第3页。

的经历或许会有助于我们理解这个问题。

光绪十五年己丑（1889），陈三立成进士，旋以主事分吏部考功司。到任不久，吏部的一位书吏衣冠楚楚地登门相贺。三立根据来人的衣着、举止，"误以为缙绅一流"，遂"以宾礼接见"。书吏见状，喜形于色，"亦昂然自居于敌体"。交谈数句，三立始知访客原来是本部的僚吏，"乃大怒，厉声挥之出"。书吏羞愧难当，掩面而去，临出门时小声嘀咕道："不得庶常，何必怪我？"强颜自饰之余，颇含讥刺之意。三立虽以楷书不中律而未入翰林，又岂会迁怒于无知胥吏？真正令他勃然大怒的，还是"部吏弄权，势成积重，吏部尤甚，兹竟贸然与本部司员抗礼，实大悖体制"。三立当众"折其僭妄，弗与假借"，并非小题大做，而是要借此表明对纲纪坏弛的深恶痛绝。①

陈三立原本也是身怀大志，急于有所作为。如今亲身经历了小京官的真实体验，这才真切地感受到了什么叫做"浮沉郎署"，什么叫"难有展布"。一番深思熟虑之后，陈三立以侍亲为名毅然辞官而去，此时距离三立到任还不足三月。

陈三立分授吏部主事司考功是在1889年。三年之后，叶德辉也是"分曹司考功"。此时部吏弄权、犯上作乱的情形大约没有太多的改善。由于史料的有限，叶德辉在吏部主事任上究竟做了些什么，我们很难全面把握。但透过雪泥鸿爪，还是能稍微捕捉到一点儿信息。

黄兆枚在《叶郋园先生传》中提到一事：黄于1903年入铨曹，距叶德辉任职时已十余年；吏部的人，还有谈及叶德辉击部胥事者。当时部胥窟穴久把持案例，尤轻视新曹官。这让叶德辉十分厌恶。"一日，乘其倨慢，怒批其颊。盖柯权倒置之弊，已愤慨于中矣。"② 陈三立由于部吏的僭越而大怒，将胆大妄为、敢与自己平起平坐的僚吏厉声挥之出；叶德辉由于部吏把持案例而怒批其颊，两者都反映了对当时纲纪松弛的深恶痛绝。

吏部作为清要之职，权高位重，本应发挥整齐风俗、顺理人伦之作用。然而，吏部之腐败不堪、纲纪松弛，叫人失望。既然吏部主事不如它名义上的那么尊贵和能够有所作为，那么，叶德辉在取得了这个出身

---

① 参见张求会《陈寅恪的家族史》，广东教育出版社2000年版，第216页。
② 参见黄兆枚《叶郋园先生传》，《郋园全书》卷首，长沙叶氏观古堂1935年版。

之后，以未及三十之少龄，决计归田，从事于自己所钟爱的经学研究事业。

叶德辉刚一回到长沙，尚未整理行装，湘中名儒王先谦便登门拜访。王先谦在叶德辉的一生中扮演了相当重要的角色。为此，先介绍一下王先谦其人。

王先谦（1842—1918），字益吾，号葵园，辛亥以后号遯翁，湖南长沙人。1864年乡试中举；1865年会试及第，钦点翰林院庶吉士。散馆后，授编修，并先后充任云南乡试副考官（1870）、会试同考官（1874）、江西恩科乡试正考官（1875）、浙江乡试副考官（1876）、国史馆总纂、实录馆纂修，兼充总校。1879年升翰林院侍讲，1885年补授国子监祭酒，简放江苏学政。1888年江苏学政任满，请假回籍养病。1889年假期满，以养病为由，奏请开缺，得到批准。从此乡居，成为湖南士绅领袖。

王先谦在二十余年的仕途生涯中，一方面以评议时政、忠耿直谏、鼓吹自强而小有名声；另一方面又以重视学术、著述繁富而著称，先后编、刊有《续古文辞类纂》、《十朝东华录》；复踵阮元刊刻《皇清经解》之迹，刊刻《续经解》近200种；又将没能收进《续经解》中的数十种有益艺文者，刊为《南菁书院丛书》，而收录的标准则是"非有裨考订者"不入；诚为晚清汉学之重镇。王先谦的汉学取向与他的治学经历有关。他在京师时与众多学者交往，特别是"时从周自庵先生游"①。周寿昌，字荇农，号自庵，湖南长沙人。道光二十五年（1845）进士，由翰林官至内阁大学士，兼礼部侍郎。中兴湘人多以功名显，自庵先生独回翔词苑，几数十年。以病罢官后，寓居京城，以丹黄自娱，每日从事于考据之学。所著《思益堂日札》考经证史，以渊博著称。其学长于乙部，著有《汉书注校补》、《后汉书注补正》、《三国注证遗》、《五代史纂误补续》诸书。王于周为侄女夫，既为姻亲，又从事问学，服膺无间，涉取甚多，特别是在《汉书》研究方面，皆承寿昌余绪，而增益众说以成之者。王先谦多次出任考官，对各地学风差异深有体会；又任清代汉学发源地之一的江苏学政，在治学方向上偏离了湘

---

① 王先谦：《诗余偶钞序》，见王先谦著，梅季坤点校《葵园四种》，岳麓书社1986年版，第73页。

学正宗。

在主持各项文化工程的过程中,王先谦有心表彰湖南乡邦文献,却痛感湖外文章声气之暌绝。以经学论,编《皇清经解续编》时,湖南入选者没有几家,与素有人文渊薮之称的吴皖等地悬殊甚大。以文学论,邓湘皋、欧阳䃕东同为蜚声资、邵间的诗人,而湖外之人只知有邓湘皋,却不知有欧阳䃕东。尽管晚清湖南人才辈出,封疆大吏遍布全国;然而一旦落实到经学层面,湖南则依然处于边缘地带。这使王先谦引以为恨,并立志改变此种状况。归田后,遂以提倡经学、振兴湘学为己任;同时通过刊刻湖南先贤故籍,提升湖南在全国学术界的地位。

王先谦的这一主张得到了郭嵩焘的支持。王先谦因倡言洋务而小有名气,故郭嵩焘对王先谦早就予以留意。1882—1884年,王先谦丁忧回里,两人晤谈极频繁,几乎靡日不有,而所论均以学术与世道人心为主。郭嵩焘赞王先谦所作的《汉书补注》"其校订经史之功,实远出宋明诸儒之上,即此亦可汇为一书,实不朽之盛业也";又赞王先谦刊刻《天禄琳琅》"盖不朽之业也";赞"益吾勇于为文,每信必日数作,可为畏友"①。此后王先谦在江苏学政任上所刊、刻、著各书,也都赠送给郭嵩焘。1889年,王先谦正式开缺后,与郭嵩焘的交往更密。光绪十六年(1890),王先谦接替了郭嵩焘所开办的思贤讲舍的主讲席,肩负起正学术、挽人心的重任。不仅如此,王先谦还在思贤讲舍内设局刊书,通过流刊古籍和时人文集,来振兴学术、维系风俗人心。1891年,王先谦改主城南书院(1894年后改主岳麓书院),但思贤讲舍的精神却延续下来,扶世翼教仍是不变的宗旨;而思贤书局则成了振兴儒学的一个机构。

郭、王之间的文章道谊之交感人至深。多年后,王先谦在回忆郭嵩焘时还说:"犹忆郭筠仙先生在时,每见先谦文,其以为可者,反复称美,又时时为人道之;其不可,则奋笔代定,无所假借。真能与人为善者也。"② 对于郭嵩焘,王先谦"一意求表彰";郭嵩焘临终时,将毕生所著文稿托付王先谦整理。思贤书局成立后,王先谦所做的一件大事,

---

① 郭嵩焘:《郭嵩焘日记》第4卷,湖南人民出版社1982版,第312、482、484页。
② 王先谦:《与王泽寰书》,见王先谦著,梅季坤点校《葵园四种》,岳麓书社1986年版,第298页。

便是刊布郭嵩焘的《礼记质疑》、《大学章句质疑》、《中庸质疑》等著作。郭嵩焘逝世后，王先谦领衔呈书李鸿章恳求其奏请朝廷为郭嵩焘赐谥立传。他为郭嵩焘的遭遇而感到不平和痛惜，称"吾于郭筠仙先生尤深慨焉"，赞郭嵩焘"思以先觉，觉彼后知，利在国家，岂图其私"①，不愧为一"魁奇杰特之士"。

从郭嵩焘到王先谦，均以"论事救时为先，治经宗两汉"为特色。郭嵩焘赍志而没，王先谦痛失知音。正是在这样的背景下，叶德辉作为具有经学根柢、可与论学之人进入了王先谦的视野。

因叶德辉乡试时的房师谢隽杭（山东福山人）会试时系出王先谦门下，与王有师生之谊，故叶德辉出京之时，谢隽杭作书介绍叶去拜访。而王在叶德辉回籍之前，即看过叶德辉会试墨卷，击节叹赏，以为"典重高华，有雍乾作家风范"，遂于叶德辉回乡之初，忘其年辈，投谒先施。会谈中，王先谦亟问叶德辉平日所读何书、治何学，"余谦让弗敢对"。第二天，叶德辉拜访王先谦，在王书房中晤谈。关于晤谈的情形，叶德辉在回忆中写道：

> 坐次，语余曰："吾归田已四年，求一读书人与语不可得。今阁下归，余获一良友矣。"又坚问余于何书用功最深，余不获已，答以少承庭训，本习宋人书，以先祖楹书多江苏先哲遗书，藉诂经课，略知经学门径。留京三四年，居郡馆中，于习大卷白折外，案有马国翰《玉函山房丛书》，见其中引据讹漏甚多，拟取原书逐卷校补，苦于分心举业，不竟其功。公曰："此著作事也。无怪闱墨书卷之气溢于行间，是故足觇根柢矣。"又询余出处，余答以长假养亲，不再出。公曰："是也。吾在江苏学政任内，成《皇清经解续编》千余卷，因是感触吾湘经学之陋，未免见笑外人。当编辑时，仅得船山诸书及魏默深书、诗《古微》二种，犹未纯粹，乃以曾文正读书日记析其读经笔记，杂凑一家，而生存人如胡元仪、胡元玉所著书亦录入，盖不得已也。归田后，遂以提倡经学为己任。如阁下年力富强，任择一经为之，必远出前人上。吾观阁下会闱三

---

① 王先谦：《兵部左侍郎郭公神道碑》，《养知书屋遗集序》，《葵园四种》，岳麓书社1986年版，第91、187页。

艺，知必深于经学矣。今日同居一城，吾有书必就商，名山之约定于今日。"①

多年后，回想当初王、叶结交的一幕，叶德辉依然感慨道："公叠秉文衡，东南名宿尽出于公门下，何图于余？诱掖奖励如此。"并将自己30年著作等身，归结为王先谦的提携之力，称王先谦"实平生第二知己也"②。

如果说此前叶德辉从事学术研究只是一种个人行为的话，那么，通过王先谦这个环节，叶德辉纳入了近代湘人振兴湖湘经学的链条中。他也自觉地将自己的学术研究与振兴湖湘经学联系在一起，努力构建新的湘学知识谱系。

第一，追溯前贤，重寻湘学知识谱系。

湖南曾涌现出一批理学名臣，如胡林翼、曾国藩、左宗棠等人，这些理学名臣无疑是湖南作为忠义之邦的形象代言人。不过，叶德辉认为，讲学与论政是两回事，事功与著述分属不同的范畴。因此，一旦论及"学问"这个问题时，叶德辉无意于表彰这些理学名臣，而是以汉学为标准，重点凸显那些对湖湘汉学发展意义重大之人。"三吴汉学入湖湘，求阙斋兼思益堂"，曾国藩与周寿昌在湖湘汉学发展史上是关键人物；而从曾国藩、郭嵩焘到王先谦，一脉相承，构成了湖湘学术传承的又一主线。

从叶德辉的眼光出发，曾国藩是怎样一个人呢？叶德辉认为："湖南自军兴以来，士争务于功利。湘乡曾文正督师戡乱，不废弦歌。每克一名城，即补秋闱、创书局、礼名士。至今大江南北，祀之瞽宗，名以精舍。"曾国藩之所以不同于其他湘人，就在于他不以功利为唯一目标，而倡导经学。然而，"其文章教泽，未被于乡里"。郭嵩焘出使海西，归主"思贤、城南讲席。侍郎之学，本永嘉、湖州遗法，课士以事功，范之以程、朱之诚敬。于时湘人薄言外务，侍郎谆谆以告于人。坐是而得众谤，久之不合去"。郭嵩焘有志张大湘学，也不为湘人所容，未能实现抱负。王先谦继两公之后，"治经宗两汉，论事以救时为先。自思

---

① 叶德辉：《郋园六十自叙》，长沙叶氏观古堂1923年版，第4页。
② 同上。

贤、城南移席岳麓，士之沐其教者，类多能文章、达时务，以蕲全于世用"①。两公未竟之志，王先谦得以一一实现。王先谦不仅以忠君卫道、羽翼圣教为己任，力矫士风之浇薄；而且疏经注史，成为晚清汉学重镇，由此改变了湖南不知汉学为何物的形象。因此，在叶德辉看来，王先谦无疑是湘学领袖。

从湖湘汉学发展史的角度看，湘水校经堂的作用无疑是值得注意的。如前所述，吴荣光创办湘水校经堂，本是对阮元在浙江设诂经精舍、在广东设学海堂的一种不太成功的效法。不同于诂经精舍、学海堂很快地成为本省的学术权威机构，湘水校经堂在湖南的命运却是一波三折。然而，当汉学在湖湘大地兴起之时，抚今追昔，湘水校经堂在学术史上的意义被不断强化。郭嵩焘称赞湘水校经堂"实开偏隅风气之先。意者经学将遂昌明，承学之士有所凭藉以资讨论，庶几一挽末世之颓风邪？"②王先谦则不但肯定湘水校经堂开湖湘经学之风气，而且表彰它在造就人才方面的作用。湘水校经堂"一时造就人才如周自庵（寿昌）、郭筠仙侍郎（嵩焘）昆弟、孙芝房侍读鼎臣、凌荻舟中翰玉垣，号称极盛"③。郭、王对湘水校经堂的肯定，都还局限于对湘学影响本身，至叶德辉，则放眼全国，将湘水校经堂的意义进一步提升。他说："中丞抚湘，增广岳麓书院诸生膏火，创建湘水校经堂，拔置通经史识时务之士，至今古学号为中兴，得人亦称极盛。百年以来，魁科高第著述名家，与文达抚浙所建之诂经精舍、抚粤所建之学海堂若神山之相望久矣。"④在叶德辉看来，湘水校经堂的创立岂止是改变了湘中不知古学、学术人才匮乏的局面，简直可以争胜于诂经精舍与学海堂，在全国都造成了一定的影响。而自己正是以赓续湘水校经堂的经学传统自任。

此外，叶德辉对湘学源流进行了探讨，认为："湘学兆于鬻熊，成于三闾，宋则濂溪为道学之宗，明则船山抱高蹈之节。"⑤这里，叶德辉将湘学的源头上溯到了被封为楚祖的鬻熊，并将宋之周敦颐、明之王夫之作为重点表彰的对象。他于1892年校辑《鬻子》2卷时，充分肯

---

① 参见王先谦《葵园自订年谱》，《葵园四种》，岳麓书社1986年版，第812—813页。
② 郭嵩焘：《郭嵩焘诗文集》，岳麓书社1984年版，第526—527页。
③ 王先谦：《葵园四种》，岳麓书社1986年版，第888页。
④ 叶德辉：《重刊辛丑消夏记序》，《辛丑消夏记》，长沙光绪乙巳夏五郎园刊。
⑤ 叶德辉：《叶吏部答友人书》，《翼教丛编》，上海书店出版社2002年版，第176页。

定了楚文化的历史地位。"楚为春秋时强大之国，其民俗尚武，至今犹有遗风。逮乎战国之世，则有屈原、宋玉、唐勒、景差诸人，造作骚赋，接风雅之宗传，为词章之初祖。文武递嬗，至于今日，虽鲁号秉礼，莫能尚焉。"楚地为何能"文学彬彬，同于邹鲁"，"人文化成千载相望"？在叶德辉看来，不只是因为地处东南、钟灵郁秀的结果，更在于开国祖鬻熊的作用。据史书记载，鬻熊曾为文王师，历事文、武、成三朝，周封为楚祖。班固《汉书·艺文志》"道家"类中有《鬻子》22篇，而"小说家"中又有《鬻子说》19篇，注云："后世所加。"叶德辉据此判断："有书而后云加。足见当时鬻子著书之多，流风衍被，遂成文治之国。"故楚地文学之盛，"虽曰地气使然，固其先君先公教泽之留贻有以致此耳"。叶德辉又说："余姓出于楚之叶公，世家南阳。自宋南渡迁越迁吴，号为望族，乃始封之地，子姓无多。且自宋以来，通德闻人，类皆著籍于吴越，楚则阒然无闻。然则数典忘祖，谁之咎也？"张之洞在湖北建两湖书院，崇祀乡贤，以楚祖鬻子居首。叶德辉校辑《鬻子》一书，正是为楚祖张帜，"欲使楚之人家有其书，吾之宗世守其学。以鬻子之学治楚，其效必速盱黄老之治汉、申韩之治蜀焉，而屈宋之徒，庚起相接，以存中原之文献，立终古之强国"①。

第二，导引后学，再树湘学新形象。

提倡汉学、传播汉学，是改变"吾湘经学之陋"情形的主要途径。由于王先谦等人的努力，使汉学在全国总体上走向衰落的晚清之际，湖湘大地却出现了"汉学大盛，风流湘楚，人人骛通博以为名高，而耻言程朱"②的局面，自此以后，湘中后生"多能明古今之别，知汉宋之分"③。在此基础上，叶德辉又推动湖湘汉学朝着正宗的方向发展。

叶德辉认为，"崇圣不可以徒致，必首事于通经"。对于士子而言，尊儒不只体现在信仰或操作实践上，也应体现为对儒学知识系统——经学的研究与传衍上。"通经不可以陵节，必循涂于识字。"强调通经必先识字。"诏后学以所从入，必先于簿录考溯其远流，开示其阃奥。"④因此，叶德辉不但自己一生治学以《说文解字》与《四库全书总目提

---

① 叶德辉：《校辑鬻子序》，《鬻子》，长沙叶氏观古堂光绪壬辰刊。
② 钱基博：《近百年湖南学风》，中国人民大学出版社2004年版，第66页。
③ 李肖聃：《湘学略》，岳麓社1985年版，第207页。
④ 同上书，第217页。

要》为工具，而且以此教授弟子，提倡经学具体落实到文字训诂与目录版本学上。湘学若真要改变经学不兴的局面，必须由此入手；唯其如此，才能做到内行入格，避免为外人所笑。

叶德辉还参与了思贤书局的工作，与王先谦、张祖同等人一起，致力于古籍和时人文集的出版。维新运动前后，思贤书局先后出版了郭嵩焘《礼记质疑》、《大学章句质疑》、《中庸质疑》，张之洞《劝学篇》，陈立《句溪杂著》，李道平《周易集解纂疏》，舒天民《六艺纲目》，郭庆藩《方言疏证》等著作。一方面通过这些活动来振兴学术；另一方面以此来弘扬圣教，教化臣民，靖人心，正纲常，维护清王朝的统治。

不过，叶德辉虽然以振兴湘学为己任，将自己纳入到湘学知识谱系中来，但又常常以三吴汉学的继承者自居，从正宗汉学的立场出发批评湘学。李肖聃论及叶德辉时曾说："当光绪中叶，县人王侍讲闿运、长沙王阁学先谦以名德巨儒都讲书院，群士承风，奉手其门。先生治学，守吴先生遗法，与侍讲异趣，于阁学为再传弟子，执礼甚谨，论学亦不苟同。"① 叶德辉与王先谦虽同为湖湘汉学的代表人物，且为晚辈后学，却不愿依附其门庭。其弟子称："同光之间时论推县人王葵园阁学师先谦、湘潭王湘绮侍讲为尊宿。吾师特与二王鼎足，于是有长沙王叶、湘潭王叶之称。顾吾师之学迥与二王宗派不同。吾师恒言阁学师不出桐城派古文范围，于经学有中年出家之弊，侍讲乃六朝文士，不足当经学大师。"② 在叶德辉与王先谦的学术交往中，叶德辉对王先谦时加针砭，不讳言两者志同而道不合，体现了湖湘汉学内部的歧异性。至于与王闿运之间，论学则势如冰炭。

除了与二王鼎足、跻身湘学领袖之外，叶德辉在湖南政局中的影响也在扩大。叶德辉在《郋园六十自叙》中回忆："关于地方利弊之事，有时必呈达地方官斟酌施行者，以前只张、黄及李幼梅观察等三数人与议。后葵园见余决事明快，有事必坚邀余入议。"当时这些湘绅中，黄自元从不立言，王先谦善于条陈而拙于言论，张祖同、孔宪教则拘于礼节，不能尽言。因此，"凡有兴革及枢府谘询之事，巡抚集司道耆绅会议，多所依违"。只有叶德辉毫无顾忌，"侃侃而谈，动中窾要"，故尤

---

① 李肖聃：《湘学略》，岳麓书社1985年版，第217页。
② 杨树达等：《郋园学行记》，《近代史资料》1985年第4期，第109页。

为地方官所注意,"历任巡抚皆虚已以听,立饬施行"①。此后,王先谦、叶德辉共同参与了湖南省政的许多大事,成为湘绅中的"权绅"。

第四节 独特的汉宋学术论

生于理学之邦,受理学传统之熏染;又守吴地先正之遗法,获闻京师名家之绪论,使叶德辉形成了一种独特的学术思想旨趣,即尚汉学而独崇朱子,从而与晚清以陈澧为代表的汉宋调和者拉开了距离。

作为儒学的知识形态,经学发展到清代,最重要的变化是汉学的兴起。汉学最主要的特色是注重对儒家经典的整理、考订,通过经典文本把握圣人之义;在儒学观念上,也致力于由形而上的思辨回归道德的、伦理的、情意的儒学,以复古为解放。至乾嘉年间,汉学之风流衍大江南北,以致家家许郑、人人贾马,汉学成为清代学术的主流。《四库全书总目》将两汉以来的经学分为两类,即崇考据的汉学与讲义理的宋学。至1818年江藩的《国朝汉学师承记》出版,将汉学看成是清代学术的正宗,并以纯宗汉儒作为选编的依据,引起了宋学家的反击。桐城派文人、倾向于宋明理学的姚鼐的弟子方东樹针锋相对,作《汉学商兑》,历数汉学家之误,并在卷末攻击"汉学有六蔽",如"力破'理'字"、"考之不实"、"畏程朱检身动绳以理法,不如汉儒不修小节,不矜细行,得以宽便其私",等等。② 于是汉宋对峙,势如水火。

如果说江、方之争尚属于论学途径之争的话,那么,嘉道以后,随着社会承平不再,悲风骤至,这种争论渐渐扩展到社会层面。人们在反思社会动荡的原因时,集矢于脱离实际的汉学,汉学不仅因其繁琐考据在学术层面受到批评,而且还被视为道德败坏、社会动乱的根源。湘籍经世学派乘时而起,倡导"有实学斯有实行"。从经世致用的精神出发,也参加到了对汉学的批判中来。魏源作为湖湘经世派的代表,对汉学的批评尤为尖锐。他说:"自乾嘉中叶后,海内士大夫兴汉学,而大江南北尤盛。苏州惠氏、江氏,常州臧氏、孙氏,嘉定钱氏,金坛段氏,高邮王氏,徽州戴氏、程氏,争治训诂声音,瓜剖铢析。视国初

---

① 杨树达等:《郋园学行记》,《近代史资料》1985年第4期,第136—137页。
② 参见方东樹《汉学商兑》,生活·读书·新知三联书店1998年版,第385—386页。

昆山、常熟二顾，及四明黄南雷、万季野、全谢山诸公，即皆摈为史学非经学，或谓宋学非汉学。锢天下聪明智慧，使尽出于无用之一途。"①从经世致用的角度出发，魏源认为汉学（东汉古文经学）无用，要求由东汉古文经进而复西汉今文经："今日复古之要，由训诂、声音以进于东京典章制度，此齐一变至鲁也。由典章制度以进于西汉微言大义，贯经术、政事、文章于一，此鲁一变至道也。"②魏源表彰西汉诸儒"能以《周易》决疑，以《洪范》占变，以《春秋》断事，以礼乐服制兴教化，以《周官》致太平，以《禹贡》行河，以三百五篇当谏书，以出使专对，谓之以经术为治术"③，以为西汉今文经学才是"真汉学"。作为对乾嘉汉学的一种纠偏，魏源在学术上选择了"以经术缘饰吏事"的西汉今文经学，著《诗古微》、《书古微》等。

曾国藩理学集团兴起之后，从宋学家的立场出发，对汉学亦多持批评态度。

曾国藩曾反驳乾嘉汉学家对宋儒的批评："近世乾嘉之间，诸儒务为浩博。惠定宇、戴东原之流，钩研训诂，本河间献王实事求是之旨，薄宋贤为空疏。夫所谓事者非物乎？是者非非礼乎？实事求是，非即诸子所称即物穷理者乎？名目自高，诋毁日月，亦变而蔽者也。"④左宗棠对汉学多有微辞，甚至将太平天国的爆发、西方列强的入侵亦归罪于汉学。他说："出于礼取入于刑，其翼教持世者不可忽也。礼坏慝作，讼狱繁而干戈起矣。盗起岭峤，祸延下国，中原糜沸，夷戎凭之。三朝忧于上，公卿将吏瘁于下，阅甘余箕乃有止戈之望。推原祸始，厥有由来。"⑤提出要"箴汉学之膏肓，而一以朱子为归"。湘人如孙鼎臣亦云："天下之祸，始于士大夫学术之变；杨墨炽而诸侯横，老庄兴而氐戎入，今之言汉学者，战国之杨墨也，晋宋之老庄也。"⑥同样将"粤寇之乱"归罪于汉学。

---

① 魏源：《武进李申耆先生传》，《魏源集》上册，中华书局1976年版，第358—359页。
② 魏源：《刘礼部遗书序》，《魏源集》，中华书局1976年版，第242页。
③ 魏源：《默觚上·学篇九》，《魏源集》，中华书局1976年版，第24页。
④ 曾国藩：《书学案小识后》，《曾国藩全集·诗文》卷1，岳麓书社1986年版，第166页。
⑤ 左宗棠：《家书·诗文》，《左文襄公全集》第13册，岳麓书社1987年版，第251、260、278页。
⑥ 朱克敬：《儒林琐记》，岳麓书社1983年版，第56页。

汉宋之争的结果并没有使理学如方东樹所期待的"倦鸟归巢"恢复主导地位，而是走向了汉宋调和。理学名臣曾国藩是倡导者之一。曾氏早年一宗宋儒，而后主张汉宋兼容。相对于尽宗宋儒而言，这种"汉宋兼容"实际上意味着对汉学的采纳。曾国藩嘱咐自己的儿子，汉学名目可以不标，但汉学门径不可不知，指出："学问之途，自汉至唐，风气略同；自宋至明，风气略同；国朝又自成一种风气。不过顾、阎、戴、江、钱、秦、段、王数人，而风气所扇，群彦云兴。尔有志读书，不必别标汉学之名目，而不可不窥数君子之门径。"[1] 汉宋兼容是为了挽救名教之奇变。封建名教的核心是礼，统治阶级也标榜礼治，而汉学家的礼制考证也很细致，故亦是学问之一途，不可轻视。曾国藩对于一味地诋毁汉学的做法颇持异议。在《孙芝房侍讲〈刍论〉序》中说："曩者良知之说诚非无弊，必谓其酿晚明之祸则少过矣。近者汉学之说诚非无弊，必谓其致粤贼之乱则少过矣。"[2] 曾氏所作《圣哲画像记》，清朝部分首列顾亭林，次秦蕙田，次姚鼐，次王念孙，均为汉学名家，或清代汉学之先河。

曾国藩是倡导汉宋兼容的理学名臣，陈澧则是倡导汉宋调和的学术界代表。陈澧（1810—1882），字兰甫，学者称东塾先生，广东番禺人。陈澧少年肄业于粤秀书院，23岁中举人，六应会试不中。后为学海堂学长数十年，晚年为菊坡精舍山长。东塾生当乾嘉盛极之后，身历鸦片战争及太平天国之乱，正是朴学盛极趋衰风气将变之时的一个过渡人物。陈澧著有《声律通考》、《切韵考》、《汉书地理志水道图说》、《汉儒通义》、《东塾读书记》等，其中《东塾读书记》是其代表作。陈澧在学术上力图沟通汉宋，早年的著作如《汉儒通义》就主张"汉儒善言义理，无异于宋儒；宋儒讥汉儒讲训诂而不及义理，非也；近儒尊崇汉儒，发明训诂而不讲义理，亦非也"[3]。而《东塾读书记》的中心思想就是论证汉学家讲义理、宋学家讲考据，从而达到消除汉宋矛盾的目的。由于清代汉学家服膺郑玄，清代理学家服膺朱熹，故陈氏在论证时费墨最多者为郑玄与朱熹。在《读书记·十三》"郑学"中，反复辨

---

[1] 曾国藩：《曾国藩全集·家书一》，岳麓书社1986年版，第476页。
[2] 曾国藩：《曾国藩全集·诗文》，岳麓书社1986年版，第257页。
[3] 陈澧：《汉儒通义·自序》，转引自钱穆《中国近三百年学术史》，商务印书馆1997年版，第662页。

明汉儒讲义理,"澧谓昔之道学家,罕有知汉儒及见义理之学者,更罕知程、朱即汉儒意趣者"。并引王鸣盛"学者若能识得康成深处,方知程朱义理之学,汉儒已及见及"之言为证,主张汉儒并非仅讲训诂。在《读书记·十五》"朱子书"中,陈氏遍引朱子重训诂、讲源流、赞郑玄之语,又辨析朱子之"理"、朱子读书之法,证明朱熹对南宋风气之救正。① 陈澧的观点在晚清学术界产生很大影响,为很多学者所接受。汉宋调和成为晚清学术界的一股思潮。

叶德辉几次北游京师之时,正是陈澧的著作在士大夫间流行并被推重之际。叶德辉也购置一册,"朝夕研求,觉其书平实贯通,无乾嘉诸君嚣陵气习,始知盛名之下,公道在人;众口交推,良非虚溢"②。这是因为,与晚清汉宋调和思潮相一致,叶德辉对待汉宋学派也不拘泥于门户家法,而主张兼收并蓄。在具体的治学方法上,叶德辉遵循的是汉学路径,所谓"非识字无以通经,非通经无以治群言之庞杂,使归于雅正;顾非兼览博涉,又无以穷经之流。故自知学,即恒以《说文解字》及《四库书目提要》二书自随"③。强调通经必先识字,强调古籍目录版本的意义,都是汉学话语。另一方面,叶德辉自幼就接受理学的教育,幼承庭训,即以日读《资治通鉴》与《名臣言行录》为功课;后又入以理学为正统学术的岳麓书院就读,崇奉朱子亦是叶德辉的主张。因此,不主张汉宋之争,也不以汉、宋学自限。从这个角度出发,叶德辉称赞汉宋兼通的陈澧。

然而,对于所谓"汉宋调和"论,叶德辉却表示非议,而提出"尚汉学崇朱子"的主张。叶德辉的座师、服膺陈澧之学的宛平人徐仁铸曾在书信中,要叶德辉远师顾亭林、近法陈兰甫。叶德辉答以"兰甫人品亦笃实可风,而其讲学调和汉宋,在门户纷争之后,所谓舍田芸田,不可法也"。在他看来,汉宋调和论是在汉、宋门户已开之后和稀泥的做法,混淆了是非。他后来进一步解释:"吾生平颇尚汉学,而独崇朱子,然非曾文正、陈澧调人之说,所谓汉宋兼采者,则以朱子自有真实之处,在学者之探求,不在口说之争辨耳。"④ 因此,对陈澧的立

---

① 陈澧:《东塾读书记》,生活·读书·新知三联书店1998年版,第276、301—325页。
② 叶德辉:《与罗敬则大令书》,《郋园论学书札》,长沙叶氏观古堂戊戌仲冬刊。
③ 黄兆枚:《郋园先生传》,《郋园全书》卷首,长沙叶氏观古堂1935年版。
④ 叶德辉:《经学通诰》卷1,湖南教育会1915年版。

论基础进行反驳。

如前所述,陈澧的《汉儒通义》主要是从汉儒的议论中发明汉儒义理,证明宋儒所讲义理,汉儒均已及之。叶德辉对此"心有未洽"。他认为,性与天道,圣人不可得而闻,本非汉儒所究心所擅长,何必非要在汉儒言说中寻找此类义理?宋人的性理之说,原亦有虚有实,实者人理,虚者入禅。朱子之学实,陆子之学虚。性理之说,高明者与释氏离合在毫发之间;卑陋者乃以语录空谈导天下之人以不学。故自己"于宋学,独重朱子";"于朱子之学,尤重实践"①。在他看来,宋学并非仅言性命。若仅言性命,即使是周程张氏,也会流入异端。朱子可贵之处,就在于他针对性命之说的弊端,"救之以主敬,辅之以读书"。因而,朱子之学,不仅与陆子有异,亦与周、程、张有异。这里不仅否定了汉儒言义理的说法,而且对宋儒义理本身作了分辨,认为值得倡导的宋儒义理并非性命之说,而是朱子一派务实的义理。

陈澧的《东塾读书记》,对于宋学,则力证其亦讲训诂考据,尤其是朱子重训诂、讲源流、赞郑玄,与汉学无二。叶德辉对于宋学本身、甚至于朱子的经学,都有非议。如谓"宋元人解经,偏于义理;又好发为空论,于群经名物制度文字训诂皆无所研求"。清代纳兰性德曾将宋学家经解聚集起来,汇刻成《通志堂经解》1800多卷,叶德辉认为其中"精者不及十种"。同时也不满于《通志堂经解》的采择标准,"所采诸家偏于朱子一派,北宋如二苏、南宋如永嘉诸儒之书,皆摒不入选"②。在叶德辉看来,宋代经学不应以朱子一派为唯一标准,北宋二苏、南宋永嘉诸儒之书都应收入北宋经学集中。叶德辉还指出:严粲之《诗辑》与吕祖谦之《读诗记》,皆注重审定音训疑似、考订名物异同,非宋儒空谈六义者所能企及;而通志堂汇刻宋元以来经解书,摒而不录,其原因就在于他们说《诗》与朱子说《诗》多有不合。叶德辉认为,这是有失公允的。叶德辉认为,《朱子全书》于小学一类颇有体验,其他读书之法,亦一一守其大纲;"惟疑经非传之言,不敢引申而推衍",批判朱子集结四书、集注四书,认为"《大学》、《中庸》皆

---

① 叶德辉:《与罗敬则大令书》,《郋园论学书札》,长沙叶氏观古堂戊戌仲冬刊。
② 叶德辉:《通志堂汇刻经解》,《郋园读书志》卷1,上海澹园1928年刊。

《礼记》之一篇，不当析出，反致郑注沉晦"①。

在叶德辉看来，汉宋之学各有其宗旨，亦各有其所长，"许郑之长在通贯经义，程朱之长在敦行践履"②。自己"最服膺朱子之学，最畏居理学之名"③。为人为学，应达到一种境界，即吟风弄月之时，须具有仁民爱物之量，此方是圣门第一等学业、天下第一流人物。倘若都像理学家那样，正襟危坐，道貌岸然，讲学如楚囚相对，岂复有生人之乐哉？又言："平生志趣所向往在东汉、北宋诸贤之间，故贱性伉直磊落，亦颇近之。"④ 这里叶德辉实际上隐隐表示出一种与理学的距离，不太认同理学家的个人修身功夫与论学途径。

对于汉宋之争、汉宋调和的由来等问题，叶德辉也提出自己的看法。

第一，他否定所谓汉宋调和论始于纪昀的观点。纪昀在《四库全书总目·经部总叙》中将两汉以来的经学分为汉、宋两类，并说："夫汉学具有根柢，讲学者以浅陋轻之，不足服汉儒也。宋学具有精微，读书者以空疏薄之，亦不足服宋儒也。消融门户之见，而各取所长，则私心祛而公理出，公理出而经义明矣。盖经者非他，即天下之公理而已。"并以此作为衡量各类经学著作优劣短长的标准。对此，后人作出了不同的解读。有人从汉宋之争的角度出发认为纪昀尊汉斥宋；有人则从汉宋调和的角度出发主张纪昀调和汉宋。叶德辉则从目录学的体例出发，认为纪昀编此书不过是沿袭班固《汉书·艺文志》、《隋书·经籍志》、《崇文总目》之例，对宋学、汉学之有流弊者，均一一加以辨明。乾嘉以后的人，没有读通该书，遂误以为河间尊汉抑宋。其实，纪昀于汉学之长、宋学之长均有褒扬，于汉学之弊、宋学之弊，皆有指正，这是实事求是地权衡得失，不是调停异同。因此，《总目提要》既非汉宋之争的源头，亦非汉宋调和的首倡者。

第二，汉宋之争源于汉学者亦要讲义理的缘故，所谓"乾嘉诸儒，晚年亦侵宋学故也"⑤。汉学所长本非义理，而是考据。然而，汉学发

---

① 杨树达等：《郋园学行记》，《近代史资料》1985年第4期，第110页。
② 叶德辉：《答罗敬则大令书》，《郋园论学书札》，长沙叶氏观古堂戊戌仲冬刊。
③ 叶德辉：《与罗敬则大令书》，《郋园论学书札》，长沙叶氏观古堂戊戌仲冬刊。
④ 叶德辉：《答罗敬则大令书》，《郋园论学书札》，长沙叶氏观古堂戊戌仲冬刊。
⑤ 叶德辉：《与戴宣翘校官书》，《翼教丛编》，上海书店出版社2002年版，第174页。

展到一定阶段时,部分汉学家不安已位,倡言义理,与宋儒一争高低,遂启汉宋之争。具体说来,叶德辉认为汉宋之争始于戴震,继于江藩。戴震是乾嘉时期著名的朴学大师,同时又是思想家。戴氏晚年以训诂考据的方法,写成《原善》、《孟子字义疏证》等书,对儒学义理进行了重新探讨,特别是批判了理学家"以理杀人"的罪恶,主张自然人性论,主张适情达欲。此举引起了一些宋学家的责难,同时得到了一些汉学家的认同。此后,孙星衍的《原性篇》综性情阴阳折中诸子,由性有阴阳推到情有善恶,并得到了阮元的赞同。阮元说:"宋人最鄙气质之性。若无气质血气,则是鬼非人矣,此性何所附丽。"① 阮元的《论语论仁论》、《孟子论仁论》、《性命古训》等文都对性、命、仁等儒学范畴进行了重新界定。叶德辉认为,这些人的做法是"明避宋学之途,暗夺宋学之席"②,是变乱了汉学的学旨,也是产生汉宋纷争的重要原因。从学术史本身而言,汉学家确实不只是讲训诂,而是要试图建立一种新义理。因此,汉宋之争代表的不仅是义理与考据之争,更为本质的内容,是建立什么样的义理。这一点,已为当代学者所揭橥。叶德辉看到了这一点,诚为有见。问题是,他坚持汉宋之学不可混通,汉学家应当恪守自己的学旨,只事训诂,不讲义理,否则就是自乱家法。另一方面,叶德辉坚决反对视汉学为左道异端的过激之论,认为方东樹的《汉学商兑》本为回应江藩的《汉学师承记》、《宋学渊源记》之作。江藩二书诚然左右异同、有乖著书体要;而方氏之书亦为攻击汉学之论,言过其实。无知之夫沿袭方氏之论,如湘中孙鼎臣就有"洪逆起于汉学"之论,将汉学视为引发太平天国之乱的罪魁祸首。对此,叶德辉反问道:"不思六经皆汉儒所传,章句训诂,师承可据;名物制度,去古未远。后人才智,即出于汉人之上,能废其章句之本而别求一孔门之真迹乎?"③

第三,区别顾炎武与陈澧的学术思想之异同。有人将陈澧调和汉宋之论看成是接顾炎武之传,叶德辉则指出,两者学旨其实不同,"东塾

---

① 阮元:《问字堂集赠言》,孙星衍:《孙渊如诗文集》,上海商务印书馆,四部丛刊初编集部。
② 叶德辉:《与戴宣翘校官书》,《翼教丛编》,上海书店出版社2002年版,第174页。
③ 叶德辉:《与罗敬则大令书》,《郋园论学书札》,长沙叶氏观古堂戊戌仲冬刊。

似接亭林之传,而实非亭林之正脉"①。顾氏生活时期,汉宋之帜未张,治学只是实事求是,并无调和之意;陈澧生活在汉宋之派已分之后,是有意调停。他曾分析清代经学的变迁,指出:"国朝经学凡三变。其始昆山顾炎武、余姚黄宗羲痛元明以来空谈心性之非,欲以淹贯博通,力矫其失。然或尊朱子,或祖象山,于宋学一途,并无鸿沟之划。故吴县惠氏父子、鄞县万氏兄弟,均治朴学,而惠氏为昆山羽翼,万氏为余姚嫡传。其时说经之书,未尝显标汉帜也。自惠栋递变其家学,全祖望特起于四明,于是前此所谓治朴学者,至是遂纯粹成为汉学。汉学既盛,又分今古文。嘉道之间,刘逢禄得阳湖庄氏之传,以公羊倡今文之学,龚自珍、魏源为其门人。咸同诸儒遂承其习。二百年间盖经三变矣。"②叶氏此见也是符合历史事实的。由后视前,反观清初诸儒,似乎是汉宋兼治,但汉、宋之说尚未产生,何能兼通?正如皮锡瑞所言:"国初诸儒治经,取汉、唐注疏及宋、元、明人之说,择善而从。由后人论之,为汉宋兼采一派;而在诸公当日,不过实事求是,非必欲自成一家也。"③因而,顾炎武并非有意兼通汉宋。而陈澧是在汉宋之争已经产生后,试图加以糅合。陈澧作为汉宋调和论的代表人物之一,其学术思想的一大特色,即是从汉学中找宋学、从宋学中找汉学。在叶德辉看来,这是抹杀区别,混同是非。

第四,主张学可兼通,不可强合。汉宋之学,各有其是非,也各有其短长。对此,学者可求兼通,不可强合。所谓兼通,就是以汉学家方法治汉学,以宋学家的方法治宋学,而不是在宋学中找训诂、在汉学中寻义理。汉、宋之学各有所长,亦各有所短。对待学术,应是其是,非其非。各去其短,各就其长,以治汉宋两学。而强合则是抹杀区别。叶德辉认为,凡事有调停之见,必无是非之心。所谓"士各有志,学各有宗"④,叶德辉拒绝接受陈澧的汉宋调和论。

此外,综合叶德辉的其他思想,强调学可兼通不可混合还与其他因素有关。若承认汉学家亦讲义理,则如何看待戴震、阮元、孙星衍等人的义理?若承认宋学家也讲考据,则如何看待宋学家的疑经改传之举?

---

① 叶德辉:《与戴宣翘校官书》,《翼教丛编》,上海书店出版社2002年版,第174页。
② 叶德辉:《经义杂记提要》,《郋园读书志》卷2,上海澹园1928年刊,第30页。
③ 皮锡瑞著,周予同注:《经学历史》,中华书局2004年版,第222页。
④ 叶德辉:《答罗敬则大令书》,《郋园论学书札》,长沙叶氏观古堂戊戌仲冬刊。

汉学家的义理,有违名教;宋学家的考据,有违遵经之旨。或许,这才是叶德辉反对汉宋调和的深层原因。从某种程度上看,叶德辉的此种经学思想,正是晚清湘学特点的一种折射。作为湖湘文化熏陶下的学者,叶德辉的崇儒,首先体现为深厚的道统意识,即对圣圣相传的儒学伦理的执著,纲常名教之防不可破。这里,理学的意义不在于性与天道的哲学思辨,而在于对儒学伦理的论证,道统的建立。另一方面,作为一个学者,叶德辉的崇儒还体现为学统意识,即对儒学知识系统——经传的尊重。因此,虽然是崇朱子,却表示于其疑经疑传之说不敢引申。以宋学维护道统,以汉学维护学统。

然而,从汉宋之争到汉宋调和还只是晚清学术思潮嬗变的预演,真正让儒学陷入危机的是乘时势而兴起的晚清公羊学。那么,叶德辉又该如何应对呢?

第二章　扶世翼教：叶德辉与戊戌变法

1894年甲午中日战争爆发之时，并没有影响到内陆省份湖南绅士们的生活。然而，随着1895年中国战败以及丧权辱国的《马关条约》的签订，这一历史性事件所引发的震动波及湖南，打断了湖南绅士们的惯常生活，使他们从故纸堆中抬起头来关注这一新动态。尤为重要的是，素有"忠义之邦"之誉的湖南同时又具有"敢为天下先"的精神，约从1895年开始，即率先在全国拉开了维新改革的序幕。作为具有一定影响力的湖南绅士们如王先谦、叶德辉等人都卷入其中。然而，随着维新运动由稳健到激进、由政治领域扩大到学术文化领域，特别是激进维新派的理论指导——康梁变法思想直接威胁到传统文化价值体系时，叶德辉率先回应，在扶世翼教的激情下，对康有为的学说进行攻驳辩难，由此被推到历史舞台的中央，其影响也越出了湖南一省，成为世人瞩目的旧派领袖。

第一节　商量旧学，启迪新知

一　商量旧学

回乡之后的叶德辉，专意于著述之事，也开始了他一生的校书、刻书活动。在戊戌变法之前，他除了参与思贤书局的出版活动之外，还先后以观古堂或郋园的名义校辑并刊刻了鹖冠子《鹖子》2卷（1892）、晋郭璞《郭氏玄中记》2卷（1893）、郭璞《尔雅图赞》1卷（1895）；刊刻了晋郭璞著、清严可均辑《山海经图赞》2卷（1895）、汉许慎《淮南间诂》2卷（1895）、唐沈亚之《沈下贤集》12卷（1895）、清李玉棻《瓯钵罗宝书画过目考》4卷（1897）等书籍。这些图书，或为楚学初祖所撰，刊之有助于考证楚学的源流，探讨楚学兴盛的缘由，"以存中原之文献，立终古之强国"①；或为唐以前小说家言，崇尚博闻，所载怪异之事之物，今日多有可征，可资于谈格致者之助；或载万物之理、万变之术，可为海西格致之学所引重者。考古的同时，兼有益于证今。

"吏部主事"的出身、良好的学识修养、丰富的"学术成果"加上王先谦的提携推荐，使叶德辉很快的在众多湘绅中脱颖而出，不仅获交于地方耆宿，而且还引起了地方官员的注意。叶德辉与地方官的交往，一方面是传统的官、绅合作，为地方事务出谋划策，另一方面又因共同的爱好而聚集一起，具有"商量学问"的性质。叶德辉告假回乡之初，湖南巡抚是吴大澂。吴大澂（1835—1902），字止敬、清卿，号愙斋、恒轩，江苏吴县人，同治七年（1868）进士。吴大澂不仅是官僚，更是清末著名的书画家、金石学家、古文字学家，著有《愙斋集古录》、《恒轩所见所藏吉金录》、《古玉图考》、《说文古籀补》等。吴大澂一生酷爱金石收藏，既要收藏，免不了要赏鉴。而收藏与赏鉴均属于文人雅事，一人独赏不如众人共赏。因此，参与赏鉴成为地方绅士与吴大澂交往的又一媒介。吴大澂经常拿出所藏古器物与人讨论，叶德辉的"专业水准"引起吴大澂的重视，这是两人成为莫逆之交的一大缘故。据叶德辉弟子记载："吴公虚怀下问，凡经吾师审定之物，退而语其幕中人曰：此叶某以为如何者。"② 这话从弟子口中说出，不免夸张，但在湖南这个尚不流行古器物收藏这种高雅而奢侈的爱好、绅士中拥有相关知识不多的内陆省份，叶德辉的精于赏鉴就显得难能可贵，无异于知音，吴大澂重视叶德辉的意见也就顺乎人情、合乎情理了。当时，吴大澂新得一颗张良、陈平印，以此征诗课士。然而，吴大澂的这点雅意很不得响应，王先谦、王闿运都怀疑该印为伪，只有叶德辉深信其真。叶德辉认为：两汉风气淳朴，经常有同姓同名者；谓其人非《史记》、《汉书》所载之张良、陈平则可，谓其印非汉时物似不可。此言深得吴大澂首肯。多年之后回首往事，叶德辉依然怀念吴大澂对古学的振兴之功，有诗曰："尚书抚湘振古学，搜讨颇令葵园訾。张良陈平两美合，出示坐

---

① 叶德辉：《校辑鹖子序》，《鹖子》，长沙叶氏观古堂光绪壬辰刊。
② 杨树达等：《郋园学行记》，《近代史资料》1985年第4期，第129页。

客客鼻嗤。酒澜湘绮肆嘲讽，卖饼比作春秋师。一堂笑语足追忆，只我默契无微词。尚书久化二王死，感逝怀旧同伤悲。"①

除与吴大澂交往密切之外，叶德辉与湖南学政江标论学亦相契合。江标（1860—1899），字建霞，号师许，又自署萱圃，江苏元和（今吴县）人。光绪十五年（1889）进士，授翰林院编修。光绪二十年（1894）八月，由编修转放湖南学政。江标早年从学于江苏长洲目录版本学家叶昌炽，通小学，喜金石，并能书法、篆刻，又精于鉴赏书画及鉴别版本，所藏名迹甚富。著有《沅湘通艺录》、《广印人传》、《寒松阁谈艺琐录》、《清朝书画家笔录》、《墨林挹秀录》等，并刻《灵鹣阁丛书》，所收多金石目录赏鉴之属，世称精本。江标旧学湛深，而履任后又锐意开新。一方面改变命题方式，以经学、史学、掌故、舆地、算学、词章六类命题试士，务期选拔真才实学之士。另一方面，整顿校经书院，筹建学堂藏书，在校经书院内设立校经学会，分算学、舆地、方言三门。算学讲求浅近实用之法，舆地授以测量绘图之术，方言则攻习英文。经过江标的整顿，校经书院成为湖南讲求新学之嚆矢。叶德辉与江标"三年中书札往来"，过从极欢。② 交往中除了对地方事务的讨论外，大部分都与金石书画、目录版本有关，亦属商量旧学。

然而，与地方大吏的这种雅交渐渐地发生了变化。1894年，甲午中日战争爆发。防守辽东的以淮军为主的清军不堪一击，接连败退。无奈之下，清政府又将希望寄托在昔日战无不胜的湘军身上，企望湘军重振雄风，挽回颓势。身为湘抚的吴大澂主动请缨，率湘军三万余人，自长沙赴威海卫，并起用湘军旧将魏光焘、陈湜、李光久、余虎恩等，由山海关拔队东征。不料辽东一役，湘军虽然进行了奋勇苦战，但所战皆败，接连丢失了牛庄、营口、田庄台等城镇。一时"海陆交乘，畿疆危逼"。清政府被迫割地赔偿，签订丧权辱国的《马关条约》。吴大澂也因为兵败遭到革职处分，身败名裂。

走了一个吴大澂，叶德辉专注著述的生活并没有被打断。不同于王先谦归田后的蜷伏里闬、不与中原人士交往，叶德辉在告假回乡之后，

---

① 叶德辉：《观费仲深枣花庐所藏秦汉印歌》，《还吴集（戊午）》，长沙叶氏观古堂1929年版，第9页。

② 叶德辉：《致叶昌炽四》，王逸明主编：《叶德辉集》第4册，学苑出版社2007年版，第414—415页。

还时常出游四方，或回祖籍江苏吴县扫墓、修谱，或北上京师购书访友，与外界保持了较为密切的联系，对湘外风气尤其是思想学术风气有所了解。光绪二十二年（1896）叶德辉又再度入都，途经上海、南京，在南京拜访、会晤了众多学者，特别是在南京钟山书院拜访了缪荃孙。缪荃孙（1844—1919），字炎之，又字筱珊，号艺风，江苏江阴人，是中国近代藏书家、目录学家，中国近代图书馆事业的奠基人，中国近代教育事业的先驱者之一，著有《艺风堂藏书记》、《艺风堂金石文字目》、《艺风堂文集》等。光绪二十二年三月四日（1896年4月16日），叶德辉在南京初次拜访缪荃孙时，缪正任钟山书院山长。缪荃孙在这一天的日记中记载道："小门人长沙叶焕彬德辉来谒畅谈。其人熟于目录之学，所见亦博，近时之英隽。"① 缪荃孙后来成为叶德辉交往密切、论学契合的忘年交。叶德辉每有新书刊出，都会寄赠缪荃孙一份，也经常向缪借书抄录，或供校勘之用。叶德辉在南京期间，还曾晤蒯光典、张謇、陈庆年等人，均为江南名流。八月，至北京，寓住南城宣武门外库堆胡同浏阳会馆。在都期间，叶德辉结识了众多学者或学者型官僚，特别是与叶昌炽有颇多学术往来。叶昌炽（1849—1917），字鞠裳，号缘督，江苏长洲县人，清代著名目录版本学家，著有《藏书纪事诗》、《寒山寺志》、《缘督庐日记》、《石语》等。因均属叶氏宗族，又有辑佚古书、校理群籍、搜集碑版等相同爱好，叶德辉与叶昌炽交往密切。叶德辉将自己所辑、校勘的书送给叶昌炽，同时也向其借书校勘。叶德辉对古籍版本等的熟悉以及不拘礼节的行为举止显然给叶昌炽留下了深刻的印象。《缘督庐日记》光绪二十二年（1896）八月初七日记载：

> 叶焕彬吏部来谈，赠所刻《沈下贤集》、《阮氏三家诗补遗》及所辑许氏《淮南间诂》、《淮南万毕术》各种。焕彬本吾郡洞庭西山人，其祖游幕楚南，遂入湘潭籍。询家谱甚殷。仆告以君楚籍，真吴人；余吴籍，真越人也。②

---

① 缪荃孙：《艺风老人日记》，北京大学出版社1986年版，第829页。
② 叶昌炽：《缘督庐日记》，江苏古籍出版社2002年影印本，第2439页。

同年八月初十、十一日，又记载叶德辉为友人向叶昌炽借《医心方》，叶昌炽由此感慨德辉"可谓为友人出死力矣"①。

同年八月十三日，又记载：

> 焕彬述所著有《宋元版本考》、《论泉绝句》，自是吾宗巨擘。仆告以君读《世说》太熟，举止謦欬，皆可入临川之笔，不觉大笑。②

可以说，叶氏刊版图书成为叶德辉与各地尤其是京师名流交际的见面礼，也是叶德辉进入京师学界的问路石。相比以前北游京时的叨陪末座、"获闻绪论"，这时的叶德辉已经能够拿出自己的"学术成果"来与他们讨论，被他们接纳、认同与赏识。真是人生一大乐事！

在京师期间，叶德辉也感受到一些新动向。早在1895年4月《马关条约》签订的消息传到京城时，正在北京参加会试的广东、湖南等省举人上书都察院，反对签约。1895年5月，广东举人康有为联合18省举人发动公车上书，请求拒和、迁都、练兵、变法。康有为并乘公车上书之势，鼓动京师士大夫与官僚，设立了强学会。在强学会的资助下，康有为、梁启超等人还创办了《中外纪闻》，借媒体来宣传新知，推动变法。梁启超等人的文章由此在京城士绅中广泛流传。此后，康有为又在上海设立强学会分会，并获两江总督张之洞的支持。虽然康有为后来因不放弃孔子改制说而与张闹翻，但影响由此可见一斑。在众多受康有为影响的人物中，就有叶德辉会试时的房师徐仁铸。在京师期间，叶德辉拜访徐仁铸，"时先生悲悯时事，颇张康有为之说，余不谓然"③。这里的"余不谓然"，并非对变法维新本身的不认同，而是对康有为学说的不认同。

这次入都历时一年，直至1897年夏天才出都南还。然而，回到长沙后，叶德辉发现，与京师相比，长沙城里的变化有过之而无不及，尤其是学术风气的改变使他顿感"商量旧学，渺如隔世"。其原因就在于

---

① 叶昌炽：《缘督庐日记》，江苏古籍出版社2002年影印本，第2441页。
② 同上书，第2442页。
③ 叶德辉：《輶轩今语评》，《翼教丛编》，上海书店出版社2002年版，第70页。

甲午战败的刺激已经使湖南由保守一变而为激进，叶德辉的知交王先谦等人都已投身到维新事业中去了，商量旧学如果不是不合时宜的话，至少是不急之务了。

二 关注维新

如本书第一章所述，湘军镇压太平天国的成功造就了湘军无往不胜的神话，也增添了湘人无往不胜的虚骄之气。然而，甲午战败无异于一剂清醒药，击碎了他们的迷梦。自以为可以拯救天下的湖南人士，对战争失败产生了一种负罪感，认为"甲午失败，实在是我们湖南人害国家的，赔日本二万万两银子，也是我们湖南人害国家的"①。此种负罪感又极大地激发了湘人的救世热忱和求变自强意识。湖南绅士一洗从前的虚骄之气，转而求变求强。加上地方官员如巡抚陈宝箴、学政江标（后为徐仁铸）、按察使兼盐法长宝道黄遵宪等的大力倡导和支持，使湖南在全国维新运动开始之前，率先拉开了帷幕。

陈宝箴（1831—1900），字右铭，江西义宁（今为修水）人，道光末举人。曾国藩在长沙编练湘军时，陈宝箴上书言政，被曾国藩目为"奇士"，礼为幕府。他长于兵略，运筹帷幄，每建奇功。后长期在湖南为官。寓居长沙时，与郭嵩焘过从甚密。中日《马关条约》签订后，陈宝箴上书言政，历陈得失。② 1895年被任命为湖南巡抚，激于国势阽危，慨然以变法开新为急务。而湘人也赞赏陈宝箴的为政魄力与为官德行，闻其主持湘政，备感欢欣，寄予厚望。

王先谦与陈宝箴本是老相识，对陈宝箴的新政极为支持。1896年，王先谦与张祖同、黄自元、朱昌琳、汤聘珍、熊希龄等共同集议，发起创办了大型机器制造企业——宝善成制造公司。王先谦一掷万金，多方筹款，盛邀朋友入股，并被推为该公司的负责人。此外，王先谦还参与发起筹办湘省内河行轮。后来享有盛名的时务学堂的开办，最早亦动议于王先谦、熊希龄、张祖同、蒋德钧等人。当时议立宝善成制造公司，同时在宝善成制造公司内部设工艺学堂。陈宝箴得知后，极为赞赏，且

---

① 杨子玉：《工程致富演义》，《湘报》第94号。
② 参见陈三立《巡抚先府君行状》，《散原精舍文集》卷5，辽宁教育出版社1998年版，第69—77页。

亲自命名为"时务学堂"。由于宝善成制造公司、湘鄂行轮与时务学堂三事，本为同一批人所发起，熊希龄提出，三项大事应当各专责成，以免互相推诿。经商议，行轮之事推归汤聘珍、朱昌琳主持，后又归张祖同主办；宝善成制造公司之事推归王先谦负责，而时务学堂则由熊希龄负责。

王先谦除了参与创办新政实事之外，作为湖南传统学术大本营岳麓书院的山长，还充当了改革书院教育的先锋，表现出求新求变的精神。1897年2月，他会商城南、求忠两书院山长，发布了《购〈时务报〉发给诸生公阅手谕》。不但如此，还对有近千年历史的岳麓书院进行了合乎潮流的相应变通。1897年7月，王先谦正式发布了岳麓书院《月课改章手谕》，提出："岳麓书院名称最古，向为人才荟萃之区，所宜首订章程，创开风气。近日湘中人士，见闻日辟，靡不鼓舞振兴，尤当迎厥新机，导之行路。"在课程中定经、史、掌故、算、译各学列为五门，以舆地并归史学，经史掌故由院长自行督课，算学别立斋长，译学延请教习，一切购书制器及岁需经费，已由抚部院俯允筹给。此后制艺试帖除由官长课试外，院长月课改用经史掌故，照章给奖。同时，王先谦还告诫士子"屏除意见，方能启牖灵明"，鼓励诸生"务当博览兼精，累进益上，庶几周知当世之要，成为有用之材，以毋负抚部院嘉惠盛心及院长掖劝微意"[①]。在王先谦的带领下，湖南其他书院纷纷改课。

与叶德辉来往密切的湖南学政江标的锐意求新求变，则主要体现在对学风的引领上。除了整顿校经书院之外，江标还创办《湘学新报》以鼓吹新学。在《湘学新报》凡例中，提出中国士人"积习太深，实学不讲，虽入塾之士多于恒河沙数，而狃于夏虫井蛙之见，非故为虚骄，即颓焉沮丧"，民智未开，故民学日窒。如何开民智？开于学术。故创立《湘学新报》，"群章甫缝掖之儒，讲求中西有用诸学，争自濯磨，以明教养，以图富强，以存遗种，以维宙合"。因各地报馆"言政者多，言学者少；言改政者多，言广学者少"，故《湘学新报》"专从讲求实学起见，不谈朝政，不议官常。盖学术为致治之本，学术明斯人

---

① 《岳麓书院院长王月课改章手谕》，《湘学新报》第1册，台湾华文书局1966年影印本，第276—278页。

才出"①。该报是一种旬刊，出刊后，张之洞、陈宝箴分别札行湖北、湖南两省购阅。江标被后人视为湖南新政运动的"开路先锋"②。

等到叶德辉从北京回来，湖南新政中的重大活动都已开始，有的已经酝酿成熟，因此，叶德辉没有在新政的任何机关任职，也没有直接参与维新的实际事务。但他与维新派来往密切，关注着湖南的维新运动，同情维新派的变法主张，同时又有自己独特的思考。

一是主张开民智。

开民智是湖南维新运动中的一个重要话题。如前所说，湖南素以封闭保守、仇夷排外著称于世。梁启超这样评价维新变法前的湖南："湖南向称守旧，故凡洋人往游历者，动见杀害，而全省电信轮船皆不能设行。"③ 职是之故，在维新变法开始后，湖南官绅以开民智为急务。陈宝箴抚湘，一意以开风气为先。学政江标履任后，亦以变士风为己任。湖南维新运动中的其他文化设施如《湘报》、南学会、时务学堂也莫不以开民智作为首要任务。南学会则专以开浚智识、恢张能力、拓充公益为主义。

对于江标的开风气之举，叶德辉予以充分的肯定，曾与人言："此君在湘三年，提倡西学，风气为之一新。考试各属，拔取亦多知名之士，而爱才如命，察吏如神，弊绝风清，实近来所未有。"虽然不满于江标在湘三年"交游极广，而亦不无滥交，又无知人之明，颇有因人受过之事"，但总体上肯定江标在湘所做的事，以为"往时一切浮言，事后人亦从谅之，再迟一二年，士林必有去后之思，亦其风雅好士有不能尽泯者"。论及自己与江标之间的关系，则说："彼亦谬以仆为知己。而仆之于彼，恭维之事少，规劝之事多。"在交往过程中，叶德辉对江标屡有规劝；但这种规劝只是在尽朋友直谅之谊，"彼或过而即忘，仆则友朋之谊尽矣"④。叶德辉与江标的交往，甚至引发了湘中一些人的非议。皮锡瑞曾在拟答叶德辉书中写道："公昔与江学使往来，不得志

---

① 《学报叙》，《湘学新报》第 1 册，台湾华文书局 1966 年影印本，第 5—6、8—9 页。
② 林能士：《清季湖南新政运动的发轫》，《中国近现代史论集第十二编·戊戌变法》，台湾商务印书馆 1986 年版，第 494 页。
③ 参见梁启超《戊戌政变记》附录二，《梁启超全集》，北京出版社 1999 年版，第 167 页。
④ 叶德辉：《致叶昌炽四》，王逸明主编：《叶德辉集》第 4 册，学苑出版社 2007 年版，第 414—415 页。

于场屋之人，作联语诋公，有叶麻云云。弟尝为公辨，必无受贿荐人之事。即有举荐，亦是爱才，不是爱财。"① 可见叶、江关系之密切是众所周知的。

对于开民智的主张，叶德辉亦表赞成。他将弟子石陶钧送入时务学堂，"留其在学堂通晓万方之略，周知天下之情，毫不累于考试，亦不累于章句"，视此为旧学改新学之机。叶德辉以"夫不通古今，不得谓之士；不识时务，不得谓之俊杰"之语激励石陶钧，要求他既要像班固所说的"通万方之略"，又要避免"博而寡要，劳而少功"。倘若"深闭固拒，问以环海各国之政教，茫然不知谓何"，即是所谓"不通万方之略者也"。倘若"袭高邮王氏之颓波，理仓山主人之旧业"，即是所谓"博而寡要，劳而少功"②。

湖南维新运动的前期，开民智的重要内容之一是引导老百姓不要仇教排外，引发事端。对于如何化解老百姓仇夷排教的情绪，叶德辉也有自己的看法。他认为："今日当官之人，但求朝廷无事于教案之事，实为不得已而为之，小民无知，以为抑中而尊西，始而骇然，终且嚣然，嚣然不已，而仇杀相寻。此天发杀机，虽圣人复生，不能经微词弭此奇祸，是则有心人所不忍闻者也。鄙见以为，劝诫士民，当以佛、老相喻，谓其无碍于天地之宽，不当谓其教力大于孔子，激人以攻击之口。"③ 亦可谓平实之论。

二是赞成改革科举。

救时必自求人才始，求才必自变科举始。变科举成为又一个共同关注的问题。王先谦为此特作《科举论》，指出：在一统之天下，可以用"制艺"造士，让所有人遵循同样的伦理道德；而处于列国竞争之时，则不能不有所变通。当列国环伺、国势阽危之时，士人空有仁义而不知用，只能以死效国；故当今之世，应造就有用之民。对于历史上的科举制度，王先谦一方面肯定它的作用，另一方面也指出科举制度对人才的束缚，主张以策论代制艺。叶德辉极为赞同王先谦的观点，以为："废时文用策论，使士人免八股束缚之苦，匀出日力，可以多读有用之书，

---

① 皮锡瑞：《师伏堂未刊日记》，《湖南历史资料》1959年第2期，第113页。
② 叶德辉：《与石醉六书》，《翼教丛编》，上海书店出版社2002年版，第163页。
③ 叶德辉：《与南学会皮鹿门孝廉书》，《翼教丛编》，上海书店出版社2002年版，第168页。

免致不得科第之人，终身不能摆脱制艺，更无暇日涉猎群书，此则为益甚大。"① 又说："近日制科亦将有所变更。时文久为通人所诟病，通人多不能时文，高才博学坐是困于场屋，而揣摩之士乃捷足得之。"但他对于以策论代时文，亦不寄予过高的希望。在叶德辉看来，策论亦容易成为空论。

叶德辉对于策论的有限肯定，初看属于保守，实质切中时弊。事实上，科举考试改时文为策论以后，"主试者以报纸为蓝本，而命题不外乎是；应试者亦以报纸为兔园册子，而服习不外乎是"②。策论也成为另一种时文，不过从前抄时文者，改为抄报纸，"满纸起点、压力、热力等字"，亦是一种空谈。

此外，对于兴工商、兴制造也极表赞成。

不过，叶德辉对那种视某一维新举措为万能者的乐观做法表示了怀疑。就此而言，叶德辉无疑又是一个条件论者，是一个保守者。但这种保守与顽固守旧显然有别。时人曾论湖南新政兴办之后依然存在的守旧、闭塞现象，谓乡里中细民"乍见新政，即传为洋人来当努力击子；语以化学电学光学诸端，掩耳疾走，俨尘垢之污人"。对于时务学堂，"则父兄所以勉其子弟者，不过觊觎膏奖，绝不知创设之何谓。而州县官以谓于考成无涉，尤视为具文，而资送寥寥"③。由此可见，参与湖南维新运动的，既有领导、策划的理想主义者，有主动参与进来的投机者，也有被裹挟进来的被动者，思想水平参差不齐，动机驳杂不一。另一方面，对维新运动持观望、反对者也大有人在。皮锡瑞日记中就有多处记载湘省绅民愚昧不学、智慧难开，如1897年底，他由湘潭乘船回长沙，同船有三十多人，"此辈议论绝可笑，有谓电灯、电报，洋人将以此烧省城者"，他几次赴席，座中士绅多为举人、廪贡出身，或系归田官吏，然而谈及维新变法，多不赞同。皮锡瑞由此感慨"守旧维新，议论不一，予是以知湘中风气尚未开也"④。相比之下，叶德辉倒是个名副其实的趋新者。

---

① 叶德辉：《非幼学通议》，《翼教丛编》，上海书店出版社2002年版，第137页。
② 姚公鹤：《上海报业小史》，《东方杂志》第14卷，第6号。
③ 张翼云：《论湖南风气尚未进于文明》，《湘报》第57号。
④ 转引自吴仰湘《通经致用一代师——皮锡瑞生平和思想研究》，岳麓书社2002年版，第147页。

第二节 扶世翼教，批驳"新说"

一 不安于康学

中日甲午战争及其战败的影响，就这样逐渐地渗透到湖南绅士的生活中来，打断了他们以往诗歌酬唱的生活节奏。深度参与湖南维新的王先谦感叹："今日之局，前代所无，当雄邦环伺之秋，为经久自立之策，熟筹通变，时势使然。"① 没有直接参与维新运动的叶德辉也提出："今日之时局，法诚弊矣。"法既弊，唯有变。"忧时之君子，未有不知法之宜变者。"② 也赞成变法。他们对于湖南维新运动的态度是"共观其成，共防其弊"。然而，当维新运动与康有为的学说纠缠在一起，特别是随着湖南维新运动的重点由兴办实事转移到宣传以康有为学说为基础的变法理论之时，叶德辉首先感觉到变法未得其善而已生其弊，这弊就是康有为的"邪说"，因而产生了不安、不满，进而公开辩难，成为维新运动中的旧派领袖。

康有为早年师从广东著名学者朱次琦，学习宋明理学；后习公羊学；又接触到了大量的西学书籍。在西学知识的启发下，形成了自己的一套看法，并且将自己的见解以经学这种合法的形式表达出来。早在1891年，康有为就出版了《新学伪经考》一书，将两千年来信奉的经典断为伪经，并由此否定两千年来一直以伪经为合法性依据的礼乐政制。到维新变法之前，又出版了《孔子改制考》一书，将孔子打扮成托古改制的人物，以为自己的变法理论张目。一破一立之间，颠覆了传统儒学的观念。

从经学形式上看，《新学伪经考》的取向是否定古文经而重拾今文经学之统绪。该书的要旨，康有为概括为："始作伪者，乱圣制者，自刘歆，布行伪经，篡孔统者，成于郑玄。阅二千年岁月日时之绵暧，聚百千万亿衿缨之问学，统二十朝王者礼乐制度之崇严，咸奉伪经为圣法。"又提出："凡后世所指目为'汉学'者，皆贾、马、许、郑之学，

---

① 王先谦：《致俞中丞》，《葵园四种》，岳麓书社1986年版，第883页。
② 叶德辉：《答友人书》《与俞恪士观察书》，《翼教丛编》，上海书店出版社2002年版，第175、177页。

乃新学,非汉学也;即宋人所尊述之经,乃多伪经,非孔子之经也。"①不单经学内部所谓汉学宋学尊崇的都是伪经,便是两千年的礼乐制度圣法,亦为伪经余绪。此语一出,围绕着圣经贤传的光环黯然失色,从经典中推衍出的纲常名教也顿失正统意识形态的合法性。康氏著作"实思想界之一大飓风也"。然而康有为新说在学术上是有漏洞的。康有为有擅长考证的一面,如从文献比较和考证中提出问题,但更多的是自以为是的论点、跳跃式的结论。"至谓《史记》、《楚辞》经刘歆羼入者数十条,出土之钟鼎彝器,皆刘歆私铸埋藏以欺后世,此实为事理之万不可通者,而有为必持之。"就连弟子梁启超也不讳言其师的武断,"有为以好博好异之故,往往不惜抹杀证据或曲解证据,以犯科学之大忌"②。

康氏此论一出,在引发思想界大震动的同时,也引起了学者的批评。义乌朱一新就不同意康有为的论断,反复辩驳,至有五书之多。甚至有人指控康有为污蔑刘歆、欺世盗名、叛逆圣教。为此,清廷特召两广总督李瀚章查问此事。李则请经学家李滋然审阅。李滋然虽指出书中的错误,但不认为有离经叛道之罪,李瀚章遂要求康有为自毁书版,而了结此案。

《新学伪经考》一书"破旧说",《孔子改制考》一书是"立新说"之作。该书"定《春秋》为孔子改制创作之书,谓文字不过其符号,如电报之密码,如乐谱之音符,非口授不能明。又不惟《春秋》而已,凡六经皆孔子所作。……孔子盖自立一宗旨而凭之以进退古人,去取古籍"③。将孔子打扮成托古改制的教主。如果说《新学伪经考》潜含的是对儒家经典的否定的话,《孔子改制考》则潜含着改变儒学性质——变人文设教为神道设教的危险。

康有为的学说得到湖南维新派领袖谭嗣同等人的推崇。光绪二十一年(1895),谭嗣同在北京结识了梁启超,从梁启超那获知康有为的学说和政见,对康有为景仰备至,自称为康有为的私淑弟子,赞美康有为"孔门不传之正学,阐五洲大同之公理,三代以还一人,孔子之外无偶"④。故湖南维新派往往以康有为的学说作为变法的理论指导。但康

---

① 康有为:《新学伪经考》,生活·读书·新知三联书店1998年版,第2—3页。
② 梁启超:《清代学术概论》,《梁启超全集》,北京出版社1999年版,第3097页。
③ 同上。
④ 杨廷福:《谭嗣同年谱》,人民出版社1957年版,第71页。

有为的学说被奉为"二千年未有之绝学"在三湘大地流传开来，则与徐仁铸接任湖南学政、梁启超出任时务学堂中文总教习有关。

如前所述，时务学堂本是起源于宝善成机器制造公司附设的工艺学堂，因得到巡抚陈宝箴的赞同，亲为命名曰"时务学堂"。就陈氏初衷而言，本为着培养通晓时务之人才，以西学之长辅中学之短，其宗旨不出"中体西用"的范围，既强调周晓西学的重要性，又强调以中学为根本。时务学堂筹办之时，梁启超在上海办《时务报》，以谈时务闻名天下。经盐法长宝道黄遵宪提议、众湘绅同意，湖南时务学堂遂聘梁启超为中文总教习。梁启超入湘之前，就与康有为拟定了《湖南时务学堂学约》和《时务学堂功课详细章程》，来湘后，正式提交给湖南官绅。该《学约》与《章程》经湘省各官绅互相传观之后，群以为可行。时务学堂总理熊希龄根据《学约》与《章程》制定了《湖南开办时务学堂大概章程》。除了为时务学堂确定新的学约与章程外，梁启超还撰有《正界篇》、《幼学通议》、《读西学书法》等小册子，宣传新思想、新学说。1897年，徐仁铸出任湖南学政，梁启超又为其代撰《輶轩今语》，颁发给士子，引导学风。这些著述的共同特点是宣传康有为的公羊学说，倡导微言大义，反对训诂考古，以为其变法理论张目。一时"横舍之子，相与挢舌屏息，懵然不知其学之所自来"①。而作为传统学术核心的经学在很大程度上化约为公羊学。

梁启超入湘之初，曾得到了包括叶德辉在内的湘绅的欢迎。叶与梁且酒食往还，极融洽。据熊希龄说，叶德辉还曾带领弟子石陶钧去拜访梁启超，说："梁先生讲公羊，你无妨从而学之。"访梁之事可得叶德辉自己之佐证。在与熊希龄信中，叶德辉称"弟初晤卓如，即告以醉六之可造就，并告醉六，欲其往见梁先生"②。只是要石陶钧从梁学公羊学之语，可能更多的是一种客气话，而非叶德辉之本意。事实上，叶德辉在顺应潮流、送石陶钧入时务学堂以通晓万方之略、周知天下之情的同时，又恐石陶钧入学后受公羊学说等的鼓动，故在丁酉十一月中（1898年12月），作《与石醉六书》，预为辨析曲直是非。在信中，叶德辉对《公羊》、《左传》之短长，孟子、荀子之是非，以及当今公羊

---

① 叶德辉：《长兴学记驳义》，《翼教丛编》，上海书店出版社2002年版，第97页。
② 叶德辉致熊希龄函，参见《湘报》第112号。

学之流弊、托古改制之可疑，都作了剖析，提醒石醉六"知人贵乎论世"，不为邪说所迷惑。该信后收入《郋园论学书札》时，叶德辉特意在此信后附记："此书作于丁酉十一月中，为斯事辨难之始。石生天姿绝高，文尤奇伟，从余游数年。经史百家之学，皆能发抒心得，是岁同人推为学堂首选。余惧其为所鼓煽，习于无父无君之议，因作书诫约之。抑洪水驱猛兽，士夫固有责也。"① 附记未免夸大自己的先见之明，但非议公羊学却合乎叶德辉的学术宗旨，也在情理之中。

二　公开辩难

叶德辉的《与石醉六书》尚是根据此前对康有为经学的了解所采取的预防性措施，并未公开刊刻，也未传阅，因而，尚未与激进维新派发生正面冲突。而公开表示对维新派的不满，则是因南学会会长皮锡瑞的演讲以及徐仁铸的《輶轩今语》所引发的。

皮锡瑞（1850—1908），字鹿门，又字鹿云，湖南善化人。因崇敬西汉经学大师伏生，颜其堂曰"师伏堂"，故学者称"师伏先生"。光绪壬午（1882）举顺天乡试。皮氏始为文人，后精研经学。初治《尚书》，考证今文，疏证《大传》，著书十余万言。既数困于春官，遂绝意仕进，主讲江西经训书院，日以朴学训示生徒。暇则杜门造述，从事于《尚书》之学，号为专经大师。②

皮锡瑞虽为经师，却并不困守书斋，而有着强烈的经世致用精神，倾向于变法维新。在江西南昌主讲经训书院时就很关注湖南的新政运动。1897年秋回湘后，又与倡议新政的湖南官绅及时务学堂教习宴饮酬唱，往来密切，思想进一步开化。湖南维新人士也在与皮锡瑞的交往中，加深了对皮的了解，并引为同道。如黄遵宪便赞赏他不仅学识渊博，还思想开通，难能可贵。当时维新派正在筹办南学会，梁启超和熊希龄等人看中他善于言谈的特长，有意延聘他出任南学会会长。

南学会是湖南维新运动中成立的一个重要组织。1897年11月德国强占胶州湾事变发生后，朝野之士普遍感到亡国危险即在眼前，谋求自救。当时维新派人士认为：欲自立自保，当从学会入手，欲兴民权，宜

---

① 叶德辉：《与石醉六书·附记》，《郋园论学书札》，长沙叶氏观古堂戊戌仲冬刊。
② 李肖聃：《湘学略》，岳麓书社1986年版，第211页。

先兴绅权；欲之兴绅权，宜以学会为之起点。湖南维新派因而有创立南学会之举。南学会以"开浚知识，恢张能力，拓充公益为主义"，"以同心合力振兴中国为务"。在组织上，南学会以会友构成，"无论官绅士庶，既登会籍，俱作为会友，一切平等，略贵贱之分，即以通上下之气，去壅阏之习"。会友又有三种：一是议事会友，是南学会中的决策者；二是讲论会友，在学长的组织下为会友讲论；三是通信会友，即那些不在省城的会友，可以通过通信的方式，彼此函商。南学会的主要活动有二：一是定期集会诸人演讲，讲学分学术、政教、天文、舆地四门；二是设藏书楼供会友借阅。

皮锡瑞、王先谦、叶德辉本为多年的文字之交，王、叶于皮之经学极为赞赏，有"经学独步、湘中夺席"之誉。对于皮锡瑞就任南学会主讲一事，王先谦并无异议，并且还曾从中谋划，促成此事。叶德辉从一开始就不主张皮氏就任。据《师伏堂未刊日记》光绪二十四年正月十三日（1898年2月3日）记载："下午，赴唐鲁英饮席。叶焕彬、汪镜青在坐，皆守旧党，劝我勿入学会，恐不能久，与求贤馆相似，现在时务学堂，已经费不敷等语。其说亦是；然江右亦非长局，故不欲往。"[①] 叶德辉反对皮锡瑞出任南学会会长，一方面是从皮氏生活实际出发，认为学会讲席的报酬不稳，对于以束脩养家的皮锡瑞来说，丢掉收入稳定的江西经训书院的讲席而就南学会会长，要担当一定风险；另一方面，也与叶德辉对讲学的偏见相关。

明末时期，东林结社，朋党林立，学术纷争，士人习于游谈。明亡清立，学者们痛定思痛，有感于明末王学之空疏无用，故有经世实学之倡导。顾炎武曾有言："今日只当著书，不当讲学。"清廷当局也有"明之天下不亡于流寇，而亡于东林"之感，于是明令禁止结社开会。乾嘉学者在反思宋学之弊时，对结社讲学这种形式也产生了反感。纪昀更是奏请禁设会分社。因此，在正统学者的眼里，这种聚会讲学有违政府成令，也易于形成朋党与门户。正如叶德辉所言："自汉、宋以来，由讲学而门户，由门户而水火，至于明季，几复之祸烈矣。亭林鉴于前车之覆辙，遂以聚徒讲学为炯戒，纪河间修《四库全书》诸书提要，

[①] 皮锡瑞：《师伏堂未刊日记》，《湖南历史资料》1958年第4期，第87页。

尤斥之不遗余力。盖两公防祸未然之心，用意至深且远。"① 故对维新运动中设南学会进行讲学不太赞成，不希望好友参加这种活动。但叶德辉的意见显然未能打动皮锡瑞。

1898年2月21日，南学会正式开讲，有巡抚、学政、按察使等省府大吏以及王先谦、谭嗣同等士绅三百余人参加，盛况空前。这次讲习，先由皮锡瑞开讲，之后黄遵宪、乔茂萱、谭嗣同、陈宝箴等宣讲。讲毕，堂上铃声作，众皆起，鱼贯趋出。这种新颖的形式使"士大夫啧啧称羡，以为贤长官用平等之仪，讲学会之旨，情比于家人，义笃于师友，此事为生平所未见，不图今日见三代盛仪也"②。

与众多守旧人员相比，叶德辉对南学会第一次开讲的反应还算通达。据皮锡瑞光绪二十四年二月初五日（1898年2月25日）日记记载："诸君议论纷然，有说好的，有说不好的，惟焕彬所言通达，谓仍用我法讲正学，予意亦如此，其余俟诸人讲可矣。……诸公多不以讲学为然，保卫局尤不肯筹款；王、张、叶均以予主讲为可惜，谓将来当以校经一席相属，且看机会如何。"③ 从这段记载来看，叶德辉实际上表达了两层意思：一是肯定皮锡瑞的讲学内容是"正学"；二是依然不以讲学为然，以为非长久之计，甚至还提出为皮锡瑞谋校经讲席。

维新思潮迅猛发展之时，人思自奋、家议维新，皮锡瑞不可能听从叶德辉的规劝，只讲"正学"。更何况南学会本非一个学会组织，而是为了开通民智、伸议事之权，换言之，是借学会这种形式参政、议政。凭心而论，皮锡瑞所主讲的"学术"还是比较平实、通达的，没有太多的煽惑之辞。从论合群之益，到开通风气、文明排外等话题，无不有益。但是，在演讲的过程中，皮锡瑞也超出传统学术的范围，而直接讲论时事，宣传变法。其中心议题是推尊孔教而引申变法之说，以尊孔保教为旗帜，大力宣传维新变法。而所谓孔子改制说及孔教论等，都不是叶德辉所认同的。故叶德辉与皮锡瑞经常面辩变法之是非。除面辩外，叶德辉还三次移书皮锡瑞，訾议皮氏，甚至不惜言辞过激。

光绪二十四年三月十六日（1898年4月6日），《湘报》第27号刊

---

① 叶德辉：《长兴学记驳义》，《翼教丛编》，上海书店出版社2002年版，第102页。
② 《开讲盛仪》，《湘报》第1号。
③ 皮锡瑞：《师伏堂未刊日记》，《湖南历史资料》1958年第4期，第100页。

载了皮锡瑞之子皮嘉祐的《醒世歌》。该歌经皮锡瑞修改，且主要思想与皮锡瑞讲演中表达的思想一致，故实际上是皮锡瑞思想的通俗版。叶德辉读后，表示了异议，并为此于三月十七日给皮锡瑞写了一封信进行辩论。《师伏堂日记》三月十八日记载："赴刘特村席……焕彬在座，发议颇不可解，右铁道人，左康工部，未免意气偏激。云有信与我，想大旨即如是。我用我法，不能随人作计，故者无失其故，亦不必与争也。"① 据此，则叶氏此信即为《翼教丛编》中的《与南学会皮鹿门孝廉书》。

叶德辉这封书信历来被视为其保守落后之证据的一大原因，在于他对《醒世歌》中"若把地球来参详，中国并不在中央"、"地球本是浑圆物，谁居中央谁四傍"等今人视为常识的批驳（但他对于文明排外论并无异见）。皮嘉祐意在通过传播新的地理学知识，破除人们的自大意识。叶德辉虽然承认地球是一圆物，无中央无四边之分；但坚持用传统的五行观念看待东西南北之别："亚洲居地球之东南，中国适居东南之中，无中外独无东西乎？四时之序先春夏，五行之位首东南，此中西人士所共明，非中国以人为外也。五色黄属土，土居中央，西人辨中人为黄种，是天地开辟之初，隐与中人以中位。西人笑中国自大，何不以理晓之？"② 这段话暴露了叶德辉对新学的无知，及其以旧思维看待新问题的特点。但叶德辉第一通书所论绝不限于此，而是广泛涉及中西文化优劣短长、中西政教之比较、如何尊孔保教以及如何兴学、如何救世等原则问题。

叶德辉的第一封信主要是学理论争，而未攻击皮锡瑞本人："鄙人于公文字之好不可谓不深，虽其间学有异同，而一得之愚，或亦公所未及。"虽然不满于皮氏讲孔教，又以"言多必失，故或为道路所讥评"来讥刺皮锡瑞，但总体来看，还是以论学的立场与皮讨论，态度不失中肯。但在当时群情激愤的情况下，叶德辉这些言论颇不中听。皮锡瑞也以叶氏之流顽心一时难以开悟，不屑空费笔舌与之论争。故依旧撰拟讲义，按期在学会讲学，拟出答书而留滞不发。

---

① 皮瑞锡：《师伏堂未刊日记》，《湖南历史资料》1958年第4期，第86页。
② 叶德辉：《与南学会皮鹿门孝廉书》，《翼教丛编》，上海书店出版社2002年版，第167页。

然而，宣传公羊变法论的并不仅仅是南学会，湖南学政徐仁铸在到任后就通过颁发《湘士条诫》、通过在《湘学报》上连载《𬨎轩今语·学语》等方式，将公羊学说传播到全省士子中间，使得湘中士子向风而靡。为此，王先谦抱怨："阁下主持康教，宗风所扇，使承学之士望景知归。此次敝郡岁试，弟子亲友以南海圣人获隽者不下十人，以南海先生入选者则指不胜屈。两次面谕生童，赞扬康学，大众皆点头领会。"① 于是叶德辉援笔作《〈𬨎轩今语〉评》，逐条批驳徐氏言论。书成后，于闰三月二十九日（5月19日）送给皮锡瑞阅读，同时附送一信。

叶德辉第二通信究竟内容如何，不得而知。但从皮锡瑞接到来信的反应及叶德辉在此后第三通信中所承认的推测，第二通信言辞远为激烈，大约将当时民间流传的诸如"鹿皮讲学，熊掌摇铃"之类几近谩骂的联语以及其他"议公谤公者"都载入其中。皮锡瑞接到信后，以其"如山膏好骂"，又一意刊行来往书信，于是愤然起而驳辩。时在四月初三日（5月22日），据吴仰湘考证，皮氏此书几经修改，言辞由温和而趋激烈，态度由客气而趋强硬。② 今所见收入《翼教丛编》者，是为定稿。皮氏再三表明自己在南学会演讲的宗旨，分析汉、宋讲学之不同："汉儒所讲皆经学，问答皆弟子；宋儒所讲兼及时事，不皆经学，问答不皆弟子。"表明南学会讲学是宋人规模，只可讲大义，不可讲训诂；自己讲学的大旨在发明圣教之大，开通汉、宋门户之见，次则变法开智，破除守旧拘挛之习。同时表明，自己之所以甘冒天下之大不韪，而登堂说法，实在是迫于形势，乃救焚拯溺。皮锡瑞以"文人相轻，自古已然。湘人无乡谊，好自相攻击"来解释他人对自己的攻击，并指责这些"丑诋"南学会的人"并非必因所讲不是，不过要人一事不办，坐以待毙而已"。而对于叶德辉的批判也上纲上线："大著因恶康氏之学，并迁怒于古人，诋《孟子》诋《公羊》，诋梨洲《建都》启二百年后洪秀全都金陵之逆志。"③ 措辞严厉，并且也是隐含杀机。

四月初七日（5月26日），叶德辉在收到皮锡瑞的回信后，再次答复皮锡瑞。表明自己前信"本意无他，不过欲公之去而已"。对于皮氏

---

① 王先谦：《与徐学使书》，《翼教丛编》，上海书店出版社2002年版，第162页。
② 参见吴仰湘《通经致用一代师——皮锡瑞生平和思想研究》，岳麓书社2002年版，第173—179页。
③ 《皮锡瑞复叶德辉书》，《翼教丛编》，上海书店出版社2002年版，第172页。

讲学,叶德辉依然不以为然,"宋人讲学,感慨时事者有之,未有牵合儒、墨,不顾伦理者"。叶德辉认为:讲论并非救时之良药,更何况讲论中涉及孔教西教部分,开民智者适开民乱。对于皮锡瑞的"文人相轻,湘人无乡谊"等说法,叶德辉再三慨叹:"公误矣、误矣!"这并非为学门户之争,亦非私利之争,而是事关公论。对于学术误国之说,叶德辉解释道:"汉学家谓明亡于讲学者,盖谓国家危急之时,一二贤者当实心实政,共济时艰,岂有号召生徒,纷纷辩论,长浮嚣之气,开挟制之风,如明季诸君子之所为者。"至于皮锡瑞所攻击的"诋《孟子》诋《公羊》,诋梨洲《建都》启二百年后洪秀全都金陵之逆志"之说,叶德辉也解释道:"鄙人评词,梨洲条下原有'儒者立言不慎,则害随之矣'二句,非专诋梨洲也。又谓拙著诋《孟子》诋《公羊》,则是公读拙著不明,欲横被以毁经之罪,不知'公羊'下尚有'家'字,又有'之学''之徒'等字,何曾为诋《公羊》,《孟子》下尚有小注,乃朱子所已言,何曾为诋《孟子》?又经学'公羊'条下小注,亦云二三传人皆尊圣人,岂复自相矛盾?"①

接到叶德辉第三通信,皮锡瑞再次作答。据《师伏堂日记》四月初七日载,答叶氏书云:"弟初讲学,承公有勿言《孟子》、《公羊》之教,而其后不能不略及之者,此非有意与公背驰,实以学会所讲,在开民智,听者人多而杂,必如此乃可推尊孔教而引申变法之说也。"皮锡瑞在叙述自己受聘南学会始末之后,以更加激烈的语气反驳叶德辉:"公闻浮言,欲弟速去,自属见爱之甚,然江西既未却聘,自当到彼终局,行计早决,不待公之激也。"虽然在与叶德辉论战几回之后,皮锡瑞果真于四月二十日(6月8日)离湘赴赣,到南昌经训书院终局,但并非叶德辉逼迫的结果。②

皮锡瑞素以忠厚谨愿著称,是个温和的主张变法者。而叶德辉则以赋性刚直、任侠使气著称。但是,对比皮、叶两人书信,叶德辉的语气更加平和,学理分析也更多,而皮锡瑞答书则几近控诉与指责,杂以攻击之辞。这种现象颇耐人寻味。据吴仰湘研究的结果,光绪二十四年

---

① 叶德辉:《答皮孝廉书》,《翼教丛编》,上海书店出版社2002年版,第170—171页。
② 此处采用吴仰湘之说,见吴著《通经致用一代师——皮锡瑞生平和思想研究》,岳麓书社2002年版,第179页。

（1898）三月至四月，皮锡瑞的思想一度趋向激进。最初皮锡瑞比较温和，赞成黄遵宪的"用渐进法，报文勿太激烈"。而到了四月，见《湘报》受张之洞干预而改章，取消报首议论，就批评主事者"畏首畏尾，殊无谓也"。四月十五日，得知熊希龄欲将《湘报》馆移至南学会内、并改名《湘会报》时，表示反对；四月十八日，批评陈宝箴父子"胆太不壮，迫于浮议，付之无可如何而已"。故此时看待叶德辉，当然有愤怒之情。发展到后来，当皮锡瑞在江西得知王先谦、叶德辉等人上《湘绅公呈》时，主张严惩叶德辉："罪魁祸首，实为诸梁，应先开刀。……'歼厥渠首，胁从罔治'，古文《书》之言维新也。今欲维新，当如此办法！"①愤恨之深，由此可见。

就叶德辉当时的本意来讲，与皮锡瑞论争，主要不是出于打击的目的，而是试图争取皮站到自己这一边，抵制康有为的学说。皮锡瑞虽然也讲今文经学，但较之康有为，毕竟更像一位学者，是王先谦、叶德辉等人眼里的"谨厚"之士。即使是在与皮论争之时，叶德辉在与他人的信中还是说："鹿门在汉学中，所谓章句之儒，性情尤为敦厚。"而"入裸国而同裸，无怪其然"。叶德辉所谓"爱之重之，是以必欲去之"。此前两人文字论交，雅契相好，维新运动中因思想分歧几乎反目成仇。台湾学者王尔敏曾提出两人论争似为馆地之争，②似乎出于想象。叶德辉家境丰饶，吏部主事的官衔尚且可以弃之若敝屣，本不以教馆为生。如果说有利害之争的话，则此利害当在于话语权的控制。此后皮、叶二人并未绝交。就在戊戌政变发生后，皮锡瑞回到湖南，著《六艺圣证》时，叶德辉还为之作序，称赞皮氏之经学。皮锡瑞因受牵连，受到交地方官管束的处分，终生未能解除，叶德辉还为之鸣不平。

三　维持风俗，攻击时务学堂

与皮锡瑞论争的同时，叶德辉还卷进了与时务学堂的冲突之中。

继石醉六之后，叶德辉又有两名弟子刘先端与黄郁文入时务学堂，且同样热衷于康有为的学说，曾搜集康有为的《孔子改制考》一书阅

---

① 皮锡瑞：《师伏堂未刊日记》，《湖南历史资料》1958 年第 4 期，第 139 页。
② 参见王尔敏《南学会》一文注释第 7，《中国近现代史论集第十二编·戊戌变法》，台北商务印书馆 1986 年版，第 470 页。

读。于是，大约在戊戌三月间，叶德辉再作与两生书，申论《公羊》改制说之是非，并再次攻击康有为"隐以改复原教之路得自命，欲删定六经，而先作《伪经考》；欲搅乱朝政，而又作《改制考》，其貌则孔也，其心则夷也"①。要求两位弟子立定脚跟，不要投机取巧、进退无据。较之此前的《与石醉六书》，该书虽然在学理分析上也还中肯，但言辞趋向激烈，并开始对康有为、梁启超进行人身攻击。在梁启超讲学内容流传开来之前，叶德辉可以说是湖南唯一的对其抱有警惕心或怀有不满的人；而当时务学堂讲习内容通过学生札记流传出来之后，叶德辉立即获得了许多同道。

时务学堂作为一种新式教育机构，在教学方面除教习上堂讲授外，最主要者可名之曰"研讨式教学"。教习令诸生札记，师长则批答而指导之，发还札记时，师生相与坐论。梁启超"每日在讲堂四小时，夜则批答诸生札记，每条或至数千言，往往彻夜不寐。所言皆当时一派之民权论。又多言清代故实，胪举失政，盛倡革命。其论学术，则自荀卿以下汉、唐、宋、明、清学者，掊击无完肤"②。由于学生住校，不与外间接触，时务学堂里的思想革命起初并不为外间知晓。1897 年旧历年底，学堂放假，学生回家，随同所记札记及老师批语也带到社会上。当时长沙实学书局还将时务学堂的课艺搜集刊印，乘机牟利。这也使学生札记流传更广。时务学堂的教学内容引起了人们的惊诧，群情哗然。

戊戌年五月（1898 年 7 月），岳麓书院斋长宾凤阳在接触到时务学堂学生札记后，上书王先谦，对时务学堂的教学内容及其影响进行了分析，认为它败坏了湖南的学风，指出："自黄公度观察来，而有主张民权之说；自徐砚夫学使到，而多为崇奉康学之人；自熊秉三庶常邀请梁启超主讲时务学堂，以康有为之弟子大畅师说，而党与翕张，根基盘固，我省民心顿为一变。"③ 宾凤阳认为，时务学堂倡导民权平等，蔑弃人伦，偏离了中丞开设它的本意，而流风所至，上自衡、永，下至岳、常，影响极坏，要求王先谦函达中丞，从严整顿，辞退梁启超等，

---

① 叶德辉：《与刘先端、黄郁文两生书》，《翼教丛编》，上海书店出版社 2002 年版，第 66 页。
② 梁启超：《清代学术概论》，《梁启超全集》，北京出版社 1999 年版，第 3100 页。
③ 《宾凤阳等上王益吾院长书》，《翼教丛编》，上海书店出版社 2002 年版，第 144—145 页。

另聘品学兼优者为教习。信后还附上了时务学堂札记批答的摘录。

对于岳麓书院的师生来说，时务学堂学生札记的"悖逆"之辞，为他们反击时务学堂、夺回发言权提供了有利的契机。岳麓书院历来是湖南学术文化的中心。自时务学堂开办后，人心丕变，新旧对比，岳麓书院的正面形象逐渐遭到消解。虽然院长王先谦顺应时代潮流，率先进行月课改章，又增设算学与译学两门专业，并带动了全省其他书院的改章运动；但由于师资以及其他方面的原因，书院改新的收效甚微。然而，对于书院的这种缓慢转型，新派人士颇为不满，来自新派人士的批评不断出现，而对于岳麓书院的批评都是以时务学堂或校经书院为参照作出的，同时又要求书院学会化，诚有王先谦所言的"欲天下学术尽出于一途"、"强人就我"之味道。在批评岳麓书院的同时，《湘报》上也充斥着"南海康先生、新会梁先生，是诚天下第一流，而维新党中之魁杰也"等谀辞。湖南教育界、思想界出现了唯康梁是从的趋势。

事隔两月余，当宾凤阳等人获得梁启超等所批学堂课艺、日记，发现其中的"邪说"之后，立刻找到了反击的把柄。宾凤阳在信中说："果尔，今之为学堂、学会，非徇警路人之木铎，直吹散弟子之楚歌。"① 历来以濂洛关闽之学陶铸弟子的岳麓书院，养成了弟子以传承儒统为己任的传统学风。是以斋长宾凤阳要求整理时务学堂，端正学风。

由于此前叶德辉刊布了直接批评湖南学政徐仁铸、间接反击康有为学说的《〈輶轩今语〉评》，公开抨击公羊学说，故宾凤阳在上书王先谦的同时，还上书叶德辉，在推崇叶德辉之作"洵正学之先声，中流之砥柱"的同时，请叶德辉顾全大局，"亟与当道诸公商请抚宪，另聘声望素孚、品学兼全者主讲时务学堂"②。

在此之前，叶德辉即已获得时务学堂教习评语，并交给王先谦看，王先谦"乃知其志在谋逆"③，感到事态的严重。复接到宾凤阳等"请从严禁遏"的具禀，更感到有采取行动的必要。于是联络张祖同、叶德辉、刘凤苞、孔宪教、汪概、蔡枚功、郑祖焕、黄自元、严家鬯、苏舆

---

① 《宾凤阳等上王益吾院长书》，《翼教丛编》，上海书店出版社2002年版，第145页。
② 《宾凤阳与叶吏部书》，《翼教丛编》，上海书店出版社2002年版，第156页。
③ 王先谦：《葵园自订年谱》，《葵园四种》，岳麓书社1986年版，第744页。

等 10 人，于农历五月二十二日（7 月 10 日）领衔向上抚院递出《湘绅公呈》，要求撤换教习，并附上宾凤阳的原信。湘绅在公呈中，引湘省卫道传统为豪，指出："为政先立民志，立学首正人心，损益乃百世可知，纲常实千古不易。湘省风气淳朴，人怀忠义，惟见闻稍陋，学愧兼通。"① 又赞扬时务学堂之设的良法美意："本为当务之急，凡属士民，无不闻风兴起。"但攻击总教习梁启超等人自命西学通人，实皆康门谬种，致使胸无主宰的学子误以康学即是时务，争相趋附；要求屏退主张异学之义。

三天之后，即五月二十五日（7 月 13 日），熊希龄也联合黄膺、戴展诚、吴獬、戴德诚等，给抚院上《整顿通省书院禀稿》，并将《禀稿》登在《湘报》上。与《湘绅公呈》针锋相对，熊希龄等人首先认定"通省书院积弊太深"，而其原因是"山长无人"，将矛头直接指向了王先谦；并提出定教法、端师范、裁乾脩、定期限、勤功课、严监院、速变通等项整顿措施，核心所在，在于改山长。同一天，熊希龄在《湘报》上公开上书陈宝箴，将聘请梁启超为中文总教习的来龙去脉公之于众，并表示要与王先谦、张祖同、叶德辉等"以性命从事，杀身成仁"②。陈宝箴对王、熊双方的《公呈》和《禀稿》，皆含糊其辞，以为众绅有门户意见。但同时，对于《公呈》中所提出的康有为之经说也不能不警惕，故于五月二十七日（7 月 15 日）上《厘正学术造就人才折》，参劾康有为的《孔子改制考》"伤理害道"，要求朝廷饬令康有为将《孔子改制考》自行毁版，主张对康有为可以"比之狂简造就而裁成之"③。

六月二十五日（1898 年 8 月 12 日），岳麓书院、城南书院与求忠书院三大书院院长齐集学宫，签订《湘省学约》，提出了正心术、核名实、尊圣教、辟异端、务实学、辨文体、端士习等 7 条原则，以维持湘省正学传统、屏黜异端邪说。

当叶德辉、王先谦等人攻击康梁、反击时务学堂之时，正是康有为取得光绪皇帝的信任、全国维新运动逐步走向高潮之时。他们的反对活

---

① 《湘绅公呈》，《翼教丛编》，上海书店出版社 2002 年版，第 149—150 页。
② 熊希龄：《上陈中丞书》，《湘报》第 112 号。
③ 陈宝箴：《厘正学术造就人才折》，中国史学会主编：《中国近代史资料丛刊·戊戌变法（二）》，上海人民出版社 2000 年版，第 283 页。

动遭到朝廷的批判。戊戌年六月，康有为代杨深秀草拟奏折，通过朝廷来压制时务学堂的反对派。六月二十三日（1898年8月10日），光绪降旨："……即如陈宝箴，自简湖南巡抚以来，锐意整顿，即不免指摘纷乘，此等悠悠之口，属在搢绅，倘亦随声附和，则是有意阻挠，不顾大局，必当予以严惩，断难宽贷。"有此圣旨，陈宝箴、徐仁铸等人的态度又强硬起来。徐仁铸追究《湘省学约》的主笔之人，王先谦表示："学术非可强同，何况名教纲常之大，岂容稍有假借？弟在讲席一日，必竭一日维持之力，雷霆斧钺，所不敢避。如宗师必查究倡议主笔之人，即坐罪弟一人也。"① 叶德辉也表示不放弃对康学的批判，说："康有为之徒，至欲举天下之学问一扫而空，以肆其言佛、言天之毒，则其兴今文，崇孔氏，皆假托之词，心迹不如此也。鄙人一日在湘，一日必拒之，赴汤蹈火，有所不顾。"② 其决绝的程度，不亚于熊希龄的"以性命从事，杀身成仁"。

叶德辉后来说："余于戊戌攻康有为。有为矫旨杀余与王葵园阁学先谦二人，时八月十一日也。湘抚陈宝箴颇持重，不欲兴大狱。而八月十三日，孝钦垂簾之电至，余遂获免。"③ 此言不一定是事实，但亦非空穴来风。据南学会佐办黄膺七月二十四日（1898年9月9日）给皮锡瑞的信称："朝政维新，新党之气大伸，旧党已如爝火。闻中丞、学使有合参叶之说。新党有长沙大痞王麻、湘潭大痞叶麻行状，院试散给考生。"④ 可见，沦为旧派的叶德辉等人，当时确有性命之虞。戊戌政变爆发，新政复旧，叶德辉等人的性命才得以保存。

第三节 "后学争呼韩退之"

冒着与朝廷作对的危险去批驳康梁学说，使叶德辉在湘省学界声名鹊起。王闿运在光绪二十四年四月五日（1898年5月24日）的日记中记道："彬何生自长沙来，云叶焕彬声名甚盛，以能折梁启超也。梁之

---

① 王先谦：《与徐学使书》，《葵园四种》，岳麓书社1986年版，第870页。
② 叶德辉：《答友人书》，《翼教丛编》，上海书店出版社2002年版，第177页。
③ 叶德辉：《白岩子云龙平别八年矣来苏相访赋赠四首》，《还吴集（丙辰）》，长沙叶氏观古堂1929年版，第23页。
④ 皮锡瑞：《师伏堂未刊日记》，《湖南历史资料》1959年第2期，第151页。

来此，乃为叶增价耳，人事倚伏可玩。"① 王闿运治学主张公羊说，一向不大接纳率性而为的叶德辉，曾蔑称叶德辉为"村野童生派"②。但不管湘绮老人作何感想，不得不承认的是，叶德辉的确是"声名甚盛"。而湘中另一老宿王先谦则对叶德辉更加刮目相看，其原因在于叶德辉在新旧之争中的实际作用，以及背后的学识水平。

本来，从身份认同来看，戊戌湖南新旧之争主要体现在以王先谦为首的岳麓书院与以熊希龄为首的时务学堂之间的冲突。那么，为何在后人的言说中总是以叶德辉为攻散学堂之首领，而叶德辉也以攻散学堂为自己的"英雄业绩"？对此，王先谦曾有解释："湖南设时务学堂，大吏延康弟子梁启超为教习，学使徐仁铸相与主张，其说一时风靡，独奂彬辞而辟之，不以昔年出徐门下有所畏避。复与先谦等上书大吏，贻书友朋，匡救之功，无与伦比。"③ 这表明：在起草《湘绅公呈》、贻书友朋批驳康说等方面，叶德辉都起了主导作用。综观叶德辉在新旧之争中的行为，大体上是围绕着对康有为学说的态度来展开的。早在1896年北上京城之时，叶德辉就接触过康有为学说，并颇不以为然。1897年，当弟子石醉六将入时务学堂之时，叶德辉与书剖析《左传》与《公羊》之别，打预防针；当弟子黄郁文、刘端生接触康有为《孔子改制考》之时，叶德辉又再次作书，论康说之是非。当学使徐仁铸颁发《輶轩今语》、引导湘省学风之时，叶德辉又作《〈輶轩今语〉评》，试图阻止康有为学说在湖南的流传。为此还与皮锡瑞之间产生了争端。当时务学堂学生与岳麓书院学生相争之时，叶德辉不仅策划了《湘绅公呈》，还作《正界篇》、《〈长兴学记〉驳议》、《〈读西学书法〉书后》等书，批驳梁启超的学说。可以说，是叶德辉对康梁学说的批驳，使新旧之争打破了馆席、俸禄等具体利害之争，而提升到学术文化之争的高度。

而叶德辉之所以要以"赴汤蹈火，有所不顾"的姿态去抵制康有为的学说，就在于他对康学及其"危害"的了解。这是王先谦所不及的。不同于叶德辉喜欢四处出游，归田之后的王先谦蜷伏里闬，与外界少通声气，故不了解外界的动态，正如他自己所言："康所行所学，惟奂彬

---

① 王闿运：《湘绮楼日记》卷4，岳麓书社1997年版，第2144页。
② 同上书，第1984页。
③ 王先谦：《虚受堂诗集·赠叶德辉焕彬》，《葵园四种》，岳麓书社1986年版，第626页。

知其深,而先谦不及知也。其说之盛行,在先谦出都后。每闻其徒党议论,但相与骇怪而已。"① 王先谦虽然感受到湖南所宣传的新学不合朝廷宗旨,但究竟不同在哪里,并不甚明了。听到叶德辉的剖析,"乃悟其别有宗主也",是以感叹:"微奂彬,谁与摧陷而廓清之者?"② 故在戊戌政变后,将叶德辉比拟为唐代避佛的韩愈:"自古当仁不让师,放淫拒诐复奚疑。奸言已息佗嚣子,后学争呼韩退之。"③ 又将叶德辉比为维系孔门之教的"鲁国闻人":"荒唐我亦怕新书,一任摧烧不愿馀。鲁国闻人真再世,孔门今见四盈虚。"④ 而叶德辉对自己力挽狂澜之举也非常得意,在和作中写道:"公羊流毒误行权,祭仲千秋肇祸端。一卷妖书出牛腹,遗文休作壁经看。"又说:"葵园当代老经师,我亦传经共疑疑。受业子思子门下,固应墨者距夷之。"⑤ 将自己塑造成尊经卫道的英雄。又说:"疏解邮通四部书,遗经收拾乱离馀。等身著作能衷圣,不似文园赋子虚。"⑥ 将自己的学术区别于"文园赋子虚",而视为"衷圣"的途径。又说:"异尔文雅别溃湄,考订桑经正昔贤。力挽狂澜注东海,河汾讲学太平年。"⑦ 期待通过自己的努力,清除疑经毁圣的邪说,重现河汾讲学的太平盛世之象。

在戊戌新旧之争的过程中,叶德辉既扮演了湖湘文化忠义传统代言人的角色,又扮演了湖湘汉学代言人的角色。如本书第一章所述,卫道意识是晚清湖湘文化的特色,维护儒学伦理纲常是晚清以来湘人的文化使命,由此构成了叶德辉思想的基础之一。在戊戌新旧之争中,叶德辉屡屡重申湘学的特点,他参与起草的《湘绅公呈》及《湘省学约》也以维护湘学正统、屏黜异端为诉求点,显示出一种正本清源的色彩。叶德辉声称:如果自己不挺身而出,大声疾呼,"则鄙人将见外于乡人而终身不能言学矣"⑧。表明自己所做都是为了维护湘学的忠义传统。然

---

① 王先谦:《虚受堂诗集·赠叶德辉焕彬》,《葵园四种》,岳麓书社1986年版,第626页。
② 同上。
③ 同上。
④ 同上。
⑤ 同上书,第626—627页。
⑥ 同上。
⑦ 同上。
⑧ 叶德辉:《与俞恪士观察书》,《翼教丛编》,上海书店出版社2002年版,第177页。

而，在戊戌变法以前，湖南人的卫道意识主要是一种情绪化的反应，以为纲常名教无往而不胜，集中体现在耻闻洋务、仇夷排外上，针对的是西方文化的侵略。那时的卫道意识是建立在过分自信、昧于时事的基础之上的，呈现为一种攻击性态势。而戊戌变法时期王先谦、叶德辉的卫道，是在趋新成为时尚、浮议欣动之际，是一种保守性态势，针对的是儒学内部的毁经乱教之行为。关注的焦点，已不是要不要引进西学的问题，而是如何对待中国传统学术文化和如何处理西学与中学的关系问题。戊戌变法以前，湘人的卫道主要是基于对理学的信仰，而非学理分析的结果。而王先谦尤其是叶德辉等人的卫道，是建立在尊经信古的汉学话语基础上，是以经学为思想资源的。由于康有为的变法理论是借助了经学这样一种权威的学术形式来表述，而要洞察康学对于儒学的潜在威胁，必须了解经学流派的出入分合、家法短长、经典真伪等。叶德辉最终能达到攻散学会、攻乱学堂的目的，不仅仅在于其强悍的个性，还在于其于《春秋》三传皆曾研习，又博览古书，辩难确有击中要害之处。从这个角度上说，叶德辉折服梁启超显示的是晚清湖湘汉学发展的实力。

虽然叶德辉以维护湘学忠义传统为使命，但又不以湘学代言人自限，文化关怀的视野由湘中一隅而扩大到全国，关注的是整个儒家文化的命运。这与王先谦有所不同。王先谦参与新政的程度深，与激进维新派的具体矛盾也更多，在攻击新派之时，较少涉及湖南之外的人物。而叶德辉在新旧之争中，除三次移书皮锡瑞外，并不以湘中人士作为论争的对象，而是直指激进维新派的理论指导——康梁学说。其原因：一在于湘中人士之言论不过是受康梁蛊惑，渊源所在，乃在于康说；二在于叶德辉认为这些人本来就没有学问，不值得与之费笔墨口舌。他表示："中原士夫人人知学，则可以不攻康梁；湘中子弟人人能学，则可以不作评语。"[①] 攻康梁是为了唤醒中原士大夫，扭转中原士大夫喜新厌常之习气；作《〈輶轩今语〉评》是因湘中子弟本不知考据，容易为康有为蛊惑。可见，在叶德辉的意识中，批驳康梁并不仅仅是为了维护湘学的忠义传统，更是维系儒家命脉于一线，因而具有超地域的意义。

---

① 叶德辉：《与俞恪士观察书》，《翼教丛编》，上海书店出版社2002年版，第179页。

这种超地域的意义又借助于出版物的传播而得以实现。叶德辉不仅在思想层面对康有为学说提出了批驳，并且诉诸传统的传播方式——刊刻、散发材料，扩大其思想的传播范围。这也是他被新派视为旧党魁首的原因之一。由于史料的缺乏，我们无法确切地统计在戊戌时期叶德辉究竟刻了多少材料，或多少种书，但可以肯定的有：

其一，针对徐仁铸的《輶轩今语》所作的《〈輶轩今语〉评》。该稿完成于戊戌年闰三月，并曾送给皮锡瑞阅读，引发了皮、叶之间的第二次论争。至八月初四日（1898年9月19日），徐仁铸在致王先谦的信中，对叶德辉的这一举动还耿耿于怀："奂彬亦一学人，向来深佩其淹贯，且拟时与商榷异同，乃遽率意刊扬，颇所不解。"徐仁铸事后辩解：自己从未附和康学，亦深恶痛绝其民权、平等说。他认为湘中子弟考卷中赞南海圣人，这实际上是叶德辉著作误导他们、使他们以为宗师主张康说的结果："推原其故，则奂彬实鼓动其机。宝、永等外，并无此风。自叶书出，而萌芽于郴，渐盛于衡，至本棚，则不可究矣。初无开罪奂彬之处，即欲有所辨论，何难进而一商？"①将湘中士子言康学归结为叶德辉《语评》一书的影响。从徐仁铸的抱怨中可以看出，叶德辉《〈輶轩今语〉评》一书刊刻流播，并产生了较大的影响。由于该书在写作上采取了先摘录原著、再加以批驳的方法，故在批驳徐仁铸（其实是梁启超）的学说的同时，客观上也传播了徐仁铸的学说。至于徐仁铸所言的恰恰是因为《〈輶轩今语〉评》一书的刊刻才使湘中士子误以为宗师倡导公羊说、民主平权说等，则是徐事后的一种辩解和开脱。因徐仁铸作为学政按临各府县观风试士，考试题目均刊载在《湘报》上，是否主张康说，观其拟题即可一目了然。

其二，戊戌闰三月（1898年5月）间，叶德辉将《与南学会皮鹿门孝廉书》、《与南学会某君书》、《附南学会某君书》、《与戴宣翘校官书》、《与刘先端、黄郁文两生书》、《与邵阳石醉六书》、《答人书》、《明教》、《西医》等内容汇编成《明辨录》一书，并刻印传播。该书托名吴县罗绍元、山阴汪祖翼所辑，但幕后主谋当为叶德辉。②

---

① 徐仁铸：《复王先谦书》，《葵园四种》，岳麓书社1986年版，第882页。
② 关于这一问题的考证，参见邝兆江《湖南新旧党争浅论并简介〈明辨录〉》，《历史档案》1997年第2期。

其三，1898年夏，叶德辉又编选朱一新致康有为的五封书信，名为《朱氏书札》，命梓人重刊。其弟子杨炳章在《朱氏书札序》中说："朱蓉生侍御，以文章气节鸣海内。平日学有本原，尤为士林所推重。曩主讲粤东广雅书院，一时英彦之士，多出其门下。其时康有为所著《新学伪经考》刊成，俗学鄙夫奉为枕秘，侍御数以书相诘难。又条辨于《无邪室答问》一书。此数篇亦其一时作也。今年夏间，康逆窃弄威福，湘中当道靡然从风，庠序之子狂吠尤甚。吾师叶吏部手出是编，命梓人重刊。……读侍御此书，又不能不服其远见宏识也。"① 此后这五封书信又被收入《翼教丛编》之中。

其四，1898年冬，叶德辉又将为攻驳康梁而作的十封书信及附录二篇汇集成《郋园书札》，其中《与邵阳石醉六书》、《与刘先端、黄郁文两生书》、《与南学会皮鹿门孝廉书》、《答南学会皮孝廉书》、《与戴宣翘校官书》、《答友人书》、《与段伯猷茂才书》、《与俞恪士观察书》均为《翼教丛编》所收；另增添有《答罗敬则大令书》、《与罗敬则大令书》两书，及《明教》与《西医》两篇文章。叶氏弟子刘肇隅称，叶德辉的这些书札、文章，"于近儒学术分合异同、康梁始终本末，言之凿凿，使读者如拨云雾而见青天。盖与朱蓉生侍御各书，一原其始，一要其终，而同为有功名教之作也"。又说："原书吾师刻入《明辨录》。"② 此亦反证《明辨录》正是叶德辉所编。

这些出版物无疑扩大了叶德辉思想的传播范围。而真正使叶德辉声名远扬的则是《翼教丛编》的出版。在湖南新旧之争最激烈的时期，王先谦的弟子、平江苏舆将戊戌前后旧派批驳康有为新学的书信、奏折、论著等汇集起来，以"翼教"为名，刊行流布。该书共六卷：一卷收朱一新答康有为五书和洪良品答梁启超论学书；二卷收安维峻、许应骙、文悌、孙家鼐等人有关康有为《新学伪经考》的奏折；三卷收张之洞的《劝学篇》部分章节，以及王仁俊的《实学平议》、屠仁守的致时务报辨《辟韩》书、叶德辉的《明教》；四卷则收入叶德辉《〈輏轩今语〉评》、《正界篇》、《〈长兴学记〉驳义》、《〈读西学书法〉书后》、《非〈幼学通议〉》以及署名为"汨罗乡人"的《〈学约〉纠误》；

---

① 杨炳章：《朱氏论学遗札序》，《朱氏论学遗札》，长沙叶氏观古堂戊戌冬月刊。
② 刘肇隅：《郋园书札序》，《郋园论学书札》，长沙叶氏观古堂光绪戊戌仲冬刊。

五卷收入《湖南邵阳县公逐乱民樊锥告白》、《岳麓书院宾凤阳等上王益吾院长书》、《湘绅公呈》、《湘省学约》；六卷则主要是王先谦、叶德辉的有关书札。该书将王先谦、叶德辉的翼教言论放在晚清保守派批驳康有为的思潮演变背景下展开，按照时间顺序描述了康有为《新学伪经考》、《孔子改制考》等著作引发的风波的来龙去脉，并集中了晚清批驳康有为的代表性人物与其思想，因而成为晚清保守派的集体宣言。正是该书的编排，使原本互不相关的反康人士被集结成晚清一个派别——翼教派。而叶德辉的言论又在其中占据了相当的比重，计有署名著作六种、书信八封，另外还有与叶德辉密切相关的文件两种（《湘绅公呈》、《湘省学约》）。在这样的编排下，叶德辉的地位得以凸显，其影响也不局限于湘中一隅，而成为晚清翼教派最重要的代表人物。

《翼教丛编》代表了编者对于晚清保守思潮的认识。而随着《翼教丛编》的传播，这一认识又为更多的人所接受。戊戌政变后，《翼教丛编》被视为遏制康有为学说流传之作而被许多省份同时翻刻，广为传播，叶德辉乃"名动天下"，得到传统人士的推崇。叶德辉后来回忆说："书至云南，时曹师（曹鸿勋）为藩司，阅之大喜，语僚属曰：'叶某余在湘特拔士。今此编出，功不在孟子下矣。'"① 此语不无自夸的成分，但亦可见叶德辉作为维护儒学正统的卫道士的形象是随着《翼教丛编》的流传而在世人心中建构起来的。

另外，《翼教丛编》在传播过程中的变化也改塑了叶德辉的形象，其"先见之明"被凸显出来。该书在各地翻刻的过程中时有增删，形成了不同的版本，主要有：光绪二十四年（1898）四月初刻本；光绪二十四年（1898）上海点石斋石印局刊本；光绪二十四年（1898）八月武昌重刻本；光绪二十五年（1899）仲春上海书局石印本等四种版本。与初刊本相比，再版本"揭逆"的特色不断得到强化。如光绪二十四年（1898）上海点石斋石印本由黄协勋再版，首刊惩治康有为等人谕旨，删去原本附录，另附黄氏论说四篇。黄氏在《石印〈翼教丛编〉序》中称赞它"首驳伪学，次揭邪谋，由是而正学臣邪遁之词，息谬士嚣张之气"②。事实上，在戊戌新旧之争中，叶德辉攻击康有为

---

① 叶德辉：《郋园六十自叙》，长沙叶氏观古堂1923年版。
② 转引自曹立前《苏舆与翼教丛编》，《历史教学》1996年第2期，第56页。

"其貌虽孔,其心则夷也",也攻击康有为动机不纯,但主要还是基于康有为学说行将产生的后果而言的,局限于学理分析。这从收入《翼教丛编》中的叶氏著述可以看出。然而,戊戌政变的发生似乎证明了叶德辉的先见之明,再版者传播该书时通过增加序言、增补附录,刻意将叶德辉等人对康有为"谋逆"之心的揭露加以凸显,从而淡化了新旧之争原本所涉及的众多文化学术问题,突出了该书政治论争的色彩,从反面加强了叶德辉作为保守派的形象。

在被"老成倚为干城"的同时,叶德辉也被"新进疾为顽梗",其思想动机遭到了激进人物的批判。1899年,章太炎读到《翼教丛编》之后,有这样的评价:"是书驳康氏经说,未尝不中窾要,而必牵涉政变以为言,则自成其瘢疣而已。"① 一方面承认叶德辉对于康有为经学的批驳有中肯之处,另一方面又指责叶德辉对康有为的人身攻击以及牵涉政事。章太炎也承认,康有为行事言论有不相符处,然而却是为了自己的理想。"夫康氏平日之言民权与男女平等,汲汲焉如鸣建鼓,以求亡子。至行事则惟崇乾断,肃宫闱,虽不能自持其义,犹不失为忠于所事。彼与康氏反辱者,其处心果何如耶?"质疑叶德辉等人,攻击康有为到底出于何用心。

同时,正如叶德辉攻击康有为不遗余力一样,新派也在叶德辉的人品、行事上大做文章,塑造出一个行为乖张、只认钱财、毫无心肠的叶德辉形象。曾经与黄遵宪、梁启超合办《时务报》的维新派成员汪康年曾记载过这样一件事:

> 光绪乙亥冬,余忽见《同文沪报》载湘人叶某一事。谓叶守旧,于行诣必端,不意竟大荒谬,给其妹嫁浙盐商朱某为妾。逮妹返而哭诉,伊乃戏言曰:"为妾何害,今人皆宠妾,得子捐诰封,与妻何异。"余见报大骇,乃袖报往见报馆主人井手君,曰:"叶君为人如何,吾不置一辞,若此事则绝与事实相反。"盖朱余戚,此事余知之极详。朱为余再从妹婿。妹死,或为媒叶之妹。朱年少佻薄,知叶富,且女颇有才名,亟许之。既订姻,朱有事至杭,馆

---

① 章太炎:《书翼教丛编后》,汤志钧编:《章太炎政论文选集》,中华书局1977年版,第96页。

其母舅赵氏家，又艳其表妹之美，则匿订姻叶氏事而媒娶之，置于扬，遂至湘娶叶氏。已而迎赵至，叶女知而诟，遂常家居。是时余适以事至湘，诣余弟家，颇知其事颠末。余谓此事极难办，盖于叶则先订而后娶，于赵则后订而先娶，假令朱返至湘时，有人知其事而告诸叶，使退婚，尚可及，今则难矣。顾无论如何，此事咎在朱，何关叶也。井手君曰："是浏阳唐某属登者，其他所属多矣，他事关系尤巨，余择其事至小至无关系者乃登此。"余曰："此事颠倒太甚。"乃作更正数十字，请井手君登之。越数日则报忽又载一段，仍伸前说，谓叶为此者，实以欠朱三千金，故暗以妹为抵。余走谓井手君曰："此说更谬。朱虽盐商，中实枵，安能有三千金借叶。"井手君乃劝余不必更与若辈辩，此故小事也。余因思彼等方盛有组织，而乃为此无谓之播弄，足知吾国人意度止此而已，可叹也。①

此处所言"叶某"即叶德辉，叶德辉的妹妹叶德芳适浙江朱光照耀庭。关于此事的具体经过，作为维新派成员的汪康年没有必要刻意去为叶德辉辩护，因此，所言应当具有相当的可信度。《同文沪报》可谓开此后报刊媒体重塑叶德辉作为"劣绅"形象之先河，而追本溯源，则在于叶德辉的保守思想。由叶德辉的思想保守，进而追究叶德辉的私德，大约也是非常合乎国人的思维习惯。只不过，作为一种历史的还原，尽管叶德辉在个性方面的确有"村野童生派"的特点，较易为人诟病，我们还是要对这类记载持有相当警惕。

那么，叶德辉的思想与激进维新派的思想究竟有何分歧？

---

① 汪康年：《汪穰卿笔记》，章伯峰、顾亚主编：《近代稗海》第11辑，四川人民出版社1985年版，第398页。

第三章　双重保守：叶德辉的政治思想和文化思想

在时局的刺激下，叶德辉感到"法诚弊矣"，也主张变法，并一度与维新派分享着相同的话题与相似的主张。然而，当激进维新派的理论指导——康有为的变法思想直接威胁到中国传统的政教之时，叶德辉率先攻驳辩难，成为翼教派之领袖。对于叶德辉而言，戊戌新旧之争不仅仅是一场政治立场、学术观点和实际利益之争，更主要的是在中西碰撞、古今交会之时如何对待中国传统学术文化的原则之争。叶德辉政治思想的保守与他的文化立场有关，而文化保守又受到政治思想的影响。由此，叶德辉成为近代史上政治与文化双重保守的典型人物，并且终其一生都未曾改变。然而，叶德辉提出的问题却启发后人思考，从一个侧面反映了近代保守思想的困境。

第一节　在变法与变人之间

一　"只言去弊，不言变法"

与康有为、梁启超相比，叶德辉并非社会问题的思想家，缺乏对变法问题的通盘考虑。然而，随着时局的变化，他也会作出自己的反应；特别是当康有为、梁启超等激进维新派的变法思想超出了他的承受程度之时，作为一种纠偏，他对中国社会问题进行了全面的思考，从而在康、梁之外，提出另一种方案。

激进派的改革方案是建立在洋务运动缓不济急、不适合于当时瓜分危机迫在眉睫的情形判断之上的。如谭嗣同在上陈宝箴书中就说："惟念铁路、商轮、煤矿诸端之于保国，其事固至急，而其效亦至缓。假使十年五年前早筹议及此而毅然举办，则至今日，汽车已飞腾于骑田之岭，火船已络绎于洞庭之湖，矿即不得遍开，亦必已用机器，已成巨产。以之图内治、恢远略，岂不甚善甚善。无如矿务之说，自我公始发其端，计开采以来，曾不满两年耳。商轮才具萌芽，铁路尚如梦幻。就令并日而食，兼程而进，人无旷工，工无旷事，亦必须三年五年，乃著成效。"① 这段话集中反映了激进派的思想。亡国在即，铁路、商轮以及工矿都不足以救亡，而练兵"固所以救亡，而非能决其不亡也"，所以救亡者，在开国会、兴公司，也即兴民权。而梁启超也开出了兴民权、开绅智、开官智的药方，认为这才是根本。

湖南激进维新派的思想是甲午战争失败后中国求变求强思潮的集中体现。甲午战败后，"国人的反应不是探讨战争失败的主客观原因与背景，而是企求一种根本解决方案，甚至觉得战争之所以失败，不仅是清政府主政者策略错误，而且是他们几十年来基本国策的战略错误。于是，将战争失败的原因归结为清政府几十年的洋务新政，以其只治表不治本，不足以从根本上解决中国问题"②。康有为正是这一思想的代表。他认为："方今累经外患之来，天下亦知旧法之弊，思变计图存矣，然变其甲不变其乙，举其一而遗其二，枝枝节节而为之，逐末偏端而举之，无其本原失其辅佐，牵连失败，必至无功。"③ 既然"枝枝节节而为之必至无功"，其逻辑结论就是："能变则全，不变则亡，全变则强，小变仍亡。"④ 故将维新要旨放在"大变"、"全变"上，即政制的变革，企图以政制变革作为突破口，来带动社会变革的全面展开。

叶德辉不理解康有为等人的变法思想，首先便是由于不同意康有为等人由甲午战败进而否认洋务运动的看法。他认为，甲午战争的结局既不能说明日本的富强，更不能说明中国的落后。他说："今人动言日本变法骤致富强，不知日本幸遇我恤兵爱民之中国耳，向使以区区三岛，抗行于穷兵黩武俄、法之间，吾知成败之数，且有不可逆睹矣。又使中国虽败，而陆战持久，终不言和，则胜负兵家之常，亦不知鹿死谁手

---

① 谭嗣同：《上陈中丞书》，《谭嗣同全集》，中华书局1981年版，第276—278页。
② 马勇：《甲午战败与中国精英阶层的激进与困厄》，《知识分子立场：激进与保守之间的动荡》，时代文艺出版社2000年版，第106页。
③ 康有为：《敬谢天恩并统筹全局折》，中国史学会主编：《中国近代史资料丛刊·戊戌变法（二）》，上海人民出版社2000年版，第215页。
④ 康有为：《上清帝第五书》，中国史学会主编：《中国近代史资料丛刊·戊戌变法（二）》，上海人民出版社2000年版，第197页。

矣。"他认为这种以胜败来分别先进与否的做法是一种势利。"夫强邻逼处,势利之口乌足凭?"按照强力逻辑,"甲申之役,法败而中胜,则中国进于文明;甲午之役,中溃而日兴,则中国沦为半教"。甲午战争后,国人的反思行动中很少有对日本的谴责,反而倾向于赞扬日本,从而为日本的侵略战争辩护。这使叶德辉感到奇怪。他说:"独怪今之谈时务者,若祖若父本中土之臣民,若子若孙皆神明之嫡脉,而亦幸灾乐祸,人云亦云,问之此心,天良胡在?"① 愤激之情,溢于言表。其实,这多半是对谈时务者的一种误解。谈时务者赞同日本的行为,不是他们不爱国,而是受近代社会进化论思想的影响,认为弱肉强食、优胜劣汰乃社会的法则,中国若要避免沦亡的命运,必须向强者学习。梁启超就曾说:"夫以文明国而统治野蛮国之土地,此天演上应享之权利也;以文明国而开通野蛮国之人民,又伦理上应尽之责任也。"② 既然文明者征伐野蛮者是一种正义的行为,作为被征服者所能做的,不是去抵制文明者,而只能是不安其陋,奋起直追,以寻求富国强兵为己任。其言辞过激,恰恰是因爱国忧国之心太深,为的是"求吾国之必强"。

在探索变法之路的问题上,叶德辉的思想沿着两个方向展开:

第一,洋务运动为什么没有取得应有的效果?

在这个问题上,叶德辉深受王先谦的影响。王先谦是早期洋务运动的鼓吹者之一,并且终生不改初衷。早在洋务运动期间,王先谦就提出,立国之远谋,一在练水军,一在兴商务。洋务运动的基本方向没有错,错就错在它贯彻得不够彻底。故在湖南维新运动前期,王先谦是宣传工商立国、劝工兴商最力的一人,大声疾呼:"今国之急务在海军,民之要图在商务。"③ 正是在此种思想指导下,王先谦积极参与了湖南新式企业的发展,"掷万金于制造"。然而,"众志不齐,中道相弃",维新同道中途改辙,是他不能接受的。激进维新派将活动重点放在办报纸、开学会、兴学堂上,王先谦认为是"舍实事图空谈"。他怀疑,"尽一世之人,相与奔走喘汗,摇唇鼓舌,院设高坐之席,家持警众之

---

① 叶德辉:《答友人书》,《翼教丛编》,上海书店出版社2002年版,第175页。
② 梁启超:《论近世国民竞争之大势及中国前途》,《梁启超全集》,北京出版社1999年版,第309页。
③ 王先谦:《复毕永年书》,《翼教丛编》,上海书店出版社2002年版,第158页。

铎",就能取到一道德而同风俗的效果。①

叶德辉本身对于洋务运动没有体会,但也赞成"新政"的方向,认为兴工商是强国的关键。他说:"曩闻葵园先生言近日新政,若早行于中日讲和之后,至今必粗具成效,外人不敢轻视,胶州、旅大之患可以隐消。"这里所言的"新政",实际上是指湖南维新运动前期的那些实事,也即类似于洋务运动时期的那些举措。对于戊戌政变后人们不再言新政,引以为忧:"今又以梁之故,使天下哗然不敢言新,恐终难收自强之效。"一再坚持:"中国欲图自强,断非振兴制造不可,若舍此不顾,非独易服色不能强,即不缠足亦岂能强也?"② 洋务运动何以失败?叶德辉认为不是洋务运动本身有错,而是"军械不备、上下离心故也"③。既有洋务本身没有学到的缘故,亦有人心风俗不淳以致之。

第二,日本成功原因何在?

甲午战争中国战败后,探索日本何以变法成功(并体现在战争取胜上面)、中国何以变法失败,成为一股思潮。王先谦指出:"日本维新从制造入,中国求新从讲论入,所论在名,所图在私,言满天下而无实以继之,则亦仍然一空,终古罔注济而已。"④ 批判中国人舍实事图空谈。叶德辉也强调:"日本维新,初亦为旧党所沮,卒之器械精、人心一,奋兴东亚,平视西球,良以地狭民雄,风同道一,转移之速,遂如大力者负之以趋。"⑤ 认为日本的成功是建立在"器械精"、"人心一"上面。另外,他认为日本变法容易,因此日本之政教向来都是因袭他国,故转变容易。

在探索变法之路的过程中,与康有为等人追求"大变"、"全变"的思路相反,叶德辉更多的是思考中国在移植西方善法过程中出现的弊端。他曾感慨:"今日之时局,法诚弊矣,士不知学,民不知兵,百里之外风俗不通,九州以内地利未尽。制造兴,则仕途多无数冗员;报馆成,则士林多一番浮议。学堂如林,仍蹈书院之积习;武备虽改,犹袭

---

① 王先谦:《与吴生学兢书》,《翼教丛编》,上海书店出版社2002年版,第159—160页。
② 叶德辉:《与俞恪士观察书》,《翼教丛编》,上海书店出版社2002年版,第177、179页。
③ 叶德辉:《答友人书》,《翼教丛编》,上海书店出版社2002年版,第175页。
④ 王先谦:《与吴生学兢书》,《翼教丛编》,上海书店出版社2002年版,第159—160页。
⑤ 叶德辉:《答友人书》,《翼教丛编》,上海书店出版社2002年版,第175页。

洋操之旧。"① 制造、报馆、学堂、武备，本都是西方行之有效的善政，为什么一入中国，就百病丛生？依此逻辑，即使是当下激进维新派鼓吹最力的、视为万全之策的民权平等，安知入中国后不出现弊端？对于中国来说，重要的不是如何去移植更多的善政，而是使既有的西方善政移入中国后取得应有之效果。故叶德辉主张："只言去弊，不言变法。"② 这里，叶德辉认为去弊比变法更重要。叶德辉并非否认"变法"本身的必要性，即移植西方之善政的必要性，但是，较之于康梁等人过度迷信变法的自然后果，叶德辉清醒地认识到法变而弊未去，既是一个已然事实，也会是一个行将产生的必然后果。而所谓的善政，应是无弊的；弊除而法自然变。以此后的历史演变来衡量，我们不能不承认叶德辉的质疑有一定的道理。以近代中国变迁的三个阶段而论，从形式上看，是由师夷长技到师夷政制到师夷文化的递进过程。由洋务运动的失败，而感到学习西方器物的不足，是以有维新运动；由维新运动的失败，而感到学习西方制度的不足，是以有新文化运动。然而，新文化运动是否造就了一个富强自由的国度？近代中国的仁人志士，在谋求救国之路时，总是企图寻找一个通盘解决的万全之策，于是在制度决定论与文化决定论之间徘徊。

二 变法先变人

西方善政移入中国的过程中，为什么会产生弊端？这是叶德辉反复探究的一个问题。他提出："采西法、制洋器诸议，行之已三十年，而法、日两次战争，何以无效？是知变法不变人，不值外人一笑。"③ 这里，他提出了变法的关键是"人"。如何变人？"凡人有自私自利之心，不足与议国事；人具若明若暗之识，不足与论民权。"④ 也即，变法之人，先要具备"心"与"识"。

变法先变人，变人重人心，可以说是新旧双方的一个共识。风俗人心与世道盛衰的关系，一直是中国知识分子所关注的问题。国运系于人才，人才出于学术，学术有关教化，教化关乎风俗，是新旧各派所共同

---

① 叶德辉：《答友人书》，《翼教丛编》，上海书店出版社2002年版，第175页。
② 同上。
③ 叶德辉：《輶轩今语评》，《翼教丛编》，上海书店出版社2002年版，第75页。
④ 叶德辉：《答友人书》，《翼教丛编》，上海书店出版社2002年版，第175页。

认可的一个逻辑关系。康有为的弟子欧榘甲在《论中国变法必自发明经学始》中就说："中国之坏，自人心始。人心之芜，自学术始。"① 认为人心之坏，乃在于传统学术，故批判传统经学摧毁人才。而学术之谬又源于六经不明。因此，维新派提出了明六经—正学术—端人心—强中国的对策。端人心紧密地与开民智联系在一起，唯有明六经（康有为的新经学）、开民智之后，才能有适应中国需要的人心。这里的"人心"，非传统语义上的道德之心所能范围，更多的是指一种新的政治意识。

叶德辉的"人心"，则更多的是指传统的道德之心。世道衰微，亟需人才；而人才须纳入规矩准绳之中，亦即要用儒学之义理来规范己心，要明义利之分、修治身心。叶德辉指责康有为、梁启超均是自私自利之人，不足以言变法。他说："梁启超持论痛诋时文，比于女子缠足之害，而又潜往会试，此真无可解于人口者。闻其都中告人谓父命之往。夫父命之会试，父命之作时文也，不知其父有是命而痛诋之，是谓大愚；知其父有是命而故痛诋之，是谓不孝。闻康有为之应试也，则曰奉母命。师弟沆瀣一气，绝世奇谈，以至不肖之时文加之其父母，而己乃享清高之名。吾知其平日之申民权为无君，而不知其今日之应试为有父也。"② 在叶德辉看来，康有为公车上书，诋西人以耶稣纪年为无正统，而其徒众又欲废大清统号以孔子纪年，可见康有为不但言行不一，就是言与言之间亦自相矛盾。叶德辉由此攻击："康有为何足以言学？一二徒党攀援朝贵，簧鼓无学之人，其门徒之寓上海者，恒称其师为孔、墨合为一人。有人言孔者孔方兄，墨者墨西哥。闻者无不笑之。迹其平生，无一日一时不奔走呼号于天下，既不容于乡里，又不齿于京师。"③ 指责康有为"乘此国家多事之时，使其徒党四出，遍谋天下膏腴之馆而据之"。叶德辉甚至说："（康有为）其言既有可采，其人必不可用。"由批评走向了攻击。至于其他湖南维新士子，在叶德辉眼里不过是依草附木、借时务为干进者，都在人心上有亏。

叶德辉强调道德的重要性，但又并非囿于道德论，他同样强调

---

① 欧榘甲：《论中国变法必自发明经学始》，中国史学会主编：《中国近代史资料丛刊·戊戌变法（四）》，上海人民出版社2000年版，第483页。
② 叶德辉：《与刘先端、黄郁文两生书》，《翼教丛编》，上海书店出版社2002年版，第166页。
③ 叶德辉：《与戴宣翘校官书》，《翼教丛编》，上海书店出版社2002年版，第174页。

"智",强调变法者须具有"识","天下事,必有真识力而后有真是非,亦必有大学问而后有大文章"①。智由何来?智来自于学。叶德辉指出:"夫不通古今,不得谓之士;不识时务,不得谓之俊杰。"② 在世事日变的情况下,士子不仅要掌握传统的经史之学,还要通晓万方之略,周知天下之情,无论中学、西学,均要会通。叶德辉特意批评了两种倾向:一种是视西艺若仇雠的一孔之儒,深闭固拒,"问以环海各国之政教,茫然不知谓何";一种是不知古今之变、依然沉醉于传统考据学中的老古董,"袭高邮王氏之颓波,理仓山主人之旧业",是博而寡要、劳而少功者。他主张:唯有中西会通,才能有真识力。否则,"人既不能自立,拜佛则拜一尊,时东时西,莫衷一是,所谓既不能为君子,又不能为小人"③。在他看来,士习游惰,目不知书,胸无主宰,向风而靡,均非智者。这里的"智",既包括对中学的研究,也包括对西学的研究。只有中西会通,才能判断是非;也才能说得上民权。

从总体上看,叶德辉的"变人"之说亦是开民智的一种。但是,叶德辉所说的"智",更多的是一种知识层面的"学识",而不是一种政治意识。叶德辉反对激进维新派以先知先觉的姿态来开民智,更反对将开民智与伸民权联系在一起。叶德辉反诘道:"试问今日之士,谁肯居于不智?又试问不智之民,何必更伸民权?"④ 这似乎是否认"开民智"的必要性。究其实,乃是对新派以智者自居、而将旧派置于被开者位置的一种不以为然。他断言:"谓天下皆愚人而己独智者,适以自愚而已。"⑤ 至于民智与民权之间的关系,叶德辉一方面主张不智者不必伸权;对于不智之民,伸其权有何用?岂不是意味着混乱?另一方面又说:"凡识具若明若暗之人,不足以论民权。"言外之意,真有识力者,可论民权。似乎也并不否认智者可以与论民权。不过,细究叶德辉的本意,强调的是对于智者来说,民权不必伸。智者当知中国乃君主国,君权至尊;智者知法宜变,亦知朝廷不言而草茅言之,未免近于乱政。正

---

① 叶德辉:《与段伯猷茂才书》,《翼教丛编》,上海书店出版社2002年版,第179页。
② 叶德辉:《与石醉六书》,《翼教丛编》,上海书店出版社2002年版,第163页。
③ 叶德辉:《与段伯猷茂才书》,《翼教丛编》,上海书店出版社2002年版,第181页。
④ 叶德辉:《与南学会皮鹿门孝廉书》,《翼教丛编》,上海书店出版社2002年版,第169页。
⑤ 叶德辉:《与刘先端、黄郁文两生书》,《翼教丛编》,上海书店出版社2002年版,第166页。

是在此问题上,叶德辉的保守与康梁等人的激进出现了重大分歧。

维新派认为,能否兴民权是国家存亡的关键。何启、胡礼垣提出:"若有民权,则外人畏,将士勇,大臣法,学校兴,工商利,虽欲乱而不可得也。""人人有权,其国必兴;人人无权,其国必废,此理如日月经天,江河行地,古今不易,遐迩无殊。"① 只要有了民权,中国便能起死回生,转弱为强,变贫为富,一切内政外交问题都可迎刃而解。康有为、梁启超、严复、谭嗣同等人都主张:"民权兴则国权立,民权灭则国权亡。"西方之所以富强,在于"人人有自主之权,人人各尽其所当为之事,各得其所应有之利";中国之所以贫弱,是由于"收人人自主之权,而归诸一人","使治人者有权,而受治者无权"。而兴民权首先要开民智。"权生于智",权智相倚。有一分之智,即有一分之权;有六七分之智,即有六七分之权;有十分之智,即有十分之权。由于中国两千年来的君主专制制度,以塞民智为第一义,造成中国民智极塞,民情极涣。因此,"今日欲伸民权,必以广民智为第一义"②。因此,在激进维新派那里,开民智是服务于伸民权的,是伸民权的起点与根本。所谓开民智,主要是增强民众的政治意识,激发他们支持变革、参与变革的积极性;让士民知道该有的权利与该尽的义务,知道国家乃士民与王侯将相共有之国家,王侯将相是人,士与民亦是人,人人有责起而卫国。

叶德辉不赞同伸民权,更不赞成维新派的所谓"开民智"。在他看来,借学堂、学会来开民智,是舍实事图空谈的体现;而最关键的是,所讲、所学宗旨既谬,则所谓开民智适成开民乱。叶德辉的"开民乱"之说,立意与张之洞有所不同。张之洞亦反对民权之说,其本意在民权说意味着人人有自主之权,则君上无权,乱民乘时而起,借口民权作乱。叶德辉的"开民乱"之说,更多的是针对康有为的经学。

如前所述,康有为认为中国之坏,始于学术之坏,学术之坏,又以伪经说盛行为核心;西汉以后伪经流行,湮没了孔子托古改制、为万世创教的真意。因此,正学术就是要恢复孔子的真义理,实质上是通过《公羊春秋》学、《孟子》等宣传民权、平等之说。至少在湖南的维新运

---

① 何启、胡礼垣:《新政变通》,郑大华点校:《新政真诠——何启、胡礼垣集》,辽宁人民出版社1994年版,第406、421页。
② 《梁启超上陈宝箴论湖南应办之事》,中国史学会主编:《中国近代史资料丛刊·戊戌变法(二)》,上海人民出版社2000年版,第551页。

动中,开民智几可等同于宣传康有为的经学。这里,不仅涉及民权、平等学说本身,还涉及对传统儒学的整体判断。在维新派用以开民智的宣传中,儒学被化约为康有为的公羊学说,其他不在此列者,均为伪经伪学。换言之,康有为的变法思想中,传统学术文化是一种必须革除的障碍。这种对于传统学术的任意切割、改造的做法是尚汉学的叶德辉所不能接受的;他认为坚守儒学信仰是端正人心的前提,也是变法的前提;而通过宣传康有为的经学去开民智,恰恰会造成人们对儒学信仰的动摇。不去宣传西方真正的政教、艺能,而要放言高论,搅乱学术,导致人们思想混乱,不知所宗,是为开民乱。"民无论智愚,人人得伸其权,可以犯上作乱。"可以说,这是导致叶德辉反对激进变法的最主要原因之一。

因此,叶德辉不认同康有为、梁启超等人的变法理论,不认同湖南维新运动后期的思想宣传,呈现出一种反对激进变法的姿态。

首先,他主张端人心是变法的首要前提。不得藉时务干进,炫西学以弋名。不具公心的人不足以言变法。就此而言,叶德辉的思想保留了传统的泛道德主义论的色彩,而又有所不同。历史上,每当社会发生衰乱与危机时,解救的措施往往诉之于道德的重振。敦风俗整纲纪,成为中国传统社会面临衰乱与危机时最为常见的政治话语。"致君尧舜上,再使风俗淳",成为数千年来士人的崇高理想。近代中国遭遇三千年未有之变局,仅仅诉诸传统的道德,当然无法成功应对危机。问题是,传统的道德取向、人心风俗论,是否就真的已经一无是处、完全失效了?这个问题伴随了叶德辉此后的一生。特别是在近代社会转型、经学衰落、传统价值体系崩溃之后,人心不古,无所约束,叶德辉对人心道德的诉求就更明显了。这是一种反其道而行之的心态。

其次,他认为变法应从实事着手,反对舍实图虚、放言高论。叶德辉提出:"天下事,凡张皇太过者,则溃败愈速,今日时务,张皇之过也。"既不能操之过急,亦不能好高骛远。唯有实事求是,一步步去做,才有可能收到效果。故而叶德辉直言:"鄙人尝持一议,以告天下曰:维中西,莫如理政教。政何以理?曰求实。教何以理?亦曰求实。实则无空谈之病,而人心一矣。"[①] 变法如此,学西学亦如此。"西法非不足

[①] 叶德辉:《与南学会皮鹿门孝廉书》,《翼教丛编》,上海书店出版社2002年版,第169页。

尚，要贵实事求是，师其所长（士当师其通农商诸学之长，工当师其制造之长，兵当师其练习测绘之长）。苟悻悻焉尽弃其学而学焉，非徒无益，而又害之矣。"① 以此来衡量，康有为、梁启超等人所言的变法学西，都是托之空言，"梁氏终日言变法，群居言学西，然彼之伪经学非士学也，彼之时务说非商学也，彼之《公羊》、《孟子》说非工学、农学，尤非兵学也"②。叶德辉此论，尚非局限于变法一事，而实在是泛指中国一切弊端。王先谦也感慨："窃谓中国学术，大病在一'空'字。理学兴，则舍程朱而趋陆王，以程朱务实也。汉学兴，则诋汉学而尊宋，以汉学苦人也；新学兴，又斥西而守中，以西学尤繁重也。"③而究心新学，又专门注重那些议论（所谓西政者），而不去注重实学（所谓西艺者），舍本逐末。在他们看来，讲学讲民权、学堂讲平等，都正是舍实图空的表现。

最后，他主张变法应讲究实效，去弊比变法更重要。法虽变而弊未去，其弊与不变法等同。"不求立学，徒以策论易时文；不求考工，徒以枪炮易弓马"④，这些都是不讲实效的表现。而要做到法变弊除，应使民有真识力，既识中学，亦识西学，而不是依草附木，人云亦云。在叶德辉眼里，一些新派人物并无这样的识力，中学既不通，不知学术源流出入，西学亦不通，人云亦云。他多次讥笑新学之人乃无学之人。他记述这样一件事："有一少年，自命为新学党人，鄙人告以汝并无学，何有于新？"⑤ 这样的人是不能开民智的。

三　从新旧之分到顺逆之辨

戊戌政变后，新政复旧；康有为、梁启超也被当作乱党遭到追捕，很多人因此讳言"新政"。这种现象引发了王先谦、叶德辉等人的担心："今又以康、梁之故，使天下哗然不敢言新，恐终难收自强之效。"⑥ 担心一切复旧之后，各项新政停办，制造不兴，图强无望。

---

① 叶德辉：《非幼学通议》，《翼教丛编》，上海书店出版社2002年版，第137页。
② 同上。
③ 王先谦：《复毕永年书》，《翼教丛编》，上海书店出版社2002年版，第158—159页。
④ 叶德辉：《与南学会皮鹿门孝廉书》，《翼教丛编》，上海书店出版社2002年版，第169页。
⑤ 叶德辉：《与段伯猷茂才书》，《翼教丛编》，上海书店出版社2002年版，第182页。
⑥ 叶德辉：《与俞恪士观察书》，《翼教丛编》，上海书店出版社2002年版，第177页。

第三章　双重保守：叶德辉的政治思想和文化思想　　95

怎样才能既坚持变法的方向，又与康有为的"谋逆"区分开来？叶德辉提出：要以顺逆之辨代替新旧之分。"朝廷应行之政，不得谓之新；吾人应守之学，不得谓之旧。""皇上奉慈宫，以孝治天下，臣民效之，谓之顺；康梁假托新政，以言乱天下，臣民和之，谓之逆。"维新本是美名，而逆党攘之以掩乱迹；守旧是习闻，而迂儒借守旧之名，攻伐异己。在新旧之间周旋的人，要么是深闭固拒，要么是见卑识陋，致使血气之士返于枯寂，文学之子流为会匪。故自戊戌攻散学会之后，叶德辉凡与友朋书札，从不涉及新旧二字，"诚以彼等之所为，乃逆也，非新也；吾辈之所争，乃顺也，非旧也"①。他认为，康有为等人是借维新、自强之名，行其谋乱之实。天下岂有无父之国？离间两宫，何谓保皇？妄希民主，何谓保国？且日本变法，其党多赤心为国之人；中国戊戌政变一事，如谭嗣同、杨深秀、林旭之流，其平日皆甘心为乱臣贼子。可见他们的所谓保皇、保国均为假名。

以政治伦理道德的谴责代替对政治思想的分析，这一做法与叶德辉保守的政治思想有关。作为一个传统士大夫，叶德辉笃信儒家伦理纲常，认为三纲五常乃不变之天理，君为五伦之首，神圣不可侵犯，由此反对民主、平权等近代政治思想。

首先，从中国历史方面看，中国自古为君主之国，"其权不可下移"②，并不存在民主的传统。针对梁启超"保民为孟子经世宗旨"之说，叶德辉提出："民为贵者，君贵之，非民自贵之也，且非贵民权也。"③

其次，强调"立国各有其政，而亦不可强同也"④，中西政治制度都是历史发展的结果。西方国家有君主，有民主，都是其历史演变的结果。而"中国自尧、舜禅让以来，已成家天下之局"，也是因其"地大物博，奸宄丛生"，非用君主不可。对于中国这样的国家，"以君主之，犹且治日少乱日多；以民主之，则政出多门，割据纷起。伤哉斯民，不日在疱痍水火之中哉！"⑤王先谦也有类似的看法，认为中西历史发展

---

① 叶德辉：《上俞中丞书》，《觉迷要录》卷首，长沙思贤书局1905年刊。
② 叶德辉：《读西学书法后》，《翼教丛编》，上海书店出版社2002年版，第129页。
③ 叶德辉：《正界篇》，《翼教丛编》，上海书店出版社2002年版，第95页。
④ 叶德辉：《非幼学通议》，《翼教丛编》，上海书店出版社2002年版，第137页。
⑤ 叶德辉：《〈輏轩今语〉评》，《翼教丛编》，上海书店出版社2002年版，第80页。

不同，政教风俗各异，民主之制乃西国历代发展而形成之体制，施之于中国则与国情民俗均凿枘不入。王先谦不否认民主制度对于西方本身的适应性，但反对将之移植到中国来。叶德辉也承认西方民主、中国君主均是各自历史发展的结果，但颇为怀疑维新派所鼓吹的民主制度的尽善尽美，认为康梁等人未曾游历西域，不过是读了几本语多夸饰的西书，遂为心动。他诘问道："独不解美洲工党胡为挟制公司？英俄乱民胡为日日思逞？法之党会胡为不畏国宪而得自由？"①

再次，西方行民主制乃人情之大不顺。叶德辉提出："西俗合众公主之法，由于无君臣之伦，其无君臣由于无父子，其无父子由于无夫妇，其无夫妇由于女权过重，妻可去夫，夫不得出妻，阴阳反常，为人情之大不顺。"② 而西方国家之所以倡导民主，是因为西教不知忠君之义。

世界大势必将由君主进化到君民共主再进化到民主，是维新时期中国先进的知识分子的共同信念。叶德辉不但不认同这一判断，反而认为西方实施民主制度是由于无君臣之伦。在叶德辉看来，民主并不意味着是一种比君主更进步的制度，更不昭示着中国的将来。不但中国不必效法西方行民主制度，即便是西方，也有可能改民主为君主。他期待着当西方易民主而为君主之时，则必劝忠而后可以息民，"于时孔教之昌明，必有胜于今日之日者"③。无疑，叶德辉的这一思想暴露出他对中西政教的无知和对历史发展趋势的失察，而反对民主制度在中国的移植又与叶德辉对儒家文化的坚守有关。

当历史发展趋势不以叶德辉的意志为转移，民主革命愈演愈烈之时，叶德辉没有调整自己的观察视角，接纳民主的观念，反而进一步从道德人心的角度去寻找根源。于是，君子、小人这一模式，就成了叶德辉解读历史、应对现实的唯一利器。

---

① 叶德辉：《非幼学通议》，《翼教丛编》，上海书店出版社2002年版，第131页。
② 叶德辉：《与俞恪士观察书》，《翼教丛编》，上海书店出版社2002年版，第178页。
③ 叶德辉：《与南学会皮鹿门孝廉书》，《翼教丛编》，上海书店出版社2002年版，第168页。

第二节 "孔不必悲,教不必保"

一 晚清保教论与传统儒学危机

在新旧之争中,叶德辉思考得最多的是有关孔教问题,也即儒学问题。叶德辉一再表示:"人之攻康梁者,大都攻其民权、平等、改制耳,鄙人以为康、梁之谬,尤在于合种、通教诸说。"[①]可见其关怀所系乃在于传统儒学的命运。对于叶德辉而言,康有为的民权、平等、改制之说固然悖逆必须批判,而所谓通教之说更加危险,它关系到儒家文化命脉的存废问题。因此,抵制康有为的通教说成为叶德辉文化思想的核心。

儒学是中国传统文化的核心,在长期的历史发展过程中,它实质上扮演了准宗教或代宗教的角色,是华夏民族文化认同和精神依归所不可替代的符号体系。近代以来,随着中国局势的日益危急,不但中国随时面临豆剖瓜分的命运,而且儒学也日益遭遇来自内外的挑战,逐渐丧失其维持世道人心的作用。从外部危机来看,西方文化挟其长技争胜于中华,西方宗教凭借不平等条约,在中国以西医、兵力等方式传教,与传统儒学争夺人心、争夺信徒。从内部危机来看,面临西方文化的侵略,激进维新派的保教宣传,又打破了传统儒学的稳定,导致传统儒学信仰危机。甲午战争后,康有为、梁启超等人在宣传救亡图存、变法自救的同时,还宣传尊孔保教,捍卫民族文化。1895—1897年间,康有为在上海、桂林等地组织强学会与圣学会,强调尊孔教以救中国。1898年更是在北京发起成立保国会,明确提出该会的目的是"以图保全国地、国民、国教"[②]。从表面上看,保国、保教并行不悖,相辅相成;然而,保教是为了保国,而为了保国必须先改教。因而,保教即是改教,这种改教导致了儒学知识系统的断裂,造成了新的儒学危机。在叶德辉看来,儒学内部的这种自毁长城的做法,是儒学更大的危机,因此,针对康有为等人的保教理论,叶德辉提出了翼教主张。

[①] 叶德辉:《与俞恪士观察书》,《翼教丛编》,上海书店出版社2002年版,第177页。
[②] 康有为:《保国会章程》,汤志钧编:《康有为政论集》,中华书局1981年版,第233页。

由于叶德辉的"翼教"思想是以康有为的保教思想为参照系提出的,有很强的针对性,因此,为了更好地理解叶德辉的思想,必须先把握以康有为为首的激进维新派的保教理论。

大体说来,激进维新派的保教理论呈现出以下几个特点:

其一,将儒学——孔教直接与西方基督教对应,以传教之广狭论教之强弱,提出儒学面临着教亡之危机。

"孔教"本是对儒学的一种习惯称呼。但在传统语义上,此"教"更多的是指文教,是一种人文信仰,非西方神学意义上的宗教。而在激进维新派的宣传中,直接将孔教当作了宗教。以传教之广狭、信徒之多寡来衡量,西教强而中教弱,中国有亡教之虞。唐才常言:"方今五洲人民一千三百兆,其行西教者九百余兆,行儒教者四百余兆,行回教者百余兆,其余则生番诸夷无教之民,是吾儒已有不乱西教之势。如不谋一自强之策,以抗彼而卫吾,人类几何而不绝也?"① 南学会会长皮锡瑞在演讲中多次论及孔教危机,他在南学会第二次演讲中提出:"我孔子之教行得远,彼天主耶稣之教更行得远,欧洲各国都尊信天主耶稣,美洲澳洲英人开辟已久,固不待说,非洲虽不尽归欧人所辖,而欧人开辟之地,亦多从天主耶稣。"② 特别是德军占领胶州湾后,"圣贤陵墓,尽属他人。邹鲁儒风,将从彼教"③,更加深了人们的孔教危机感。

孔教是华夏民族认同的文化资源,也是中国人的精神依归之所在。康有为说:"凡天下国之盛衰,必视其教之隆否。教隆,则风俗人心美,而君坐收其治;不隆,则风俗人心坏,而国亦从之。此古今所同轨,万国之通义也。"④ 这既是一种已然的事实,也是中国读书人的一种信仰。从汉代"罢黜百家,独尊儒术"开始,孔教就成为中国人安身立命之所在。三纲五常之理,四书五经之文,无不家喻户晓,借此维系世道人心。国与教相维,教存则国存,教危则国危。湘中士子何来保甚至说:"哀莫大于教亡,而国亡次之。""未闻有教亡而国能立者,更未有国亡

---

① 唐才常:《上欧阳中鹄书》,《唐才常集》,中华书局1980年版,第228页。
② 《皮鹿门学长南学会第二次讲义》,《湘报》第6号。
③ 《皮鹿门学长南学会第七次讲义》,《湘报》第37号。
④ 康有为:《请商定教案法律厘正科举文体折》,转引自黄明同、吴熙钊《康有为早期遗稿述评》,中山大学1988年版,第291页。

而教即随者。"① 中国人不光讲天下兴亡，匹夫有责，还应为师统之不继负责。

其二，以西方宗教为参照，追究孔教危机的根源。

孔教危机根源何在？通过中西对比，维新派提出：一方面因为孔教不具备西教那种传教模式或精神，导致孔教竞争不过西教；另一方面又因为中国人名尊孔教而实不明孔教，有尊孔教之名而无其实。

西教行教之远，乃因"教皇之尊贵，教士之勤恳，政府之保教"②，无论新旧教，无论男女，都做礼拜诵《圣经》，又万里传教。相比之下，中国人既不传教，又不尊孔，对孔教之义理茫然无知。梁启超慨叹："微夫悲哉！吾圣人之教之在今日也，号称受教者四万万，而妇女去其半焉，不识字者又去其半焉，市侩胥吏，又去其半之六七焉，贴括贱儒，又去其半之八九焉。此诚庄生所谓举鲁国皆儒服，而真儒几无一人也。加以异说流行，所至强聒，挟以势力，奇悍无伦。呜呼！至今不思自保，则吾教亡无日矣。"③ 孔教内部伪孔徒盛行，自相攻伐，即使没有西教的挑战，亦岌岌可殆。因此，对于激进维新派而言，孔教最大的危机，不是来自于西教的入侵，而是孔教内部的迷失本真。

其三，主张恢复真孔教以保教。

在国势衰微的情况下，国人不能阻止西人来传教，唯有从儒学内部着手振兴儒学。真孔教的恢复，包含两个层面。

一方面，通过强化孔教的宗教仪式，恢复孔子教主的地位，提升孔教的神圣性。康有为等人保教的具体措施有：创教——即恢复孔子、孔教的宗教面目，使人人都知孔子为创教之圣；设立孔教会之类的全国宗教组织；毁淫词，专拜孔子，采用孔子纪年。④ 纪年之外，复又仿行基督教周日礼拜之制，并取《易经》复卦所谓"七日来复"之意，而命名"来复"。通过这样的措施，将儒学改造为宗教。而其所设想，又无不以基督教为模范。

另一方面，则是通过学会、学堂，讲明孔教之真义理。这主要体现在南学会的宣传之中。皮锡瑞提出："今欲保教，急须讲明孔教义理，

---

① 何来保：《悲孔下》，《湘报》第18号。
② 同上。
③ 梁启超：《湖南时务学堂学约》，《梁启超全集》，北京出版社1999年版，第109页。
④ 参见杨思信《近代中国与文化民族主义》，人民出版社2003年版，第85—88页。

使人皆灼知孔教与天主教何者为同何者为异,自然不至为彼教煽诱。若能推广学会,行教四方,使吾圣人之道,施及蛮貊,尤为盛事。"① 学会讲学,也无异于宗教的宣教,实际上也是传教。讲明孔教义理,使中国人皆知孔教之大,并且切实有用,自然尊信我教,不至遁入彼教;同时使外国人亦知孔教之大且切实用,自然不致藐视我教,不敢以彼教夺我教。而孔教真义理,在很大程度上,又是康有为今文经学的同义词。

保教主张的提出,原本源于西方文化的挑战。激进维新派有着深刻的文化危机感,力主保教,显示了一种文化民族主义的情感。然而,其思想逻辑本身是有漏洞的。首先,他们将造成儒学危机的原因归结为西方的文化侵略和儒学内部的伪孔教盛行等因素。其次,在当时国势衰微的情况下,国人不能阻击西人不来传教,唯有从儒学内部着手振兴儒学,开学会讲明义理,合群力以保护圣教。再次,在恢复"真孔教"的名义下,力求将儒学与西教沟通,对儒学进行宗教化的改造,又将传统儒学中不符合西教的其他内容统统扫入了伪孔学之列。可以说,维新派的孔教论与伪经说是同条共贯的关系。维新派对真孔教的重新诠释解放了人们的思想,同时引发了人们对传统儒学价值的怀疑。时务学堂课外生辜天佑曾质疑"朱子在南宋,何以无救于宋世之亡?"② 要求坚持"专言政学,勿言理学"。而易鼐更是提出"通教以绵教"的主张,将保存儒学寄希望于融入西教。为什么要通过加入西教来保护孔教?"特以中国之人名为奉孔子之教,实未尽孔子之道。"换言之,传统儒学都非真孔教。为此,他主张由皇帝下一谕旨,国中自官绅以及士民,愿入救世教者听其自便;毁教堂戕教士者为叛民,杀无赦。这样国人入西教者纷纷,"而儒教之有真实学问者,从暗中推扩其善意,改革其差谬,弥补其缺憾"③,最终达到孔教、西教相忘、相化的境界。这可以说是中国近代史上全盘西化论的最初形态。

儒学作为中国传统文化的核心,是儒道、儒术与儒学的统一。"道"代表的是儒学的人文信仰,"儒生们都相信在人们的生活世界中,存在一个最高的主宰和终极的意义,即'天道'。对天道的信仰不仅为

---

① 《皮鹿门学长南学会第六次讲义》,《湘报》第 44 号。
② 《南学会问答》,《湘报》第 10 号。
③ 参见易鼐《中国宜以弱为强》,《湘报》第 20 号。

社会国家提供了统一的意识形态和精神归宿,同时也给每一个个体提供了安身立命、自我超越的精神资源"[1]。"学"代表的是儒学的知识体系,以六经为主。同时,儒学还是一种术,具有工具价值。西汉儒生的"以经术缘饰吏事",充分证明了儒学在经邦济世方面的效能。然而,随着历史的变迁,儒学的工具价值日益萎缩,而作为道德层面的价值却历久弥新。特别是近代以降,儒学在直接指导生产与现实政治上的作用捉襟见肘,这使得保教宣传在理论上陷入一种困局,即保教才能保国,保国才能保教。而要使孔教在保国层面发挥作用,必须凸显它在"术"方面的意义。为此必须改教,使其与新政新学相通。当人们用"术"的标准来要求儒学之时,传统的性理之学、六经之学,顿时有失去存在依据的危险。然而,抽掉了信仰与知识体系的儒学,还能叫儒学吗?"保教"口号的提出,也似乎暗示着儒学本身不如西教,要靠外力来保。因此,在叶德辉看来,保教说恰恰是导致儒学危机的一大根源,批判保教说成为叶德辉翼教的重要组成部分。

二 "孔不必悲,教不必保"

孔教遭遇到西方文化的挑战,这是人所共知的事实。然而,该如何对待西教?叶德辉认为,应持一种客观态度,分析其优劣。他批判了两种偏颇:"自来中国之士,攻彼教者失之诬,尊彼教者失之媚。故谓西人无伦理者浅儒也,谓西教胜孔教者缪种也。"[2] 既不赞成一味地排斥西教,又不主张盲目媚外。在他看来,维新派所宣传的孔教说、保教说,是"藉保护圣教为名,以合外教者,巧言也"[3]。他在辨析儒学之性质、对比儒学与西教之优劣后,得出了"孔不必悲,教不必保"的结论。

首先,叶德辉认为,西教的传入并不意味着孔教危机。

面临西方的文化传播,尤其是西教"挟长技争胜于中华",叶德辉

---

[1] 朱汉民:《宋明理学通论——一种文化学的阐释》,湖南教育出版社2000年版,第32页。
[2] 叶德辉:《明教》,《翼教丛编》,上海书店出版社2002年版,第68页。
[3] 叶德辉:《与南学会皮鹿门孝廉书》,《翼教丛编》,上海书店出版社2002年版,第168页。

也承认,"中西异教,近今不无强弱之分"①。西教中势力最强盛的莫过于天主、耶稣两教,其教蔓延于五洲,又浸淫及于亚洲之内,对孔教形成了一种威胁。但这种强弱之分,并不意味着孔教危机,更不意味着孔教不如西教。对于孔教来说,未尝不是一种发展的契机。因为"人之持异教也愈坚,则人之护圣教也愈力。西人之言争自存,理固然也"②。西教的传播并不会使孔教寝息、百年而后再兴。因为,"历观孔教之废兴,当观乎人心之利害、彼教之消长、名义之虚实、推行之难易"③。综合此四个方面的情况,可证明孔教最终会战胜西教。

从人心之利害来看,孔教为天理人心之至公。就孔教与中国的关系而言,中国人口号称400兆,男女老幼,人人意中有一孔子。中国之所以是礼仪之邦、文明古国,就在于对孔教的尊信。这里,叶德辉与维新派的主张并无二致。维新派主张教隆则国盛、教衰则国衰,甚至有"未闻有教亡而国能立者"④ 之言,将文化关怀放到了政治之上。叶德辉也指出:孔教是中国的国魂所在,如果不用孔教将国人凝聚起来,规范人心,则会篡弑相寻,"天下且成虚器,何有于君主、民主、君民共主也者"?也即:没有了孔教维持世道人心,人心无所安顿,即使建立了新形式的国家,那还是中国吗?而孔教之所以是中国人的精神依归,就在于它是天理人心之至公。就孔教与西教的关系而言,西教之中也有与孔教相通的教派。如卜斯迭尼教,以忠孝节义为宗,以尚俭弭杀为戒。又如剖而司登教,倡君为民首之说,以纠平等之非。西方没有信仰天主、耶稣的人还有十之二三。而卜斯迭尼教兴起后,人心靡然向风。这正是西教通孔教的开端。剖而司登教虽未盛行,但言之成理,至今亦与诸教会并立。更为主要的是,西方科学的发展,也对天主教、耶稣教提出了挑战,造成了两教发展的隐忧。两教的隐忧,恰是西教通孔教之先路。

从教之消长来看,西方宗教本有新教与旧教之分。叶德辉认为,旧教粗鄙不堪,故而谋求发展变化。《旧约书》中所载,尽是无稽之言。天主教变为耶稣教,愈来愈失其宗,新教盛旧教衰,由旧而新,正说明

---

① 叶德辉:《与俞恪士观察书》,《翼教丛编》,上海书店出版社2002年版,第178页。
② 叶德辉:《明教》,《翼教丛编》,上海书店出版社2002年版,第66页。
③ 同上。
④ 何来保:《悲孔》,《湘报》第18号。

西教本身也有消长。

从教之虚实来看,西教虚,托鬼神以行其术;孔教实,切于人事,以人道相教喻、人心相感召。

从传教之难易来看,孔教传易,西教传难。西教虽然"蔓延于五洲,又浸淫及于亚洲之内",但它依靠的是外力,并且以最强之兵力行教。尽管如此,西教仍然不能胁迫西方所有国家尽从其教,说明传教之难。而孔教流传三千年,未尝借兵力传教。中国虽然不诵经、不传教、无教会组织,但孔教不待传而传,已渗透到中国人的心灵深处,不仅成为士大夫的安身立命之所在,而且成为普通百姓的信仰,使中国人不读孔氏之书而知有孔子,"虽不识字之农夫牧竖、妇人幼子,无不有'孔子'二字横于胸臆间"[①]。值得注意的是,在传教问题上叶德辉与康有为显示出了不同的思维方式。康有为从西方传教的形式中感到了孔教的危机,认为孔教缺乏西教那样的宗教组织形式,故在传教方面竞争不过西教;故而孔教亦要传教。而叶德辉从西方传教的形式中感受到了孔教的生命力。湘中"汨罗乡人"在驳《时务学堂学约》时亦说:"夫使其教而善也,则不待传而自传;教而不善也,则虽如西人之兵力行教,而不能化一土耳其之回教,于中国圣教有何损益乎?"[②] 这个思想与叶德辉的思想是相一致的。

叶德辉还提出:在当时的局势下,为了避免教案的发生,政府宣布保护外教;而在宣传中,为了化解老百姓的仇夷排外心理,对西教也有正面的论证。保护外教是不得已而为之,与对外教的肯定应区分开来。若措辞不当、分寸不当,则会让百姓产生政府"尊西抑中"的误解,始而骇然,继而哗然,终且嚣然,嚣然不已,而仇杀相寻。作为一种宣传策略,叶德辉认为劝诫士民,"当以佛老相喻,谓其无碍于天地之宽,不当谓其教力大于孔子,激人以攻击之口"[③]。西教即使是行于东方,亦不过是释、老而已,何必为孔教过虑?

其次,叶德辉坚信,孔教优于西教,最终会大行于东西方。

[①] 叶德辉:《与南学会皮鹿门孝廉书》,《翼教丛编》,上海书店出版社2002年版,第168页。
[②] 《汨罗乡人学约纠误》,《翼教丛编》,上海书店出版社2002年版,第140页。
[③] 叶德辉:《与南学会皮鹿门孝廉书》,《翼教丛编》,上海书店出版社2002年版,第168页。

叶德辉对于孔教的自信,是建立在"西教中源说"基础之上的。他认为,西教出于东教。中土之教中,最古老者为巫教。至黄帝之时,为百物正名,进草昧而文明,于是尧、舜继之,以无为而治,道教开始萌芽。至老子时,著《道德经》。后为世人所崇奉,故后世称道教必曰"黄老",以二人为教主。道教既是中国最古老的宗教,又是西教渊源所自。道教在中国发展变化过程中,一变而为儒,再变而为法。孔子曾问礼于老聃,但青出于蓝而胜于蓝,冰出于水而寒于水,孔子学无常师,故以理胜。墨学亦渊自道家。而儒墨相争,以理绌者微,理胜者立,孟子拒杨墨有功,其书进而同于六艺,成为儒家经典之一。就道教与西教的关系而言,道教的支裔流传至西方,变为浮屠,由浮屠再变为释。而泰西各教,如回回、天方、天主、耶稣等,又不过是释氏之支流余裔,各以其一鳞一爪,纵横于五大洲之间。故而天下古今之教,未有大于道教者。

"西教源于道教"这一说法颇显稀奇,但亦非叶德辉的发明创造。佛教流入中国后,国人在信仰与抗拒之间,就产生了"老子化胡"的传说。《史记》曾记载了有关老子出关西隐的故事。在佛教传入中国后,老子西隐的故事遂演化为"化胡"学说。东汉桓帝之时就有"或言老子入夷狄为浮屠"之说,实为近代"西学中源说"的最早版本。叶德辉此说,不过是因袭传统。直到1907年刻《佛说十八泥犁经》,叶德辉还坚持此说,认为:"天堂地狱之说,可以警愚民而化蛮俗,其原盖出于宋玉招魂。……楚俗尚鬼,老子为楚苦县人,当其出关化胡,传其旧说。释氏窃之,又以还中国。"[①]

既然孔教、西教同渊源于道家,以孔教在中国历史上战胜释、老,绵衍几千年的历史经验来看,则西教即使行于中土,不过是又一释老而已。孔教必将会"潜移默运,扫荡异教于不觉"。

按照叶德辉的思想逻辑,历史上孔教能战胜释、老,其原因就在于"以理胜";因此,中西教竞争的最终胜负不取决于传教之广狭、信徒之众寡,而取决于教义本身中正与否。他认为:"凡天下之教,不立于中正,则不能久且大。"从教义上看,孔教以人伦设教,孔子讲伦理。

---

① 叶德辉:《刊刻佛说十八泥犁经序》,《佛说十八泥犁经》,长沙叶氏观古堂光绪三十三年刊。

而伦理为中西所同,血气尊亲,施及蛮貊,好生恶杀,人心之本然。这里,叶德辉似乎又回到了传统的文化优越论中。"孔子志在《春秋》,以救一世之乱逆;行在《孝经》,以立万世之纲纪。复有《论语》一书,综百王之大法。传其教者,如曾子、如子夏、如孟子,皆身通六艺之学,心究万变之情。凡人心所欲言者,莫不于数千百年以前言之,殆彼苍默知有今日之时局,而先以战国造其端。"[1] 叶德辉提出,谓西教无伦理者浅儒也,谓西教胜于孔教者,谬种也。他反复比较,虽然承认中西之教有相似之处,都讲伦理,但以人伦设教的孔教更符合人情物理,因而最终还是孔教为胜。就是在西方宗教各派中,最终的消长也是看它是否近人情。耶稣教旨较天主教为近人情,故得行于泰西文教之国。"方今泰西格致之学日进,西教亦因之而式微,然耶稣所辖之地视天主稍多,则以天主多不近人情故耳。"[2] 从较近人情的耶稣教辖地甚广这一事实出发,可以预测最切合人情的孔教将来所辖之地将会更广。

叶德辉认为:中西之教都讲伦理、顺人情,而孔子之教最能体现人情之正与天理之公。从五常的角度看,孔教本之于仁信而以礼实之,西教本之于义智而亦以礼贯之。礼,正是圣人之教的核心,也是人心所同然。孔教实,而西教虚,孔教以人伦设教,处处落实;西教借鬼神役使,使人忽视了世俗社会的实际人伦。另外,从宗教发展趋势来看,鬼神之教也在世俗化,越能顺应人情者越能获得信徒。因此,孔教当优于西教,为天理人心之至公,将来必大行于东西文明之国。

再次,叶德辉反对将儒学宗教化。

"孔教"是一个习惯性称呼,在中国,其本意是指政教、人文之教,正如台湾学者王尔敏所指出的:"儒学传衍近三千年,不出思想学术范围,未尝竟成宗教。虽然自唐宋以来,俗称儒佛道三教皈一,种种传说,流行民间。实则历代未尝真正出现儒教教会组织。尤其是历世儒学宗师,圣贤辈出,学派纷乘,而未尝有一家一人标榜宗教及行传教之事者。"[3] 当康有为等人将孔教宗教化、并以传教之广狭来判断教之强弱时,叶德辉提出反对意见:"盖圣人之教先之以人伦,而以神道辅其

---

[1] 叶德辉:《明教》,《翼教丛编》,上海书店出版社2002年版,第66页。
[2] 叶德辉:《与俞恪士观察书》,《翼教丛编》,上海书店出版社2002年版,第178页。
[3] 王尔敏:《中国近代思想史论续集》,社会科学文献出版社2005年版,第21页。

不及；耶稣之教先慑之以鬼神，而又专主一祀，抑伦理于后。其间次第、浅深，地球开通之时自有定论。"① 孔教是人伦之教，西教是神道设教，两者不仅性质不同，且有高下之分。一者不读孔氏之书而知有孔子，一者靠鬼神役其民，其间的功效不可同日而语。

康有为的孔教说既受西方宗教的启发，也与他的今文经学取向有关。作为经学的一大派别，今文经学有推崇孔子、神化孔子的特点，视孔子为手定六经、托古改制、通三统立三世之义的圣人，是一位垂法万世、德比天子的素王。特别是《春秋公羊传》更是神化孔子。叶德辉则从学理上分析、批驳这种宗教化倾向。他认为："儒教非创于孔子，而成于孔子。"② 在孔子创立儒学之前，"儒"作为一种称呼、一种职业或官名，早已存在。据东汉许慎《说文解字》之解释："儒，柔也，术士之称。从人，需声。""儒"最早只是一些术士的称呼，人们并不以儒为贵。此后"儒"又指一些以专门技艺传授贵族子弟之人，所谓师保。至《周礼·太宰》言："儒以道得民。"《周礼·大司徒》又有言："联师儒。"可见儒之立教，自周公始。显然，叶德辉的解释是建立在古文经学的观点之上的。

叶德辉指出："孔子之教，实无此名。'素王'之号，乃纬候家流传之言，在七十子之徒，推崇亦未为过。至于教主谥法，乃泰西教皇凭藉威福之所为，岂可施之于温良恭俭让之至圣？"③ 在叶德辉看来，今文经学家为了推崇孔子，采录纬书之言，尊孔子为"素王"，情有可原；而要效法西方宗教，让孔子变成一位教主，以孔教比附西方宗教，则很不恰当。

叶德辉指责康有为倡孔教是别有用心，"隐以改复原教之路德自命"，然后可以为所欲为，将孔教变成一己之工具，反对康有为试图依靠孔教建立新权威。康有为孔教说的作用，如其伪经说一样，是拉虎皮当大旗。正如朱一新所批驳过的，"凡古书之与吾说相戾者，一皆诋为伪造，然后惟吾欲为，虽圣人不得不俯首听吾驱策"④。孔教之说亦有

---

① 叶德辉：《与南学会皮鹿门孝廉书》，《翼教丛编》，上海书店出版社2002年版，第168页。
② 叶德辉：《与段伯猷茂才书》，《翼教丛编》，上海书店出版社2002年版，第181页。
③ 叶德辉：《读西学书法后》，《翼教丛编》，上海书店出版社2002年版，第124页。
④ 朱一新：《答康有为第四书》，《翼教丛编》，上海书店出版社2002年版，第10页。

此效。而通过设教会、强化孔教宗教仪式更是窒碍难行。叶德辉反问道:"康有为平日慨然以孔教自任,其门下士持论,至欲访礼拜堂仪注拜孔子庙,此等狠鄙之事,楚鬼越檅则有之,岂可施之于大成至圣之前乎?"① 在他看来,若将孔教宗教化、参照西教的宗教仪式来礼拜孔子,无异于将孔子从圣人变成了鬼神与木偶。中国人自孩提时代入书塾,即设一孔子位,朝夕礼揖,这就是孔教的仪式。至于成年人尊孔,则不在于这些外在的形式,只需在人伦日用上遵循孔教之精神。处则为孝子,出则为忠臣,就算不祭祀孔子,孔子又岂会怪罪他们?他们怎能不算是真正的孔教信徒?他认为,尊孔不在于形式,将孔教宗教化无异于将人伦之教的儒学信仰变成一种淫祀,非但不能提高孔教的地位,反而是对孔教的践踏与摧毁。

叶德辉还根据宗教发展史提出,鬼神教化可以施之于愚民之世,不可以施之于智民之世,能治民简之世,不能治民繁之世。世界越来越进化,社会越来越复杂,人类越来越智慧,鬼神之教势必被淘汰。他观察到:以神道设教的西教,在格致学兴起之后,也显示出式微之象。因此坚信:作为人伦之教的孔教,其优势正应得到凸显。

因此,叶德辉提出:"孔不必悲,教不必保,忠信笃敬可以达于殊方,魑魅魍魉可以消于白昼,汉制虽改而不改,民权不伸而得伸,由乱世而升平而太平。"②

叶德辉的这一说法或许不无可议之处,但值得注意的是,在当时,反对孔教之说的还有湖南维新派的核心人物黄遵宪。光绪二十八年(1902),黄氏致梁启超书云:"往在湘中(1897—1898),曾举以语公,谓南海见二百年前天主教之盛,以为泰西富强,由于行教;遂欲尊我孔子敌之。不知宗教之说,久成糟粕。近日欧洲,如德如意如法,于教徒优政之权,皆力加裁抑。居今日而袭人之唾余,以张我教,此实误矣。"③ 黄遵宪出任湖南盐法长宝道兼署湖南按察使之前,曾先后出任过驻日公使馆参赞、美国旧金山总领事、驻英公使馆参赞和新加坡总领

---

① 叶德辉:《与刘先端、黄郁文两生书》,《翼教丛编》,上海书店出版社2002年版,第165页。
② 叶德辉:《明教》,《翼教丛编》,上海书店出版社2002年版,第69页。
③ 黄遵宪:《致饮冰室主人书》,参见丁文江、赵丰田《梁启超年谱长编》,上海人民出版社1983年版,第279—280页。

事，对于西方政教文化的了解与体会远远超过康有为、梁启超等人。此外，精通西学的严复当时亦致书梁启超，"申言教不可保，而亦不必保"，教崇则学卑，教幽则学显，孔教的繁荣昌盛，绝非中国学术文化发展的福音。这种见解无疑更符合西方的实际。由神道设教到人道设教，乃文明进步的结果。由于科技文明的蓬勃发展，神道宗教在世界各地都受到冲击，呈现出理性化、世俗化的趋势。康有为倡导孔教，意欲将理性程度极高的孔教改造成神秘性较强的传统宗教，与世界局势反其道而行之，恰如逆水行舟。而叶德辉在这个问题上显示出的思维特点，也很有意思，即引西人自重，通过论证西方宗教发展趋势来为自己的观点辩护。可见，叶德辉虽然以"顽固保守"著称，在思考对策时亦会放眼世界。

在有关孔教问题上，叶德辉可谓真知与谬见并存。从原则上讲，某一宗教能否发达，取决于它是否合乎人情，叶德辉提出的这一说法本身不无合理性。然而，什么才叫合乎人情？在对人情的具体界定上，叶德辉充分暴露了他卫道、守旧的一面。他认为中西之教均讲伦理。所谓均有伦理者是指无论中西，都讲敬天、孝亲、爱人之理。五常是贯穿天地万物、世界全球的人伦准则。中国本之于仁信而以礼实之，西国本之于义智而以礼贯之，都强调"礼"。礼正是孔教的核心，也是人心的反映。然而，"忠君为孔教特立之义，西教不及知也"。孔教讲忠君爱国，而西教对此没有明确规定。这样，叶德辉对孔教的崇奉就归结到对忠君的信仰，由文化保守走向了政治保守，构成了他抵制近代民主思想的文化基础。

第三节　在中西、古今之间

一　叶德辉的"夷夏之辨"

在戊戌新旧之争中，叶德辉反复强调："近世时务之士，必欲破夷夏之防，合中外之教，此则鄙见断断不能苟同者。"① 可见，在叶德辉的思想中，"合中外之教"即是"破夷夏之防"的具体表现。他以公羊学作为论证的依据，说明"严夷夏之防"乃传统儒学的要旨之一：

---

① 叶德辉：《与南学会皮鹿门孝廉书》，《翼教丛编》，上海书店出版社2002年版，第167—168页。

《传》云:"内其国而外诸夏,内诸夏而外夷狄。"中外、夷夏之界,至明且严。又云:"王者欲一乎天下。曷以为内外之辞言之?言自近者始也。"此言天下之次第本末,语意显明。①

夫华夷之界,中外之大防,成十五年传明言《春秋》"内其国而外诸夏,内诸夏而外夷狄",而又曰"王者欲一乎天下,言自近者始也",此言始、内外之本末次第,非混夷夏而大同之也。②

"夷夏之辨"是叶德辉用来抵制康有为改造儒学的一个思想武器。叶德辉屡屡称引《公羊春秋》之言,反复强调严夷夏之防,很容易给人固守夷夏大防、反对学习西方文化的假象。③ 究其实,叶德辉的"夷夏之辨"是他处理中西文化关系的原则,即坚持在以中国文化为主体的基础上吸收西方文化,反对以西学的标准改造中学。

众所周知,"夷夏之辨"是中国古老的观念,它与中华民族的形成及中国文化的发展有关。西周建立后,采取了一系列与夏、商认同的措施,出现了夏、诸夏、华夏、中国等一类自我标识的称谓,并以夷、四夷之类的名称来称呼周边居民。春秋战国时期,民族关系发生重大变化,传统文化概念初步定型。礼崩乐坏,晋、齐等诸侯国遭到夷狄进犯,华夏族的一些政治家如齐桓公、管仲等人强调对诸夏的认同与夷夏之别,主张"尊王攘夷",保卫华夏民族文化不受夷狄的侵凌。当时的"夷夏之辨",主要是依据族类的差别,如地域、语言、习俗、生活方式等;而在价值判断上,华夏族因经济、道德、文化等方面都要高于夷狄,被当作"礼仪之邦",夷狄则是披发左衽的未臻开化之族。在地理

---

① 叶德辉:《与段伯猷茂才书》,《翼教丛编》,上海书店出版社2002年版,第180页。
② 叶德辉:《正界篇》,《翼教丛编》,上海书店出版社2002年版,第94页。
③ 笔者所见到的几篇有关"夷夏之辨"的文章,如郭双林的《近代西方地理学东渐与传统夷夏观念的变异》(《中州学刊》2001年第2期)、朱义禄的《夷夏之辨与近代中国的顽固派》(《同济大学学报》(社会科学版)2001年第4期)、贾小叶的《1840—1900年间国人"夷夏之辨"观念的演变》(《史学月刊》2007年第10期),论及晚清保守派,都以叶德辉作为坚守夷夏之辨的封闭性、反对破夷夏之大防、反对学习西方文化的典型案例。总体上看,这些说法都有一定的根据,但与叶德辉的夷夏之辨原有的丰富内涵之间存在着相当的距离,有以概念剪裁史实之嫌疑。

布局上，华夏族居于中央，夷狄散居四边。所谓"内诸夏而外夷狄"即是指这一格局。然而，这种缘于种族血缘、地域及文化差异的夷夏之辨，经过儒家学者的发展，突出了它的文化意义，而淡化了地理、血缘等方面的实际差别，即"诸夏用夷礼则夷之，夷狄用诸夏礼则诸夏之"。孔子曰："言忠信，行笃敬，虽蛮貊之邦行矣；言不忠信，行不笃敬，虽州里行乎哉？"（《论语·卫灵公》）主张"远人不服，则修文德以来之，既来之，则安之"（《论语·季氏》）。至孟子，则进一步发展了"夷夏之辨"的文化含义，主张用先进的华夏文明去影响、改变落后的夷狄，使其成为华夏文化的一部分，"吾闻用夏变夷者，未闻变于夷者也"（《孟子·滕文公上》）。这样，夷、夏分别成了道德文化与野蛮无德的代名词，"夷夏之辨"变成了"文野之辨"。①

由"夷夏之辨"所确立的中国传统认同方式，是一种文化意义上的认同。"夷夏之辨"不是固定的，而是构成性的，夷狄可以进而为中华，中华可以退而为夷狄。它并不把自身限定在特定的种族地域，甚至某一特定的地方文化区域样态之中，具有相当的开放性。②然而，在此后的发展过程中，"夷夏之辨"的不固定性逐渐为人所忽视，走向了中国中心意识与中国文化优越、文化自大意识。"严夷夏之防"成为传统士大夫的心理定势。特别是在明清之际，以"夷夏之辨"为主要内容的文化民族主义得到了系统的论述。中国文物制度被视为最完善的价值系统和个人最高的效忠对象。而作为士大夫来说，保存华夏文化传统是更重于保家卫国的神圣使命。这种理念，在顾炎武那里被区分为"亡国与亡天下"。顾炎武提出："有亡国，有亡天下。亡国与亡天下奚辨？曰：易姓改号，谓之亡国；仁义充塞，而至于率兽食人，人将相食，谓之亡天下。"③即使是在面临亡国危险的情况下，只要"天下"不亡，文化延续，则"夷夏之辨"依然有效，华夏族的文化优势依然不会动摇。

晚清以来，随着现代地理知识的传播，中国中心论遭到了动摇。不仅中国是万国之一，而且中国文化亦只是世界各种文化样式中的一种。

---

① 关于"夷夏之辨"，参见杨思信《文化民族主义与近代中国》，人民出版社2003年版，第24—30页。
② 关于"夷夏之辨"的构成性，参见罗志田《夷夏之辨的开放性》，《中国文化》1996年第2期，第213—224页。
③ 顾炎武：《日知录》卷13《正始》。

中国要生存，只有融入到现代世界体系中，在与其他国家共处中，才能得到实现。因此，维新派重新挖掘"夷夏之辨"开放性的一面，以为变法服务。如易鼐就在《湘学新报》上撰文指出："中国而类乎夷狄，则降而夷狄之；夷狄而合乎中国，则进而中国之。"① 强调"夷夏之辨"本以风俗而不以地域论，中国若风俗不善就是夷狄，四夷风俗善就进乎中国。易鼐打破传统的"夷夏之辨"所包含的中国文化自大意识，利用"夷夏之辨"的开放性，为中国学习西方寻找理论依据。谭嗣同也说："《春秋》之所谓夷狄中国，实非以地言，故进于中国则中国之，流于夷狄则夷狄之。惟视教化文明之进退何如耳。若以地言，则我湘、楚固春秋之夷狄，而今何如也？"② 同样是主张文明教化来分辨夷夏。

大体上来说，发挥"夷夏之辨"的开放性一面，主张中国应当学习西方以免沦为夷狄，是晚清维新思想的一大特色。那么，什么是"风俗善"？什么才是"夷狄"、什么才是"华夏"？谭嗣同强调："旧者，夷狄之谓也；新者，中国之谓也。"③ "守旧"则夷狄之；"开新"则中国之。换言之，中国之所以是中国，就在于它能不断维新；夷狄之所以是夷狄，就在于它的守旧不变。而运用开放性的"夷夏之辨"标准来衡量，不强、不维新的中国文化实质上已沦为夷，而强大的、进步的西方文化则是夏，因而国人的文化自卑感油然而生。

在此背景下，叶德辉重新强调"严夷夏之大防"，一方面是为了抵制激进维新派的"尽变中法"的做法，另一方面则是质疑激进维新派的文化评判标准，后者触及了现代进步意识的困境。

首先，叶德辉强调"夷夏之辨"是一种文化的分辨，而不是地理的区分。

如前所述，晚清出现"破夷夏之防"的直接原因，是因为现代地理知识的传播使人们认识到中国并非世界的中心，中国文化也并非世界文化的唯一样式。基于世界格局由一统之天下变为列国之并存，人们对传统的夷夏之防产生了怀疑，于是提出地球本是列国环峙，并无夷夏之防，又谓春秋时之吴、楚，即今日之江苏、两湖，是当日之夷狄即今日

---

① 易鼐：《五洲各国风俗考》，《湘学新报》第35册。
② 谭嗣同：《论学者不当骄人》，《谭嗣同全集》下册，中华书局1981年版，第401—402页。
③ 谭嗣同：《湘报后叙上》，《湘报》第11号。

之中国。叶德辉则认为"此论似是而实非"。所谓夷夏之分,不是以地理位置来划分,而是根据它的教化。他指出:"夫《春秋》之所谓'夷狄'者,以其异于尧、舜、禹、汤、文、武、周公之教也;今世之所谓'夷狄',则有黑、白、红、棕之别而同教耳。"春秋时代的夷,是指没有采用中原先进的政教制度的周边民族;而现在的夷,则是指其他种类。"夷"不是固定不变的,进于夏则夏之,而中国正希望用它先进的文化来同化它,使其同教。就此而言,叶德辉的思想与谭嗣同不以地区而以教化区分夷狄中国的思想是一致的。

其次,叶德辉提出"夷夏之辨"的有效性不因暂时的敌强我弱而丧失。

戊戌时期人们重新讨论"夷夏之辨",发"夷夏之辨"的开放性之覆,主要原因是主权中国处于劣势地位,随时都有亡国灭种的危险,进而论证学习西方文化的必要性。由主权国家的贫弱,进而反思文化中国的不足,是当时知识分子的一种思维模式。因此,在看待儒学时,更多的是彰显儒学"术"的意义,因传统儒学在"术"的层面的不足,进而产生对儒学价值的怀疑。远者如广东的朱次琦,叶德辉说他"因后世儒术无效,并疑《论语》为失圣心。此等高远之谈,其流弊必至非圣无法而后已"[①]。近者如湖南辜天佑,质疑"理学诸公何以无救于南宋之亡"。而康梁维新派虽然也持孔教优越论,但其所谓孔教,是一种能致国家富强的真孔教,而将传统的儒学——汉学也好,宋学也好,考据也好,义理也好,统统打进了伪孔教的另册。这也暗含着传统儒学事实上是一种不如西教的劣教观点。对于思想史来说,它所产生的影响,最关键的不是打破了中国中心论与中国文化的自大意识,而是实现了一种评判标准的转移与价值取向的转换,即由"文明"向"强力"的转移,也可以说是由"道理"到所谓"公理"的转移。在"天理"的世界里,修身、齐家、治国、平天下,个人通过内在心性的修养以及道德践履,达到与天道的合一,并由此促成社会的和谐与富强。它关注的是个人如何走向更为文明的存在方式。而在强力逻辑下,则体现了一种对强权的崇拜,这种强权崇拜体现在"优胜劣汰,适者生存"这个公式之中。梁启超云:"自有天演以来,即有竞争。有竞争则有优劣,有优劣则有

---

① 叶德辉:《答罗敬则大令书》,《郋园论学书札》,长沙叶氏观古堂戊戌冬月刊。

胜败。于是强权主义,虽非公理,而不得不成为公理。……两平等者相遇,无所谓权力,道理即权力;两不平等者相遇,无所谓道理,权力即道理也。"① 照此逻辑,中国既然屡被战败,在力的层面不能显示其适应性,则其文化必然低劣。而中国文化要由低劣变为先进,必须通过强力层面显示出来。野蛮者变文明,文明者变野蛮,是故在戊戌变法时期,先进的中国人士检讨的是如何把中国文化改造成一种力性的文化。而在力性的竞争中,被奖励的其实是强权而不是文明。

作为对这种思想逻辑的抵制,叶德辉重新挖掘夷夏之分的文化意义,将之与强力区分开来。他反问道:"若以国之强弱、大小,定中外、夷夏之局,则春秋时周德衰矣,何以存天王之名?鲁之弱小远于吴、楚,何以孔子曰'我鲁'?"从文化竞争的角度看,势强者不一定优,且最终为圣教所化。叶德辉提出:"尧、舜、禹、汤、文、武之教,周公成之,孔子大之,三代以下,异教之为圣教渐灭者,不可殚述。"②他还以佛教而论,佛教盛行于六朝,但是佛经本身却要靠中文流传下来。他又以辽、金、元等国与宋朝的关系为例,说当时辽、金、元国势强大,对宋室凭陵至极,但此后三国国书不存一字,可见一时的强弱并不能断定教之文野,当然也不能分辨夷夏。

叶德辉也承认,西方在器物层面,"其工艺之巧冠绝地球","兵制以英、德为最强",甚至在政制方面,有许多胜过中国之处。然而,这些都不能作为文野之分的根据。中国在人伦道德方面即文化的核心层面依然有其优越性,"西人之胜我也,轮船也、枪炮也、制造也,非回也、赐也"③。叶德辉坚持"夷夏之辨",一方面由于他依然保持了文化自信心,延续了中国传统的文化自大感,另一方面则在于他反对用文化之外的东西如国家之强弱、大小来判断教之文野。也即是说,他认为积弱积强与教之文野是两个层面的东西,不可误置。

叶德辉的这一观点,在相当程度上基于历史经验。在历史上,有过多次野蛮民族以力征服中国,而最终为中国的文化所征服的事实,文化

---

① 梁启超:《国家思想变迁异同论》,《梁启超全集》,北京出版社1999年版,第455页。
② 叶德辉:《与南学会皮鹿门孝廉书》,《翼教丛编》,上海书店出版社2002年版,第167—168页。
③ 叶德辉:《与刘先端、黄郁文两生书》,《翼教丛编》,上海书店出版社2002年版,第166页。

中国从来没有被视为比武力征服成功的蛮夷民族更为落后。在被蛮族征服后，文化中国并没有把力性的强大作为自己的存在进取的唯一理由，相反，更为深层的文化、精神、道德的追求，却始终占据上风。基于这种历史经验，叶德辉的文化自信心并没有因为列强环伺、甲午战争中国战败而动摇。在他看来，胜败乃兵家之常事，充其量只能说明双方在强力方面的差距，而不能说明中国已变成了夷狄、日本变成了（文化意义上的）华夏。他由此谴责那些由战争胜负来判断文明程度高下的人是势利之人。当然，叶德辉对于维新派思想也存在着误读现象。维新派破夷夏之大防，固然首先是基于西方文化的坚船利炮，但随着对西方文化的了解，更发现西方文化非历史上的蛮族可比拟，而是一种更为先进的文化，有其合理的政教制度与思想观念。只不过，这种更先进的文化最终会落实到力的强大方面。

正是后者，即以力之强弱判教之文野，为叶德辉所不能接受。在某种程度上说，叶德辉的质疑触及了现代进步意识的困境。文化中国讲究的是人道的修养，夷夏之辨也主要是从人文这个角度来进行的。孟子曰："人之异于禽兽者几希。庶民去之，君子存之。"① 做君子做小人，在于自我选择。君子与小人之别，就在不同于禽兽的"几希"间。宽泛意义上的夷夏之辨相当于人禽之别，文明的程度在于人脱离动物界、彰显人性的程度，它的标准在于人道。然而，在强力崇拜中，人们依据的是"物竞天择、适者生存"这样一个物理界的规则，而漠视了人择，实际上把人道降低到自然事物层次上去了。这种畛域的混淆，对于文明本身来说，恰恰是一种危机。叶德辉坚持的是从文化本身论文化（中国传统的夷夏概念），以人道论夷夏，抗拒标准的转换，也即是对现代意识的一种质疑。

在叶德辉之后，力之强弱与文野之辨的关系，一再成为文化保守者的论题，其中尤以章太炎与杜亚泉为最。章太炎就批判力性崇拜是"使万物皆归于力，故持论至极，必将尊奖强权。名为使人自由，其实一切不得自由"②。其原因就在于以物理代人道："循乎自然规则，则人道将穷。……以自然规则本无与人道，顺之百功，逆之非罪云尔。"以历史事

---

① 《孟子·离娄下》。
② 章太炎：《四惑论》，《章太炎全集》卷4，上海人民出版社1986年版，第452页。

实来衡量,"胜不必优,败不必劣,各当其时"①。杜亚泉也说:"有机界之进化,与超有机界之进化,理法不同,目的不同。世之操生存竞争说者,欲以生物界之现象,说明人类社会之现象,致使人类社会堕落于禽兽之域,其谬误既不待言。"② 在异国侵略的情况下,把人文政教的核心指向单向度的富强,意味着文化中国所具有的那种关怀的丧失。而那种关怀的意义在于,在力性秩序中,不仅关注强力的问题,而且更为关注精神道德的问题。然而,在一统变为列国的情况下,文化中国又不可能不顺应强力逻辑,建构成一个强有力的民族国家。民族国家未必比文化中国更为先进、优越,只是在现代世界体系中,文化中国必须通过民族国家来建构自己的主权形式,否则便很难在现代世界体系中生存。③

再次,在中西文化关系上,叶德辉主张深入了解西方文化,以达到"用夏变夷"的目的,反对"援墨入儒",批判后者乃买椟还珠。

叶德辉并非不承认"夷夏之辨"的开放性。不过,基于传统的中国文化优越感,叶德辉更强调夷可进乎夏,却不愿承认夏可退于夷。他强调:"历观治乱得失之故,大抵崇儒则治,用夷则乱,近王则治,袭霸则乱。"④ 历史上只闻用夏变夷,不闻夏变于夷。在叶德辉看来,康有为所作所为是"一意欲变中而西","其貌虽孔,其心则夷也"⑤,并担心"世界未进太平,中华已沦于异教矣"⑥。为了维护以儒家文化为核心的中国传统文化,叶德辉重申《春秋》、《孟子》中有关夷夏之辨的思想,强调"用夏变夷"的原则,反对"以夷变夏"的变法。

> 孟子曰:"吾闻用夏变夷者,未闻变于夷者也。"又曰:"能言距杨、墨者,圣人之徒也。"谈时务者服膺孟子,众口同声,何不请事斯语?⑦

---

① 章太炎:《易论》,《章太炎全集》卷3,上海人民出版社1984年版,第383页。
② 杜亚泉:《精神救国论》,《杜亚泉文集》,华东师范大学出版社1993年版,第90页。
③ 关于文化保守者对以力之强弱辨教之文野的质疑,参见杨贇《困境中的中国现代性意识》,华东师范大学出版社2005年版,第三、五章。
④ 叶德辉:《〈輶轩今语〉评》,《翼教丛编》,上海书店出版社2002年版,第79页。
⑤ 叶德辉:《与刘先端、黄郁文两生书》,《翼教丛编》,上海书店出版社2002年版,第165页。
⑥ 叶德辉:《正界篇》,《翼教丛编》,上海书店出版社2002年版,第93页。
⑦ 叶德辉:《〈輶轩今语〉评》,《翼教丛编》,上海书店出版社2002年版,第79页。

> 孔子《春秋》之旨曰："内中国而外夷狄。"日学《春秋》,日学孔子,云何不知。如云夷而进于中国则中国之,未闻中国而进于夷则夷之也。①

> 孟子辟墨氏,不闻以墨氏之兼爱合于孔氏之言仁。孟子辟杨氏,不闻以杨氏之为我合于孔氏之为己。②

处于近代中西文化大交流碰撞之时,夷夏之间再不可能划若鸿沟,文化的融合成为历史的趋势。不过叶德辉主张:"然自彼通之,谓之用夏变夷;自我通之,谓之开门揖盗,此中界限,持之不可不坚。"③

那么,按照叶德辉的本意,"以夷变夏"与"用夏变夷"的界限究竟何在?笔者认为,这里反映的主要不是如何对待西方文化的问题,而是如何看待"夏"文化——中国传统文化的地位问题。时局变迁,夷夏之间的相互交流已成不可避免之势。是在保持中国传统文化主体地位的基础上吸收西学,还是用西学的标准来改造中学?这才是问题的关键。在叶德辉看来,康有为以是否能附会、沟通西政西教作为判断儒家经典真伪的标准,以能否附会西政西教作为判断儒学真假义理的标准,这种做法就是"以夷变夏"。以对待《周礼》的态度而言,康有为完全是以西政为转移。按照《新学伪经考》的说法,《周礼》该打入伪经的行列。但是,由于《周礼》讲西周政制,合于西政之说,故又不忍割爱,遂有徐仁铸的"真伪参半"之说。"既伪其书,而其合于西制者复不能为之割爱,则真伪参半之说起焉。"④叶德辉认为,这是中国人的媚外表现。叶德辉强调"夷夏之辨",除了保留有传统儒家文化优越论外,主要是反对被动地以西方文化为标准来改造中国文化。

对于西方文化,叶德辉主张不仅要了解,而且要学习。他也认为"视西艺若仇雠者,一孔之儒也",要求子弟通万方之略。然而,"用夏变夷,则必入穴以探虎;援墨入儒,则将买椟以还珠"⑤。也就是说:

---

① 叶德辉:《〈輶轩今语〉评》,《翼教丛编》,上海书店出版社2002年版,第86页。
② 叶德辉:《正界篇》,《翼教丛编》,上海书店出版社2002年版,第94页。
③ 叶德辉:《与俞恪士观察书》,《翼教丛编》,上海书店出版社2002年版,第178页。
④ 叶德辉:《〈輶轩今语〉评》,《翼教丛编》,上海书店出版社2002年版,第77页。
⑤ 叶德辉:《与石醉六书》,《翼教丛编》,上海书店出版社2002年版,第163—164页。

要做到"用夏变夷",必须先了解西方文化,分清何者为珠,何者为椟,以便取夷之长,补夏之短,"故西法非不足尚,要贵其实事求是,师其所长"①。"用夏变夷"与"援儒入墨"的区别在于:一是否保留了儒学的主体地位;二是否真正学到了西教之善法。

作为一种原则,真切地了解西学之优劣短长,做到取长补短,为我所用,原本是没有错的,问题在于如何分辨珠与椟。叶德辉一再说:"西人之胜我者,轮船也,枪炮也,制造也,非回也、赐也,《公羊》也,《孟子》也,所学非所用,夫子自道也。"其"珠"、"椟"之分在相当程度上等同于"西政"与"西艺"之别。不过叶德辉考虑得更多的是学术文化本身的优劣短长,而不局限于以西政为椟、西艺为珠。以叶德辉的西学知识,他不一定比康梁等人更能分辨珠与椟,或者说情形正相反(世人心目中的叶德辉正是昧于世事、不通西学的陋儒形象,当属事出有因),然而,由于抵制了一元进化论的模式(即由力之强弱推断教之文野,由中国器物不如人进而推论中国政教不如人),批驳康梁之时,也偶有中的。

以对孔教的评价而论。如前所述,康梁等激进维新派从中西对比中,推论出孔教危机的一个原因在于它没有类似于西教的教会组织、传教模式以及礼拜仪式,因此,其倡导的保教措施之一就是将孔教宗教化。而叶德辉则再三申辩,西方格致学兴起之后,其宗教渐有式微之势;而在西方几大宗教中,越是顺应人情的宗教,其信徒越多、辖地越广;神道设教渐有向人道设教方向发展的趋势。就此而言,叶德辉对西教发展状况的了解要深于康有为等人。

又如对国人迷信万国公法的批判。当时维新派宣传万国公法,并相信经由公法可走向世界大同。叶德辉质疑道:"至万国公法,强国用之则声气得相联络,弱国用之则朝夕为人牵制。西人与中国交涉之事,何者合于公法?"② 此种认识,于弱肉强食的国际政治亦有所窥见,较之激进维新派一厢情愿地寄希望于用万国公法来获得国际地位更为现实。当然,叶德辉更反对的是以公法比拟《春秋》的做法:"万国公法且不能行于泰西,比而同之,将来泾渭同流,是非倒置,此非尽灭孔氏之

---

① 叶德辉:《非幼学通议》,《翼教丛编》,上海书店出版社2002年版,第137页。
② 叶德辉:《〈輶轩今语〉评》,《翼教丛编》,上海书店出版社2002年版,第75页。

经，不足以快其心志也。"① 叶德辉批判康有为等人鼓吹西政不过是撷拾西书之皮毛，其实并不清楚西政善在何处。

就对西学的态度而言，叶德辉并不像人们通常所认为的那样毫不关注。然而了解不等于接受。在更多的情况下，叶德辉是以旧观念来理解西学知识，造成一种误读。

以地理知识而论，皮嘉祐的《醒世歌》中有"地球本是浑圆物，谁在中央谁四傍"、"若把地球来参详，中国并不在中央"等句，本不过新地理知识的大实话，意在启发人们不要妄自尊大。叶德辉本人也承认："地理之书，以新出者为优，此言是也。"② 然而，叶德辉抗拒的是新地理知识对传统观念的动摇，故而对皮锡瑞发出"无中外，独无东西乎"的指责。倘若说叶德辉连"地球是圆的"都不承认的话，则无异于对他智商的侮辱。究其实，叶德辉是以传统的阴阳五行观念来看待新的地理知识的，而且这种做法也并非始于叶德辉。晚清较早介绍西方新地理知识的徐继畬在介绍欧洲概况时即说："欧罗巴一土，以罗经视之，在乾戌方，独得金气。其地形则平土之中，容蓄沧海，数千里回环吞吐，亦与他壤迥别。其土膏腴，物产丰阜。其人性情缜密，善于运思，长于制器，金木之工，精巧不可思议。"这里，徐继畬不自觉地以传统观念来解释新知识：一是五行说。用以确定欧洲以西方部位而独得金气，得金气乃至于独擅制造之技。后人循此理说，常常提到欧人得金行之气，而善运巧思。二是八卦方位。欧洲就罗盘指向正西北，也就是固定的乾方，八卦运行，首起于乾。由是形成他的"天地之气，由西北而通于东南"的理论。还有一个时序的运会说，作为他推断未来的根据。③ 叶德辉说："地球圆物，不能指一地为中，但合东西南北考之，南北极不相通，则论中外，当视东西矣。"可见，叶德辉于新地理知识并非全然不知，但是他坚持认为："亚洲居地球之东南，中国适居东南之中，无中外独无东西乎？四时之序先春夏，五行之位首东南，此中西人士所共明，非中国以人为外也。"④ 此言则暴露出叶德辉的成见与妄

---

① 叶德辉：《正界篇》，《翼教丛编》，上海书店出版社 2002 年版，第 90 页。
② 叶德辉：《〈輶轩今语〉评》，《翼教丛编》，上海书店出版社 2002 年版，第 79 页。
③ 参见王尔敏《晚清政治思想史论》，广西师范大学出版社 2005 年版，第 4 页。
④ 叶德辉：《与南学会皮鹿门孝廉书》，《翼教丛编》，上海书店出版社 2002 年版，第 167 页。

见。阴阳五行观念本是中国的传统观念,何尝是"中西士人所共明"?又说:"五色黄属土,土居中内央,西人辨中人为黄种(土耳其亦黄种,即突厥徒居于此),是天地开辟之初,隐与中人以中位。西人笑中国自大,何不以此理晓之?"① 则诚属牵强附会。这正是以传统观念来看待新知识。

可见,在中西文化关系问题上,叶德辉并不是简单地反对学习西方文化。他坚守"夷夏之辨",发掘夷夏之辨的文化意义,由此抵制近代国人因地理知识的新发展、因主权中国势不若人而产生的对夷夏之防的怀疑,坚守中国文化的特性。用夷变夏还是用夏变夷,主要关涉的不是要不要学习西方文化的问题,而是如何对待中国文化的问题,它实际质疑的是:究竟是在保持中国文化主体地位的基础上吸收西学,还是用西学的标准来改造中学?

二 叶德辉的"新旧之辨"

在反对康有为"用夷变夏"的同时,叶德辉还指责康有为"尽变旧俗、一意维新",强调文化的演进应遵循"温故知新"的原则。

在文化变迁过程中,新旧之间究竟如何推移?孔子在与弟子讨论三代文物典章制度时,曾说:"殷因于夏礼,所损益可知也。周因于殷礼,所损益可知也。其或继周者,虽百世可知也。"② 整个中国古代文化的演变,大体上正是循着这一不断自我损益和自我修复更新、同时又始终保持其统绪一脉相承的渐进道路展开的。近代以降,当中国遭遇三千年未有之变局时,中国文化的延续是否还能沿着这一固有态势进行下去?对此,激进派与保守派作出了不同的回答。

如前所述,康有为、梁启超等维新思想家主张"尽变旧俗、一意维新",故在恢复"真孔教"的名义下,将传统学术文化统统打入伪孔教的另册。而在湖南的维新宣传中,这种思想又被发展为谭嗣同的"唯新是从":"'新'之为言也,盛美无憾之言也。"将新旧之分提升到夷夏之辨的高度:"旧者,夷狄之谓也;新者,中国之谓也。"③ "守旧"则

---

① 叶德辉:《与南学会皮鹿门孝廉书》,《翼教丛编》,上海书店出版社2002年版,第167页。
② 《论语·为政》。
③ 谭嗣同:《湘报后叙》,《湘报》第11号。

夷狄之；"开新"则中国之。换言之，中国之所以是中国，就在于它能不断维新；夷狄之所以是夷狄，就在于它的守旧不变。而新旧是相对而言、快速转换的。"新者忽旧，时曰'新夷狄'；旧者忽新，亦曰'新中国'。新同而所新者不同，危矣哉。""新中国"如果不能继续求新的话，则会变成"新夷狄"；而"新夷狄"如果能不断求新的话，亦会变成"新中国"。因此，对于国人而言，首要的是不断求新，以免沦为"新夷狄"的处境。"昨日之新，至今日而已旧；今日之新，至明日而又已旧，乌足以状其盛美而无憾也。"① 这种求新必须快到"日新"，"言新必极之于日新，始足以为盛美而无憾"。言学言政，都得有此求新的精神。从此出发，虽然"文武之政，布在方策"，但不过是已往之陈迹，古人之糟粕也，因情事日变，非古人所能逆料。"昨日之新，至今日而已旧；今日之新，至明日而又已旧。虽温故知新，存乎其人，而新究在人不在书也。"因此，最重要的是"假民自新之权，以新吾民"②。这是谭嗣同对待新政的态度，也是他对待学术文化的态度。他指责"二千年来之政，秦政也，皆大盗也；二千年来之学，荀学也，皆乡愿也。惟大盗利用乡愿，惟乡愿工媚大盗，二者相交相资，而罔不托之于孔"③，并以冲决网罗的精神与传统政治、传统文化决裂。湖南另一维新者樊锥之激进较之谭嗣同也毫不逊色。在《开诚》、《发锢》诸篇中，公然反对孔教，将从前的繁礼细故一概目为"谬乱"、"猥鄙"、"恶劣"。他们都体现了一种除旧布新的思想。

"除旧布新"的思想落实到湖南维新运动中，使传统中学产生了危机。叶德辉注意到，自梁启超主讲时务学堂，"以《公羊》《孟子》教授湘中弟子。数月之间，三尺童子皆知言改制、言民权、言秦始皇不焚书、言王安石变法。千百年之事，一旦得而非之；千百年之非，一旦得而是之"④。如果说叶德辉是出于其守旧的眼光有所偏见的话，那么，作为新派的皮锡瑞所虑正同。戊戌年闰三月，时务学堂第三次招生，在南学会开考。考题为"孟子兼师伊之仁论"，而学生中通晓者少。皮锡瑞发现，学生考卷皆不佳。"观诸生言洋务尚粗通，而孟子之文反不解，

---

① 谭嗣同：《湘报后叙》，《湘报》第11号。
② 谭嗣同：《湘报后叙上》，《湘报》第11号。
③ 谭嗣同：《谭嗣同全集》，中华书局1981年版，第337页。
④ 叶德辉：《明辨录》序。

中学不将亡耶？予非守旧者，然此患不可不防也。"① 在叶德辉看来，这正是新知未浚而旧学先亡。

叶德辉反对康有为的新学，更反对康有为激进维新派对待传统文化的态度。康有为的"新学"究竟"新"在何处？据丁伟志先生总结："康、梁'新学'之新，不外表现在三个方面：一、突破'中体西用'框架，援西学改造中学；二、兴起今文经学，反对古文经学；三、复活明清之际经世致用精神；改革治学宗旨，整顿学风流弊。"② 康有为沿用了传统学术文化的形式，而在实质上则改变了传统学术的内涵，斩断了新学与传统学术的关联。叶德辉指责："数年以来，康、梁倡为伪经改制、平等民权之说，于是六经去其大半，而学不必一年而成。"又说："六经供其点窜涂改，汉宋诸儒之书皆蔑视如奴仆。"③ 叶德辉承认："古今无百年不变之学，不通古今，不得谓之士，不识时务，不得谓之俊杰。"④ 学术也好，政制也好，都不可能不变，然不可悍然开新。他援引古籍经典中有关新旧之理的几种说法，提出：经典所言皆尊重旧知，如《论语》有"温故而知新"之语；大学之道为"在明明德，在新民"；《尚书》中有"人惟求旧，器非求旧，惟新"之论。综观经典持论，从未听说过有主张弃旧如遗、悍然以开新为事者。在叶德辉看来，康梁等人"彼欲亡中学，而藉口中学之将亡；彼欲兴西教，而藉口于西学之不兴，彼欲如日本之立新党，而诋朝野之老成，目之曰守旧"。这些都是不顾传统、悍然开新之举。他哀叹："康门之士，每欲举一切旧学之书，大声疾呼而废之，于是人不知有古书，惟知有康学。"⑤ 认为不考古无以通今，不知旧何以知新？"不闻日本明治维新，有灭绝和文之举。"⑥ 变法成功的国家都是建立在考古通今的基础上。

叶德辉等人还重新厘定了"新"、"旧"的具体内涵。在他参与起草的《湘省学约》中，指出："当今沧海横流，事势日棘，朝廷变通旧制，期于宏济时艰。天下之士，言卫道者多守旧而恶新，言变法者多趋

---

① 皮锡瑞：《师伏堂日记》，《湖南历史资料》1959年第1期，第102页。
② 丁伟志、陈崧：《中体西用之间》，中国社会科学出版社1995年版，第191页。
③ 叶德辉：《长兴学记驳义》，《读西学书法书后》，《翼教丛编》，上海书店出版社2002年版，第102、130页。
④ 叶德辉：《与石醉六书》，《翼教丛编》，上海书店出版社2002年版，第163页。
⑤ 叶德辉：《〈輶轩今语〉评》，《翼教丛编》，上海书店出版社2002年版，第78页。
⑥ 叶德辉：《非幼学通议》，《翼教丛编》，上海书店出版社2002年版，第133页。

新而厌旧。"然而,"今日议论,动言守旧维新,而于新、旧之实或未尽知"。到底什么才是新、什么才是旧?在新与旧之间应该持何种态度?他认为,所谓旧者是指研经史、阐义理,以及词章训诂,致力颛精,这是士人应修之业,言学者不能废也;所谓新者是指新兴的各式学问,"讲工艺制造之理,通环球政学之要,择善而取,不耻相师,亦吾人应修之业,特以风气初开,从事方众,故别之曰'新'耳"。他主张:旧学要守,新学要兴,旧学为立身根本,新学为应世方策。两者都是通时务者所应周知的。

基于这样的原则,他既反对守旧派之旧,又反对维新派之新。他指出:一些陋儒株守帖括、迂腐鲜通,托名"吾守旧"也,以讲求西学者为异教。这样的守旧是应当摒弃的。而康有为等人托名"吾维新"也,在"维新"的名义下"为改制创教之说,持平等民权之议,逞一切悖谬之谈者",凡是不赞成他们的主张的人,都被他们扣上了"阻挠新政"的帽子。这样一来,使"新之实湮,新之名病"①。为了与康有为的"新"相区别,《湘省学约》甚至还要求原来的新书局改名为"西书局"。西学当学,而康有为的新学不当学。

在自我认识上,叶德辉与王先谦有所区别。王先谦并不因为自己反对康梁学说而承认自己之旧,说:"及湘人俨然分新、旧二党之说,则其中有尚须剖析者。所谓西学者,今日地球大通,各国往来,朝廷不能不讲译学。"故自己从前也是讲西学的一员。然而,"朝廷之所采者西学也,非命人从西教也"②。康有为等人谬托西教,以行其邪说,自为一教,并非西教,岂可以新党称之?自己只是不赞成康学,当然不是什么旧党。而叶德辉有时以旧党自居,如与熊希龄的信中说:"说到天理人情,新党旧党无有不合。"这里主要是一种身份认同,并非指思想见解之分歧。正如皮锡瑞讲新学,部分原因是为了顺应潮流,谋生存;而叶德辉由于家境富裕,进退自如,不需要靠讲新学获取生活资料。以旧党自居也意含反讽,主要表明一种对凡新皆好凡新皆是的调侃。叶德辉所批之新,有时指"新奇",有时指喜新厌旧等心理,如谓:"中原士

---

① 《湘省学约·核名实》,《翼教丛编》,上海书店出版社2002年版,第151页。
② 王先谦:《与吴生学兢书》,《翼教丛编》,上海书店出版社2002年版,第159页。

大夫不求实际,厌常喜新,积五六年,遂成今日之变局。"① 这里新奇的具体内涵是康有为的伪经说。又从学术流变的角度论这种"新"学产生的缘故:"日中则昃,月盈则蚀。……有戴、段、毕、阮诸人之实事求是,而后有魏、龚诸人之嗜奇争胜;有东塾之平实,而后有新学之猖狂;有桐城、湘乡文派之格律谨严,而后有今日《时务报》文之藩篱溃裂。"② 这里对具体化的"新学"——康有为的公羊学持一种否定态度。

总之,在新旧关系问题上,叶德辉重拾经典教导的"温故知新"的原则,体现的是对传统的尊重与延续,自有其合理性。叶德辉对康有为新学的批判也很有预见性。康有为为了尊孔而保教,为了保教而改教,而这种改教,最终又导致了儒学价值体系的崩溃。海外学者汪荣祖曾指出:康有为在儒家经典中发现了非常异义,当然其中也掺杂了不少他自己的异义;因此,他不是一个纯粹的或传统的公羊派学者,而是一个有创意的哲人,"欲借公羊之帆以驶变法之舟"。"至于说康之创造性的诠释,到底是重振了儒学抑或是毁了儒学,则是另一回事。不过,从事后看来,应是毁多于立。"③ 然而,倘若从维护儒学传承的角度来看,康有为新学不是一种理想的新学,那么,究竟该如何从温故中知新,建设一种新学? 叶德辉并没有阐述。当整个社会风气日益走向除旧布新之时,叶德辉的努力方向就集中到"温故"上面去了,而在知新层面几乎无所作为。

---

① 叶德辉:《与刘先端、黄郁文两生书》,《翼教丛编》,上海书店出版社 2002 年版,第 165 页。
② 叶德辉:《与石醉六书》,《翼教丛编》,上海书店出版社 2002 年版,第 163 页。
③ 汪荣祖:《从传统中求变——晚清思想史研究》,百花洲文艺出版社 2002 年版,第 241 页。

第四章 从"权绅"到"劣绅":清末社会变迁与叶德辉的身份转换

从戊戌政变标志着叶德辉"政治正确"到辛亥革命前夕,是叶德辉自诩"事事得心应手"的黄金时代。作为洞察康有为等人"谋逆"动机、遏制康有为"邪说"流传的功臣,叶德辉在湖南政、学两界的地位进一步提升,拥有较大的话语权。一方面,叶德辉在个人生活中充分享受了绅士的闲情逸致,引领湘绅娱乐新趋向,并在著述等名山事业方面取得了初步成果;另一方面,叶德辉积极参与湖南省政,成为世人眼中的"权绅"。然而,就在叶德辉踌躇满志的同时,一种看不见的紧张正在潜滋暗长。清末新政的实施使湖南绅士多向分化,固守传统观念、抵制新学新政的叶德辉等人与时势越来越不相适应,与新崛起的思想开明的新派绅士渐生差距。在新旧角逐中,新派人士以正绅、劣绅之别代替了新旧之分,叶德辉等人遂因旧而劣,由主流退居边缘。

第一节 我为逃世看春色

叶德辉曾经说:"平生志趣所向往,在东汉北宋诸贤之间,故贱性亢直磊落,亦颇近之。"[①] 这种向往主要体现在大节方面,如对儒家伦理纲常的维护,对儒家经典的尊奉,不主调和等。至于在生活细节方面,则另有解释:"鄙人最服膺朱子之学,畏居理学之名。平生言行之际,大德不逾。尝言:吟风弄月之时,须具有仁民爱物之量,此方是圣门第一等学业,天下第一流人物。讲学而如楚囚相对,岂复有生人之乐

---

① 叶德辉:《答罗敬则大令书》,《郋园论学书札》,长沙叶氏观古堂戊戌仲冬刊。

第四章 从"权绅"到"劣绅":清末社会变迁与叶德辉的身份转换 125

哉!"① 理学家除了体认天理之外,往往还讲究个人的修身持敬功夫,所谓存天理灭人欲,这是生性洒脱的叶德辉所不能忍受的。事实上,在清季十余年里,文宴酬唱、观剧作诗、嬉笑谐虐、游戏文字,这些构成了叶德辉的日常生活,甚至在一定程度上引领湘绅娱乐休闲新风尚。对尘世欢愉的追求成了叶德辉等湘绅生活的一大特色。

1899年,叶德辉与友人易顺鼎、朱益浚、李祥霖等诗酒征遂,游宴观剧,成为湘中文坛上一大盛事。其时易顺鼎正督蓰湘中,朱益浚任湖南提调,"文宴之胜,同于卢见曾之在扬州",而叶德辉与李祥霖则追陪其间,"篇什相酬,靡间旬日"②。他们以"昆仑"为韵,"而唱和至百首之多"。除四人之外,更有湘中名家如王先谦、陈庆森、释敬安、汤聘珍等人的唱和之作。叶德辉将诸家唱和汇集成《昆仑集》刊刻出版,一时让人有"永嘉风雅文物犹新,开宝繁华声歌未歇"之感,而叶德辉也被视为"金殿词人,玉皇案吏,承明厌直,殚于著书,风会总持,富而好礼"之人。③

关于《昆仑集》,叶德辉曾作如是解释:"昔杨孟载李义山无题诗,以谓音调清婉,虽极其秾丽,皆托于臣不忘君之义。斯言洵义山知己也。余生平不喜为诗。今岁夏秋间,与同社诸君更唱迭和,竟逾百首。适实甫又以六诗见投,深有合于义山之旨。因依意和之,腐木渔鼓,不足供大雅一噱,然于孟载之论义山,则固未有背也。"④ 换言之,叶易诸人亦在借秾丽之辞以表达"臣不忘君"之义,虽不登大雅之堂,却饱含思君爱国之情。揆诸诗篇,这类感慨时事者诚为不少。如《奉和朱菂卿同年太守即席原韵》:"酒酣渴饮赤昆仑,三峡词源信中吞。哀怨只余忧国泪,治安空抱救世论。眼前春色浑无赖,鬓底秋霜渐有痕。几树甘棠余荫在,绿衣隔坐见公言。"忧国之情、救世之志洋溢其中。又如《感事叠前韵呈实甫》一首:"夜深酣饮拨昆仑,诗句焚灰和酒吞。朝士新成牛李党,书生犹抱鲁斋论。航头断竹无真迹,爨下焦桐有裂

---

① 叶德辉:《与罗敬则大令书》,《郋园论学书札》,长沙叶氏观古堂戊戌仲冬刊。
② 叶德辉:《昆仑集叙》,《昆仑集》,星沙学院街萃文堂光绪己亥刻刷。
③ 吴士萱:《昆仑集序》,《昆仑集》,星沙学院街萃文堂光绪己亥刻刷。
④ 叶德辉:《再和实甫即事之作》,《昆仑百咏集》卷上,长沙叶氏观古堂光绪甲辰初夏。

痕。收拾名心如槁木，沧桑时局复何言。"① 此类唱和，诚有"几泽风光诗有恨，三间心事醉难论"的意蕴。叶德辉所措意者，还是由戊戌新旧之争演化而来的朋党之争，以及此后因义和拳运动而加剧的华夷冲突，这些危及到清朝统治稳定的因素。

除此之外，《昆仑集》还有以下几大内容：

一是品题伶人。

昆仑唱和多为游宴观剧而作，所谓"东山丝竹感慨中年，南国荃荪相思彼美"；而观剧又往往与捧角品伶交织在一起，正是"西昆旧侣，东观名流，同裁芍药之章，竞写樱栎之韵"②。观剧品伶即是当时湘绅日常生活的组成部分，又是文学创作的一大题材。

如本书第一章所述，叶德辉自青年时代即热衷于戏剧，最初好京剧。从1896年第一次计偕入京开始，每次入京都会去观戏捧角，对于京班剧目、名角非常熟悉。几年过去，老辈的伶人韶华已逝、戢影城隅，不复与少年相征逐，而后起的伶人声艺等方面均不如前；全国各地兴起的京班又不如旧时京班之声望，让人生"此曲只应天上有，人间能得几回闻"之慨。叶德辉热衷戏曲，鉴赏水平较高，不满于人云亦云随声附和，尝云："人之五官，至灵莫如耳目，乃至耳目亦不知所属，终日随声附和，人云亦云，此与行尸走肉者，亦何以异？"他对京角之偏爱几近"执著"，诚有"戏剧之忠臣"的程度。他记一事：

> 昔有某公询余，谓某公何以称赏京班之某旦。余应之曰：某公尝询余，不解公何以赏识京班之某生。某公应曰："余将就也。"余戏语之曰："公遇敌国，必为贰臣。"某公问何以故，余曰："亦将就也。"一坐为之捧腹。③

观剧捧角本为娱乐消遣之事，但在叶德辉看来，"一事之微，一言之机，可以定人之终身，而况其大端也"④。小事亦不可马虎，不能将就。既然京班妙音不再，不如乐操土音，歌我南风，故告假还乡不久，

---

① 叶德辉：《昆仑百咏集》卷上，长沙叶氏观古堂光绪甲辰初夏。
② 吴士堂：《昆仑集序》，《昆仑集》，星沙学院街萃文堂光绪己亥刻刷。
③ 参见叶德辉《曲中九友诗后序》，《曲中九友诗》，长沙叶氏观古堂1908年版。
④ 同上。

叶德辉的兴趣即转移到湘剧上。《昆仑集》中涉及一大批湘剧名伶，从而为我们透露了以叶德辉为首的湖南官绅与伶人之间的关系。

如《本事四首戏叠前韵呈实甫观察莼卿太守佛翼公孙》，所咏就是湘剧伶人。

其一云："玉山颓矣玉昆仑，红豆离离共酒吞。撇竹调丝拼一醉，散盐飞絮漫同论。青春杨柳多风韵，碧水桃花染唾痕。十万缠头难买笑，楼台无地莫轻言。"① 据成相道人所撰《昆仑集释文》记载，"玉山颓"三字原本作"玉菩萨"，玉菩萨是漆全娇外号。全娇一作全交，一作荃交，醴陵人，年二十。漆全娇当时与一个叫胡大成的伶人同属清华班。王先谦曾撰对联一副，云："集大成者金声玉振；以全交也竭忠尽欢。"一时芳名藉甚，贵游王孙争相结纳。漆全娇初来长沙时，年仅十四五，貌尤姝丽，歌喉如新莺晓啭，使听者魂梦俱碎。叶德辉曾于诸伶中录二十四人为二十四品，各以《司空表圣诗品》中句赞之，列全娇为丽品，而系以"青春鹦鹉杨柳楼台"二句，很为时人所认可。故诗中有"青春杨柳多风韵"之句。

其二云："铮铮铁是黑昆仑，花落终防燕子吞。一叶惊秋浑不觉，二桃杀士复奚论。匣中宝气藏虹影，镜里圆姿透月痕。始信承恩非在貌，升天入地两无言。"咏伶人帅福娇。帅福娇也是醴陵人，初来长沙时名声次于漆全娇，而与漆年龄相若。帅福娇肤黑，故有铁菩萨之号。然而傅粉登场，风姿绝世，歌喉如蝉声摇曳，闻者无不神移，演《马嵬驿》一出尤极凄艳之致。叶德辉曾以二十八字描绘帅福娇演艺之精湛："百炼钢成掌上轻，消魂何必貌倾城。凄凉怕听淋铃曲，肠断渔阳第尾声。"帅福娇初隶清华班，后入同庆班，"吏部恶其去清华也，极口诋之。时有白云者，偕去之。吏部亦恶之。世有戏忠臣之目如吏部者，不诚可嗤与"②。

其三云："雪肤花貌白昆仑，一笑难将沟水吞。破镜上天休再顾，明珠入水与谁论。回黄转绿无才思，断粉零香有泪痕。未必萧郎真陌路，曲中哀怨却难言。"咏有"雪菩萨"之称的伶人郭韵娇。郭韵娇是浏阳人，年十五，始隶仁和班，与全娇、福娇有"三娇"之誉。郭韵

---

① 叶德辉：《本事四首戏叠前韵呈实甫观察莼卿太守佛翼公孙》，《昆仑集》，星沙学院街萃文堂光绪己亥刻刷。
② 成相道人：《昆仑集释文》，星沙学院街萃文堂光绪己亥刻刷。

娇貌在全、福之上，而歌喉逊之。郭韵娇最初没有得到士大夫延誉，而叶德辉却赏识她、提携她，认为："哀感顽艳四字，诸伶或得其一，足以名世；韵娇兼之，乃始终不偶。此真命薄者也。"叶德辉曾携之出游，往来于大江南北，同揽金陵、秦淮、虎邱、洞庭、西湖诸名胜，终因郭韵娇使酒任性而遣之归，后入同庆班。

其四云："珠光剑气小昆仑，乞得云浆便欲吞。彩笔梦中无别赋，玉梅花下有词论。迢遥银汉窥星度，宛转蓝桥认雪痕。坐上唐衢休痛哭，相逢相识各忘言。"咏湘伶中的"珠光"、"剑气"等人。珠光、剑气之说来源于易顺鼎，后者常于诸伶中选其声色艺之佳者，编为珠光、剑气各四人，其中获"珠光"称号者为漆全娇、唐韵兰、袁身梅、周汉云；"剑气"则指帅福娇、帅生花、郭韵娇、张身桂四人。叶诗中所谓"彩笔梦中"指帅生花，醴陵人，年十九，貌不胜人而风神跌宕，登场演艺尤光艳照人。"玉梅花下"则借用清代词人陈维崧"玉梅花下交三九"之诗句，指代伶人袁身梅。袁身梅一名升梅，又名生梅，湘潭人，年二十，入坐平平，登场则天姿国色，倾倒一世，亦奇也。"迢遥银汉"则指代伶人周汉云，周汉云一名家秀，长沙人，年十八，雏龄时在五云班唱旦，后入清华班，改小生，色艺俱佳。每登场，与韵兰合演，一时有金童玉女之目，姿性灵巧，鉴儿辨色，无不当人性。叶德辉曾将歌童分为三品：一曰娈童如全娇、身梅、韵兰、生花是也；一曰仙童如福娇、韵娇、身桂是也；一曰顽童如汉云是也。周汉云机智，在五云班时曾被人觊觎，锁门不出，而自己最终乘间爬窗脱逃。是以叶德辉目之为"顽童"。"宛转蓝桥"则指伶人唐韵兰，一名咏兰，一名咏蓝，一名咏南，浏阳人，年十八，初入清华班，声名未显。叶德辉为他饰装，声誉大起，貌娟秀而腴，被叶德辉列为二十四品中之秀品，在名伶中与身梅相伯仲。叶德辉曾以"采采流水，蓬蓬远春"品评唐韵兰，誉其姿态之生动。

此外，还有《赋得珠圆》一首，"四座玉人俱压倒，娇喉一串妙难言"，形容的是伶人唐韵兰；《赋得玉润》一首，"曾侍瑶池王母宴，金童再世托笙言"，形容的则是伶人彭润宝；又有《赋得珠光》、《赋得剑气》、《云汉》等均是咏伶人。《有题十首》亦是分咏伶人。

二是追思古人。

江标曾造思古人笺十六帧，以寓景行之意；于是叶德辉与易顺鼎相约作思古人诗,先有十首,《继有续思古人诗》四首,《再续思古人诗》四首,所思皆清朝所谓"风流儒雅"之人,无疑也是与叶德辉"同调"之人。从中亦可见叶德辉本人的志趣所在。

《思古人诗》第一首为:"龙门高峻极昆仑,禾黍秋风泪自吞。六代繁华亡国憾,三家坛坫主盟论。江南花落多愁绪,蓟北霜高有梦痕。一曲王郎听不得,五陵年少莫轻言。"① 所思为清初江左三大家吴梅村、龚鼎孳与钱谦益。

三人均为明末清初文学家。其中吴梅村本为明末复社的重要成员,顺治年间曾出任秘书院侍讲、国子监祭酒。虽然此后不久即辞官归里,终因贰臣的身份而为士林所讥。但吴梅村多才多艺,学识渊博,著述甚多,不但工诗能文,而且熟悉音律,擅长度曲填词,尤以诗歌创作成就突出,其诗有"诗史"之誉。龚鼎孳本为明季官僚,又曾辅助李自成,任直指使,巡视北城;又在清顺治元年(1644)迎降睿亲王多尔衮,累官至太常寺少卿、礼部尚书等。龚鼎孳为人放旷,颇为时所讥,而洽闻博学,诗古文俱工。钱谦益本为明万历年间进士,东林党的领袖之一,官至礼部侍郎、南明礼部尚书。后降清,仍为礼部侍郎,但很快告病归,与反清势力保持联系。钱谦益学问博洽,泛滥子史,富收藏,中年时曾建拂山水房藏其书籍,晚年则建绛云楼藏书,精通目录版本。其诗作寄寓沧桑身世之感,哀感顽艳与激楚苍凉合而为一,尤有特色。

叶德辉诗中对三人际遇颇多同情,所谓"禾黍秋风泪自吞"、"六代繁华亡国憾"均是描绘三人诗中的故国之思、兴亡之感。"江南花落多愁绪"一句则是套用杜甫《江南逢李龟年》诗"正是江南好风景,落花时节又逢君"之句,以为其沉痛比庾子山《哀江南赋》尤为过之。吴、龚、钱三人均为江南人,身遭国变,故宫禾黍,触目伤心。另外,三人均留有明末文人放诞习气,龚鼎孳娶名妓顾横波为妻,钱谦益娶名妓柳如是为妻,一时侧目;三人同时又交伶狎伶。其风流韵事自然也在叶德辉向往景行之列。"蓟北霜高"一语正是这种情绪的表达。它出自吴梅村《王郎曲后自跋》所述:"余此曲成,合肥龚公芝麓口占赠之曰:'蓟苑霜高舞柘枝,当年杨柳尚如丝。酒阑却唱梅村曲,肠断王郎十五时。'"王郎名王紫稼,为苏州名伶,因明慧善歌为吴中士大夫所

---

① 叶德辉:《思古人诗四首》,《昆仑百咏集》卷下,长沙叶氏观古堂光绪甲辰初夏。

熟悉，复以治习倾动京师，尤为吴、钱、龚等人所看重，"王郎"之名盛传三家笔墨之中，吴梅村作《王郎曲》，钱谦益、龚芝麓均有题赠。钱、吴、龚三人均为贰臣，所谓气节有亏，故为儒林所讥。在一般人眼里，其与伶人亲密交往，不过是沧桑之感、黍麦之悲，为之点染其间，以自文其荡靡之习，所谓自命风雅者也。但在世事沧桑之际，伶人作为历史的歌者，与彷徨失路的文人之间就不仅仅是看与被看的关系，而是情感的共鸣。这也是引起叶德辉同情的原因所在，而不仅仅是慕其风雅。

又如第三首为："紫云风貌冠昆仑，湖海楼高百尺吞。客路三千叔文老，功名五十博陵论。只闻么凤喁啾语，冉有前鱼涕泣痕。自谱玉人歌一阕，未妨惆怅是愁言。"[①] 咏陈其年事。

陈维崧，字其年，号迦陵，宜兴人，清代词人、骈文作家。陈维崧出生于讲究气节的文学世家，祖父陈于廷是明末东林党的中坚人物，父亲陈贞慧是当时著名的"四公子"之一。陈维崧少时作文敏捷，词采瑰玮，被吴梅村誉为"江左凤凰"。明亡时，陈其年年仅20岁。入清后虽补为诸生，但长期未曾得到官职，身世飘零，游食四方，接触社会面较广，与一时名流如吴伟业、冒襄、龚鼎孳、姜宸英、王士禛、邵长蘅、彭孙遹等都有交往，与朱彝尊交往尤密。著有《湖海楼词》。

叶德辉此诗所论非关乎陈其年之诗词成就，而是慨叹其一生的际遇，唏嘘感慨其与伶人紫云之间的爱恋之事。陈其年《湖海楼词》有《怊怅词二十首别云郎》，云郎即徐紫云。徐紫云，字九青，号曼殊，人称云郎，原本为冒辟疆水绘园中之歌童，儇巧善歌。陈其年入水绘园读书，与其狎好，曾密画云郎之像，遍求题索。康熙戊申年间，云郎随陈其年入都，日下胜流震其声名，争欲一聆佳奏。叶诗"客路三千叔文老"一句则指陈其年未达时，曾有鬻饘卖浆、目不识丁之布衣尹叔父袯被跟随入燕，后陈将游汴，尹徒步三千里归，归未一年而卒。是以陈其年赞尹"肝胆轮囷，有古侠士风"。陈其年四十余岁尚为诸生，56岁才授检讨，困顿致极而后发达。然而，旧人沦落，何堪情熟。陈其年的诗词中多处忆及与云郎相处之时光。叶德辉所感慨的正是这份公子侠怀、才人逸致。

---

① 叶德辉：《思古人诗四首》，《昆仑百咏集》卷下，长沙叶氏观古堂光绪甲辰初夏。

又如第六首则咏清中期著名学者、官僚毕沅的风流韵事。诗云:"部娄冉得比昆仑,山入灵岩万壑吞。画日文章三馆贵,凌烟事业百年论。兔园鸿雪空陈迹,虎阜莺花忆梦痕。艳福平生消受早,焚香夜对桂郎言。"①

"部娄"本指小山丘,难比昆仑。所谓"山入灵岩万壑吞",意指毕沅德位兼隆,主持风会。毕沅一生仕途沉浮,历任陕西布政使、陕西巡抚、河南巡抚、湖广总督;但精通经史,重视地理,并善诗文,著述等身流传后世。这是叶德辉所看重的。不过,叶德辉更加留意的是毕沅的风雅之事,感叹如此盛况不再重现,"兔园鸿雪空陈迹"正是这种情绪的表达。

"兔园"又称兔苑、梁苑,为西汉梁孝王刘武所建,故址在今河南开封市东南。梁孝王好宾客,司马相如、枚乘等辞赋家均曾延居园中,因而闻名。兔园作为一种人文象征,作为雅集的滥觞,常常为后世欣慕,也常常为后世所吟诵。而毕沅敬重文士,尤好扶植后进,著名学者章学诚、孙星衍、洪亮吉、汪中、段玉裁等皆曾受知其门下,入幕襄助著述之事,在一定程度上重现了兔园雅集的盛况。

"艳福平生消受早,焚香夜对桂郎言"两句,指涉毕沅与桂郎之间的事。李桂郎清秀俊雅,善解风情,是京城里的名伶。毕沅尚未及第时,与其相好,李服事最殷,竟有"贤内助"之誉。据袁枚《随园诗话》记载,毕中庚辰进士,李为购素册,界乌丝,劝习殿试卷子;毕沅果大魁天下。李桂郎也因"慧眼识英雄"而声名更甚,有"状元夫人"之称。后毕沅抚陕西,李桂郎前往探访,路过金陵,年已30,风韵犹存,袁枚见后,作长歌赠之。在一般文人眼里,毕沅与李桂郎交往成为一段风流佳话。这自然也是叶德辉津津乐道之所在。

第八首则推崇清代著名性灵文学家袁枚:"仙都早岁别昆仑,江左名花此老吞。东观文章才子望,南朝风月寓公论。芙蓉帐暖争灯影,莲叶杯衔玉树痕。海内推袁名已重,悠悠身后听浮言。"

袁枚系乾隆四年(1739)进士,授翰林院庶吉士,后任沭阳、江宁、上元等地知县。33岁父亲亡故,辞官养母,在江宁(南京)购置隋氏废园,改名"随园",筑室定居,从事诗文著述,奖掖后进,为当

---

① 叶德辉:《思古人诗四首》,《昆仑百咏集》卷下,长沙叶氏观古堂光绪甲辰初夏。

时诗坛所宗,世称随园先生。这是叶诗"仙都早岁别昆仑"之由来。袁枚擅长诗文,与赵翼、蒋士铨合称为"乾隆三大家",著有《小仓山房文集》、《随园诗话》等。是以叶德辉诗中有"东观文章才子望"之句。然而,诗文往往与风雅联系在一起,诚所谓"南朝风月寓公论"。袁枚倡女学,为女弟子编诗集行世,是众所周知的事实。但另一方面,袁枚对赏伶狎伶一事亦引以为豪。袁枚翰林归娶,京师赠行诗甚多,其中大司空裘叔度赠行诗云:"画壁旗亭句浪传,蓝桥归去会神仙。从今厌看闲花草,新种湖头并蒂莲。"盖调侃袁枚狎许郎也。据袁枚《随园诗话》卷4第四十则:"乾隆己未,京师伶人许云亭名冠一时。群翰林慕之,纠金演剧。余虽年少,而敝车羸马,无足动许者。许流目送笑,若将昵焉。余心疑之,未敢问也。次日清晨,竟叩门而至,情款绸缪。余喜过望,赠诗云:'笙清簧暖小排当,绝代飞琼最擅场。底事一泓秋水剪,曲终人反顾周郎?'"类似的记载还有很多。那么,文人为什么对袁枚狎伶之事这么感兴趣并且甚加揄扬?或许秦大士的诗能为我们提供一种解释。袁枚奉调江宁时,秦以弟子礼拜见袁枚,赠诗一首,其中有"门生半为论文至,大吏都邀作赋还。玉麈清谈时善谑,乌纱习气已全删"等句。所倾慕的正是这种"乌纱习气已全删"的豪爽。叶德辉论袁枚,当亦是出于这种心理。

第十首论清代著名学者孙星衍:"岱南高阁垺昆仑,六籍笙簧学海吞。董子下帷真苦读,郗生入幕好高论。少年行爱杨枝舞,本事诗成芍药痕。勘定郭公文未关,平生私淑说经言。"[1] 前半论孙星衍的学术成就,后半述孙星衍的风流韵事。

孙星衍为乾隆五十二年(1787)进士,累官至山东布政使。孙星衍精诗文,被袁枚誉为"天下奇才",与洪亮吉齐名,有"孙洪"之目。通考据,喜藏书,家筑平津馆,贮藏极富。曾刊刻《岱南阁丛书》、《平津馆丛书》,所收为己撰诗文集、《尚书今古文注疏》以及辑校先秦诸子等书。所谓"岱南高阁垺昆仑,六籍笙簧学海吞",即比喻孙星衍所刊《岱南阁丛书》之丰富,以及孙星衍对古籍的整理之功。孙星衍勤奋好学,又曾入毕沅之幕襄助整理《墨子》等文献,与诸文人学士相切磋,故叶诗有"董子下帷真苦读,郗生入幕好高论"之句。

---

[1] 叶德辉:《思古人诗四首》,《昆仑百咏集》卷下,长沙叶氏观古堂光绪甲辰初夏。

第四章 从"权绅"到"劣绅":清末社会变迁与叶德辉的身份转换 133

然而,孙星衍除了是一个博学而严谨的学者之外,同样习染了清代文人赏伶狎伶之风,所谓"少年行爱杨枝舞"是也。毕沅《吴会英才集》收有孙星衍的《别长安诗》,其一云:"觅句临书事事忙,怜君剧县得池阳。曾因芍药开三径,看到莲花似六郎。"自注:"蒋明府莹曾与予赏伶人,呼之芍药;后又赏张伶吉庆。"孙星衍与郭芍药之事在洪亮吉《北江诗话》四、《卷施阁乙集》、《卷施阁诗集》中都有记载。

《续思古人诗》中又有思明末清初文学家冒巢民诗:"笙歌小队列昆仑,白首哀时血泪吞。一曲紫云听已惯,双声金菊妙难论。秦箫解作蛮腰舞,花乳羞遮便面痕。老去杨枝都遣散,风流谁共朴巢言。"[①]

冒襄(1611—1693),字辟疆,号巢民,一号朴庵,又号朴巢,江苏如皋人,出生于一个世代仕宦之家,与桐城方以智、宜兴陈贞慧、商丘侯方域并称"四公子"。明末太监弄权,朝纲倾颓,四公子诗酒唱和、议论朝政,颇具声名。入清,隐居不出。有《同人集》、《朴巢诗文集》、《水绘园诗文集》等传世。冒巢民的风雅是与其隐逸的姿态联系在一起的,或者说借风流而遁世。国变之初,冒巢民年仅三十出头,而绝意仕进,成为遗民。家有别业水绘园,在如皋城东北;又有迎宾游宴之华堂——得全堂。四方宾客,上自东林、几社、复社故人子弟,下至方伎、隐逸、缁羽之伦,均是园中常客。家蓄歌伶,客至,则出家伶娱坐客。诚可谓名园高会、夜夜笙歌。借丝竹而逃世,借歌舞而诉情。是以叶德辉诗中有"笙歌小队列昆仑,白首哀时血泪吞"一句。诗中"紫云"、"金菊"、"秦箫"、"花乳"、"杨枝"等均为冒氏家乐中的歌伶。其中紫云、秦箫、杨枝是冒氏家乐中早期伶人,紫云善舞,杨枝善歌,秦箫能度北曲,一说紫云善歌,杨枝善舞。金菊、花乳则是晚期伶人。后水绘园废弃,诸伶解散,风流不再,回首往事,令人有白发谈天宝之慨。

综观叶德辉所思古人,均为明清之际或清初、中期之人。他们有的是入清不仕的明遗民,部分则是既仕明又仕清的贰臣(如江左三大家),少数是清中期的大臣文士如毕沅、袁枚、孙星衍等,大多数怀有禾黍之悲、故国之思。而在行事风格上,均精音律、有学问、擅诗文,并且程度不等地与伶人有着纠缠不清的关系,无乌纱之气,有放诞之

[①] 叶德辉:《续思古人诗四首》,《昆仑百咏集》卷下,长沙叶氏观古堂光绪甲辰初夏。

风。当然，这种放诞之风经过文人的渲染与演绎，往往赋予了洒脱、豪爽、率真等意义，由风流而升格为风雅。这些正是叶德辉所欣慕向往的。必须指出的是，叶德辉诗中所涉及的古人"本事"，大多出于传闻，属"掌故"之属，其细节之真伪很难考证，但叶德辉在这些亦真亦假的风流韵事中投射了自己的真实情感。而叶德辉的思想情趣与这些古人非常相似，游宴唱和，观剧赏角。很难说究竟是明清文人的生活方式影响了叶德辉，还是叶德辉为了自己的生活方式寻求前贤的榜样资源。我因逃世看春色，那么，观剧赏角甚至狎伶本身就不仅仅是娱乐，不仅仅是追求尘世间的愉悦，而是一种隐逸的姿态。当然，辛亥"天地易色"之前，叶德辉对明清文人的模仿尚只有"形似"，多少有点文人"为赋新词强说愁"的味道。而对明清文人的习染，无疑潜移默化地影响到叶德辉在辛亥革命之后所持的遗民姿态，进而由"形似"上升为"神似"。

三是考订戏剧典故古书。

叶德辉的戏剧修养较为深厚。他"家藏元明人杂剧数百种，择其尤雅者授伶官重演之。于弋阳、二簧诸剧本，凡传刻讹误者一一考订厘正，为之一扫积尘"[①]。在《昆仑集》中，除了观剧唱和、感事而赋外，还有对相关文献的论说。如《斋中分咏小说四首》，叶德辉分论剧本的四种体例即杂曲、传奇、演义与弹词，各种体例的构成、特色、戏本流传、演唱情况。又如《分咏说部四首》分别论《骈语雕龙》、《品花宝鉴》、《燕兰小谱》、《秦云撷英谱》四部文献，除前者以骈偶的形式记古代天文地理、典章制度等外，其他三部都与戏曲伶人有关。

《品花宝鉴》为中国古代以文人雅士、王孙公子与男伶相恋为题材的小说，作者陈森（1797—1870）。小说主要以公子梅子玉与男伶杜琴言神交钟情为中心线索，描写梅、杜这样的"情之正者"，以及商贾市井、纨绔子弟之流的"情之淫者"两种人，以寓劝惩之意；书中还有很多对梨园酒馆、戏馆生活的描写。它来源于生活，而又加以艺术的虚构，亦真亦假，寄托寓言。是以叶德辉咏《品花宝鉴》诗中有"寓言八九说昆仑，一卷奇书浊酒吞。世界瞿昙俄顷变，姓名点窜脱空论。红楼幻境同非想，绿野仙踪异梦痕"等语；同时，对于作者的劝惩之意也

[①] 杨树达等：《郋园学行记》，《近代史资料》1985年第4期，第123页。

深表同情，所谓"不是品花为品曲，多君劝诫有微言"①。在叶德辉看来，文人与伶人交往，固然有品花赏角的成分在内，而品曲才是根本。正是伶人之曲打动了文人，使他们产生了情感上的共鸣。

《燕兰小谱》是旅居京师的文人吴长元（署名安乐山樵）在清乾隆五十年（1785）所著，主要描写当时北京男旦演员的活动，兼及京剧发展史，以及士人与伶人之间的关系。该书以兰喻伶，赞美伶人的气韵媚态；然后对诸伶进行品题，介绍其色艺特点，排列诸伶名次，歌咏诸伶才情；并寓含规讽。吴长元撰写《燕兰小谱》，本身不过是出于风雅，甚至无聊，但却开启了嘉、道间的花谱热，引发了一系列同类著作的出现。叶德辉本人"为群芳叙谱"的《曲中九友诗》之作无疑也受到《燕兰小谱》的影响。此外，《燕兰小谱》也是京剧史上的重要文献，为后人展示了当时京师伶人生活、艺术以及与文人雅士交往等各方面的情况。相对于《品花宝鉴》的小说家而言，《燕兰小谱》具有"实录"、"杂记"的味道。故叶德辉咏《燕兰小谱》云："琵琶声急撼昆仑，推手含悲却手吞。南北院全归管领，东西球半付评论。烟花录外清平乐，仕女图中秘戏痕。"② 抚今追昔，令人感慨盛况不再，是以叶德辉有"今日燕台沧海变，胡琴羌管杂夷言"之叹。

《秦云撷英谱》为清中叶严长明宦游陕西时所作，所记皆乾隆时秦中诸伶小传，借以激扬秦俗，托兴榛苓。叶德辉咏诗曰："河源万丈走昆仑，摇笔终南秀色吞。自古秦中歌舞擅，谁将陇上别离论。西方彼美榛苓感，北地荒寒冰雪痕。谱号撷英英撷否，遣怀谁喻客中言。"③ 表彰严长明的整理之功，却对严长明的戏曲修养颇有微辞。叶德辉后来重刻此书时，曾论该书"于声色艺三者之外，本不能别有见长，乃每推论题外之文，不惜连篇累牍"，又说："侍读自诩知音，于南北戏文源流全未深考，殆当时迷于色艺，固未尝一检视其脚本耳。戏文脚本之不知，乃断断谈律吕辨宫商，岂不谬者。"④ 这无异于从专业研究的角度来评判严长明了。

除昆仑唱和之外，叶德辉与当时湘省文人又一重大活动是和作金桧

---

① 叶德辉：《分咏说部四首》，《昆仑百咏集》卷上，长沙叶氏观古堂光绪甲辰初夏。
② 同上。
③ 同上。
④ 叶德辉：《重刊秦云撷英谱序》，《郋园杂辑》，长沙叶氏观古堂光绪丁未。

门《观剧绝句》。《观剧绝句》本为清代诗人金德瑛所作,以裨官院本为依据,"每篇举一人一事,比兴讽谕,犹咏史之变体也"[1],流传百年,众多文人学者为之题跋。该诗为其裔孙金蓉镜所珍藏。金蓉镜为光绪十五年(1889)进士,清季仕于湖南,与叶德辉等人往来密切。光绪乙巳(1905)春夏间,金蓉镜时常拿出先祖金桧门的《观剧绝句》,以征题咏。端方、王先谦、叶德辉、朱益濬等人均有题跋。此外,叶德辉、王先谦、皮锡瑞、朱益濬、易顺鼎等人都有和作,叶德辉三和绝句,多达九十余首,直驾原作之上。值得注意的是,叶德辉不仅唱和,更兼自注,考证剧目的原委,博洽多闻,显示出他对戏曲史的造诣。1908年夏,叶德辉将原作与诸家唱和之作汇集成《桧门先生观剧绝句》刊刻行世,上卷为金桧门《观剧绝句》30首以及诸家题跋;中卷为王先谦和作30首、朱益濬和作30首、皮锡瑞和作30首、再和30首、三和30首,下卷则为叶德辉三和90首。与《昆仑集》侧重品题伶人、为群芳叙谱不同,《观剧绝句》主要是针对剧本内容本身,针对剧情有感而发,所谓"咏史之变体"。观剧作诗,嬉笑谐谑,借以发抒抑郁不平之气。

除了观剧赏角之外,叶德辉还有一些"雅赏",如鉴赏金石字画。他收藏古泉币若干枚,并详加考辨。1901年,叶德辉出版了诗集《古泉杂咏》4卷,以诗体的形式咏历代泉币,所作注释更是考证靡遗。又收藏有丰富的古人书画,品鉴古画成为叶德辉日常生活的又一组成部分,"田居十数年,间以金石书画相娱乐"[2],友人有以碑版字画索题者,辄以长歌短什答之。1907年夏天,叶德辉养疴城居,闭门消夏。四弟默安收购了一批折叠扇,其中颇多古人书画。叶德辉选择了一些,品题赏鉴,系以小诗,一月之中竟得百首,名为《消夏百一诗》。在叶德辉看来,此等"雅赏"并非玩物丧志,而是别有深意。古人雅赏有所谓庚子拜经、七夕曝书、除夕祭诗等活动,这些活动均属于一人独赏之事,不可与他人共赏。而能与他人共赏者唯有书画。展读书画,如晤对古人,传之其人,可以按图索骥,使古人精神不至泯灭,后人讨论有所寓意。他将书画作为有益经史考证的资源,在《消夏百一诗》中,

---

[1] 金桧门:《观剧绝句三十首有序》,《观剧绝句》上卷,长沙叶氏观古堂光绪戊申夏刊。
[2] 叶德辉:《后序》,《消夏百一诗》卷下,长沙叶氏观古堂光绪戊申夏刊。

每诗后都附注释，考证每幅画的来历、内容，叶德辉自称"诗不足道，注中采辑诸贤遗闻轶事，颇足以论世知人"①，诚为事实。

尽管无论是观剧唱和，还是赏鉴金石字画，叶德辉都加以考证，使"雅赏"带上了"学问"的色彩，但到底不是学问本身，也不是叶德辉生活的全部。作为以重振湘学知识谱系为职志、以传承儒家学说为己任的传统学者，叶德辉的"本职"工作还是做学问。读书、藏书、著书、校书、刻书等构成了叶德辉学术活动的形态。从戊戌政变到辛亥革命前这段时间里，叶德辉在这些领域均取得了相当的成就。初步统计，从1899年至1909年，他以长沙叶氏观古堂或郎园的名义刻书大约达68种。所刻书中，相当一部分是传世极稀的古人著述，经过叶德辉的整理校勘重新刊版以广泛流传，也有部分是叶德辉个人的著作。叶德辉的著作除了前述诗文创作外，还广泛涉及经、史、子等领域，主要有《山公启事》附《山公佚事》、《天文本单经论语校勘记》、《晋司隶校尉傅玄集》、《宋秘书省续编到四库阙书目》、《宋忠定赵周王别录》、《征刻唐宋秘本书目考证》、《宋赵忠定奏议》等。这些成果大多是以辑、校勘、考证的面目出现，也是清代汉学功夫的体现。然而，无论是单纯地刻书还是著书，都融入了叶德辉对时代的思考，成为他实现自己思想主张的手段。

第二节 足智多谋一权绅

文宴酬唱、观剧赏角是尘世的欢愉，经史考证是名山事业，构成了叶德辉日常生活的重要组成部分。然而，沉溺文事、不问政治毕竟不是传统学者的风格，尤其是在地方事务中拥有较大发言权的湘绅风格。王先谦曾言："先谦乞休，家居十数年矣。素性敛退，与世不竞。至官府之事，一无干预。独地方利害，闻见所及，必以上达，以为于分应尔也。"② 湘绅视关心地方利害为自己份内之事，叶德辉更是以"造福桑梓"为己任。据叶德辉弟子回忆："历任地方官初来，从不先谒；既经

---

① 叶德辉：《后序》，《消夏百一诗》卷下，长沙叶氏观古堂光绪戊申夏刊。
② 王先谦：《赠别廣軒中丞有序》，《葵园四种》，岳麓书社1986年版，第636页。

枉顾，或遇事咨访，则无不竭诚尽言。"① 叶德辉同王先谦、张祖同、孔宪教、黄自元等人同为地方官倚重，而相比之下，叶德辉由于个性强悍、足智多谋，对地方政治影响更大。清季湘抚俞廉三遇事需就商于地方豪绅时，往往先专函向叶德辉请教，征得叶德辉的意见之后，再函商诸绅，叶德辉再以众绅之一的身份附名而已。湘抚庞鸿书经常向叶德辉询问地方疾苦，"公纳余言，回署必有所兴革，多人所不知者"②。可见，叶德辉的确在清末湖南省政中起到了"阴移暗转"之作用。

一 筹措赔款与赈灾

在庚子之乱中，叶德辉力主保护教堂，避免事态的扩大。当时，北方有义和团运动兴起，南方亦有教案发生，捣毁教堂、驱逐教士成为潮流。而清廷也一度主张利用民意，向列强开战，并谕旨地方政府驱逐西方传教士。湖南巡抚俞廉三曾拟将朝旨张贴以告示民众。叶德辉即进见俞廉三，指出："此类誊黄告示必须鄂督、鄂抚、湘抚三署联衔，即令稍缓，湖南为鄂督兼辖省分，处分不过公罪；假使告示一出，捣毁教堂之案必纷纷而起。无论战事如何，终归于和。彼时赔偿之费何所取？"③ 可见，叶德辉的这一主张是从地方实际情况出发而提出的。当时，俞廉三深恐违背朝廷旨意，不待鄂省通知会衔，就录行各府县。只有湘潭县李尚卿听从了叶德辉的意见，先查封教堂，保送教士出境。事后，湘潭县因此未派分文赔款。

《辛丑条约》签订后，各省都被摊派赔款，其中湖南一省每年摊派赔款70万两银，数额之巨，致使地方官无可筹措。当时有的主张征加田赋，有的主张设置厘捐。叶德辉则以为，加田赋增加农民的负担，加厘税增加商人的负担，都不是筹款之良法，四民之中不应利害不平如此；不如征收口捐。口捐其实是盐捐的变通方式。"他事筹款，无不扰民之政，独取之盐务，较为不着迹象，可得多金。"但征盐税必须归盐政部门主持，特别是就淮盐筹捐涉及外省。因此，"特创为报效口钱之法。湖南通省，无论川、粤、淮盐食户，按盐计口，就行收捐。各州县

---

① 杨树达等：《郋园学行记》，《近代史资料》1985年第4期，第129页。
② 叶德辉：《郋园六十自叙》，长沙叶氏观古堂1923年版，第5—6页。
③ 杨树达等：《郋园学行记》，《近代史资料》1985年第4期，第131页。

每购食盐一斤，由行户加收口钱数文，合计每岁可收数十万金。就每人日食盐三钱推算，终岁不过捐钱数十文，比户无惊，而偿款已足。较之他方搜括所得寥寥者，相去奚啻霄壤？"① 这个方法由叶德辉提出，得到湘绅王先谦、张祖同、孔宪教等人的支持，由王先谦向善后局总办蔡乃煌提出公呈，转请俞廉三批准实施。通过征收盐税，不但解决了湖南省分摊赔款的问题，还筹措到了一笔资金。王先谦因此申请从口捐中划拨一部分兴办工艺学堂，亦得到批准实施。

叶德辉还是两湖米捐局的倡议者之一。湖南出境商品，以谷米为大宗。但此前，每年厘局收捐无一定额，出口亦无限制。湘绅每每主张禁止湘米出口，然而不但湖广总督对湘绅的主张不予以支持，商贩偷运亦无法杜绝。因此叶德辉在与蔡乃煌闲谈时提出：不如寓禁于征，这样每年可得巨款，积为备荒之用，可以起到调剂盈虚的作用，并议出口谷每石抽捐二百文、米每石抽捐四百文。这个主张得到蔡乃煌的赞同，后者并向巡抚俞廉三提出条陈。俞廉三会诸绅议，得到众绅认可。于是委任蔡乃煌为总办。一年就收到银130万两。米捐所入分一半给湖北，湖南还可得六十余万两。这就是两湖米捐局的由来。后来蔡乃煌去四川，继办者不力，所收仅三四十万两。光绪二十九年（1903），叶德辉因为超额完成江南筹赈而获湖广总督张之洞奏奖四品衔；又以助赈湖南水灾获二品封典。光绪三十一年（1905）粤汉铁路赎回，湘人呈请移拨此款作两省购地用项，因此设立局委道员总办。叶德辉被张之洞任命为两湖米捐局总稽查。叶德辉上任后，采取核减司巡、增加委员薪水的办法，使米捐收入多至一百七十余万两。人问其故，叶德辉答曰："水至清则无鱼，伯夷叔齐断不能当司巡。吾利用之正有故耳。"②

二 主张"废约不如改约"

在湘绅参与清季湖南省政中，叶德辉作为足智多谋的一员，发挥了尤为重要的作用。他的意见往往转化成王先谦等人的主张，被地方官所采纳。对此，谭延闿评价道："奂份自命多智计，其所言，葵园不能易

---

① 王先谦：《与蔡伯浩观察》，《葵园四种》，岳麓书社1986年版，第890页。
② 杨树达等：《郋园学行记》，《近代史资料》1985年第4期，第132页。

也。"① 但在有些问题上，叶德辉的意见与众人相距甚远，而不被理解，如在清末湘绅争取收回铁路修筑权运动中，叶德辉就力主废约不如改约。

兴修铁路是清末新政中的一件大事，且牵连甚广，影响到清末政局的走向。光绪二十二年九月（1896年10月），清政府决定修筑芦汉铁路。鉴于粤汉一线为南北要道，必须与芦汉相连，遂又计划修筑粤汉铁路。原议由粤至鄂，道经江西。在湖南维新派的努力下，湖广总督张之洞与主持修筑粤汉铁路的盛宣怀交涉，改变原来的路线计划，不经江西而经过湖南。筑路需款甚巨，而清政府库藏匮竭，遂决定借外债兴修，由盛宣怀委托驻美钦使伍廷芳代办借款事宜。光绪二十四年三月二十九日（1898年4月14日），伍廷芳与美国合兴公司首董毕来斯在华盛顿签订了"粤汉铁路借款筑路合同"，订定借款项英金400万镑。后来合兴公司派技师柏顺来华进行实地勘测，提出原借款不敷，必须增加；于是光绪二十六年六月十七日（1900年7月13日），伍廷芳又代表盛宣怀与合兴公司在华盛顿签订"粤汉铁路借款续约"，将借款增至4000万美元，同时规定全部铁路将在五年内竣工。

至1904年冬，合同期将满，合兴公司却只修了广州到三水段的90华里铁路，湘、鄂两省的工程根本未着手进行。同时，在续约签订不久，合兴公司就违约陆续将铁路大半底股转售给比利时的万国东方公司。1904年夏，驻汉口的合兴公司办事人员纷纷返美。1904年5月初，湖南绅商首先倡议废除美约，向湖广总督张之洞提出呈请，要求废约自办铁路。王先谦、龙湛霖等举行会议，力主废约，并派王之春为代表赴沪，督促督办铁路大臣盛宣怀与合兴公司进行废约交涉。盛宣怀口头上赞成废约，实则保约，因此受到三省绅民的一致反对。1904年冬，清政府改派张之洞接管粤汉铁路废约交涉事宜，并命驻美公使梁诚协助。1905年初，美国财阀摩根出面将比利时已购去的股票重价收回，同时与美国总统罗斯福商议对策，决定允许中国赎路。合兴公司正式向中国提出了赎路的条件，共计675万美元，并于1905年8月29日正式与中国驻美公使梁诚签订赎路合同。按照赎路合同，偿款必须在9月7日前

---

① 谭延闿：《近代湘贤手札书后》，湖南文献委员会编：《湖南文献汇编（第二辑）》，湖南文献委员会1949年版，第250页。

先交200万美元，其余须在12月7日前交清。1905年9月，鄂、湘、粤督抚会同三省绅商与香港英殖民政府签订"粤汉铁路商借汇丰镑款合同"，共借110万英镑，以作为赎回粤汉铁路基金①。

废约在当时几乎是湖南著名绅士共同的主张，且得到两江总督张之洞的支持。王先谦、龙湛霖、梁焕奎等都是废约运动的主要骨干。王先谦认为："明明以路押债，以债造路，债且因息而逐增，路则勒期而必赎。又复各种种债，相逼而来，其不至于危险者几希。然则50年后，路政一事，亡国有余矣，可胜浩叹！"②湘绅并因此对明为废约、实则保约的盛宣怀极为不满。但叶德辉与众绅大唱反调，力主与其争废约，不如争改约。他一方面怀疑张之洞力主废约的动机，认为：张之洞因其所办汉阳铁厂亏空甚巨，欲盛宣怀承受，为盛宣怀所拒绝；故授意湘绅争约赎路，逼盛宣怀承受铁厂，弥补亏空。因此，当时湖南诸绅皆列名电争，唯独叶德辉没有参与。张之洞骇怪，问其原因，叶答："公真争铁路耶？抑别有他故耶？"另一方面，叶德辉赞成盛宣怀借美款修铁路的计划，认为盛宣怀借美款修铁路，乃是鉴于当时全国修铁路多借英款，将来英国之势力会横贯长江；借美款包修铁路原为牵制英国人路线。然而，盛宣怀所签订的条约中有三等以上之事中国不得过问等规定。若真如此，则此路永落美国人手中，中国无赎回之日。这种秘密条款只有盛宣怀及合兴公司知道，此时不便揭破。他主张："今所争者，宜从大概入手，以包修年限将满、尚未兴功为词，庶几合兴公司无可抵赖耳。"公司承修中国铁路只是一种商贸信约，不能成为国际交涉。公司重股权，股既多，则此路名为美国，实则属法、比。这不但为英人所忌，也为美国人大忌。叶德辉主张，"宜乘此时机改约，不改约继用盛某牵制英路之法。求中国有益，不在争废约虚名也。"结果，叶德辉此论一出，"舆论哗器，以为不可"③。

相对于王先谦等人的主张，叶德辉的看法亦不无道理。废约只是一

---

① 参见《湖南近百年大事纪述》修订本，湖南人民出版社1962年版，第156—157、206—211页；以及田伏隆主编《湖南近150年史事日志》，中国文史出版社1993年版，第46—47页。
② 王先谦：《同冯莘垞给谏与陆中丞》，《葵园四种》，岳麓书社1986年版，第908页。
③ 杨树达等：《郋园学行记》，《近代史资料》1985年第4期，第134—135页。

方面,"当初铁路废约之议,湘人专求避害,并未有图利之见"①。作为废约之议的首倡者,王先谦坦言:"吾辈但求废约,自办之有成,其他在所不顾。"② 废约考虑得较多的是避害,至于赎回铁路修筑权之后究竟如何办理,王先谦等人显然缺乏深谋远虑。赎路款从何而来? 铁路自修,湘粤两省财力不够。这些都是现实问题。因此,叶德辉并不赞成废约自修,而是力主利用合兴公司违约的时机逼迫对方接受改约条款,使合约有利于中国方面。叶德辉与张之洞素有交往,这个主张可能也曾转达张之洞,但不为接受。张之洞最后采取借英款赎路的办法。叶德辉认为,与其转借英款赎路,不如维持借美款修路的合约。但事已至此,"遂陈续借英款由官督办之策",要求在合约中应明文规定"包修"一项。当时英国驻汉口领事法磊斯急图揽修此路,趁此时机与英人订约,应当不致苛严。"文襄深以为然,商之粤湘诸绅,意见皆合。乃一干借路营利之人,鼓煽湘人,力主自办。……湘绅幡然和之,不辨事之难易,不究事之始终。"③ 英款草约旋即废止。

在正式废约之前,1905年6月,湘绅在长沙设立"粤汉铁路局",由官方委派龙湛霖、王先谦为总理,张祖同、席汇湘为总办,龙绂瑞为会办,汪暨、谭延闿、孔宪教、叶德辉等为总议。同年11月,又更设为"粤汉铁路筹款购地公司",性质为"官督绅办"。

路权赎回后,鄂、湘、粤三省官绅共同议决:三省铁路,各筹各款,各从本境起修。湖南应摊偿款289万美元,折合银元580万元。湘路公司筹款以盐捐、亩捐为大宗,而以招投为之辅。当时提出亩捐的做法,为叶德辉所极力反对,认为亩捐无异于加赋,富者田连阡陌,不觉有所损伤;贫者数亩之田,八口所需,重之以捐,不啻强夺其食。万一路之不成,全归中饱,而湘人因于捐款,永远不能蠲除。这一意见虽被张之洞认可,但后者不敢重违湘人之意,没有接受。

在清末粤汉铁路问题上,王先谦力争废约为他赢得了一定的声誉;而此后的经营不善又使他备受诟病。时人曾撰文分析湖南铁路经营数年而成效不大的原因,指出:"湖南铁路经营数载,成效当显著乎? 否。

---

① 王先谦:《同冯莘垞给谏与陆中丞》,《葵园四种》,岳麓书社1986年版,第905页。
② 王先谦:《与张雨珊》,《葵园四种》,岳麓书社1986年版,第909页。
③ 杨树达等:《郋园学行记》,《近代史资料》1985年第4期,第134—135页。

粤汉铁路自废约赎回后,湘省办法与鄂、粤不同,鄂督名之曰'官率绅办',奏派龙湛霖、王先谦为总理,张祖同、席汇湘副之。龙即去世,张遂辞差,于是大权归王先谦一个。王之无行,素为湖南所共见闻。葵园行乐图,其所描绘者尚不及十分之一。其平生淫而好利,既揽路权,遂以公司为利薮,以公司之款为黄某代措中书,送土某奠仪千两,以公司之款为行乐之资。开办垂两载,于一切购地筑路等事,弗顾也。"①将对王先谦的指责由经营不善进而上升到道德层面。连肯定王先谦在争路中出力甚多、有功于此路的张之洞也承认王先谦于商务未经研究。1906年,长沙学、商两界发起召集特别股东大会,倡议铁路改归商办,设立商办湖南全省铁路公司,遭到清政府拒绝。1907年12月,长沙商、学两界再次呈请鄂督改官督商办为商办,未允。公司处境更窘。至1909年8月,湖南境内粤汉铁路工程正式开工,历时一年五个月,长沙至株洲铁路全线贯通。②总体上看,湘人自办铁路成效不大,资金缺乏成为最大的问题。铁路捐款不唯取之富户,且扰及贫民。反对之声四起,清廷不得不下令禁止。至清末,清廷实施铁路国有政策,士绅自筑铁路的构想最终没有实现。

叶德辉出身于商人家庭,对于湘路公司,较为强调实利而非虚名。因此,1908年邮传部改派朱恩黻任总理时,叶德辉以一人之名,分别致电军机大臣、粤汉铁路大臣张之洞、两江总督端方、湖广总督陈夔龙,公开发表反对意见,大意谓:"前年奉宪台委派湘路议绅,三载于兹,毫无建白,既惭乡议,尤负宪恩。今邮传部改派朱恩黻为总理,辉本有言责,未敢缄口不言。朱绅平日乡居垄断,不恤人言。近闻私亏尤巨。日后公司如因该绅盘踞亏空,贻误路事,辉断不分谤任过。"③

有意思的是,叶德辉在清末争路问题上的意见,后来才被部分湘绅所赞同。谭延闿就说:"自铁路亡国论起,一时朝野应声,钜人长德,名士学子,群为争路废约之举,至投海断指,以警动世人。粤汉其一也,赎路费至千万两。至今二十年,未能完成。当时指目之京汉,久如约届期赎回矣,乌睹所谓亡国者乎?设当时无此举,则粤汉久成,久赎

---

① 《纪客谈湖南铁路事》,《申报》1907年4月7日。
② 参见李玉《长沙的近代化启动》,湖南教育出版社2000年版,第113—114、125—126页。
③ 《叶德辉反对湘路新总理电》,《申报》1908年6月6日。

回矣。迂生不足谋国,类如此。昔刘锡鸿抗疏阻修铁路,一时推为名言,及后读之,无不喷饭。吾亦尔时努力之一人。思之真汗下也。"①这当然亦是一家之言。不过,将争路这样一个问题政治化,正是清末思潮的一个特点。而叶德辉侧重于经营成效、力主改约而不废约,在当时无异于逆时而动。

三 既开放又"排外"的活动家

在清末湖南省政中,还有几件大事,也体现出叶德辉独特的见解与务实的态度。

一是支持日人白岩龙平设立湖南轮船会社,开通湖南内河航线。

1895年中日《马关条约》签订后,日本除了获得在通商口岸投资办厂的权利之外,还获得了在长江沿岸之内河航行的权利,随即展开了在中国长江流域扩充轮运势力的活动。在先后开通上海、苏州、杭州间三角航线之后,又将目标指向了长江中游的湖南。②

如本书第一章所述,甲午战争以前,湖南排外风气极盛,有"铁门之城"之称,因而外资企业难以进入,英国和许多其他外国人想开通轮运航线都没有成功。而日本公司最终能开辟湖南航线,得力于白岩龙平的活动。1899年,白岩龙平带领河本矶平一起潜入湖南进行航路、物产和城镇经济等各方面情况的调查。经过五十多天的调查后,白岩龙平于1900年1月先后向近卫笃磨呈递了《湖南视察之我见》和《湖南省见闻一斑》两篇报告,强调至今尚未被外国人染指的湖南省是后起的资本主义国家日本侵入的最适宜的对象。此后,白岩龙平同近卫笃磨、日本邮船会社副社长加腾正义、政界要人犬养毅等人就开发湖南航路进行了多次会谈,得到了他们的一致支持。同年,白岩龙平又完成了一件"耸动日本朝野的功绩",他在连传教士也难以入境的湖南省,在码头上百姓"杀洋鬼子"、"杀外国人"的呼喊声中,"官服乘轿而过,直抵

---

① 谭延闿:《近代湘贤手札书后》,湖南文献委员会:《湖南文献汇编(第二辑)》,湖南文献委员会1949年版,第250—251页。
② 关于日资航运公司进军中国内河航运市场的经过,参见朱荫贵《甲午战后至第一次世界大战前日本轮运势力在长江流域的扩张》一文,载中国社会科学院经济研究所学术委员会编《中国社会科学院经济研究所集刊》第10集,中国社会科学出版社1988年版,第163—185页。

第四章　从"权绅"到"劣绅"：清末社会变迁与叶德辉的身份转换　145

长沙城内巡抚衙门，终于在洞庭湖航线这一极为难办的问题上取得了中国官宪的允诺，奏凯而归"①。1902年2月，白岩龙平与日本的财界、政界要人一起，发起成立了"湖南汽船会社"，致力于开发湖南省以洞庭湖为中心，贯通省内的湘江、沅江等的航路。1902年9月13日，湖南汽船会社正式成立；1904年3月，湖南汽船会社正式开通了汉口至长沙的航线。湖南航路的开拓被日本政府认为是比邮船会社万吨级的轮船开拓欧洲航线意义更加重大的事情，是外交政策上的一次胜利。②

白岩龙平之所以能最终得到"奏凯而归"，与叶德辉的极力斡旋有关。叶德辉的日本弟子盐谷温曾提到两件事："昔白岩龙平诸人创立湖南汽船会社之初，清廷未许湖南开埠，先师以其有益湖南开发，传檄朝中湘人，极力斡旋，乃至促成廷议。"③日本人园田一龟也在《新中国人物志》一书中说："当日本之日清汽船会社将设支店于长沙之际，彼（指叶德辉——引者注）曾极力运动，打消反对运动，俾其达到设立之目的。"④当时长沙尚未开埠，无论是朝廷还是湖南本土的官绅，都反对日本商船开通湖南内河航运。而叶德辉则以其有益于湖南开发，传檄朝中湘人，打消反对运动，促成日本湖南航线的开通。1907年，湖南汽船会社与日本的另外三家轮运公司大阪商船、日邮会社长江航路、大东会社合并为日清汽船株式会社，总部设在日本东京，分社设于上海和汉口，白岩龙平为该会社之专务。当日清汽船株式会社将设分店于长沙时，又是叶德辉从中运动，使长沙分店最终设立。所谓"极力运动"、"打消反对运动"，都说明叶德辉力排众议，主张日清汽船株式会社之进驻。

按照盐谷温的说法，叶德辉为日本航运企业的进入而积极运动，是

---

① ［日］小岛真雄：《白岩龙平传》，《续对支回顾录》下卷，第343页；转引自朱荫贵《甲午战后至第一次世界大战前日本轮运势力在长江流域的扩张》，中国社会科学院经济研究所学术委员会编：《中国社会科学院经济研究所集刊》第10集，中国社会科学出版社1988年版，第174页。

② 朱荫贵：《甲午战后至第一次世界大战前日本轮运势力在长江流域的扩张》，中国社会科学院经济研究所学术委员会编：《中国社会科学院经济研究所集刊》第10集，中国社会科学出版社1988年版，第174、175页。

③ ［日］盐谷温：《先师叶郋园先生追悼记》，海客甲译，《斯文》1927年第8期。此条材料承蒙王逸明先生提供，在此致谢。

④ ［日］园田一龟：《新中国人物志》，黄惠泉、刁英华译，良友图书出版公司1930年版，第360页。

因为他认为此举有益于湖南开发。笔者认为，这可能只是原因之一，另一个原因则与叶德辉对白岩龙平个人的认识、与他对日本文化的认同不无关系。

白岩龙平是日本有名的大陆浪人，在甲午战争以前即风餐露宿，足迹遍及中国大陆各地，是著名的中国通。白岩龙平除了有大东会社的发起人、湖南轮船会社的发起人、日清汽船株式会社的专务等身份外，还有另外一重身份，即来自日本的文化使者。

这里必须说到近代日本的对华文化事业。明治维新以后，日本政府积极推行"欧化主义"政策，学习西方、推动社会的近代化，成为日本思想界、学术界的主流。对于中国文化，则由仰慕而变为鄙夷。尤其是经过甲午战争、日俄战争，日本一跃而成为亚洲最强大的新兴帝国，证明了其输入西洋文明的成功，脱亚入欧成为大部分日本人的努力方向。但是，另一方面，当日本以东洋盟主和东洋指导者的身份出现时，重新认识中国也成为一股潮流，研究中国问题蔚然成风。甲午战争后，日本成立了一些以研究东方问题尤其是中国问题、挽救时局为目的的团体，如东亚会、同文会，其成员足迹遍及中国大陆，除搜集情报外，亦有致力于文化研究者。1898年，东亚会和同文会合并为东亚同文会，总部设在东京，支部则遍设于日本国内及海外各主要城市（海外以中国为主），白岩龙平即是东亚同文会上海支部的负责人。东亚同文会致力于对华文化事业，不仅办报纸、设学校，还介绍日本学者来华遍访名宿，寻师问学。[①]

在此背景下，湖南硕学通儒如王先谦、王闿运、叶德辉等都成为日本人士频繁造访的对象；尤其是叶德辉不仅旧学深邃，且藏书丰富，更是引起了日本学人的关注，叶德辉在湘绅中强大的号召力也是日本学人、商家关注他的重要原因之一。此后叶德辉与日本商家、学人交往日密，居中介绍者，就是白岩龙平等人。因此，尽管事实上白岩龙平的身份很复杂，但在叶德辉眼里，他无疑是文化的使者。这种文化上的认同感成为叶德辉接纳日本企业进驻湖南的润滑剂。因为叶德辉的极力运动，白岩龙平与湖南官绅都建立了良好的往来关系。每次白岩龙平来

---

① 参见黄福庆《近代日本在华文化及社会事业之研究》，台湾"中研院"《近代史研究所专刊》，1956年版。

湘，湘绅都要演剧观宴加以接待，其乐融融，共抒同文同种之情。白岩龙平的日清株式会社则为入民国后屡履险境的叶德辉提供了诸多庇护。

除了支持日清轮船株式会社设立湖南分社、开通湖南内河航线之外，叶德辉还对日本僧人水野梅晓在湘传教予以庇护。1903年，日本僧人水野梅晓来长沙传教，开办了中国最早的僧学堂之一——湖南僧学堂。当时正值清末庙产兴学之际，"群魔侮法，福田将废"①，湘州诸僧遂迎水野梅晓来主持开福寺，希望借助水野梅晓的"洋僧"身份保护庙产。而当庙产已稳之后，便不再顾及梅晓了，欲谋去之；地方官也因水野梅晓在湖南开办学堂而疑之，驱逐水野梅晓。为此，王闿运曾"三函至院司"，力辩梅晓是僧界人而非洋人。而盐谷温则回忆："湖南地方，妨害水野梅晓师布教，欲行驱逐，先师协宿儒士绅之力，予以庇护，使之得排群疑，达成驻锡。"②则透露了在帮助水野梅晓的诸人中，叶德辉也是出力最多者之一。

当然，无论是白岩龙平还是水野梅晓，其对华活动最终都是维护本国利益。这是叶德辉所无法看透的。在他眼里，这些都是对华友好分子，促进中日文化交流；而文化的认同则超越了国界。而叶德辉对待日本企业、日本布教僧的态度，也不失为务实理性。

二是阻止英商贝纳赐入城。

阻止贝纳赐入城是清末湖南官绅共同参与的一件大事，叶德辉则是积极活动家之一。

长沙于1904年7月正式开埠，允许外商进入。但长沙作为兼具经开性质的自开埠口岸，主动划定了外商居住、经商的地界，并享有在商埠工部、巡捕及管理权方面的自主性。然而，就在长沙正式开埠的同月，英商贝纳赐即在长沙市民舒象卿等人的协助下，在长沙市内西长街设立了豫亨泰洋行；且无视长沙通商章程，并未于海关监督及税务司处先行呈报，骤然竖牌开市，而且拒不完纳厘捐。此举引起了长沙官绅和新立长沙海关方面的极大震动。在官方与英人据理力争、请迁贝纳赐洋行的过程中，长沙士绅亦多方支持，官绅频频集会商议。叶德辉受新任巡抚庞鸿书之托，策动众绅，抵制贝纳赐运货入城，以为"釜底抽薪之

---

① 王闿运：《云鹤轩记》，《中和月刊》1942年第12期。
② ［日］盐谷温：《先师叶郋园先生追悼记》，海客甲译，《斯文》1927年第8期。

策",最终通过以银 2.5 万两的代价赎回贝纳赐在长沙城内的产业,将贝纳赐迁出城。虽然叶德辉等人的努力并未能最终抵挡华洋杂居、外人入城的局面,但在当时,此举却有一定的意义,因"长沙绅民反对洋商入城的思想主旨,已不再是盲目的仇夷排外,而主要是出于保护厘金、保护民族资本和保护地方治权等目的"①。

不过,王先谦、叶德辉等人在抵制外商入城、反对华洋杂居运动中的积极作用,亦给外国人留下了湘绅排外的印象,为在 1910 年长沙抢米风潮中遭到处分埋下了伏笔。

第三节　由权绅而劣绅:叶德辉身份的转换

一　抵制新学新政

尽管戊戌政变后叶德辉在湖南省政中拥有较大的发言权,"事事得心应手",但就在他踌躇满志的同时,一种看不见的紧张正在潜滋暗长,这就是清末新政的实施。

"庚子国变"之后,在国内外各种压力下,清政府不得不重新启动新政。1901 年 1 月 29 日,西太后发布了变法上谕,要求各王公大臣、督抚等就朝章国故、吏治民生、学校科举、军政财政等因革省并,各举所知,条陈上奏。由此拉开了新政的序幕,也打乱了叶德辉等人平静的生活。

1901 年 9 月 14 日,清廷发布上谕:"着各省所有书院,于省城均改设大学堂,各府及直隶州均改设中学堂,各州县均改设小学堂,并多设蒙养学堂。"② 当时湖南省城长沙的书院主要有岳麓、城南、求忠、校经和求实等,按照清谕旨,也应全部改为大学堂。湖南巡抚俞廉三会同署布政使但湘良、署按察使继昌等往复筹商,一致认为省城长沙原有的岳麓、城南、求忠等书院,虽"生徒常数十百人,院长训饬认真,近亦商令分离设额",但若"改设学堂,则须指定学年以为递升之地,其年岁稍长者,虽极意向学,亦不得与其选"。唯有由时务学堂改设的求实书院,"尚有定额,亦经兼课西文",决定将求实书院改为省城大学

---

① 李玉:《长沙的近代化启动》,湖南教育出版社 2000 年版,第 189 页。
② 朱寿朋编:《光绪朝东华录》,中华书局 1958 年版,总第 4719 页。

堂。因此，湖南省城大学堂最初是在求实书院的基础上建立的，于1902年5月正式开办。然而，因其规模过小，教室仅两间，学生也与原求实书院相同，1903年2月便降格为高等学堂。俞廉三一度想将岳麓书院改建成湖南高等学堂，遭到王先谦的反对，便以"困难很多，暂不宜改"为托词敷衍了事。

1903年赵尔巽抚湘。赵尔巽标榜新政，兴学、办矿，采取强硬手段，改岳麓书院为高等学堂，并将原来由求实书院改成的高等学堂并入，增设教室、自修室、寝室、理化实验室和机械室等，延请俞诰庆主持校务。

赵尔巽在推行新政的过程中，与王先谦、叶德辉等人产生了重大矛盾。叶德辉指责赵尔巽"以办学务、兴学堂为辞，不实不尽"，将湘省藩库存银三百余万两一耗如洗。叶德辉与王先谦"颇进规讽"。鉴于王先谦、叶德辉等人在湖南省政中的重大影响力，赵尔巽一度试图打击湘绅，"时有与余及葵园相难意"。打击不成之后，又"转而联络"，罗致叶德辉入襄矿局事，为叶德辉所婉拒。[①] 至于与王先谦之间，则因兴学之事直接发生了冲突。本来，在俞廉三任湖南巡抚期间，曾请王先谦任新设立的湖南师范馆馆长。王先谦"强而后允之，亦恃中丞相知，言无不听也"。但不久，俞廉三解任，赵尔巽接替。王先谦抱怨："新抚赵尔巽至，锐意兴举学堂，而于士子多所宽假。湖南自梁启超主讲后，人心不靖，至是邪说朋兴，排满革命之谈，充塞庠序，赵弗顾也。余与之议，不叶；娄辞，不听。革退劣生四名，赵送入高等学堂。余知其意，时已冬令，遂不复至馆，坐视地方风气，日益败坏，无术挽救，徒呼负负耳！"[②] 亦可见在湘绅眼里，赵尔巽的新政兴学不仅是耗费银两的扰民之举，更是败坏社会风气的根源。

正因为如此，赵尔巽去任、陆元鼎督湘后，湘绅曾采取了一些措施，试图抵制新学产生的影响。其中有两件值得注意的事情：一是1904年湘绅以保存湖南先贤遗迹的名义，联名奏设岳麓景贤堂，并得到了湖南巡抚陆元鼎的支持。岳麓景贤堂定额为300人，其规模差不多为当时长沙新式学堂名额的总和。二是1906年通过湖南巡抚庞鸿书、

---

① 叶德辉：《郋园六十自叙》，长沙叶氏观古堂1923年版。
② 王先谦：《葵园自订年谱》，《葵园四种》，岳麓书社1986年版，第752—753页。

学政支恒荣会奏专课经史的学堂，将湖南达材校士馆改为达材学堂、成德校士馆改为成德学堂、景贤堂改为景贤学堂、船山书院改为船山学堂，实质上想将本为普通教育层次的几个旧式教育机构升级为专门的经史学堂，避开了对教学内容的增改。学部以其"外标学堂之名，仍尚书院之实，揆之章程，不免歧异"为由，只允许达材学堂"如原奏所请，招考举贡生员，肄习经史理文各学，惟须先行补习普通课程"，而饬令岳麓景贤堂仍改为高等学堂，成德、船山两书院改为师范学堂。①

奏请设立岳麓景贤堂，参与签名的湖南绅士达到二十余人，有王先谦族弟王先慎，而无王先谦、叶德辉；奏请改达材校士馆、成德校士馆、岳麓景贤堂、船山书院为学堂的，是湖南巡抚庞鸿书与学政支恒荣，也非叶德辉与王先谦出面。然而，究其实都与叶德辉、王先谦不无关系。

首先，戊戌变法之后的王先谦、叶德辉，乘战胜新派之余势，在湖南教育界、学术界拥有一定地位，同时也引振兴儒术、扶持世教为己任。

作为湘绅领袖，他们既可以号召诸绅，又可以对地方官施加影响。湖南地方官上任，循例都要先拜诸绅，而对王先谦、叶德辉这样的地方巨绅，尤为看重。王先谦先后充任师范馆长、湖南学务公所议长；受到地方官员的尊重，尤其是俞廉三更是达到了"言无不听"的地步。除赵尔巽与王先谦、叶德辉等人时有难意之外，陆元鼎、庞鸿书等人都与王先谦、叶德辉来往密切。叶德辉不满于新政，曾云："是时朝廷励行新政，部派调查新政、监理财政等官络绎来省会，有万不能应者，中丞则藉绅议抵之，而余以愤时疾俗之心见朝使，辄有风议。"由于叶德辉对朝使常发表对新政的批评意见，故庞鸿书还对司道解释："余在省外，闻王、叶之名，以为如何跋扈，谤者至谓其无事不干预，今相处日久，乃知二人皆正士，人言大谬不然。且叶某刚而廉，余幸其居城，俾小人有所忌惮。"② 叶德辉指责赵尔巽、端方等人借办学搜括，民穷财尽，元气大伤，而表彰庞鸿书"竭力培养"，凡一切苛细捐款均采纳叶德辉

---

① 《学部奏湘省学堂不合定章拟令改正折》，《东方杂志》（丙午），1906 年第 3 卷第 6 期，第 128—130 页。

② 叶德辉：《郋园六十自叙》，长沙叶氏观古堂 1923 年版。

的意见,"皆从蠲减"①。从这些叙述中可以看出,王先谦、叶德辉等人对新学新政不满,这种不满是可以转化为实际的抵制行为的。作为对兴学堂的一种折中,湘绅奏设岳麓景贤堂,在绵延对湖南先贤景仰之心的名义下,恢复书院的功能;而奏设专课经史的学堂,更是在学堂的名义下延续书院教育,学部所言"外标学堂之名,仍尚书院之实",诚为切中肯綮。

其次,无论是奏设景贤堂还是改设经史学堂,其中所体现出来的思想逻辑与王先谦、叶德辉的主张一致,可以说就是王先谦、叶德辉思想的具体体现。王先谦强调划清中西之学界线,中西学并行而不相通;叶德辉则对通过废书院改学堂来培养人才的有效性表示怀疑,担忧的是学堂之弊等同于书院。

在近代教育改革中,学堂这种新式的教育体制在开发民智方面发挥了重大作用,得到了人们的肯定。时人将学堂视为培养人才的不二法门。学堂兴则人才盛,成为人们的共识。另一方面,作为一种传统教育机构,书院与经学教育、举业教育等相联系,逐渐成为落后的同义词,处于被挤压、被改造的境地。发展至清末新政,书院与学堂更成势不两立之局面,是以有书院改学堂之举。此举遭到了叶德辉的质疑。

叶德辉认为,"人才与学堂截然两橛",学堂是学堂,人才是人才,故对"人才只能由学堂出"的这种集体潜意识进行反驳。学堂可以培养人才,而人才不必皆由学堂出。书院有弊,学堂亦有弊;学堂能造就人才,书院也能造就人才,关键在于能否务实,能否所得其人。"宋元以来书院之制,与汉人精舍学堂之立,名异实同。但使主者得文翁安定其人,何尝不可造就一世人才、转移当时之风化?"② 教育的关键在于内容,而不是书院或学堂这种外在的形式。"学在务实,无古今中外,其理相同。"历史上的书院,如宋代胡安国,以经史、时务课生徒,何尝不曾造就人才、转移风气?历史上也曾有废书院之举,然不能挽救世风士习。可见,书院本身不能决定人才之有无。晚近书院之所以为人诟病,乃因书院流于形式,没有能真正像汉代生徒那样精研经学,而只是应举业、习帖括,流于空疏。新式学堂标榜新学、西学,所教不过是皮

---

① 杨树达等:《郋园学行记》,《近代史资料》1985 年第 4 期,第 133 页。
② 叶德辉:《岳麓书院图志》,《郋园读书志》卷 4,上海澹园 1928 年版,第 14 页。

毛，适应的是人们喜易厌繁、追逐新奇的心理。"书院习于空文，学堂传以缪种。然书院与学堂不任其咎也。"① 从理论上讲，书院、学堂皆可以为益，也可以生弊；为利为弊，皆取决于主政者其人；图实事者，无论是书院还是学堂，都可以转移风气，引导社会潮流；图空谈者，即使是将书院改为学堂，也培养不出社会所需要的人才。相对于时人分辨书院与学堂的新旧之意义，叶德辉更看重的是书院与学堂的虚实之意义。

叶德辉对岳麓书院被废之事尤为痛心疾首，认为它斩断了湖南的学术命脉。他说："余自志学之岁，肄业于斯院者六年。今年始衰，不能守诸先生之道，以待后学，追怀旧事，有愧前修。……嗟乎！正学陵夷，名山榛莽，愤祠奄冢，近逼宫墙。以十数传名贤聚讲之区，为二三寇盗京观高封。"既然学堂、书院各有弊，那么，"惟与其为今日学堂之亡国破家，毋宁为旧日书院之守文谈道"②。叶德辉对书院改革的不满由此可见一斑。

综观叶德辉对湖南历任官员的评价，大凡厉行新政者都受到叶德辉的批评与抵制，如赵尔巽是"以办学务、兴学堂为辞"，大量挥霍湖南藩库银；端方为人"好体面，工酬应"，"藉兴学搜括净尽"。不仅办理学务的官员遭到叶德辉的批评，而且参与新学堂的人也遭到叶德辉的讥笑。叶德辉为此向缪荃孙抱怨："学堂讲席本极尊严，谋者乃以州县缺相当，与者亦以为人情物，大是可笑。总之，斯文遭厄而已。"③ 叶德辉所论不无一定依据。一方面，学堂初兴，"形式具而精神少，空谈盛而实学衰，或以敷衍为具文，或以激烈为宗旨"④，其在培养人才方面的效果尚未显示出来。另一方面，新政无论哪一项，都需要经费，故办理新政的人均"亟亟以筹款为要义"，在此过程中出现了许多腐败现象，政府以"练兵"为名，官绅以"兴学"为名，"而其用意，则皆以急务之名，为中饱之实"⑤。是以当时有人曾列举出在兴办学堂名义下

---

① 叶德辉：《岳麓书院图志》，《郋园读书志》卷4，上海澹园1928年版，第14页。
② 同上。
③ 《叶德辉致缪荃孙（四）》，顾廷龙整理：《艺风堂友朋书札》（下），上海古籍出版社1981年版，第536页。
④ 《湖南巡抚陆奏筹办湘省学堂情形折》，《东方杂志》（乙巳）1905年第2卷第2期，第8页。
⑤ 《论学堂之腐败》，《东方杂志》（甲辰）1904年第1卷第1期，第201页。

出现的种种不端行为。不仅办理新学的官员借机钻营、中饱私囊，而且主持学堂的人也并非真心兴学，只是把它当作一个谋利的工具。这在叶德辉看来，真是"斯文遭厄"。

可是，当叶德辉等人抵制新学新政之时，他便成了新式人物眼中的顽固守旧人物。1900年，湘潭朱德裳与易宗夔、曹典植等人就因王先谦、叶德辉、蔡与循等抵制新学新政而印发《湘潭县人士驱逐叶德辉檄》。

在此过程中，叶德辉等人醇酒妇人的生活方式也被人诟病。据李肖聃的《星庐随笔》记载："光绪中，长沙王运长、徐崇立、马象雍，善化许崇熙、龚福焘、梁稚非，皆以诸生擅长文艺，与叶吏部德辉日夜豪游，长沙人目为十二神。而稚非天才甚高，学使江标欲拔而贡之于朝，终以厄于学官，不举优行，不能有成。稚非益自放于礼法之外，夏日常裸体居室中，不衫不裤。省城迎城隍神，杂陈百戏，稚非与妖童曼姬乘舆共席，游行市中。于是学官弟子、缙绅先生交口非诋之，独德辉时时左右之。"① 文艺青年与妖童曼姬冶游，在叶德辉眼里，或许不过是文人洒脱的表现，故而时时左右之；而在缙绅、学官眼里，无异于伤风败俗，以至于要"交口非诋"。这似乎说明，叶德辉不足以表率士林。事实上，新派绅士正是抓住这一点，攻击王先谦、叶德辉等人。

1905年，戊戌变法时期与王先谦、叶德辉等人势不两立的熊希龄刚一开复，就上奏折指责王先谦"游戏征逐，娼优杂处，秽声载道"，干预地方一切公事及讼词案件，贪图重贿；叶德辉"胆大妄为，把持公事，遇有讼词莫不包揽"等，并将王先谦、叶德辉把持学务视为导致湖南青年学生或投身革命、或投于教会的罪魁祸首。1906年，当得知湖南提学使吴庆坻委湖南巡抚咨呈学部委派王先谦出任湖南学务议长之时，熊希龄又代湖南留日学生拟《恳请撤换王先谦湖南学务议长禀稿》，攻击王先谦、叶德辉等人逾闲荡检、寡廉丧耻，不足以表率士林、师资后进；若任其为学务议长，"恐歌舞之风传于绛帐，淫靡之俗误及后生，实与世道人心大有关系"。此禀上后，清廷没有任命王先谦为学务议长。1906年9月，颁发上谕，着张之洞随时详查湘省学务利弊，会商湖南巡抚切实整顿，认真办理，毋稍姑息。从此，王先谦、叶德辉

---

① 李肖聃：《星庐随笔》，岳麓书社1983年版，第57页。

丧失了对湘省学务的发言权。①

二 有谷不售遭处分

改书院、兴学堂、停科举等事乃大势所趋，非湘绅所能挽回。叶德辉的逆时而动使他成为新派眼中的劣绅，逐步丧失在湘省学界的发言权。而辛亥革命前夕的长沙抢米风潮及其结果，则使叶德辉遭到了清廷的处置，成为革职劣绅。

1909年的夏间，湖南岳阳、常德、澧州等主要产粮区发生百年不遇的大水灾，粮食锐减，库存空虚。降自长沙、岳州开埠以来，外国商人就开始从湖南购运大米出口，而当地豪绅富商又大多囤积居奇，不肯平价出售。种种因素导致1910年春省城米价飞涨。湘绅与湖南巡抚为先禁运米谷出境还是先办义粜相持不下。禁米难禁，义粜难行，进一步加剧了长沙米荒的局面。米市一日数价，百姓无以为生，一黄姓担水工因此带领一家四口投水自溺。此事在省城传播开后，激起民愤，引发了饥民捣毁米店、哄抢大米的风潮。官员前往弹压，枪杀闹事饥民，最终导致饥民焚烧抚署、学堂、教堂以及外国驻长机构与公司的事件。湖南巡抚岑春蓂情急之下，无力应对，引咎辞职，电请军机处以藩司庄赓良护理抚篆。而王先谦、黄自元、谭延闿、龙璋、刘国泰、孔宪教、刘巨等在籍绅士七人联名公电湖广总督瑞澂，称"抚臣枪毙良民，致激众愤，请电奏速易妥员"，要求由庄赓良署理湖南巡抚。湖广总督瑞澂急调鄂军协同镇压，命杨文鼎暂行代理湘抚。

事件平息后，鄂督瑞澂、湘抚杨文鼎派人对起事原委进行了调查，除了联名会奏对相关官员提出了处理意见外，瑞澂还单衔上《特奏在籍绅士挟私酿乱请分别惩儆折》，提出"湘乱……肇乱之源，实由于劣绅隐酿而成"，并特别指出王先谦、孔宪教、叶德辉、杨巩等"四大劣绅"应对湘乱发生负主要责任。王先谦"梗议"募捐，又领衔电奏"速易妥员"，"殊属不知大体"，是"借故排陷抚臣"；叶德辉"性情狂妄，武断乡曲，包庇倡优，行同无赖，当米贵时，家中积谷万石，不

---

① 熊希龄参劾王先谦、叶德辉事，参见周秋光《熊希龄传》，湖南师范大学出版社1996年版，第249—254页。正如周著所论，熊希龄此折乃因戊戌变法时期与王、叶结怨，寻机出气；故所言不无夸张与渲染之处，与事实有一定的出入。

第四章 从"权绅"到"劣绅":清末社会变迁与叶德辉的身份转换　155

肯减价出售,致为乡里所侧目,实属为富不仁";孔宪教、杨巩等人也行为不端,"颇贻人口实"①。清廷最终认可了瑞澂的报告,将王先谦、孔宪教五级调用,而叶德辉、杨巩即行革职,交地方官严加管束。

清廷处罚湘绅的上谕发布后,舆论哗然。湖南谘议局议长谭延闿、副议长胡璧等致电军机处,认为湘乱之由实为官员玩忽职守,贻误时机,不应归罪湘绅,要求清廷派员复查,"以服人心而昭公道之处"②。却被清廷以所请超出权限为由进行申斥。王先谦感到情难自甘,遂缕述详情,呈请都察院具奏陈明,表明瑞折指斥"情形全属子虚",自己既不曾"梗议"义粜,相反是义粜的倡议者;至于电请易人,则是湘绅冒名,自己并不在场、并不知晓。③ 此呈未递,湘籍京官胡祖荫等人又呈请都察院代奏一折,为湘绅辩护,称瑞督参劾王先谦、孔宪教、叶德辉等,实因该督病不理事"误采报馆浮言,以致冤抑正绅,请旨另派重臣查办"④。

因"有谷不售"而获罪,叶德辉深感自己乃千古奇冤。他在与缪荃孙的信中说:"湘祸之奇,千古未有。事乱之际,葵园老人与辉闭门不敢出,诸绅慌乱,以一省无主,窃名电请易抚(并未窃辉名),一概不知。孔、杨(孔乙酉同年,杨无聊人)随同乡庄心老方伯,步行解散乱民,有功不赏,乃遭此祸,犹有是非颠之迹。至于辉以租谷未售,而获咎被连,竟不可解。"⑤ 叶德辉承认自己有谷不售,但表示"兄弟四房,租谷不能由辉主持出售;况即尽售,区区之谷,不足省城三日之粮,而必加以罪名,是殆气运所致"。叶德辉将其事前后情形著录文字,"以活字排印,便于示本省人,寄远方朋友,得者一览而知事之架诬"。对于被参,叶德辉"但求无愧于我心,何必上书讼冤也"⑥。

瑞澂参折所指控的事实,往往被后来的研究者作为王、孔、叶、杨

---

① 瑞澂:《特奏在籍绅士挟私酿乱请分别惩儆折》,饶怀民、藤谷浩悦主编:《长沙抢米风潮资料汇编》,岳麓书社2001年版,第96—97页。
② 《湖南咨议局议长谭延闿等致枢电》,饶怀民、藤谷浩悦主编:《长沙抢米风潮资料汇编》,岳麓书社2001年版,第83页。
③ 王先谦:《葵园自订年谱》,《葵园四种》,岳麓书社1986年版,第772—773页。
④ 《湘绅旧党余焰复炽》,《申报》1910年6月30日。
⑤ 《叶德辉致缪荃孙(十三)》,顾廷龙整理:《艺风堂友朋书札》(下),上海古籍出版社1981年版,第542页。
⑥ 《叶德辉致缪荃孙(十五)》,顾廷龙整理:《艺风堂友朋书札》(下),上海古籍出版社1981年版,第544页。

等四大"劣绅"实际表现的史料依据,其实,有颇多不实之辞。[①] 具体到叶德辉,获罪的实质性过错是"有谷不售"。而从叶德辉致缪荃孙的信来看,叶家当时的确囤居有大量粮食。商人谋利的本性促使他(抑或他的兄弟)期待粮食卖一个好价钱,而不是平价出售以为湘抚解饥民之围。然而抢米风潮的发生,尤其是后来乱民焚烧抚署、焚烧教堂等事,毕竟不是叶德辉直接引发的。那么,叶德辉为什么竟遭到处分?叶德辉自认为"平生语言谐谑"是招祸之一由,一个原因。后来才得知,瑞澂乃为新湘抚杨文鼎所蒙蔽。据说,杨文鼎乃以赈灾款贿赂两江总督端方,被端方密保升巡抚的,到任后,假平粜名贷洋款银120万两,"畏余与葵园持异义,阴嗾瑞澂单衔指参"。后来瑞澂察觉杨文鼎别有用心,亦为王先谦、叶德辉等人鸣冤。至1911年8月,余诚格调任湖南巡抚后,瑞澂授意余诚格为王、叶等人申请开复。

叶德辉所见囿于个人纠葛,实质被参案显示的正是他作为旧式绅士退出政治舞台的命运,其源还在于戊戌时期成为守旧派,在于思想的保守。自戊戌变法以来,王先谦、叶德辉等人凭借战胜新派之余威,在湖南省政中拥有举足轻重的地位,成为湘绅中的代表。然而,随着清末新政的展开,他们与时势越来越不适应,抵制新学新政,与湘中新崛起的思想开明的新派绅士渐生差距。叶德辉之行事,固然有出于求实黜虚之处,但在旁人眼里,却无异于顽固守旧。因此,尽管在湘乱事件的发生中,谭延闿、龙璋等谘议局成员及其他新派绅士发挥的作用更大,王先谦、叶德辉等人却沦为替罪羊。

事实上,在湘省抢米风潮的处理中,戊戌时期即与叶德辉等人结怨的新派人物熊希龄也发挥了重要作用。在瑞澂拟折参湘绅之前,熊希龄曾致电瑞澂,提出:湘乱之祸,实由于"顽固官绅之盘踞要津,使庚子仇洋之毒蕴蓄至今,以致一发而不可遏",要求严惩启祸官绅,以"除

[①] 阳信生在《长沙抢米风潮新探》[《长沙理工大学学报》(社会科学版)第4期]一文中通过排比史料,指出:长沙抢米风潮中,尽管有一些劣绅、正绅参加,但新绅、正绅无疑是与政权斗争的主要力量;后来被处理的"四大劣绅"中,除孔宪教、杨巩参与较多外,王先谦确有"冤情",叶德辉基本上置身事外。尽管阳文是站在表彰新绅、正绅在抢米风潮中的作用的立场上来清理史实的,但亦可反证王先谦、叶德辉并非挟私酿乱的首领,遭到清廷处理确有冤抑之处。

暴安良"①。王先谦等人被惩治后，熊希龄又专门致电湘抚杨文鼎，称此前湖南绅权之重为人诟病，主要是官吏所用不得其人，王先谦、叶德辉等人"包揽词讼，贿赂公行，武断乡曲，煽惑愚民"，遂使湖南"小人道长而君子道消"，绅权尽归小人之掌握、把持、垄断，致使官民皆受其害，"今者幸逢明察，举一班猾吏劣绅廓而清之，其造福于吾湘者，曷其有极，凡属湘民，孰不感戴"。在谴责王先谦、叶德辉等劣绅的同时，熊希龄又强调要启用绅士以补吏治之不足，并推荐了朱昌琳、蒋德钧、谭延闿、龙璋等"公正明达，众望素孚"的正绅。② 其言辞之激烈，不下于戊戌变法新旧之争时期。

由此可见，"劣绅"的形成，固然与叶德辉个人语言诙谐（口无遮拦惹人怨）、赋性刚激等行事方式、个性风格等因素有关，但最根本的还是因其守旧。

那么，叶德辉守旧，想要守住的到底是什么？

---

① 熊希龄：《为湘省饥民暴动善后事致鄂督瑞澂电》，《熊希龄集》，湖南出版社1996年版，第345页。
② 熊希龄：《指责前抚岑治理不力致新任湘抚杨文鼎函》，《熊希龄集》，湖南出版社1996年版，第351—352页。

第五章　尊儒崇经：叶德辉的经学思考与经学调适

无论是戊戌时期攻击康梁新学，还是清末时期抵制新政新学，在叶德辉的思想中，都贯穿着一种宗旨，即维护经学。

在传统社会里，士大夫读经研经，传衍经学，乃是天职。叶德辉强调："崇圣不可以徒致，必首事于通经。"① 主张对儒学的信仰要体现在对经书的钻研与传衍上。然而通经是一门复杂的学问，需要遵循一定的为学次序，借助多种辅助工具，故叶德辉又强调："通经不可以陵节，必循涂于识字"；而启发后学之门径，"必先于簿录考溯其远流，开示其阃奥"②。叶德辉平生治学广涉经、史、子、集诸领域，要其归宿，则以通经为最高目标。在经学领域，叶德辉先后著有《周礼郑注改字考》6卷、《仪礼郑注改字考》17卷、《礼记郑注改字考》20卷、《春秋三传地名异文考》6卷、《春秋三传人名异文考》6卷、《经学通诰》附《经学绪言》6卷、《孝经述义》3卷、《天文本论语校勘记》1卷、《孟子刘熙注》1卷等书，又辑有《蔡邕月令章句》4卷、《大戴礼记疏证》30卷等著作，可谓著述繁富，浸淫极深。

然而，在近代社会文化变迁过程中，儒学受到了来自学术界内外的冲击，日益走向衰退。不仅儒学义理的统治地位日益动摇，逐渐丧失了维持世道人心的作用，而且儒学的根柢——经学也陷入被摒弃的困境。因此，叶德辉一方面沿袭传统汉学路径从事经学研究，一方面不得不追问：经学为什么会衰退？怎样才能化解危机、挽救经学的命运？可以说，正是为了维护经学的命脉，才使叶德辉在戊戌时期力驳康有为的经

---

① 李肖聃：《湘学略》，岳麓书社1985年版，第217页。
② 同上。

说,在清末新政时期抵制新学新政。叶德辉是近代以传承儒家文化为职志的传统学人的缩影,为我们观察近代经学转型之际人们的种种努力提供了一扇独特的窗口。

第一节 抵制公羊学说,维护经学体系

一 晚清今文经学的兴起

继清中期汉宋之争之外,清末经学思潮中又有今古文之争。汉宋之争说到底不过是学统、道统倚轻倚重的问题,不出儒学内部家法门户之争的范围;而晚清今、古文之争则从"根本上颠覆了儒学,宣告了经学时代的完结"①。因此,批判晚清公羊学成为叶德辉经学思想的主旨之一。

今文经学的兴起是晚清经学史的一大现象,也是清代经学在时势的追赶下不断调整的结果。

众所周知,清代乾嘉时期曾出现过汉学大盛的情形。其时学界主要效法东汉古文经学,所尚在许郑贾马之学,即以文物典章制度考据为主要内容的东汉古文经学。清代最早由东汉古文经上溯到西汉今文经学的是庄存与。庄存与(1719—1788),字方耕,号养恬。庄存与生活与戴震同时,稍后于惠栋,但研究经学的途径却不同。他不着重于名物训诂,而是"于六经皆能阐抉奥旨","独得先圣微言大义于语言文字之外"②,撰有《春秋正辞》等书发明《春秋》的微言大义。庄存与传其学于族侄庄述祖、族孙庄有可、外孙刘逢禄、宋翔凤。终庄存与之世,今文经学并没有产生多大影响;至嘉道之间,刘逢禄"以公羊倡今文之学,龚自珍、魏源为其门人。咸同诸儒遂承其习"③。魏源表彰庄存与"公所为真汉学者",龚自珍所为《庄氏神道碑》,称其"学足以开天下",庄氏之名遂为世人所知,常州今文经学渐成显学。此后,研究今文经学的学者越来越多,如陈立、陈寿祺、陈乔枞、戴望、柳兴恩、迮鹤寿、邵懿辰等,至19世纪晚期则有王闿运、皮锡瑞、廖平等。④

---

① 景海峰:《新儒学与二十世纪中国思想》,中州古籍出版社2005年版,第5页。
② 阮元:《庄方耕宗伯经说序》,《揅经斋遗书》卷首。
③ 叶德辉:《经义杂记》,《郋园读书志》卷2,上海澹园1928年版,第30页。
④ 参见吴雁南主编《清代经学史通论》,云南大学出版社2001年版,第174—180页。

晚清今文经学的研究重点在传统课题《春秋》公羊学，也有研究《春秋》穀梁学者。《春秋》之学是经学史上今、古文之争的焦点所在。《春秋》之学本有五家：公羊、穀梁、邹氏、夹氏、左氏。据《汉书·艺文志》云："邹氏无师，夹氏未有书。"故汉代《春秋》学主要有三家：公羊、穀梁与左氏，皆各成体系，各自有传，即《春秋公羊传》、《春秋穀梁传》、《春秋左氏传》。其中，《公羊》、《穀梁》属今文经学，而《公羊》学在西汉最盛，被立为学官，也是西汉今文经学的代表。《春秋左氏传》晚出，属古文经学，为刘歆所推崇，但一直是作为民间学说流传，未能立于学官。古文经学晚出，刘歆意欲立《左传》等古文经于学官，遭到今文经学家的反对，于是有《移让太常博士书》之作，指责今文经学家"专己守残"，"因陋就寡"，"信口说而背传记，是末师而非往古"，引发了汉代第一次今、古文之争。此后又有几次论争，都与《左传》、《公羊》有关。东汉末，今文经学家何休为了重振今文经学，写了《公羊墨守》、《左氏膏肓》、《穀梁废疾》三书，意谓公羊学的体系如同墨翟守城一样，牢不可破；左氏学的体系则如同病危之人，已入膏肓；穀梁学的疾病已不可治，如同废人。学通今古的东汉学者郑玄则"发《墨守》、针《膏肓》、起《废疾》"，即攻破公羊学的汤池铁城，用针药救治《左氏》学体系的所谓疾病，救治《穀梁》的疾病，使之复起。由于郑玄学通今古，能够抓住何休学说的漏洞，故何休见而叹曰："康成入吾室，操吾戈，以伐我乎！"（事见《后汉书·郑玄传》）此后，《春秋》学史上，一直是以《左传》为正宗。

清代中叶，庄存与于众经之中首推《公羊传》，开始发明《春秋》的"微言大义"，但尚未排斥古文经。庄氏门人孔广森撰《公羊通义》，阐发何休的意见。庄述祖把《春秋公羊传》义理推演到群经之中。传至刘逢禄，则专注今文，严守家法，于《易》专治今文虞氏；于《书》传匡正马融、郑玄的缺失；于《诗》好齐、鲁、韩三家。刘逢禄研究最深的则是《春秋》，尤好何休及董仲舒、李育的公羊学说，推崇《公羊》，排斥《左传》。之后，龚自珍借经术作政论，引用今文经学的变易思想，呼吁清政府实行改革，将经学研究与现实关怀结合在一起。魏源则致力于挖掘今文经学的微言大义，宣传公羊学说中的"张三世"、"通三统"等学说，抨击古文经。因此，清代今文经学的一大特色就是尊奉《春秋》、独崇《公羊》。至晚清，康有为借公羊学说来宣传变法改制思想。《长兴学记》对于经典有这样的界定:"孔子经世之学,在于《春秋》。《春秋》改制之义,著于《公》、《穀》。""必知《春秋》为改制,而后可通六经也。"在康有为的学说中,经学在很大程度上化约为《公羊》学,而《左传》及其他古文经都遭到贬抑。由此引发了叶德辉的批判。

二 叶德辉的《左传》、《公羊》之辨

尽管叶德辉"尚汉学"主要是尚东汉古文经学一派,但并不排斥今文经学。他承认,今文经学、古文经学都是"传孔子之道者";反对今、古文之争,以为正是汉代的今、古文之争使得"终汉之世,师说愈盛而学愈衰",表彰既集今、古文之大成,又泯灭今、古文之界线的郑康成"破经生之拘陋"①。同时,他对清代最早研究今文经学的庄存与尤多揄扬,认为庄存与的今文经学"通天人之故、接西京之传",肯定清代今文经学的兴起,打破了乾嘉古文经学一统天下的局面。但批评龚自珍、魏源等人的今文经学流于狂易,对晚清今文经学家一味地褒《公羊》贬《左传》的做法更不能接受。特别是康有为等人借公羊学说论"三世"、"三统"之义,更激起了叶德辉的反感。叶氏弟子称:叶氏于《春秋》三传中,"不喜公羊、穀梁,尝言公、穀皆文章家,非传说家。惟左氏文章传记兼尽其能,于圣人笔削褒贬之心可以因事证明得其微旨。尤不信《春秋繁露》"②。自戊戌变法以后,叶德辉终其一生都疾言公羊学说,甚至视公羊学说为非圣毁经之祸首。

叶德辉的《左传》、《公羊》辨主要从三个方面进行论证:

第一,《左传》其书不伪,其事不可废。

今文经学向有"《左传》不传《春秋》"说,否认《左传》的经传性质。此说汉儒就已提出,又为清代今文经学者所继承。刘逢禄的《左氏春秋考证》就提出,《春秋左传》本名为《左氏春秋》,司马迁的《史记》中就是这样称呼的。它如同《晏子春秋》、《吕氏春秋》一样,是记事的史书,而不是解释《春秋》的经传。西汉末年,刘歆为了王莽篡汉的需要,仿效《公羊传》,增设体例,推衍史实,伪改内容,

---

① 叶德辉:《六艺论疏序》,皮名振:《皮鹿门年谱》,商务印书馆1939年版,第66页。
② 杨树达等:《郋园学行记》,《近代史资料》1985年第4期,第111页。

《左氏春秋》才被称为《春秋左氏传》，被说成是阐释《春秋经》。刘逢禄主张删去刘歆的伪改，把《春秋经》与《左氏春秋》区分开来，还《左氏春秋》的本来面目。① 此说后为康有为所继承与发挥，《左传》非但不传经，且其书都是刘歆伪作。

从纯粹学术的角度看，刘歆伪作说并非突发奇想，问题的产生也不完全是空穴来风。先秦古籍的成书、流传情况都比较混乱而复杂，尤以《左传》为最。其依据是《史记·十二诸侯年表序》的记载："鲁君子左丘明惧弟子人人异端，各安其意，失其真，故因孔子《史记》具论其语，成《左氏春秋》。"然而，"这种左丘明受经作传之说，受到的第一个挑战，即来自于《左传》本身。通过对《左传》内容，特别是《左传》中有关预言占卜之辞的分析，《左传》的成书年代最早也应在战国早期，而绝不会在春秋晚期，上距孔子去世当有130多年。如左丘明与孔子同时或稍后，何以在作传时能预见百年后的事情呢？"② 可能的情况是：左丘明受经作传之后，其门人后学在学习的过程中，还不断对原书有所增益补充。这个过程持续了相当一段时期，大约在战国前期或中期，《左传》的内容才基本固定下来。《左传》成书的情况，为今文经学家的伪书之说提供了可乘之机。既然《左传》非出自左丘明一人之手，则其下限可以尽量被推迟，以至于推迟到西汉的刘歆，遂有刘歆伪作之说。汉代以后，不少学者都对左丘明受经作传的一些环节提出质疑，如唐代啖助、赵匡、陆淳等人开始提出《左传》之作者左丘明与《论语》中的左丘明分属两人之说。而《左传》思想倾向与《春秋》经的分歧更是有目共睹，《左氏》"是非颇谬于圣人"，则"左丘明好恶与圣人同"之语亦难自圆其说。宋人已有刘歆伪作说之滥觞，其后附和者代不乏人。对《左传》的否定，被清代今文经学所继承、发挥，至康有为则推到极致。

叶德辉认为，刘氏之说不能成立。他指出："刘申受之书所指《左传》之伪，并无实证，不过以《公羊》、《左氏》比勘得失而已，不过以空文攻驳《汉志》而已。儿童辩白，岂足以服左氏之心耶？如谓《汉志》隐护《左传》，何不并公羊之学而夷灭之，而必留此劲敌与人

---

① 参见吴雁南主编《清代经学史通论》，云南大学出版社2001年版，第145页。
② 沈玉成、刘宁：《春秋左传学史稿》，江苏古籍出版社1992年版，第334页。

掊击之柄，不亦太愚耶！"① 叶德辉认为，三传皆尊圣人，公羊、穀梁发明作义，左氏取证本事，义当并尊，不应视若水火。基于古文经学家的立场，叶德辉认为，左氏与孔子同时，与孔子谊兼师友，其传《春秋》谓之传记。左氏见深见浅固然不与圣人同，但所记之事则是真切可信的。《春秋》寄托了圣人之义，《春秋》之学正是要探求圣人之义。然而，圣人之义非托之空言，而是寓涵在记事之中，非明其事，不能明其义，故三传相辅相成，流传不废。汉代学者桓谭说："经而无传，使圣人闭门思之十年而不知也。"可见通经离不开传。具体到《春秋》，倘使没有《左传》记事，不明《春秋》之本事，也就不能明白圣人笔削之含义。针对刘逢禄在《左氏春秋考证》中所云"《春秋》非记事之书，不待左氏而后明"，叶德辉驳道："当夫子之时，各国史记尚在，自不待左氏而后明。及数十年后，设无记事之书，何以考其是非得失？"《左传》所长在记事，《公羊》所长在微言大义。但圣人借事言义，非明其事，不能明其义。因此《左传》是理解圣人笔削之义的必要凭据。

第二，传记重于口说，《左传》重于《公羊》。

准确地把握经典的原始大义、进而领会圣人之精神，是经学的宗旨。然而，圣人之义究竟是如何传衍的？是著于竹帛还是传于口说？经传作品有的来源于传记，有的则经过口耳相传之后才著于竹帛。那么，在后人与圣人之间，究竟该以何种经传作为沟通的桥梁？晚清公羊家继承了汉代今文经学的思想，主张《春秋》所重在于义，仅借事以为记号；而"义"皆传于口说，故口说重于记事的传记，《公羊》重于《左传》。叶德辉认为："平心而论，口说、传记皆所以传经。"然而，"口说托之传闻，失多而得少；传记托之载笔，得多而失少"。口说的源头虽在于孔子，但在口耳相传过程中，势必发生扭曲变化，造成对经义阐释的歧异。因此，传记远比口说可靠，从治经的角度看，传记重于口说，《左传》重于《公羊》。

叶德辉还具体指出：口说失误多，故不能依口说治经。如孟子评《春秋》说："晋之《乘》、楚之《梼杌》、鲁之《春秋》，一也，其事则齐桓、晋文，其文则史。孔子曰：'其义则邱窃取之矣'。"而《公羊》昭公十二年传，变其文曰："《春秋》之信史也。其序则齐桓、晋

---

① 叶德辉：《〈輶轩今语〉评》，《翼教丛编》，上海书店出版社2002年版，第75页。

文,其词则邱有罪焉尔。"同一口说,一则曰"窃取",一则曰"有罪",何以前踞而后恭?可见口说容易变换其辞,实不可据。至于一事一序,一义一词,轻重异同,各持一是者更多。口说中的微言大义,晦暗难明,怎能凭口说治经?

叶德辉指出:口说的是非不定,随处可见,《公羊》、《穀梁》、《春秋繁露》及秦汉诸儒所引之义各有不同,同一今文家言,《公羊》与《穀梁》又有不同。以开篇而论,隐公元年"不书公即位",《公羊》从褒,《穀梁》兼贬,说者谓一贤让国,一大居正。开宗第一义,口说即如此参差,记忆亦如此恍惚,则其他之不尽可信,可想而知。又如终篇而论,哀公十四年"西狩获麟"传,《公羊》以为记异,谓麟非中国之兽;《穀梁》以为其不言来,不外麟于中国;其不言有,不使麟不恒于中国。"此篇终一义,口说亦如此相反,岂可谓之错置乎?"[①]

这里,实际上涉及一段公案。《春秋》隐公元年的第一句是:"元年,春,王正月。"《春秋》经文所据的历法是周正,所以一上来说明书"王正月"。这条极简单的记载,《左传》释为:"元年春,王周正月。不书即位,摄也。"意思是"王正月"即周历正月,同时,按照体例,本来还应该有"公即位"三个字;"但经文不书,是因为隐公只是摄政,并非正式即位为国君"[②]。而一到《公羊》、《穀梁》,问题就变得复杂起来。《公羊传》解释时从大一统之义,说到尊尊卑卑之义,说到隐公虽因长又贤,但因不是嫡子,要让国于桓公,故不书即位,表明的是隐公的美德。而《穀梁》则从另一个角度发挥,认为不书即位是因隐公将让桓,而成就桓公之恶名,成就隐公之善名,由此推论此处《春秋》笔法是为了"恶隐公"。

《公羊》、《穀梁》于《春秋》开篇第一义之阐释,即有如此大的出入。究其实都属穿凿附会。据《左传》所记史事,隐公生母是"继室",并未明确记载是正室夫人;而桓公生母是正室夫人。隐公即非嫡子,并未正式即位,而只是代幼弟摄政,所以史官不书即位,和孔子的笔削无关。

这些例子都证明口说的不可靠。若真如公羊学家所言,口说乃圣圣

---

① 叶德辉:《正界篇》,《翼教丛编》,上海书店出版社2002年版,第92页。
② 参见沈玉成、刘宁《春秋左传学史稿》,江苏古籍出版社1992年版,第40页。

第五章 尊儒崇经：叶德辉的经学思考与经学调适 165

相传，何以同样是传口说的《公羊》、《穀梁》在开宗第一义就如此矛盾？而终篇对"西狩获麟"的解释，也是相差甚远。因此，叶德辉此一批驳，可谓切中要害。

晚清公羊学家认为《公羊》、《穀梁》同义，《左氏》不同义。叶德辉经过考证，认为此说不确。如"新周"、"故宋"、"王鲁"之说，为今文《春秋》三大义，《穀梁》有"故宋"无"新周"。倘若口说都出自子夏之传的话，不应有此歧异。三传之中，有经、传皆异者，如：隐公三年"尹氏卒"，《公羊》以为讥世卿，《穀梁》以为为鲁主，《左氏》作"君氏"，以为鲁夫人声子。有经同传异者，如：桓公十四年"夏五"，《公羊》以为无闻，《穀梁》以为传疑，《左传》无传；又如：庄公二十四年"赤归于曹郭公"，《公羊》、《穀梁》以为赤者郭公名，《左氏》亦无传。"由前之说，则是闻见各殊；由后之说，要以关阙疑为是。"①

总之，所谓微言传于口说，口说重于记事，本不堪一驳。口说记载不同，是非不定，难以作治经的凭据，更何况以口说驳传记。叶德辉甚至说："信口说者，谓之巫咒。"②

第三，经学史上两家之消长，证明《左传》优于《公羊》。

从《春秋》学史来看，《左传》没有凭借官学禄利而最终成为《春秋》正宗，叶德辉认为，这正表明了《左传》优于《公羊》。

两汉时期，三传争立学官，而以《公羊》学最盛。叶德辉分析，这并非因为《公羊》学本身优于《左传》，而是其他原因导致的。一是因为"公羊家用心至巧，其牵合图谶，以为《春秋》因汉制而作"，以此"结人主之心而箝古学之口"。公羊学家解经义援引谶纬，以为"西狩获麟"即"赤帝代周"之兆，认为《春秋》乃因汉制而作，是为了讨汉帝的欢心并箝制古学之口。二是从学术本身来看，公羊学"书短而易习，义浅而易推"，迎合了世人喜新厌旧、喜易厌难的心理，便于人们投机取巧。于是汉代治公羊者弟子徒众布在朝列，父以是诏其子，师以是传其弟，盛极一时。但那并非因公羊学本身更有价值、更具权威性，而是"利禄之途使然"。相比之下，《左传》文繁义重，立学又迟，不

---

① 叶德辉：《正界篇》，《翼教丛编》，上海书店出版社2002年版，第92页。
② 同上书，第91页。

便于人们取巧,也无功令为之导路,故不如《公羊》学之盛行。《公羊》、《左传》的消长,反映的是"学有巧拙,效有迟速,苟非有志之士,未有舍短幅之《公羊》,而习长篇之《左传》者也"①。

然而,《左传》最终能传衍开来,不为《公羊》学所完全消灭,说明《左传》自有其卓越之处。在汉代经学史上,自刘歆为争立《左传》于学官失败后,又有几次今、古文之争,其焦点都在《左传》。《左传》最终还是没能立于学官,但它的学术价值却逐渐被认识到,也引起了越来越多学者的兴趣,产生了一大批经学家。"《左氏》晚出,立学又迟,而西京之传不绝如缕,苟非卓然有以自立,其不为《公羊》所夺者几希矣。"② 这正说明《左传》卓越之处。就在无数公卿士大夫以《公羊》学起家之时,部分人不为功令所动,如张禹、贾谊诸人,"乃勤恳而好《左氏》,舍篇幅短小之书,以寻绎至繁且赜之文义,其于二家长短,亦既折中一是也"。通儒如许慎、郑玄等人也都尊重《左传》。东汉郑玄与何休之争,何休有"康成入吾室,操吾戈,以伐我乎"之叹,正说明《公羊》学本身存在着缺陷。叶德辉还指出:倘使《公羊》之义例果真如何休所言颠扑不破,"其戈何至为人所操?其室何至为人所据?"③ 虽然两书流传至今都已残缺不全,但就辑存者考之,是非黑白尚可立辨。

从义理层面看,《左传》讲大义,《公羊》讲微言。《汉书·艺文志》云:"仲尼没而微言绝,七十子丧而大义乖。"微言已绝,不可复续。而大义却可借助名物训诂的方式寻得。《艺文志》所言,只是概略言之。其实,孔子之大义,有存于七十子者,如《论语》;有传于七十子后学者,如诸子百家、汉儒所称引者,后人都有迹可循。而《左传》作为与孔子同时代者,在传大义方面更是有着不可比拟的优势。《左传》的大义,是通过事实的记述,衡之以礼,体现出儒家的伦理纲常。而《公羊》的微言,是通过谶语比附出来的,穿凿附会,便于臆想推衍。两者相比,高下立见。"试起千秋学人于九原,信礼乎?信谶乎?"④

---

① 叶德辉:《輶轩今语评》,《翼教丛编》,上海书店出版社2002年版,第74页。
② 叶德辉:《与石醉六书》,《翼教丛编》,上海书店出版社2002年版,第162页。
③ 同上。
④ 同上。

晚清有关《公羊》、《左传》之争涉及的不仅是两部经典本身，更是经学的价值取向之争，即经学到底是一门需要遵守一定法则的学问，还只是一个用以论政的工具？以康有为为代表的晚清今文经学家在将经学研究与现实关怀紧密结合的同时，背离了传统经学的研究法则，抽离了经学的具体内容，将经学变成了政论的工具。是以叶德辉要从维护经学传统的立场出发进行批驳。针对梁启超代徐仁铸所作的《輶轩今语》中"经学当求微言大义，勿为考据训诂所困"、"经学当口说、传记二者并重"、"经学当以通今为主义"等观点，叶德辉一一进行了辨析。叶德辉坚持："微言大义，后世义理之学所本也；名物训诂，后世考据之学所本也是，二者不可偏废。"义理与考据并非治经的两种路向，而是治经的两个步骤，"盖不通名物训诂，无由得微言大义"。因此，名物训诂并非是可有可无的，而是探求微言大义的必要前提。从经典诠释的角度看，经义有局限于文本的一面，更有超越于文本之上的一面。叶德辉谨守乾嘉诸儒"义理必由考据出"的主张，似乎对经义的理解过于狭隘。然而，当撇开考据训诂而片面追求微言大义之时，此种大义何以保证是圣人应有之义，而不是诠释者的任意发挥？可见，叶德辉并不是反对义理本身，而是警惕对经典的过度诠释与任意诠释。同时，叶德辉认为，经学不但是一种学问，更有修己治人、经邦济世之用。然而，经学之能不能用、具不具备经世的功能，关键不在于讲义理还是讲考据，而在于是否切实。他指出："外患日迫，凡空谈学术、经济者，同归于无用，未见微言大义之致用，即胜于考据训诂。特微言大义可以比傅近事，故藉此以行其私。"①

三 学术与思想的纠缠

正如康有为宣传公羊学本意不在于公羊学一样，叶德辉尊《左传》斥《公羊》，也不完全是基于学术的立场争家法之短长，更为深刻的原因，则是对经典的护惜与道统的维持。

第一，反对公羊学的毁经疑传。

清代公羊学兴起的过程，在某种程度上是一个不断扩大伪经数量的过程。从庄存与倡导今文经学开始，尊今黜古渐露端倪。刘逢禄力证

---

① 叶德辉：《〈輶轩今语〉评》，《翼教丛编》，上海书店出版社2002年版，第72页。

《春秋左传》有刘歆的伪造。龚自珍把对古文经典的攻击扩大到《周礼》，不仅《左传》为刘歆窜益，《周礼》也是晚周士人掇拾旧章编成的，至王莽时才被尊为经。魏源进一步在《毛诗》、《尚书》上做文章。在《书古微》中，他提出不仅东晋梅赜所提供的古文《尚书》和《尚书孔氏传》是伪品，就是东汉马融、郑玄见到的古文《尚书》也不是孔安国的真品，而是东汉经学家杜林伪造的。在《诗古微》中，则证明古文《毛诗》及《毛诗》中的"大序"、"小序"都是晚出伪品。至廖平，较为系统地提出这个问题，认为古文经都是刘歆及其弟子们伪造的。至康有为的《新学伪经考》，则将这种怀疑论推到极致，断定东汉以来占据主要地位的古文经学，全部为刘歆伪造，唯有今文经学才是真，而《公羊春秋》才是儒学的正统。

这种毁经疑传，其破坏性不仅局限于古文经，所激发的不仅是对古文经的怀疑，而且势必涉及儒学的整个知识系统。叶德辉指出："有汉学之攘宋，必有西汉之攘东汉，吾恐异日必更有以战国诸子之学攘西汉者。"指责公羊学家们"不读东京诸儒传注之全经，而读后人掇拾之残经；不读文完义足之内传，而读断章取义之外传，其心非尽灭全经，以入于异氏之室，必犹有不能息喙者"①。他不能接受康有为等人将体系完整、内容丰富的经学简化为公羊学的做法。人们一旦对经书产生了疑问，如洪水决堤，一发不可收拾，以至于废孔而后已。在叶德辉看来，在异教与孔教争胜于中华之时，儒学内部的这种疑经惑传会加剧孔教的危机，"六经既伪，人不知书，异教起而乘虚，岂非孔子之大祸？"② 维护古文经，不仅是基于学术，而且也是为了维持政教的统绪。

第二，反对以公羊学附会时事，发非常异议可怪之论。

叶德辉承认，公羊学中的"三世"之说，曰"所见"、曰"所闻"、曰"所传闻"，传有明文，屡自申其义例，何休衍为"据乱"、"升平"、"太平"，系公羊家旧说流传，不为无本。但是他强调，这只能说是经师家法，不得谓圣作精意，更不能据以为经典。《公羊》之学，以之治经，尚多流弊；以之比附时事，是更启人悖逆之萌。这里的"启人悖逆

---

① 叶德辉：《与戴宣翘校官书》，《翼教丛编》，上海书店出版社 2002 年版，第 72、174 页。

② 叶德辉：《与南学会皮鹿门孝廉书》，《翼教丛编》，上海书店出版社 2002 年版，第 72、167 页。

第五章 尊儒崇经：叶德辉的经学思考与经学调适 169

之萌"，指责康有为的"欲立民主、欲改时制，乃托于无凭无据之公羊家言，以遂其附和党会之私智"①。叶德辉还认为，无论是西汉还是晚清，公羊学的兴盛都不是因为对经典本身的重视，而是因其书短易习、义浅易推，关键是便于附会时事。

那么，经术能否缘饰吏事、用作政论的工具？叶德辉表示怀疑。汉代经学家以《春秋》决狱，以《禹贡》治河，以《诗三百篇》当谏书，充分显示了经学在现实政治、经济生活中的功能。可以说，西汉时期"以经术缘饰吏事"的盛况成为此后历代儒生们通经致用的榜样。对于通经致用本身，叶德辉并无异议，他质疑的是以公羊学论政，并举董仲舒以《公羊》推灾异、其书不为弟子吕步舒所识为例，说明以公羊学论政的随意性。董仲舒是汉代公羊学的代表人物，门下弟子无数，多名位显达者，其中如吕步舒官至长史，以《春秋》决狱，天子皆以为是。然而，在以《春秋》推灾异方面，吕步舒与董仲舒之间却存在着分歧。据史书记载："先是，辽东高庙、长陵高园殿灾，仲舒居家推说其意，草稿未上。主父偃候仲舒，私见，嫉之，窃其书而奏焉。上召视诸儒，仲舒弟子吕步舒不知其师书，以为大愚。于是下仲舒吏，当死，诏赦之。仲舒遂不敢复言灾异。"② 可见，吕步舒对董仲舒所著的《灾异之记》懵然无知。叶德辉又以汉代眭孟案说明以公羊论政的弊端。眭孟在昭帝刚刚继位后，即公开宣称："先师董仲舒有言，虽有继体守文之君，不害圣人之受命。汉家尧后，有传国之运。汉帝宜谁差天下，求索贤人，禅以帝位，而退自封百里，如殷周二王后，以承顺天命。"要求汉帝"求索贤人，禅以帝位"。被霍光指控为"设妖言惑众，大逆不道"，最后招致杀身之祸。（事见《汉书·眭弘传》）叶德辉因此感慨："学如江都，其弟子愚昧如此！今之诋刘歆为国师者，独不思公羊家固有此一类人耶？"③ 叶德辉的反问不无古文经学家的门户之见，但也不是没有道理的。汉代以经术缘饰吏事，尤其是以公羊学比附时政，而公羊学又往往援引谶纬推说灾异，以至于倡导者不得善终。对此，班固曾这样评价道："汉兴，推阴阳言灾异者，孝武时有董仲舒、夏侯始昌，昭、宣

---

① 叶德辉：《〈輶轩今语〉评》，《翼教丛编》，上海书店出版社2002年版，第74页。
② 《汉书·董仲舒传》。
③ 叶德辉：《与石醉六书》，《翼教丛编》，上海书店出版社2002年版，第163页。

则睦孟、夏侯胜，元、成则京房、翼奉、刘向、谷永，哀、平则李寻、田终术。此其纳说时君著明者也。察其所言，仿佛一端。假经设谊，依托象类，或不免乎'亿则屡中'。仲舒下吏，夏侯囚执，睦孟诛戮，李寻流放，此学者之大戒也！京房区区，不量浅深，危害刺讥，构怨强臣，罪辜不旋踵，亦不密以失身。悲夫！"① 亦可见以推阴阳言灾异为戒至少是部分学者的共识。

叶德辉认为，汉代《公羊》学尊汉而牵引谶纬；今日《公羊》学尊夷而比拟公法，都不过是借公羊行其私，并非尊儒尊经。讲学与论政是两件事，以学论政，比附时事，无论于学、于事，都有害无益。

其实，叶德辉本人也并非完全不讲公羊学。据左舜生《万竹楼随笔》记载，叶德辉曾说："清末有四人同讲公羊，王壬老（闿运）讲公羊，廖季平（平）讲公羊，康有为讲公羊，我也讲公羊。但我们各有各的讲法，内容绝不一样。"② 作为一种经典，《公羊》自有其价值，值得研究；但不等于要认同《公羊》学家们所推衍出来的各种意义。故当皮锡瑞指责叶德辉诋《孟子》、《公羊》时，叶德辉答曰："《公羊》下尚有'家'字，又有'之学''之徒'等字，何曾为诋？"③ 有意识地区分经典与对经典的推衍。叶德辉既表现出对经学本义的维护，更表现出对借公羊言改制的抵制。

晚清公羊学的伪经说曾引发很多学者的不满，论《春秋》三传之是非一度成为经学家们关注的热点之一，而维护《左传》者亦有各自的出发点。张之洞推崇《左传》，力斥《公羊》学，有"假如近儒《公羊》之说是，孔子作《春秋》而乱臣贼子喜也"之评，④ 反对晚清公羊学的"非常异议可怪之论"。为此，他在湖广总督任上，还曾招宾客撰《左传诂疏》，惜乎没有完成。章太炎撰《春秋左传读》，考证出《左传》传授信而可考，不可造诬，从而批驳了公羊学家们"《左传》不传《春秋》"之说，主张《春秋》三传中当以《左传》为主，不废《公》、

---

① 《汉书·睦两夏侯京翼李传》。
② 左舜生：《万竹楼随笔》，台湾文海出版社1967年版，第151页。
③ 叶德辉：《答皮鹿门孝廉书》，《翼教丛编》，上海书店出版社2002年版，第171页。
④ 张之洞：《宗经》，《劝学篇》，上海书店出版社2002年版，第18页。

《穀》。① 刘师培撰《读左札记》，不但指出《左传》在刘歆之前就存在学术传承关系，且论证《左传》不违《春秋》旨意，并非"是非颇谬于圣人"，从而将《左传》不伪的考证推进了一步，驳斥了今文经学家对《左传》的诬蔑。② 从经学思想上看，叶德辉的主张与章太炎、刘师培等接近。不过，与章太炎、刘师培的经学研究相比，叶德辉对晚清公羊学的批判，更多的是表明观点，而缺乏具体而严密的研究。从政治思想上看，叶德辉的主张与张之洞相似，反对公羊学家们借公羊言民主、改制。然而，与张之洞的简单"表态"相比，叶德辉在批驳的同时，又注意从经学史的消长、治经路径等方面来论证，多了几分学术色彩。

第二节 传授治经门径，绵延经学教育

一 "变法即失学"：叶德辉对清末新政的批判

经学作为传统学术的核心，是靠封建社会的制度安排来支撑的。在长期的封建社会里，儒家文化高居庙堂，尊孔读经通过教育、科举等制度安排，贯穿到人们的日常生活中。然而，在近代社会变迁过程中，传统的经学教育能否适应社会的需要，已引起越来越多的怀疑，经学教育存在的合法性日益受到挑战。

从晚清经学史的演变来看，清末新政加速了经学的衰退。就清廷的本意而言，是想通过主动的改革来谋求自保。然而，改革所产生的实际影响却不以清廷的意志为转移。清末新政尽管仍走"中体西用"的路数，但"西用"的范围远远溢出了洋务运动与戊戌维新时期，扩大到"朝章国故，吏治民生，学校科举，军政财政"等方面，这就将"中体"的阵地挤得只剩下"三纲五常"这些封建政治伦理的空壳了。"西用"淹压"中体"，孔子之"常经"以及"常经"所承载的"三纲五常"政治伦理思想无形中被消解。特别是兴学校废科举，使得崇儒的具体体现——尊孔读经失去了制度的支撑，尊孔成为无所附丽的游魂。学

---

① 参见张昭军《儒学近代之境——章太炎儒学思想研究》，社会科学文献出版社2005年版，第105—120页。

② 参见方光华《刘师培与晚清经学研究》，彭林、郑吉雄主编：《清代学术讲论》，广西师范大学出版社2005年版，第274—280页。

校科举，事关道德人心、风俗教化，其体制变革，牵一发而动全身，影响到整个社会对于经学的看法与经学的研究。在民间，出现了一股废经思潮。1902年，梁启超就直言："要之四书六经之义理，其非一一可以适于今日之用，则虽临我以刀锯鼎镬，吾犹敢断言而不惮也。"① 否定孔经对清末新政的实际指导价值。至于无政府主义思潮，更是表现出激烈排孔的倾向。②

出于经学危机的敏感，叶德辉不满这种制度变化，并在能力所及范围内抵制这种改革（参见第四章）。叶德辉的批评涉及教育改革中出现的种种流弊，如黜实图虚，适应了人们喜新厌旧的心理；而最严重的是"官不知风宪"、"士不习正经"，导致经术衰退、人心混乱；对于那些以传承学术为职志的书院而言，改学堂意味着经学学术传统的中断。比如岳麓书院，本湖南教育、学术中心之一，始于北宋，"流风远被，称小邹鲁者七百年"③。正是由于岳麓书院的讲学活动，湖南才有"小邹鲁"之称。而改学堂之后，正学陵夷，名山榛莽，也中断了湖南的忠义传统。在叶德辉眼里，新式学堂里，"弦歌聚生徒，分年重阶级。不读孔孟书，谁铸黄金揖……儒风日式微，墨学九而十"④。经学教育的核心地位被打破。而在学术研究上，经学作为一门旧学遭到唾弃。是以叶德辉有变法（新政）即失学之论，所失者正在经学。"自辛壬变法以来，一切经学之书，其值不逮一国朝诗文集之半，背本逐末，专务浮华，纲常名教之大防一经溃决，不可收拾。驯至今日，兵戈水火之劫，遍于中原。"⑤ 直到民国年间，叶德辉还在谴责二张（张之洞与张百熙）的教育改革："中朝变法何人倡？公与南皮称二张。有心兴学转废学，学堂如林士尽盲。"⑥ 认为正是兴学举措（改书院兴学堂）导致了经学的衰退，而经学之存废对于社会文化秩序、对于世道人心关系尤重。以

---

① 梁启超：《新民说》，《梁启超全集》，北京出版社1999年版，第716页。
② 参见田海林《辛亥革命前后儒家文化的命运——对清末民初"尊孔读经"问题的考察》，《山东师范大学学报》（人文社会科学版）2003年第2期，第85—90页。
③ 叶德辉：《岳麓书院图志》，《郋园读书志卷4史部》，上海澹园1928年版，第13页。
④ 叶德辉：《吴江三高祠祀越范晋张翰唐陆龟蒙今废为学堂矣》，《还吴集（丙辰）》，长沙叶氏观古堂1929年版，第16页。
⑤ 叶德辉：《诗书古训》，《郋园读书志》卷2，上海澹园1928年版，第31页。
⑥ 叶德辉：《县人邀同湘绮年丈饮张文达祠赋呈同席诸子》，《于京集》，长沙叶氏观古堂1929年版，第2页。

学堂代替科举来选拔人才,废弃了代圣人立言的为学宗旨,则各种异端邪说都会出现。

这里,叶德辉所强调的"经学",实质上有两重意思:

一是作为学术的经学。

经学是儒学的知识系统,又是中国传统学术之本。经学繁杂,有其自身的整体性,需要专人研究、阐释、传承。古人习经,常有皓首穷经之说,通一经尚且不易,遍通群经就更难了。在尚汉学的叶德辉看来,学问应崇实黜虚,才能真正登堂入室、窥其阃奥。传统书院承担着培养经学人才的功能,有着新式学堂所无法取代的作用。书院往往被看成是习科举之所,但清代书院的实际情形却很复杂。清代的书院,按类型来看,有四种:第一是以讲求理学为主的书院;第二是以学习制艺为主的书院,即以应科举为目的的书院;第三是以学习经世致用之学为主、反对学习理学和帖括的书院;第四是以博习经史词章为主的书院。就全国情形而言,讲理学、应科举的书院最为普遍,这也是人们常将书院教育与科举考试联系在一起的原因所在。第三类即讲经世之学的书院不多,社会影响并不很大。而第四类书院,虽然数量也不多,但在学术传承上,起了积极的作用,学术影响较大。这类书院既是教育机构,同时也是学术研究机构。清代中叶,杭州的诂经精舍与广州的学海堂就是其中的翘楚,在培养经学人才、引领学术风尚上起到了模范作用。海外学者罗兹曼曾说:"对清代学术事业作出了最大贡献的是那些以汉学(指考据学派)为中心的书院,以及那些对汉学和宋学并重的书院。……书院鼓励学生们以批判的眼光,广泛地阅读中国经典和历史。尽管作为一种体制已经寿终正寝,但是,只要列举出梁启超、章炳麟、吴稚晖等这样一些在维新和缔造共和中叱咤风云的人物,都曾在一段时间内就读于书院,那就可想而知。几家大的书院,在本世纪早期的中国学术和政治生活中,确曾作出过间接的贡献。……他们年轻时接受过书院那种学术自由和崇高理想的洗礼,后来才能够融会贯通中西学问而敢想敢为。"[①]就湖南而言,岳麓书院、校经书院,都不是单纯地为应科举而设置的,兼有学术传承、讲求经世致用之学的目的。教育与研究紧密结合。校经书院在江标出任湖南学政时就创办了校经学会,创办了《湘学报》这

---

① 罗兹曼:《中国的现代化》,上海人民出版社1989年版,第253—254页。

类学术刊物。

癸卯学制虽然规定大学堂设有经学科，但毕竟与传统的书院不同。在书院改学堂之后，意味着传统经学的分解。中国固有的学问，被按照西方的知识系统重新加以改装，不仅中国本位的主体性丧失，而且还会造成对原有学问的难以理解。此种认识也非叶德辉一人专有。王先谦就抱怨，被教科书重新改装的知识系统便于教师文饰，却不便于学人涉猎。就此而言，传统的书院培养的是学人，学术人才，而学堂培养的是学生。对此，民国年间一些著名学者如蔡元培也有同感，曾说："我们从前本来有一种专研国学的机关，就是书院。书院，不但每个省城总有几所，而且每府每县城，也至少必有一所。它的大多数，固然以扬摩举业为范围，但是最著名的，如直隶的莲池、四川的尊经、江苏的南菁、浙江的诂经精舍、广东的广雅等，都以考古学、文学为练习与研究的对象，看院长长于何门，就有若干高材生，在他的指导之下，自由研练。那时候所印的课艺，也间有不朽的作品，收入现代的杂志而无愧色的。清季，输入欧洲新教育制度，竞设学校，全国的书院，几乎没有不改为学校的。于是教授的机关增多而研究的机关就没有了。"[①]

二是作为教化的经学。

经学不仅是中国传统学术之本，还是教育的核心内容，承担着道德教化的社会功能。虽然新学制对经典传授作了详细的规定，但是，在新学制下经典丧失了原来的那种"植其根本"的作用，无法继续维持其作为价值取向的功能。作为一种新式的教育机构，学堂与传统书院、义塾相比，在教学形式上是分科授课，班级授课，而在教学内容上，则是以各门学科取代了传统的经史词章，其具体体现是各式教科书。从表面上看，这只是学科分类的不同，实质上却包含了思想观念、价值体系的潜移暗转，更何况其他教科书所传递出来的价值与经典义理会发生冲突。

正如台湾学者王汎森所指出的："受旧文化熏陶较深的读书人，有一整套价值观。对于自己所属这个文明的'理想的自我形象'有一套看法，对于种种长期积累的'文化理想'也有其坚持，故对于旧派人物而言，所谓进步的东西，在他们看来，是一种堕落与破灭。所以常常

[①] 蔡元培：《蔡元培全集》第5卷，浙江教育出版社1997年版，第341页。

是社会文化已经变得面目全非，但是旧读书人持在口头上的始终是'理想上应如何如何'。只要这理想上应如何如何的心理不曾变化，则不管现实的变化有多大，他们心中仍将以这些'文化理想'衡量、评判现实，想尽力回到那个'文化理想'。"① 叶德辉的文化理想是回到书院时期，回到士子守文谈道的时期。然而，书院改学堂的趋势已无法阻挡，那么，如何在新式教育背景下绵延经学之命脉，就成为叶德辉思考的中心。

二 叶德辉绵延经学教育的努力

清末新政实施后，作为新政的策划人之一的张之洞发现："近来学堂新进之士，蔑先正而喜新奇，急功利而忘道谊，种种怪风恶俗，令人不忍睹闻。"进而感觉"实有经籍道息之忧"②。他担心："若中国之经史废，则中国之道法废；中国之词章废，则中国之经史废，国文既绝，而欲望国势之强、种类之盛，不其难乎！"③ 是以在新政开展的过程中，张之洞就考虑补救办法。还在癸卯学制试行不久的 1904 年，张之洞就有设存古学堂保存国粹之议，以为各级学校培养经史师资。经过三年多的酝酿筹备，1907 年，湖北存古学堂奏准开办，张之洞以湖广总督的名义自任监督，湖北提学使黄绍箕兼理提调，聘缪荃孙、屠光典为名誉教长，以曹元弼、杨守敬为经学、史学总教。在曹元弼、杨守敬前后，叶德辉被张之洞聘为经学总教习。

叶德辉与张之洞至晚在戊戌变法时期就已相识。戊戌变法时期，因不满于康有为变法理论的流衍，特别是不满于受康梁学说影响的湘中子弟的过激言论，张之洞亲自撰写《劝学篇》，发表在《湘报》上。而叶德辉则直接攻讦康梁师徒的著作，黜《公羊》尊《左传》，驳"伪经说"、"改制说"，与张之洞形成了思想上的呼应。之后，叶德辉编《翼教丛编》，收录《劝学篇》的部分内容，引张之洞为扶世翼教之同道。

---

① 王汎森：《中国近代思想文化史研究的若干思考》，康乐、彭明辉主编：《史学方法与历史解释》，中国大百科全书出版社 2005 年版，第 83 页。

② 张之洞：《奏设存古学堂折》，《东方杂志》（丁未）1907 年第 4 卷第 11 期，第 262 页。

③ 张之洞：《两湖总督张札设存古学堂文》，《东方杂志》（乙巳）1905 年第 2 卷第 1 期，第 12 页。

《翼教丛编》在湖南初版后，传入湖北，"文襄立命书局翻雕，咨送各省"，自此以后，与叶德辉之间"信使往来无虚闲"①。1907年，叶德辉在写给缪荃孙的信中云："南皮相思相望，彼此十余年；前岁匆匆寓鄂，数接光仪。然谈文论史，多经济家言，此伟人有用之学，非吾辈占毕之儒所能窥其蕴抱。"②可见两人交往之密切。

张之洞奏设存古学堂后，聘请叶德辉充任协理总教，叶德辉初以病推辞；在张之洞坚邀、并托梁鼎芬劝促的情况下，才应允就任。叶德辉于1907年7月入鄂，就任经学总教习，并修改旧稿为《经学通诰》，分授门下。③但不久张之洞即入京履新，叶德辉随即返回长沙，这部教科书当时未能刊刻。据叶德辉弟子刘肇隅在《郋园四部书叙录·经学通诰》中指出："此吾师平日举以告子弟与及门诸子治经之法。"可见，该书当时虽未能刻印颁发给湖北存古学堂的学子，却是叶德辉教授入室弟子治经方法的教材。至1915年叶德辉任湖南教育会长之时，为了配合袁世凯政府尊孔读经的政策，叶德辉又对此稿加以删减，该书以湖南教育会的名义正式刊行。正式刻本只保留了前三卷，包括三大内容，即列古今汉宋经学流别、论治经方法、列治经各书目；而后两卷历代经师事传与经学绪言则被删掉。

事实上，在清末新政时期，编撰经学教科书是一个较为广泛的现象。除叶德辉的《经学通诰》之外，著名的还有皮锡瑞的《经学历史》、刘师培的《经学教科书》。《经学历史》成书于光绪乙巳年（1905），刊行于丙午年（1906），是作者晚年应教学之需而编撰的经学著作。该书共分十章（节），分别讲述经学开辟时代、经学流传时代、经学昌明时代、经学极盛时代、经学中衰时代、经学分立时代、经学统一时代、经学变古时代、经学积衰时代、经学复盛时代等。刘师培的

---

① 杨树达等：《郋园学行记》，《近代史资料》1985年第4期，第137页。
② 《叶德辉致缪荃孙（二）》，顾廷龙整理：《艺风堂友朋书札》（下），上海古籍出版社1981年版，第535页。
③ 叶启勋在为《经学通诰》撰写提要时曾说："是书一卷列今古汉宋经学家派别，始西汉今文经终东塾。二卷论治经师说，曰四知、曰五通、曰六证、曰十戒。三卷治经各书目……四卷历代经师事传，始伏生终陈澧；五卷经学绪言，曰经注疏解总刻类、曰汉晋宋元五经注总刻类、曰汉唐经注单刻本类、曰唐宋经疏单刻本类。盖光绪丁未应张之洞两湖存古学堂总教习之聘，将以此书为教授也。"可见，此书最早的稿本始于1907年，系为湖北存古学堂经学教授而作。叶启勋又说："民国四年湖南省教育会铅印本多有删减，不分卷。"见中国科学院图书馆整理《续修四库全书总目提要》，中华书局1993年版，第1423—1424页。

《经学教科书》约成书于1905年,并于同年由上海国学保存会刊行,此后又有再版。刘师培是近代著名的古文经学家,兼晚清国粹学派的代表人物之一。可以说,《经学教科书》代表了晚清国粹派对经学教育的主张。全书共两册,第一册总论经学的产生、发展及其流变过程,第二册为《易》学专论。因为是作为教材而编撰的,在写作形式上采取了以"课"为单位来编排内容,每册36课,每课约在四五百字。

那么,在众多的经学教科书中,叶德辉的这本《经学通诰》有哪些特色?特别是与作为今文经学家的皮锡瑞、国粹学派的刘师培相比,叶德辉在经学教育及经学研究上有哪些优劣短长?下面试以1915年的刊行本为依据,分析该书的特色,并兼与皮锡瑞的《经学历史》、刘师培的《经学教科书》稍作比较,以探讨叶德辉对经学教育、经学研究的独特见解。

(一)追溯经学历史,勾画经学流派

《经学通诰》的一大内容是论经学流派,体现了叶德辉对经学发展史的独特思考。

对经学流派的划分与总结是清代经学研究中的一大主题。《四库全书总目提要·经部总叙》指出,从汉代至清代,经学虽在学风上有六次变化,而"要其归宿,则不过汉学、宋学两家,互为胜负"[1]。这一观点得到广泛流传,江藩著《国朝汉学师承记》、阮元著《国史·儒林传》都持此说。嘉道之际,龚自珍提出异议,以为清代经学非"汉学"所能囊括,只当以清学视之,故有汉学、宋学、清学三派之说。晚清康有为力诋古文经,视为王莽新朝伪经,故又有汉学、新学、宋学三派之说。此后,刘师培著《经学教科书》,按时代先后经学划分为两汉、三国隋唐、宋元明、近儒四派。叶德辉的观点亦是众多观点中值得关注的一家,他先提出了四派说,后又提出了六派说。

1898年12月,叶德辉在为湖南经学家皮锡瑞《六艺论疏证》一书作序时,首次提出:"余尝言自汉以来,传孔子之道者有四学。四学者,今文学、古文学、郑氏学、朱子学也。"[2] 将经学分为今文、古文、郑

---

[1] 纪昀:《钦定四库全书总目》,中华书局1996年版,第1页。
[2] 叶德辉:《六艺论疏证序》,参见皮名振《皮鹿门年谱》,上海商务印书馆1939年版,第66页。

氏学、朱子学四派,并大致勾勒出四派的演变轨迹。四派说是对《四库全书总目提要》汉、宋两分说的进一步完善。从经学史的发展来看,两汉时期今、古文之分歧不亚于后来的汉宋之别,因此,笼统地将今、古文划为"汉学"一派不尽妥当。郑玄学通今古、遍注群经,开经学一统时代,因而将郑玄之学另列一派,亦有一定的合理性。

四派说综论经学学派,虽然也考虑了经学风气的历史变迁,但时间界限不甚明显。《经学通诰》在四派说的基础上,又综合时代分期与派别划分,将经学史上的重要派别分为西汉经学派、东汉经学派、北宋经学派、南宋经学派、清经学北派、清经学南派六种类型。其中前四派同时也是经学发展的四个重要阶段,后两种则是对清代经学的横向划分。每种类型内又再细分,列举代表人物,分析其源流趋向,辨别其得失。

西汉经学派有两种:今文有伏生、董仲舒;古文有河间献王。

东汉经学派有三种:今文有何休,古文有许慎,通学有郑玄。"两汉经师,皆分门户。至郑氏而集大成。"[1]

北宋经学派,有周敦颐、程颐。"北宋经义以精研性理、阐明人事为宗。观此二家之书,可知其时经学大概。"肯定周、程之学精研性理、阐明人事,为北宋经学之正宗。同时,叶德辉也指出,北宋经学还有王安石、苏轼等代表,虽然王安石别创新义、苏轼偶涉玄理,但均与性理、人事二者不甚相出入,指出:"苏氏之学具《两苏经解全书》,王氏之学有《三经新义》。今仅存《周官新义》,为其学者有龚原《周易新讲义》、陆佃《尔雅新义》、《埤雅》等书,是亦可备参考也。"

南宋经学派,则以朱子为大宗:"朱子五经,《易》复古本,《尚书》辟伪孔,《诗》采三家;《礼》通古今;《春秋》虽无成书,所撰《通鉴纲目》,意在上续获麟。《尚书》又有蔡沈《集传》,乐有蔡元定《律吕新书》。是六经通学,郑氏以后,惟朱子一人。"南宋时期虽有不同的学派与朱子论争,如金溪陆九渊、永嘉之叶适陈亮,但朱学得到吕祖谦、张栻等人的支持,羽翼既张,流派益远,成为元明清时期的官学。

清代经学则可分为北派与南派。北派有博野派即颜李学派、曲阜派

---

[1] 叶德辉:《经学通诰》,湖南教育会1915年版,第2页。

即孔广森、孔广林派。叶德辉认为,颜元之学本为北派,而颜学传于李塨,李塨又受学于毛奇龄,此为南学合北学之始。再传而为程廷祚,则又以南人而为北学。叶德辉极推重李塨之学,"喜其学虽出于习斋,而实事求是,有冰寒之誉"。曲阜之学则为孔广森、孔广林。"广森受学于戴东原震,震为江慎修永高弟,是当列于婺源派之再传。然北方为汉学者,纪文达(昀)无传书,独孔氏一家为之。至马国翰而极盛。"①

清经学南派则包罗众多,有昆山、元和、婺源、常州、仪征、南雷、四明、桐城、东塾等派。昆山派以顾炎武、徐乾学、潘耒为代表。"炎武之学出于朱子,而实事求是,遂于东南汉学之先。论有清一代儒宗,当以炎武与元和惠周惕为不祧之祖。"②元和派主要是惠氏家学,惠氏一家,三世治经,从惠周惕到惠士奇,再到惠栋,乃创吴学。"惠氏三世治经,至栋而益盛。吴中汉学,实惠氏一家开之。故周惕与顾炎武,不独化被三吴、泽及桑梓,即天下后世,亦当推为有清两巨师。栋之弟子一为江藩,著《周易述补》,一为余萧客,著《古经解钩沉》,皆于汉学一派有功后学者。"婺源一派,即江永、戴震诸人。"江氏之学,出于朱子;戴震乃操入室之戈。再传而为段玉裁,犹是古文学一派。三传而为龚自珍,又转入今文学一派。此无他,师承之严重,不如汉京。故学者但随风气为转移,遂不惜背师而驰,自乱统系。"常州学派有庄存与、庄述祖、刘逢禄、龚自珍、魏源、孙星衍、张惠言等人,具体又可分为两派:一为庄氏所开创的今文学派,一为以孙星衍为代表的古文学派。叶德辉虽然一向不满于龚自珍、魏源的今文经学,但于庄存与,则肯定他"学通天人之故,接西京之传,盖得董贾之精微,而非如龚魏之流于狂易";而于以孙星衍为代表的古文学派,则揄扬凸显,不但肯定孙星衍"卓然名师,为古学之劲旅",张惠言"精研《易》、《礼》,实惠氏之旁支",而且视阳湖派为清代经学南派中除昆山、元和以外的第三大派。仪征为阮元。高邮则是王念孙、王引之。南雷黄宗羲为浙中经学之鼻祖;四明则万氏兄弟为浙中汉学之先声。桐城派方苞、刘大櫆等人说经之书,本出于北宋,传至姚鼐,则参合义理考据词章为宗,桐城之学至此一变。陈澧本为阮元再传弟子,但陈澧的做法与阮元

---

① 叶德辉:《经学通诰》,湖南教育会1915年版,第4页。
② 同上书,第5页。

又有所不同,是所谓汉宋兼采的倡导者,所以叶德辉将他别为一派殿于后。

叶德辉划分经学流派时,注重各个流派之间的渊源关系,较具通贯的眼光。论两汉、两宋经学流派,往往涉及清代各家。如论东汉经学派之郑玄时,指出:"有清一代,为许郑之学者,以江浙为最盛。刘逢禄、龚自珍、魏源、宋翔凤倡为今文之学,撅拾西汉残缺之文,欲与许郑争席。"① 在论朱子之学时,注重对朱子学术影响的考察,认为朱子之学"三传而为王应麟,四传而为黄震,遂开有清顾惠二氏之学,流衍至于乾嘉,号为汉学"。并因此将视野延伸到清代学者,抨击清代一些学者攻驳朱学是数典忘祖,曰:"毛奇龄逞其雄辩,时值开辟,名为宗汉,实以攻朱;风气初开,无足深较。乃纪文达(昀)、戴震之徒,于其学所从出,而反唇以相讥,则亦数典忘祖之甚矣。"② 而在论清代各派之时,同样追溯其家法由来。对各家各派风格的出入变化也加以揭示,尤其是指出清代南北学派及其师承的多重转向,如北学南传、南学北传。因而,《经学通诰》论经学流派,实质是对经学演变的考察,具有经学史的特点。此外,叶德辉论经学流派强调文献传承,所列各派各人,都附有其经学著作,且均流传下来。如西汉经师无数,而仅举伏生、董仲舒与河间献王三人,因其有书流传下来。这样做的目的,便于后学者按图索骥,进行经传文献的考证。

经学流派的划分既是个史学问题,又是个经学问题,与立论者本身的经学取向有关。叶德辉划分经学流派,主要依据对经典文本的态度以及治经的方法、特点,显示出其重视文本考证的古文经学特色。就对经学史的考察而言,《经学通诰》与皮锡瑞的《经学历史》、刘师培的《经学教科书》相比,存在着明显的不同。皮锡瑞的《经学历史》将经学历史分为开辟、流传、昌明、极盛、中衰、分立、统一、变古、积衰、复盛等十个时代,对经学史的描述完整、精到、系统,故流传甚广,成为经学史研究的必备参考书。刘师培的《经学教科书》虽然简略,但按照两汉、三国至隋唐、宋元明、清代四个时期,结合专经的传授、特点、研究成果来进行叙述,如"两汉《易》学之传授"、"两汉

---

① 叶德辉:《经学通诰》,湖南教育会1915年版,第2页。
② 同上书,第3页。

《尚书》学之传授"等，大体上囊括了从经学产生以来直至近代的全部历史。与皮、刘二人相比，叶德辉的最大不同是跳跃性，所列经学流派没有囊括经学的全部历史，两汉之后，紧接着两宋经学，整个三国、魏晋、南北朝、隋唐无一家无一派；宋代以后，省掉元明，直接清代。受清代朴学家否定六朝至明代的经学观点的影响，叶氏认为，魏晋隋唐时期，儒不成林，经不成派，故于此段历史时期的经学不甚措意。这显然与历史事实有一定的距离。不过，叶德辉所论的确又是经学史上最重要的几个阶段，做到了举其大者；特别是从划分经学流派的角度看，叶德辉的确抓住了经学发展史上最重要的流派，较之刘师培的"强以时代分派"，显然更为贴切。

皮锡瑞的《经学历史》着重的是"历史"，以整个经学发展演变全过程为考察对象，故重分期不重派别。刘师培的《经学教科书》将历史分期与学派划分组合在一起，在每个历史时期（也即是学派）内，又以专经为中心来叙述，较为整齐划一。叶德辉的六派说虽然抓住了经学史上关键的几个派别，但在六派也即六个历史时期内的细分则没有一定的标准，或以人划分，或以地域划分；同一师承、学风相同者，亦可分为几派。至于清代南北派之别，更是缺乏足够的理由。流派划分杂乱而随意，近乎流水账。不过，叶德辉对学派风格出入分合的分析、学术传播路线的描述，既能避免皮著从整体上描述经学兴衰轨迹之粗疏，又能弥补刘著以经书为中心的叙述模式之不足。

（二）传承研究方法，导经学以正途

经学教育到底要达到一个什么样的目的？通过组织哪些教育内容才能达到这个目的？这是经学教科书的编撰者必然要思考的问题。这个问题其实也就是经学教育的价值取向与经学教育的具体内涵问题。与今文经学家皮锡瑞、古文经学家刘师培相比，叶德辉显示了他与众不同的思考。

大体上来说，皮锡瑞的《经学历史》以传承儒学义理为价值取向，其最终目的是要在普通学生中树立"尊孔崇经"的信念。为此，《经学历史》以挖掘经学的简明有用为具体内涵。他通过对经学历史的考察，证明无论治国、兴学还是立身，都要尊奉孔教、崇重儒经。同时，强调经学研究要"本汉人治经之法，求汉人致用之方"[1]，以消除新式学堂

---

[1] 皮锡瑞：《经学历史》，中华书局2004年版，第250页。

学生荒经蔑古的现象。对两千年间纷繁复杂的经学进行精挑细剔，列举寥寥数家，让学生对经学产生简明、有用、易学的好感；同时也为喜新厌旧的学生指出一些简便易行的治经要点，使其"获从入之途"。刘师培认为："夫《六经》浩博，虽不合于教科，然观于嘉言懿行，有助于修身。考究政治典章，有资于读史。治文学者，可以审文体之变迁。治地理者，可以识方舆之沿革。是经学所该甚广，岂可废乎？然汉儒去古未远，说有本源，故汉学明则经诂亦明。欲明汉学，当治近儒说经之书。盖汉学者，《六经》之译也；近儒者，又汉儒之译也。"① 将经学教育的价值定位于有助于修身、读史、审文体、识方舆等方面，而以传授经学知识为具体内涵。《经学教科书》的最大特色是试图借鉴西方社会学理论来指导经学研究，如探讨《易》学与哲学的关系时说："斯宾塞耳《群学肄言》曰：'一群之中，有一事之效实，即一事之储能方其效实。储能以消，而是效实者又为后日之储能。'其理甚精。"② 刘师培讲授《易》经，除了按照传统路径讲解之外，又另辟《易》与文字之关系、与数学之关系、与科学之关系、与史学之关系、与政治学之关系、与社会学之关系、与伦理学之关系、与哲学之关系等专节（课），表明他将经学研究纳入分科之学中的努力，以及诠释儒家经典当代价值的尝试。

叶德辉认为：经学的衰退外缘于罢科举、兴学堂等制度的变更，内缘于晚清公羊学的疑经惑传破坏了儒学的知识系统，由此导致了儒学信仰的危机。为了匡救经学，必须将经学研究导入正途。正如其弟子刘肇隅所言："同光以来，今文公羊之学大倡，怪诞虚诬，流为人心风俗之害。是书谊主匡救，不仅经学入门所必读也。"③《经学通诰》以维护儒学知识系统为宗旨，而以传授经学研究方法为主要内涵，提出了经学研究中的"六证"、"四知"、"五通"、"十戒"等若干规范。这也是《经学通诰》一书最大的特色。

第一，六证。

"六证"是具体从事经学考证的六种途径，包括以经证经、以史证

---

① 刘师培：《经学教科书》，上海古籍出版社2006年版，第3页。
② 同上书，第241页。
③ 刘肇隅：《郋园四部书叙录》，长沙叶氏观古堂1927年版，第5页。

经、以子证经、以汉人文赋证经、以《说文解字》证经、以汉碑证经。

叶德辉认为，经典是一整体，各经之间可以互相印证，非通诸经不能通一经。注疏是后人把握圣人之义的一座桥梁。但是，传注毕竟是后人所作，亦会有其缺失。这种缺失只能通过以经释经的方式来纠正。这种诠注方法强调的是经典的会通，以整体的考察来指导局部的考察。具体来说，如以《礼》证《易》，以《春秋》证《易》；以《春秋》证《礼》，以《公羊》证《易》；以《穀梁》证《礼》；以《礼》证诗，以《公羊》证《论语》等，前人在这些方面都有成功的案例可查。由此可知，"不通群经不能治一经"，乃解经第一要义。

以史证经，有两种情况。如《史记》一书，《五帝本纪》、《夏本纪》、《殷本纪》、《周本纪》可以证《尚书》、《春秋》，《列国世家》可以证《尚书》，亦可以证《左传》；《孔子世家》、《仲尼弟子列传》可以证《论语》；孟荀列传可以证《孟子》。这些都是涉及史实的部分。此外，史书所记前人事迹，引用经文，多与今本殊异，也可藉资参考；史书中还记载了一些经师的遗说。这对于考察经学家法源流、经师说法，都极为有益。至于《国语》、《国策》、《逸周书》本属经类，或与《春秋》相表里，或与《尚书》相贯通，虽然纯驳不同，却是考证经义的必备书。

叶德辉沿袭了清代汉学诸家的说法，认为诸子皆六艺之支流，其学多出于七十子。因此，子书可以为经义考证提供依据。这里，叶德辉与国粹派等其他学派的差距立显。国粹派虽倡保存国粹，以国粹激动种族，激动爱国心肠，但由于破除了尊经卫道的束缚，故在整理古学之时，能不受儒学学统所囿，揭橥诸子学的真谛，将儒学还原为子学。而叶德辉的做法恰恰相反。他向上追溯的结果，是视子学为经学的附庸，其作用仅在于为经义考古提供佐证，对子学义理本身没有予以注意。直到1921年，叶德辉在《北游文存》中，还是对《墨子》表示不满。

汉人文赋，或释经有异义，或引经有异文，因此亦可以成为证经的又一途径。这一点已为清儒所注意。"有清诸儒，各治一经，无不贯彻源流"，将汉人文赋中有关经文搜采遗佚，足为后人治经之助。

对于许慎《说文解字》的重视，是清代汉学家的一大特点。其原因在于清代汉学家坚信通过字、句的解释，必能最终接近圣人之义，所谓读书必先识字。在此话语下，人人许郑，家家贾马。叶德辉之以《说文解字》证经，并非从此角度立论。他认为，许慎为古文学，而兼采众家之言，故其书，同引一经，往往先后异字；解义亦不相同。《说文》一书引用了经书，其今古文有文字之异；其解释经义，亦采用了众家之说，有助于考证经书之文本原貌以及汉代经师遗说。《说文解字》不仅是一部文字工具书，还是一种资料汇编，具有旁证的价值。

以汉碑证经。汉儒治经，最重师说。凡流传碑本，其引经与他本异者，皆家法之各殊。皮锡瑞的《汉碑引经考》一书，疏证详明，真伟作也。

"六证"不是叶氏本人的发明创造，而是对历代经学家治经方法的一种总结。"六证"的共同特点：一是试图回到经文本身，通过各种材料的比勘，把握经书的文字面貌；二是试图找回经师遗说，看看前人到底是如何解释的。回归原典的考证色彩很浓。

第二，四知。

"四知"为知源流、知存亡、知体例、知真伪。"四知"为治经者必具的常识，也是治经的前提条件。

经书在长期的流传过程中，几经曲折，或亡而复得，或得而复亡；经传亦是圣圣相传，语有依据。故而治经学者，首先当知经书之源流。六经亡于秦，唯《易》以其为占筮之书独存。至汉代经学兴，其文书或出于经师口授，或出于壁藏。治经者应弄清它"传自何人，授之谁氏"。这些通过翻检《史记·儒林传》或《汉书·艺文志》及《经典释文》，不难得其真相。清人毕沅作《通经表》、《传经表》，更可省却后人翻检之劳。此外，如《三国志·列传》、《南北史·儒林传》，亦对其间师承家法有记录，取而读之，则诸经之源流了然于心。

自两汉以后，诸经传注或存或亡。要知其详，当以《四库全书总目》、《四库未收书目》为依据，再上溯到《汉书·艺文志》、《隋书·经籍志》、新旧《唐书志》、《宋史·艺文志》、晁公武《郡斋读书志》等，按部目考求其书之存亡。存者择其精以供研求，亡者搜其佚文，以存古谊。经学讲究学有本原。不知经之存亡，则不能脚踏实地辨别是非。叶德辉此语，当是有针对性。如前所述，晚清时期，对于传统经学的最大威胁，来自于康有为的伪经说。故叶德辉在此特别提出："毋逞毛奇龄之口辨，毋蹈王夫之之冥思，毋染龚自珍、魏源之猖狂，无效王某之杜撰，至廖平、康有为虚诞陋儒，托经术以祸天下，此乃亡国之妖孽，更不必与之言学矣。"①

经学有注有疏，历代经学著作无非注和疏两类。注为对经的解释，疏为对注的疏通。大抵来说，"注不破经，疏不破注，注或迂曲，疏必繁称博引"。注又有多种，如传、记、笺、故训、解诂、章指等；疏亦有多种，如义疏、正义、义赞、疏等。义疏是指引取众说，以示广闻，如皇侃《论语义疏》之属；正义是正前之疏义，奉诏更裁定名曰"正"，如孔颖达之《易》、《诗》、《书》、《左传》、《礼记》正义之属。

经学史上，出现过许多伪书，这是治学者应警惕的。如子夏《易传》，伪于唐张弧；关朗《易传》，伪于宋阮逸；子贡《诗传》、申公《诗说》，伪于明丰坊；古文《孝经孔安国传》，伪于日本。又如，晋梅赜所上《古文尚书》，经历代学者怀疑、到清代阎若璩考证，其伪已成定案。但对于伪书，亦不必一概否定。以《古文尚书》为例，因"梅赜虽工于作伪，犹见晋以前古书，故其精理名言，能使唐人为之屈服"。清光绪十二年（1886），王懿荣奏请复《古文尚书》，以孙星衍《今古文尚书注疏》附入《十三经注疏》。其议为礼部所驳。叶德辉认为，王懿荣此举，不过是庸人自扰。因为民间自有尊信伪古文者。"故知一书之真伪，而后不至误入歧途。此固治经者所当分晓者矣。"②

第三，五通。

"五通"则是论通经的具体内涵及其步骤。

通章句。《诗》、《书》、《礼》、《乐》，定自孔子；发明章句，始于子夏。通章句是治经的一种形式，即分章析句。《礼记·学记》有"一年视离经辨志"之说，郑玄注释："离经"即断句，"辨志"即"别其心意所趣向也"。离经即离析经理，使章句断绝也。后人以"章句之儒"为轻蔑之词。其实，通章句是治经第一要义。两汉经师，以章句名者众多，如西汉《易》有施、孟、梁邱《章句》，《尚书》有欧阳《章句》、大小夏侯《章句》；《春秋》有《公羊章句》、《穀梁章句》等。先儒之重视章句，乃因"章句不明，即无由通知大谊"③。

通校雠。一字之差，谬以千里。故治经，当通校雠。刘向校书，郑

---

① 叶德辉：《经学通诰》，湖南教育会1915年版，第14页。
② 同上书，第17页。
③ 同上书，第18页。

玄注礼，都注意文字校雠。唐代陆德明《经典释文》罗列群经之异字，宋代岳珂《九经三传》沿革例参稽各本之善长。发展到清代，诸儒兀兀穷年，人人同好。如顾炎武的《九经误字》、《齐召南注疏考证》，阮元的《十三经注疏校勘记》，搜罗尽净；王引之的《经义述闻》，俞樾的《群经平议》，精于声音训诂之学，四通八达，几于推阐靡然。但在校雠方面，还有未尽者。日本唐宋旧本，倍于乾嘉之时，敦煌石室秘籍，胜于中外之口；其中关于经学，就有很多文句不同者。一字之讹，或几字之增、删，意思立变，甚至于千言万语难以解通者。这些都可借助新出现的材料、日本流传的古籍加以校对。叶德辉主张："校雠之学，尤治经者所当用心"；否则，"疑狱千秋，难期定谳，岂非治经之大厄！"①

通小学。即通文字之学。小学为治经之关键，其事为至难。

通大谊。"大义明而后六经如日月之昭垂，治经之能事毕矣。"② 治经的目的就是为了明大义。

通政事。以经学来指导政事。

第四，十戒。

十戒为戒僭妄、戒武断、戒杜撰、戒割判、戒空疏、戒破碎、戒穿凿、戒附会、戒攘窃、戒党伐。"十戒"是治经过程中应当避免的十种错误，实际上也是治经的规范。其中颇多家法门户之见，也不乏允当之论。试举其要者言之：

戒僭妄。经典具有至高无上的地位，圣人具有不可企及的地位。凡是将其他著作比拟经典、将凡人比拟圣人者，皆属僭妄。在叶德辉的眼里，扬雄以《太玄》拟《易》，以《法言》拟《论语》，王通以《中说》拟《论语》，以《元经》拟《春秋》，皆是僭妄的表现。非圣疑经也是僭妄。有在文献上冒充者，有补经传者，有在思想上质疑孔孟者，都是不可效法的僭妄之举。动矜秘本，妄改古籍，其后果无异秦火之祸。

戒空疏。这主要是针对理学而言的。"宋儒说经，明理切事，诚为有功于六经。惟其高语精微，空谈性理，为之者固以圣人之徒自命，学

---

① 叶德辉：《经学通诰》，湖南教育会1915年版，第20页。
② 同上书，第24页。

之者将以语录之作配天。不知性与天道,不可得闻;言语高贤,岂能阻人以不窥富美?"①《论语》开宗教人,唯在"学而时习"一语;圣人一生自勉,唯以"学而不厌"为归。既然圣人所崇在"学",则性理、空谈均非圣人之意。故叶德辉"于宋人说经之书,专取其切于人事者列之,所以救空疏之病也"。

戒穿凿。叶氏所谓的穿凿,包括对字的妄解,也包括以钟鼎彝器字解经。"以似真非真之文,据半信半疑之字,遽然推翻旧说,自诩为新知,较之兰台贿改漆书,其勇于自信,不恤人言,有其过之矣。"② 这与叶德辉的文字学观点有关。叶德辉反对以钟鼎彝器字来校对许慎书,其中一个原因,就是这些钟鼎彝器真伪难辨,杂有大量赝品。一直到20世纪20年代,叶德辉才改变了这一看法。

戒附会。附会者所发挥的是本人的见解,而不是经之本义,是强经就我,违背了治经的原则。在叶德辉看来,汉人以灾异神输说《易》,以《参同契》说《易》,六朝人以老庄说《易》,宋陈抟以《图书》说《易》,邵雍以《皇极数理》说《易》;汉人以五行灾异说《洪范》,宋儒以《河洛》说《洪范》,汉人以四始五际说《诗》,汉儒以明堂阴阳说《礼》,以封禅群礼说《礼》,以"新周""故宋""王鲁"为汉制作说《春秋》,以年、月、日、时例说《春秋》,均属于附会。他强调:"执一偏之见,挟求胜之心,正理不足,乃不得已而以附会出之,此古今学者之大病也。"③ 学无论汉宋,唯求其实;汉无论今古文,宋无论为朱为陆,唯求其是。

戒攘窃。为表明学有本原、语语有据,学者当注意对引文出处的标注。叶德辉称赞"有清一代考据之学,引书必注明出处,引旧人说必标举姓名"为"可师可法者也",并指出:清代诸儒说经以校勘与疏证二者为多,而很少注家;即便有之,大都采集前人旧注加以发明,"未有掩取群言据为己有者也"。然而,这种治学规范被后人破坏了,应当加以纠正。

其他如戒武断,反对的是疑经思想;戒杜撰,反对的是以臆想说

---

① 叶德辉:《经学通诰》,湖南教育会1915年版,第30页。
② 同上书,第31页。
③ 同上书,第32页。

经;戒割判,反对的是对经传的删补;戒破碎,针对的是汉学的繁琐;戒党伐,反对的是门户之争。博学原须明辨,而辨者须有从善服义之公心,如郑玄之箴膏肓、起废疾、发墨守,虽操伐何休之室,当之者将俯首而无异词。如怀私意,则争辩沦为门户。

"六证"、"四知"、"五通"、"十戒",从证经的途径、考经的具体内涵、治经的前提条件,到治经者应注意的规范,无不囊括其中,代表了叶德辉所主张的治经之正途。

三 叶德辉经学思想的内在困境

编撰经学教科书的出发点是因应清末新政局势下新式教育的需要,替日益陷入困境的经学找到出路,维系经学在教育中的地位,抑制非圣毁经思想的进一步流衍。由于叶德辉在湖北存古学堂总教习任上时间很短,未能及时刊刻该书,因此,《经学通诰》作为经学教科书并没有在培养经史师资方面发挥实际作用。不过,从思想史的角度看,《经学通诰》作为一部学术著作,为我们分析叶德辉的经学思想提供了一个样本,从中可以看出叶德辉在近代社会文化变迁的背景下调适经学的努力,以及内在的困境。

叶德辉将近代经学的衰退归结为制度的变更与公羊学的破坏,且视公羊学的破坏为更为本质的原因,所谓"公羊肆流毒,经亡国亦亡"[①]。从学术思想的层面看,叶德辉所见不无道理。对于传统经学而言,晚清公羊学实为离经叛道的颠覆性运动。在龚自珍、魏源,特别是康有为那里,今文经学的历史被他们滑转,内容也被抽离化为象征性符号,轻古经重时政,"实际上已超越了经学的范围,不只是从根本上抛弃了考据学,而且也暗暗地告别了整个经学系统"[②]。基于这种认识,叶德辉竭力在经学教育中灌输一种正确的治经方法,以抵制晚清公羊学说对儒学知识系统的破坏。如前所述,叶德辉在《经学通诰》中总结出了一套治经所必须遵循的规范,作为"匡救"之策。从这些原则、方法的具体内涵来看,叶德辉传授给弟子者,不出乾嘉诸老之范围,无非是通过

---

① 叶德辉:《日本三君咏·竹添光鸿》,《岁寒集》,长沙叶氏观古堂1929年版,第2页。
② 景海峰:《儒学的现代转型与未来走向》,《新儒学与二十世纪中国思想》,中州古籍出版社2005年版,第5页。

第五章　尊儒崇经：叶德辉的经学思考与经学调适　189

文字训诂、版本校勘，最大限度地弄清经典原貌，求契于古圣坚之心志；其经学表现出很浓厚的考据色彩。这在一定程度上将经典当成了研究而非信仰的对象。叶德辉反对将经典神秘化，如论及《春秋》，则言："郭公夏五，存鲁史之旧文，不知而作，信君子之盖阙。"① 强调《春秋》阙者存阙，一仍其旧，后人不应妄加阐释。凡此种种，都体现了叶德辉在学术上实事求是、崇尚实证的理性精神。

另一方面，这种学术上的实事求是又与思想上的尊经卫道意识夹杂在一起。《经学通诰》一书随处隐含着对晚清公羊学的批评，乃至于攻评。这种批评主要从两个方面出发：一是基于公羊学在学术上的流弊，如指责"近人如王某、廖平、康有为，其人一味自欺欺人，而欲以臆造之空谈，求胜于往哲"②；又谓"自戴望注《论语》，摹仿汉人；王某笺《礼》补《诗》，抹杀前人训诂，开著书简易之路，成末流蔑古之风"③。这些批评洞中晚清公羊学之疏漏，不无合理之处。一是基于康有为等人借公羊学比附时政，如谓："有清末造，康有为假托公羊，比附时政，以致新旧相轧，邪说朋兴，亡国咎征，至今为梗。"④ 作为一种纠偏，叶德辉强调，微言已绝，不可复续；大义虽乖，可以匡正。他认为，经学研究当以"通大谊"为宗旨。

那么，叶德辉所强调的大谊究竟是什么？大谊即大义，是相对于今文经学附会发挥的非常异议可怪之论。叶德辉指出：《易》有大义，《尚书》有大义，《诗》有大义，《礼》有大义，《春秋》有大义。诸经中的大义，即是三纲。如《易·系辞》曰："天尊地卑，乾坤定矣。"《易·序卦》："有天地然后有万物，有万物然后有男女，有男女然后有夫妇；有夫妇然后有父子；有父子然后有君臣；有君臣然后有上下；有上下然后礼义有所错。"这就是《易》之大义。《尚书大传略》引孔子曰："《尧典》可以观美；《禹贡》可以观事；《皋繇》可以观治；《鸿范》可以观度；六《誓》可以观义；五《诰》可以观仁；《甫刑》可以观诚。通斯七观，《书》之大义举矣。"《论语》："子曰：'《诗》可以兴，可以观，可以群，可以怨，迩之事父，远之事君，多识于鸟兽草

---

① 叶德辉：《经学通诰》，湖南教育会1915年版，第28页。
② 同上。
③ 同上书，第32页。
④ 同上书，第34页。

木之名。'"此《诗》之大义也。《大戴礼记·哀公问》:"孔子曰:'民之所由生,礼为大,非礼无以节事天地之神明也;非礼无以辨君臣上下长幼之位也;非礼无以别男女父子兄弟之亲。'"这是《礼》之大义。孟子曰:"世衰道微,邪说暴行有作。臣弑其君者有之,子弑其父者有之。孔子惧,作《春秋》。《春秋》,天子之事也。孔子曰:'知我者其惟《春秋》乎!罪我者其惟《春秋》乎!'"① 这即是《春秋》之大义。在叶德辉看来,经学的目的就在于证明义理,即经学要维护儒学信仰。在叶德辉的思想中,经典虽不神秘,但是神圣不可侵犯的;故治经必须是在尊经崇道的信仰指导下进行。这种卫道意识阻止了叶德辉学术上理性精神的进一步发展。

近代经学的演变是时势与学问竞争的结果,并不纯粹是经学内部学术理路的演绎。康有为公羊学说的出现,本身就是时势逼迫的产物。经学若想要挽回衰退的局面,必须对时势有所回应,也即必须在"发明义训,通知世用"方面,有所作为。正如皮锡瑞所言:经学研究若能使"两汉人才之盛,必有复见于今日者",学子"何至疑圣经为无用,而以孔教为可废哉!"② 因此,叶德辉在"匡救"经学的同时,也试图为经学寻找新的意义,确立新的价值取向。然而,恰恰是在回应时势、挖掘经学的意义方面,叶德辉陷入一种困境。

叶德辉提出:"六经而无实用,则圣人为空作矣。"③ 强调经学之用不仅在于个人的人格铸成、道德完善,还在于可以治国,六经都能通政事。他引用孔子之诏伯鱼曰:"不学《诗》,无以言;不学《礼》,无以立。"说明孔子对儿子之训。又引用孔子曰:"诵《诗》三百,授之以政,不达,使于四方,不能专对,虽多,亦奚以为!"说明孔子为及门弟子之训。那么,经学之用具体是如何体现的呢?《礼记·经解》引孔子曰:"入其国,其教可知也。温柔敦厚,《诗》教也;疏通知远,《书》教也;广博易良,《乐》教也;洁静精微,《易》教也;恭俭庄敬,《礼》教也;属辞比事,《春秋》教也。此六经有用之效也。"汉代崇经即因为经学能通政事,如叔孙通采古礼酌秦法定朝仪;窦公献《周

---

① 叶德辉:《经学通诰》,湖南教育会1915年版,第24页。
② 皮锡瑞:《经学历史》,中华书局2004年版,第250页。
③ 叶德辉:《经学通诰》,湖南教育会1915年版,第26页。

官·大宗伯大司乐章》，汉世礼乐由之兴；董仲舒以《春秋》决狱事，王式以《三百五篇诗》当谏书；平当以经明《禹贡》使行河，兒宽通《尚书》，以古法议决疑大狱。这些都是通经致用的典范。宋代的历史也证明，赵普所谓"半部《论语》治天下"并非虚妄之言。经学的工具价值不仅体现在过去，而且还能运用于当下。而"通政事"正是经学研究要达成的重要目标之一。换言之，经学并非纯粹的考古，而是有它的社会价值的。

然而，细思一下，就会发现，叶德辉的"通政事"之说，极为牵强附会，它无法解释经学在人们日常生活中的实际用途，更无法挽回经术的衰退之势。如果说早期的经术的确具有实用的工具价值的话，那么，越到后来，这种工具价值越被淡化。清代以前的经学，在中国社会上一直担当着双重角色，既有工具价值，又有道德价值，因而也才具有绵长的生命力。在社会分工比较单一、人类所面临的人文问题和自然问题比较简单的时代，经学所提供的社会等级秩序和统治理论，所传递的自然知识和生产经验，成为指导政治实践和生产实践的范式，同时也是个人身心修养的指南。尤其是两汉时期，经典不仅提供封建统治的合法性依据，而且直接指导当时的政治、经济活动。但这种"以经术缘饰吏事"在两汉以后已盛况不再，成为历代儒者心头挥之不去而又难以企及的一个乌托邦。不过，在经典对生产的指导价值逐渐弱化的同时，在政治层面的工具价值则历久弥新；特别是理学出现以后，儒学在辨人才、察民情、谨言行、正威仪等方面都有直接的指导意义，可以用于政治操作。然而，近代以降，西学东渐，社会渐渐进入转型时期，生产活动多元化，职业分工细化，政府机构专门化，政治思想近代化，从技术层面到政治层面，朱子学所诠释的经典系统的单调内存已越来越难以支持日趋多元的晚清社会的各种实践。经学作为"术"的工具意义大为缩减。[①]而叶德辉强调要读《左传》来掌握外交策略、读《尚书》来了解行政大纲、读《尔雅》来了解百科知识，显属窒碍难行。

在叶德辉的经学思想中，通政事是与通大谊相联系的，也即，通政事必须是在遵信三纲五常的前提下进行的，否则就是阴谋行逆。而他所

---

① 关于这一点，可参见廖梅《清末民初儒学传授途径的现代化及其中止》一文，《复旦学报》（社会科学版）2002 年第 6 期。

强调的大谊恰恰是近代以来已成动摇之势的儒家伦理体系。从戊戌维新湖南新旧之争开始，直到五四新文化运动，"三纲及其所代表的规范伦理，一直是转型时代对传统价值批判的主要箭垛。儒家道德价值的这一面，可以说是彻底地动摇而逐渐解体"。德性伦理的核心是《大学》所表达的三纲领、八条目，它表明儒家的人格理想是成为圣贤君子，而社会理想是天下国家。然而，自清末以来，儒家传统理想也遭到质疑。梁启超的《新民说》所提出的理想人格，已经不是儒家圣贤君子的观念所能限定，而包含了西方的价值观念，如自由权利、冒险进取、尚武、生利分利。同时，梁启超所描绘的社会理想，也由传统儒学所重视的天下国家变为民族国家。因此，"就整个转型时代而言，儒家德性伦理的核心思想的基本模式的影响尚在，但这模式的实质内容已经模糊而淡化"①。叶德辉对传统儒学伦理的坚守与历史发展局势相违背，无助于挽回经学的命运。

　　事实上，叶德辉的《经学通诰》本身侧重于文献考证，并未能"通政事"、"通大谊"。但是，尊经崇儒的立场使他相信，经学应当具有这样的价值与功能。当尊孔读经乃天经地义之事时，经学的功能与价值是不需要论证的。叶德辉对经学意义如此挖掘，恰是经学存在的合法性遭遇挑战之后的反应。

　　此外，从学术思想的演变来看，经学的衰退与史学的高涨是清末民初的一大趋势，经学最终以"经学史"化的形式完成了与现代学术的对接。皮锡瑞的《经学历史》由于在形式上完成了对经学历史的系统、全面、精确的描述，被后世学者解读成中国第一部经学史著作而得到了重视，延续了它的学术生命；刘师培的《经学教科书》也由于综论经学的产生、发展与流变，被视为近代中国研究经学史的重要著作，而与皮著同享盛名。相比之下，《经学通诰》尽管也包含了经学史的内容，特别是具有皮著、刘著所没有的对治经方法的全面总结与介绍，但由于作者强调经学研究当以尊经崇道为前提、以维护儒家规范伦理为目标，显示了浓厚的保守色彩，故与近代思想发展大势相违背。特别是《经学通诰》是在1915年为配合袁世凯政府尊孔读经的背景下正式刊行的，

---

① 张灏：《中国近代思想史的转型时代》，陈弱水、王汎森：《思想与学术》，中国大百科全书出版社2005年版，第308、311页。

客观上有为袁世凯复辟帝制服务的嫌疑，故后世少有人问津。对于《经学通诰》，王闿运的弟子杨钧曾有一段评论：

> 郋园之《经学通诰》，幸无人读，否则亦可贻误后生。其论《春秋》，谓"夏五"、"郭公"，乃存旧文，无须求解，尤为幼稚可笑。孔子乃删《诗》、《书》、定《礼》、《乐》之人，而独于知我罪我之《春秋》，必依旧阙，自为绝无之事。若依郋园之说，视为存旧文，则全书皆可谓存旧文，而《春秋》之值丧矣。太史公所谓前有谗而不见，后有贼而不知者，更无从而得识也。噫！"夏五"之下，不敢添一"月"字，何孔子之胆怯若是！王安石一概抹杀，谓为断烂朝报，反觉聪明，即读书人高于买书人处。①

当然，作为晚清公羊学家王闿运的弟子，杨钧此话是站在通经致用的角度，批判叶德辉的古文经学研究。但亦可反证坚持古文经学实事求是的理性精神而又不放弃儒学信仰的叶德辉所陷入的困境。可以说，终其一生，叶德辉都未能走出这种困境。直到20世纪20年代，在致弟子杨树达的亲笔信中，叶德辉还在断断力辩晚清今、古文之是非，抨击今文经学使人不读书，自言"鄙人年已六十，不敢谓学已有成，然自问此生未入歧途，亦不欲来者误入歧途"②。在叶德辉自己看来，晚清公羊学所依据的不过是残篇断简，治学路径更是诡异，而自己坚守的古文经学路径才是正途，是以有"此生未入歧途"之自信，并且要求弟子不得误入歧途。以今人的眼光来看，叶德辉的经学方法未必即是正途，但是代表了不同于今文经学家、国粹学派的另一类努力方向，即绵延经学的命脉。当我们将叶德辉的保守思想与其理性的学术思想剥离开来时，他的经学研究价值理应得到重视。

---

① 杨钧：《草堂之灵》，岳麓书社1985年版，第203页。
② 杨树达编：《郋园手札》（稿本），藏湖南师范大学图书馆。

第六章　心系斯文:易代之际的选择

随着清季以来国内尊西、趋新风气的兴起,中国固有文化权威动摇,不仅经学丧失了独尊地位,其他一切传统学术都被符号化为"旧学"而成为被废弃的对象。这在叶德辉看来,诚为斯文续绝之交的危机时刻,需要有人出来力挽狂澜。对于叶德辉而言,清朝覆灭、民国建立,不是一般意义上的改朝换代,而是儒家伦理的沦亡,是斯文之丧。如何绵延斯文,成为叶德辉在清季民初的文化关怀所在。

第一节　背时违俗,守先待后

一　流播中国旧籍,抵御西学泛滥

西学兴起后,中学岌岌可危。国人"尊西人若帝天,视西籍如神圣",中国传统旧籍作为旧学的载体而遭到鄙弃。叶德辉则背时违俗,理董旧籍,试图从旧籍中找到与西学抗衡的资源。

1903年,他刊刻了《素女经》、《玉房秘诀》、《洞玄子》等几种奇书。这几种书都是隋唐以前的古籍,见于《隋书·经籍志》,而新旧《唐书志》均不著录,唯日本《宽平中见在书目》有之。宽平中相当于中国唐昭宗(889—904年在位)之时。日本永观二年(相当于北宋雍熙元年,即984年),丹波康赖在所撰《医心方》中将上述诸书的内容都分别列入其中,并一一注明出处。这部《医心方》在日本沉睡了近900年,直到1854年(清咸丰四年)才刊行于世。20世纪初,叶德辉多方借得《医心方》,从中辑录出这五种古籍,使失传一千多年的中国古代性学著作,得以重见天日。

这几种古籍后来被叶德辉收入《双梅影闇丛书》,也最为人诟病。李肖聃曾说:"(叶德辉)刻《黄帝素女经》、《天地阴阳交欢大乐赋》,

为《双梅影闇丛书》等，于春宫秘戏，导人以淫，轻薄少年争购之。其子尚农复印以行世，许季纯责之云：'汝父所刻书，竟无他种可印也？'"① 这套书的出版，也成就了叶德辉"好谈房中术"的名声。现代作家章依萍说："长沙叶德辉，是近代中国的一个怪人。他本来是一个以道学家自命的人，自以为'能解经'，但大家知道他的，都以为他好谈房中术。从叶德辉以至张竞生，他们的谈性都是一种迷信的玄学，比英人爱里斯差得远也。"② 不过，亦有人肯定它的价值，如近代谈性学的潘光旦认为这类书还有"几分科学的价值"③。近代诗人况周颐曾记载：

> 南阳铨部刻《双梅影闇丛书》，首列异书三种，曰《素女经》，曰《玉房秘诀》附《玉房指要》，曰《洞玄子》，皆绝艳奇丽之文。求之古人，非庾、鲍以次克办，而至理所寓，尤玄之又玄，通乎天人性命之故，合大易微言，黄庭内景一而贯之，其殆庶几乎。刻成，以赠某尚书。尚书语人曰："南阳之才信美，独惜其不庄。"南阳之友闻之曰："不庄者见之谓之不庄。"曩余得见是书于十鞭斋，求之南阳，至于再三，弗可得也。④

可见，当时该书流传并不广，议论者大多都是耳闻其名，并不曾见其书内容，并且褒贬不一。

那么，叶德辉刊刻该丛书到底出于什么用意？叶德辉在《重刊素女经序》中写道："今远西言卫生学者，皆于饮食男女之故，推究其隐微。译出新书，如生殖器、男女交合新论、婚姻卫生学，无知之夫，诧为鸿宝。殊不知中国圣帝神君之胄，此学已讲求于四千年前。即纬书所载《孔子闭房记》一书，世虽不传，可知其书之古。又如《春秋繁露》、《大戴礼》所言古人胎教之说，无非端性情，广嗣续，以尽位育之功能。性学之精，岂后世理学迂儒所能窥其要眇！……读者因隋唐旧

---

① 李肖聃：《星庐随笔》，岳麓书社1983年版，第31页。
② 章依萍：《衣萍文存》，天下书店1947年版，第67页。
③ ［英］霭理斯：《性心理学》第七章注，《潘光旦文集》（12），北京大学出版社，第363页。
④ 况周颐：《眉庐丛话》，山西古籍出版社1996年版，第46页。

籍，以求古人制乐禁情之节文、延节种子之要道，俾华胥之族类，繁衍于神州；和平寿考之休徵，充溢于宙合。"①叶德辉认为："近日妄人喜谈新理，以为男女裸逐而后进于大同，岂知古人之所以异于禽兽者，在裸而不逐，则衣冠揖让、婚姻孔嘉，上以广造化生物之仁，下以获子孙螽斯之庆。果如妄人所尚，则是未犯绮戒，先堕泥犁，不为豕交，而亦禽兽。彼亦人情耳，胡不起化于闺门，本身以作则，在乃空言惑世，欲率天下之人还于牛首蛇身之俗，亦独何心哉！"《洞玄子》传是"人道亦因之而传，而一切异俗野言，不至淆乱耳目"②。由此可见，叶德辉刊刻这些书，首先是因为它们本是中国古文献，而在中国久已失传，将之刊刻是为了"存古"。其次，叶德辉认为这些书探男女饮食之故，保留了三皇五帝之遗意，体现了"性情之极"，是人道之书；宣之可使人道传播，而与异俗野言区分开来。再次，当清末西潮东涌之时，西方卫生书被国人诧为枕中鸿宝，刊刻这些书，可证明此类学问为中国数千年前即已讲求。当然，以中国古代房中术来类比西方卫生学，是否恰当，另当别论，而叶德辉维护中学、抗衡西学的用意却是明显的。

其实，叶德辉在刊刻很多古籍时，都包含着对现实的思考，表达着对尊西崇新、蔑弃旧学的不满。他先后刊刻了一大批儒家经部之书，并于1902年将其汇入《观古堂汇刻书》初集、二集之中，有阮元《三家诗补遗》，郭璞《尔雅图赞》、《山海经图赞》，周春《尔雅补注》、《说文段注校三种》等。《三家诗补遗》是叶德辉从京师厂肆所购得手稿。叶德辉比较研究三家诗的清人著作，如范家相《三家诗拾遗》、丁晏《三家诗补注》、冯登府《三家诗异文疏证》以及陈乔枞《三家诗遗说考》，发现范、丁二人是略依前人之书、冯概三家，只有陈书钩稽子史，各述师承，是为治经家所推重；而阮元撰此书时，未见丁、冯、陈等书，去取颇有异同，而不为无本；并且阮书无臆断之病、有抉择之长，故将之校勘誊录，刊刻表彰。《山海经图赞》、《尔雅图赞》为晋郭璞所著，然早佚，为清严景文所辑出。叶德辉早年从京师坊肆抄得，以为严景文"抉择之精，校雠之密，羽仪经传，揖让姬孔"③，因此校勘刊刻

---

① 叶德辉：《新刊素女经序》，《素女经》，叶氏观古堂光绪癸卯嘉平月刊。
② 叶德辉：《新刊洞玄子序》，《洞玄子》，叶氏观古堂光绪癸卯嘉平月刊。
③ 叶德辉：《尔雅图赞序》，《尔雅图赞》，叶氏观古堂1902年版。

使之流传。《说文段注校三种》包括龚自珍《说文段注札记》一卷、徐松《说文段注札记》一卷、桂馥《说文段注抄按》一卷，其中徐松、龚自珍合校段注《说文》本为弟子刘肇隅在何棠荪观察家所见，刘"竭数日之力，条而钞之"，凡有"松按"别为一纸，将徐松、龚自珍所校分而析之，为叶德辉所刻；后叶德辉又从京师获得桂馥的《说文段注抄》，乃"手抄真迹"，于各条下间加按语，有纠正段注之处，亦有引申段注之处，可谓"金坛之诤友，徐、龚之先河"，故叶德辉亦将之整理，一并刻之，"以饷来学"①。刘肇隅在叙中感慨："今海内多事，豪杰争求济时之学。老师守训诂者，将为时所诟病。然经济生于义理，义理根于文字，则又乌可废也！"② 济时之学固然要求，旧学亦不可废。

有感于"科举将废、声律一事已渐无人考求"，叶德辉还刊刻了一批诗文集，以不失"风骚之传"③。其中有宋曾极《金陵百咏》、明王彦泓《疑雨集》等。对于《金陵百咏》，叶德辉不仅看重它"可据以订正史传闻之讹"的史料价值，更感叹曾极其人的胸襟怀抱，认为当南宋偏安、"偷安喘息者"比比皆是之时，曾极"孤怀独抱，托诸歌咏以自据，其磊落激昂之气，虽触忤时相、重遭谴责有所不惜"，可谓贤者。④明代王彦泓《疑雨集》本为世人眼中的"艳词"，叶德辉认为它托于儿女丁宁、闺门婉恋以写其胸中之幽怨，实有"屈子之哀、江淹之恨、步兵之失路无聊与杜少陵无家垂老之忧伤憔悴"。该书为前人所重视，流传极广，然讹谬甚多。叶德辉将此书传本校勘一过，重写付刻，予以表彰，以不失"风骚之传"⑤。

叶德辉还刊刻了一批宋人游艺之作，如司马光《古局象棋图》、《投壶新格》，洪迈《谱双》五卷，李易安《打马图经》五卷，朱河《除洪谱》等。《古局象棋图》又称《七国象棋局》，为宋司马光所撰，历代目录家皆有著录。叶德辉久闻其名，思见其书。1905年秋，他从书肆中购得明正德六年（1511）沈津所刻《欣赏编》，中有此书，故予以刊刻。叶德辉认为，"司马光历仕仁、英、神、哲四朝，其时辽夏分

---

① 叶德辉：《说文段注校三种叙》，《说文段注校三种》，叶氏观古堂1902年版。
② 同上。
③ 叶德辉：《疑雨集叙》，《疑雨集》，湘潭叶氏观古堂1902年版。
④ 叶德辉：《金陵百咏叙》，《金陵百咏》，湘潭叶氏观古堂1902年版。
⑤ 叶德辉：《疑雨集叙》，《疑雨集》，湘潭叶氏观古堂1902年版。

争,中原未归一统。光借象棋局以激发人心,尊朝廷而复疆土",可见"古大臣每饭不忘君国之志,岂曰贤于博弈而已?"① 至于司马光作《投壶新格》,则因"当时世行旧格多取奇中,温公恶其侥幸,而尽改之,谓之新格",可见温公"即于游艺琐事,有则古称先之风"②。游艺之作虽属小事,无关乎斯文,但从中可观天水一朝之风俗。

在理董旧籍的过程中,叶德辉每每产生旧学将亡的焦虑感。1903年,他刊刻了一部目录学著作《秘书省续编到四库阙书目》。此书是叶德辉考证校刊的一部宋代官修书目。该书目自宋浙漕司摹版后,别无刻本,东南藏书虽间有抄存,而孤本单传,海内学人无由共见。叶曾得丁氏绛云楼抄本,发现该抄本多讹误,然而宋讳缺避及脱烂空白之处,皆无所改移,推论该抄本必有依据。因此,他仿效清代钱侗考证《崇文总目》的做法,取宋人官私书目,以资校勘,其书名异同卷帙多寡必详载之,"以见古书传世之存亡,有宋一代朝野崇文之盛治"。回想清中叶钱氏考证《崇文总目》,"集朋友兄弟之功而成者",而自己考证该目,"外无同志佐其校雠,内无子弟助其翻检,徒于雨宵月夕,废寝摊书",叶德辉一方面唯恐"挂漏必多,惴惴不敢问世",另一方面又有感于其时"斯文未丧,异说朋兴"的情形,故决定"存此背时违俗之编,留为守先待后之用";由此感叹"同文之治,余不得而见之",唯愿"图籍有灵,或不至有天水散亡之祸"③。

以"异说朋兴"来看待清季新学、西学的兴起,反映了叶德辉的保守心态,但也在一定程度上折射出当时中学所处的困境。与叶德辉的主观愿望相反,清末以来的社会文化变迁并没有沿着"温故知新"、"用夏变夷"的方向发展,而是走向了"除旧布新"与"用夷变夏"。庚子事变以后,国内舆论大变,学习西方成为朝野共同的主张,对于传统文化的反思与批判成为一股新思潮。趋新、尊西成为新时尚,"业新学者,略识西字,奴于西人,鄙夷国学为无可道者"④。科举制度废除之后,

---

① 叶德辉:《重刊宋司马温公七国象棋局叙》,《七国象棋局》,长沙叶氏观古堂光绪丙午刊。
② 叶德辉:《重刊投壶新格序》,《投壶新格》,长沙叶氏观古堂光绪丙午刊。
③ 叶德辉:《刊秘书省续编到四库阙书目序》,《秘书省续编到四库阙书目》,长沙叶氏观古堂光绪癸卯刊。
④ 章士钊:《国学讲习会序》,《章士钊全集》,文汇出版社2000年版,第176页。

新学得以迅猛发展,学堂新进之士"蔑先正而喜新奇,急功利而忘道谊,种种怪风恶俗,令人不忍睹闻"①。举世滔滔追慕欧风美雨,中国固有文化权威动摇。因此,叶德辉有关"斯文将丧"的担忧正是对时代趋向的反映。

二 考索乡邦掌故,树立人伦风范

比古籍散亡更让人担忧的是人心风俗的变化。为此,在辛亥革命前夕,叶德辉还曾试图通过表彰南宋名臣赵汝愚,树立新的道德偶像。

赵汝愚是宋太宗长子赵德崇七世孙,是南宋理学派的代表人物之一,也是坚决主张抗金的抗战派代表人物之一。赵汝愚以宗室的身份而任吏部尚书,受到孝宗的信任,后又任同知枢密院事,兼权参政事。在位时,善用人之道,将以前贬谪在外的大臣一一重新启用,并推荐理学家朱熹入朝廷经筵侍讲。孝宗将欑,赵汝愚议欑宫非永制,欲改卜山陵,因此与当时的执政留正不合。后来,以韩侂胄为首的官僚集团伺机诬以谋危社稷的罪名驱逐赵汝遇、朱熹,并以其门下多知名士,设伪学之目以摈之。赵汝愚被贬至永州,任宁远节度使。赴任途中,在衡阳暴卒。皇帝念其一生精忠报国,追封为福王,谥忠定;后又进封为周王,并令将他的棺柩运回原籍江西余干安葬。当他的灵柩经过长沙时,长沙人纷纷前往吊唁和祭奠,要求将他安葬在长沙。于是皇帝批准他的灵柩离开长沙时,留下遗物,在长沙妙高峰下修建一座"衣冠冢",供人凭吊。又有一说法,是赵汝愚本埋在长沙,而原籍余干之墓则是"衣冠冢"。自宋以来,湖南士民钦其孤忠,庙祀不绝。然而历经千年,古墓遂湮,祠庙亦荒。

叶德辉之弟叶德耀性好佛老之事,曾有心修葺福王庙,又欲辑福王之事;但未成而卒。受此启发,叶德辉对赵汝愚事迹、赵汝愚遗书都产生了浓厚的兴趣。他从史传、宋元人说部中将有关赵汝愚的事迹辑录出来,仿照宋代王尧臾所撰《忠献韩魏王别录》之例,编撰成《宋忠定赵周王别录》八卷。该书于赵汝愚生前事迹考访甚详,并证明长沙妙高峰的赵汝愚之墓乃是当年停殡之处,地方为之封窆,以志哀思。光绪三

---

① 张之洞:《奏设存古学堂折》,《东方杂志》(丁未)1907年第4卷第11期,第262页。

十四年戊申（1908），叶德辉将该书付刻，以为"不独忠定功业足以昭示来兹，而于乡邦掌故亦有裨于考索也"①。

赵汝愚的际遇以及南宋兴亡引发叶德辉的诸多"太息痛恨"。在他看来："国家之治乱，系乎君子小人之进退而已。"何以见得呢？君子当国时，"盈廷皆正士，侍讲筵者以启沃君心为进忠，列台谏者以纠弹邪佞为尽职"，因而能形成"主德清明，上下安宴，熙熙然有治平之象"的局面。赵汝愚当政之时，正是如此。然而，二三小人为谋私利而"日夜狙伏，以伺其傍"，夤缘以进，潜布党羽，迷惑君上，使君上疏远众君子，甚至摧毁众君子，以免众君子之复进用。这都是小人陷害的结果。当赵汝愚、朱熹等人被罢黜时，一批官员出来为他们辩护，主持调停，维持保护，结果"身且不保，同归于窜徙流亡而后已"。南宋庆元党禁之祸，"是固可为太息痛恨者也"②。南宋"主德清明，上下安宴"局面的形成与赵汝愚这样的正人君子执政有关，与启用理学家有关；而正人君子被小人陷害，则直接造成了后来的衰败。叶德辉指出："有宋一代，前有元祐党碑之立，所以速成南渡之偏安；后有庆元伪学之禁，所以开边黩武致天水之绪不复再振。然则君子小人进退，其系乎一国之治乱，顾不重与？"宋朝的兴亡可以为现实提供可资借鉴的经验教训。叶德辉编撰此书，意在使读者"知一君子之进退，其于治乱之机，显相维系如此"，意在使当国者"引为前车之鉴"，不要"蹈此覆辙"。③

除了搜集、考证有关赵汝愚的事迹之外，叶德辉还从明代黄淮等人所编的《历代名臣奏议》中，将有关赵汝愚的奏议部分辑出，又借缪荃孙的藏书加以补充，按照《宋史》本传所载历官年月及奏议事实，略依先后，编次成《宋赵忠定奏议》四卷。叶德辉认为此编一出，可大略记载赵汝愚一生之忠言谠论；表彰赵汝愚一生历官凡二十九年，"其间经国之宏模，惠民之实政，与晚年相业之彪炳，不必读其全书，犹将闻风而起"④。该书虽然不是赵汝愚全集，"而忠定匡扶社稷、尊崇

---

① 刘肇隅：《郋园四部书叙录》，长沙叶氏观古堂1927年版，第6—7页。
② 叶德辉：《宋忠定赵周王别录序》，《宋忠定赵周王别录》，长沙叶氏观古堂光绪三十四年刊。
③ 同上。
④ 叶德辉：《宋赵忠定奏议序》，《宋赵忠定奏议》，长沙叶氏观古堂宣统二年刊。

理学诸儒，其功业之崇宏、学术之醇正，千载下如见其人矣"①。

为了进一步表彰赵汝愚的忠节之气，以敦化风俗，叶德辉还发起重修赵汝愚之墓，"所冀盼榆父老荐绅先生，发思古之幽情，表劝忠之令典"②。同时，叶德辉又发起公呈，恳请当道将庙祭赵汝愚由民间行为升格为官方祀典，"感怀明德，取镜时艰，以援古人祀社之文，彰盛世劝忠之典"③。

叶德辉如此亟亟表彰赵汝愚，乃因"惧党祸之将作，知国本之必摇"④，通过对前车覆辙的总结，以为现实提供借鉴。可以说，这一切是他作为一个传统主义者面对晚清以来儒家伦理纲常日益崩溃的历史变化的一种反应。

考察历史，叶德辉"每慨古今党祸，皆以小人倾陷君子，清流网尽，国不旋踵而亡，如东汉之党锢传，元祐之党人碑，皆魏奄之前事也已"⑤。无论是东汉之党锢，还是宋之元祐党碑、庆元伪学，以及明之东林点将，所谓"党"，都是"小人指目君子而名，初非君子诸人自立党帜，以罹禁纲"⑥。叶德辉之所以强调历史上的"党"都是小人指目君子者，乃是因为他对近代以来的现象不解：今人之党，乃"二三新进，标举名义，扰乱纪纲"，而当局者指其为党。以历史的经验来看，"近世"所言的党争诚有颠倒之处。叶德辉观察到："近世盗贼横行，逋逃海外，当轴者徇私交之请，往往藉调党祸以开幸免之门。"他对此大为不满，"不知当事之持议者何所见而云"⑦。他引用《逸周书》所载穆王作史记以自警的一段故事："昔有果氏，好以新易故，新故不和，内争朋党，阴事外权，有果以亡"，由此警醒世人："嗟乎！穆王去今

---

① 刘肇隅：《辑宋赵忠定奏议四卷》，《郋园四部书叙录》，长沙叶氏观古堂1927年版，第6页。
② 叶德辉：《募修宋谥忠定追封福王进封周王赵丞相汝愚墓启》，《宋忠定赵周王别录附刊》，长沙叶氏观古堂光绪三十四年刊。
③ 叶德辉：《拟奏请以宋赵忠定汝愚加封列入祀典公呈》，《宋忠定赵周王别录附刊》，长沙叶氏观古堂光绪三十四年刊。
④ 朱锡梁：《郋园先生六十生朝宴集序》，叶德辉：《郋园六十自叙》，长沙叶氏观古堂1923年版。
⑤ 叶德辉：《重刻诗坛点将录叙》，舒位：《诗坛点将录》，长沙叶氏观古堂宣统三年刊。
⑥ 叶德辉：《重刻足本诗坛点将录叙》，舒位：《诗坛点将录》，长沙叶氏观古堂宣统三年刊。
⑦ 同上。

远矣,而谆谆于党争之为诫。居今日而追原祸始,有国者其可轻言变易乎!"①并强调"党""有君子小人之分,有虚名实祸之异",当局者应当加以分辨;政治的清明就在于进君子退小人。

以今人的后见之明来看,叶德辉事实上是在用传统的党争观念来理解比附近代政治斗争,的确有显相凿枘之处。在他看来,那些不信守儒家伦常观念、逃亡海外从事反清斗争的团体正是一群小人,清末当局者以"党"之名去指称他们是抬高他们,而这些资产阶级政治派别以"党"自称也是乱用名词。这实际上是将近代政治上的不同见解、思想上的先进与落后,转化为道德上的优劣,从而遮蔽了历史的真相。

叶德辉反对党争,呼唤忠良,而赵汝愚无疑是忠良的化身,是人伦的典范。因此,叶德辉不但辑其遗事,汇其奏议,且还重修其墓茔,奏请当道将其列入祀典。他于赵汝愚的功迹再三致意,惋惜南宋党禁之祸加害于赵汝愚,遂使天水一绪不再重振。他希望通过表彰赵汝愚,一方面可以起到彰善劝忠的作用,另一方面也可以起到警醒世人消弭党争之祸的作用。

1910年,当叶德辉刊刻《宋赵忠定奏议》以警醒世人消弭党争之祸时,自己却因长沙抢米风潮而遭受处分。在叶德辉看来,这无异于党祸的现实版本,而自己正是"贞元朝士,庆元党人"。以历史的教训来看,党祸之起清流网尽,往往导致国亡的命运。因一己之遭际,叶德辉对清朝统治能延续多久颇表怀疑。至1911年8月,余诚格调任湖南巡抚、郑孝胥调任湖南布政使。二人都曾有意为叶德辉等人申请开复,而叶德辉则戏称:"吾辈归田之人,家居无异于革职,是何足惜!窃恐不出三年,中原官吏皆革职矣。"②笑言之中,已对清末政治失去了信心。

第二节 强为斯文重此身

一 我生不幸逢国变

长沙抢米风潮案发生后,叶德辉退守学术领域,一度有意回归原籍,

---

① 叶德辉:《重刻足本诗坛点将录叙》,舒位:《诗坛点将录》,长沙叶氏观古堂宣统三年刊。
② 叶德辉:《郋园六十自叙》,长沙叶氏观古堂1923年版。

专注旧学。辛亥革命的发生,打破了叶德辉的这种生活。

辛亥年八月十九日(1911年10月10日),武昌起义爆发。消息传到湖南后,湖南的新军、新党加快起义的步伐,于九月初一日(10月22日)宣布反正,成立了湖南都督府。这在那些以忠于清廷为本分的老辈看来,是一场前所未有的"国变"。他们深感惊恐,纷纷逃亡以避难。王先谦避地平江烟舟,再徙县城,三徙黄甲山,凡三年,方返居长沙凉塘旧庄。叶德辉则只身逃往南岳。初时,同行的有一从武昌归来的商人,为言武昌之事,叶德辉不禁悲从中来:"伤心南北军,血战玄黄久。百官弃城逃,三军拔郡取。赤壁固依然,黄楼今在否。朝廷失指挥,乡校议臧否。……练兵以自戕,兹事古罕有。果然虎贲强,却恐狮子吼。九洲已沸腾,四夷相助守。逐鹿势已成,犒牛力不厚。洒泪痛神京,国君已含垢。"① 兵乱自古即有,但如武昌起义中本来用于巩固清廷社稷的新军适成"乱兵",这在叶德辉看来是难以理解的,是以有"练兵以自戕,兹事古罕有"之叹。而南游途中之见闻,亦使他深感清末苛政猛于虎:"途穷国将暮,国敝民亦劳。舟车并榷税,膏脂入吏曹。猛虎比苛政,饥鸿时夜号。"② 忧国忧民,却无匡时之计:"推兹忧国心,愧无匡时计。愿言托诗歌,聊以资献替。"③ 遭此世变,"进不能据鞍执矛以图宗社之安,退不能黄冠缁衣以逍遥于物外"④,只能慨叹:"我生不幸逢国变,大老来归居海滨。心伤禾黍室家毁,手插茱萸门户新。往时题糕多窜客,今日落帽逢醉人。登高四望天地净,障面尚有元规尘。"⑤

辛亥冬十月(1911年11月),叶德辉南行途中经过株洲朱亭古镇,"乐其山水清僻,遂尔居停",碰到了隐居此地的同治癸酉(1873)科举人谢家钰。谢氏早年曾与叶德辉一起入京应会试,后来音问疏阔,不通往来。此番相见,共同感时局之变迁、叹昔游之不再:"喜见先生杖履春,白头交谊故如新。回思二十年前事,同是三千劫后人。乱世乡关成

---

① 叶德辉:《上水遣怀》,《南游集》,长沙叶氏观古堂1929年版,第1页。
② 叶德辉:《遭遇》,《南游集》,长沙叶氏观古堂1929年版,第2页。
③ 同上。
④ [日]盐谷时敏:《书南游集后》,《南游集》,长沙叶氏观古堂1929年版,第5页。
⑤ 叶德辉:《九日一首用原体原韵记建国》,《南游集》,长沙叶氏观古堂1929年版,第2页。

逆旅，侧身天地渺渺微。旧游落落晨星少，今日重逢信宿因。"① 世变之后，二人同为隐民："漆园隐吏似庄周，无事看山胜卧游。矢共黄花矜晚节，笑看红叶斗残秋。扶筇到处云生起，揽镜中年雪上头。多谢故人交勉意，愧无经学似潜邱。"世事既无可为，那么，又该如何隐？"一官有味同鸡肋，四境无声喝雉庐。书剑昔年偕计吏，衣冠今日辱泥涂。新诗留待钱龚序，江左三家鼎足吴。"② 这里，明清之际的江左三家似乎又成为叶德辉向往、效法的榜样。

以历史的经验来看，辛亥革命实在有些匪夷所思，是以叶德辉在诗中哀叹："传闻铜马黄巾寇，尽是金鱼紫带人。国势九朝棋局换，民艰十室釜生尘。庬头夜出干天象，豆剖瓜分定有因。"③ 对于叶德辉这样一个笃信儒家伦理纲常的人而言，戊戌变法以来出现的一些现象都是亘古未有、不可理喻的。早在1900年富有票案发生后，士子造反就使叶德辉感到震惊。当时，他认为这是士子们受康有为学说蛊惑的结果，因此断断力辩新旧、顺逆的关系，希望通过揭露康有为"谋逆"的真相，使士子们幡然醒悟、迷途知返。然而，局势并没有朝着叶德辉所希望的方向发展，儒家伦理纲常已渐失维持世道人心的功能，越来越多的人产生了对清廷的离心倾向。积蓄至久，竟然使这些本该成为卫道之干城的"金鱼紫带人"都变成了"铜马黄巾寇"。

辛亥革命不是一般意义上的改朝换代，而是资产阶级知识分子为了追求自己的政治理想、为了谋求富国强兵而进行的革命，是用暴力手段来推动社会制度的转型。它推翻了两千多年的封建君主专制制度，建立起资产阶级民主共和政体。士大夫造反正是清末以来政治斗争的特色。尽管由于一己之遭遇，叶德辉此前就对清末政局不满，但依然无法接受清廷覆亡这一事实。在叶德辉看来，士大夫造反，以及以民主共和取代君主专制，都是人伦废极的体现；清朝的灭亡，不是一般意义上的改朝换代，更是儒家文化沦亡的象征。以叶德辉的思想立场，自然无法理解

---

① 叶德辉：《和谢兰阶孝廉赠湘绮先生诗二首韵》，《朱亭集》，长沙叶氏观古堂1929年版，第1页。

② 叶德辉：《赠朱亭贰尹吴銮坡孝廉绩敏七叠憨叟述怀韵》，《朱亭集》，长沙叶氏观古堂1929年版，第5页。

③ 叶德辉：《闻两湖兵事未解感述二首四叠前韵》，《朱亭集》，长沙叶氏观古堂1929年版，第2页。

辛亥革命的积极意义，因而对这场"天地之变"充满了悲怆之感。

　　武昌起义爆发后，各省陆续反正，成立了都督府，除了江苏都督由前巡抚程德全担任之外，各省都督均由清末省议会谘议长担任，其中不少是叶德辉的"同年故交"。如果说"金鱼紫带人"成为"铜马黄巾寇"叫人不思其解的话，那么，由前清议长一变而为"割据"之都督，其身份转变之快同样令人惊诧。以今人的后见之明来看，这正是顺应历史潮流的识时务者所为，而在叶德辉的眼里，却是人心风俗的试金石。"人情本似相风乌，坠地金瓯变缺壶。七国争衡终楚汉，四方割据尽英庐。抽薪莫止扬汤沸，裂帛难将薄粥涂。将士倒戈殊揭木，当年教战习孙吴。"① 相风乌本为古代铜制的鸟形风向器，所谓"人情本似相风乌"，意谓从人情喜好中即可见出风俗人心之淳恶，正是这些人的见风使舵，使大清朝的完整江山变成残山剩水。叶德辉唯有哀叹"主忧转觉因臣辱，孙辙如何继祖途"。清季民谣曾有大清以摄政始、以摄政终的说法，而今"胡服渐更回历改，衣冠颠倒看天吴"，让人倍增"人心翻覆终难恃，一向怀砖又掷砖"之慨。②

　　每当历史剧变时期，也正是检验人们道德水平之时。宋、明之世，小人固有，而忠义之士亦不乏。相比之下，清季世风日下，廉耻道亡。"逊位诏下，举国若狂，不独无文、陆、谢三公之振起纲常，即求如王应麟之高尚其志、不复二庭，亦不数睹。"③ 可见，伦常观念荡然无存。相比之下，少数几个肯为清廷战死的人就尤其值得讴歌。他赞扬不肯反正、为起义兵所杀的湖南总兵黄忠浩"谗讪多口憎，忠孝此心明。公论无新旧，同时哭失声"，誉守城而死的知县沈瀛"今日汉循良"、"授命完臣节，归元惨国殇"；道台王毓江"守士逃亡尽，殉城性命轻。头颅轻许国，血肉痛捐生"、"英风万古清"；知县申锡绶"晚节励官箴"④。为什么危急关头肯挺身而出保家卫国的人不多？叶德辉乃认为平等、自

---

① 叶德辉：《九叠憨叟述怀韵二首》，《朱亭集》，长沙叶氏观古堂1929年版，第6页。

② 叶德辉：《十叠憨叟述怀韵二首》，《朱亭集》，长沙叶氏观古堂1929年版，第6页。所谓"怀砖掷砖"，出自北魏时期的典故，是说青州百姓有怀砖掷砖的风俗，意谓太守刚入境时，百姓怀揣砖块磕头以示赞美太守；等到太守被下任取代而回家之时，百姓又用这些砖打他。这是说人心的向背比翻转手掌还快。叶德辉此诗正取此意。

③ 叶德辉：《宋宝佑四年登科录一卷同年录一卷》，《郋园读书志》卷3，上海澹园1928年版。

④ 叶德辉：《湖南四忠咏》，《岁寒集》，长沙叶氏观古堂1929年版，第1页。

由等观念流衍已久、人心已死;而之所以导致人心的涣散,又在于公羊学的影响:"公羊肆流毒,经亡国亦亡。祸首两礼部,刘(逢禄)龚(自珍)扬沸汤。变法托改制,大义日晦盲。"① 人心之乱,每以学术诡异为之厉阶,正是晚清公羊学导致了儒学道统、政统的衰亡。

在叶德辉眼里,辛亥革命既是斯文渐丧的结果,又是斯文将丧的集中体现。他在抒发故国禾黍之悲时,更痛惜传统文化的沦落。"道丧文以敝,礼溃法亦穷。立言无根器,何用笔舌工。"道丧礼溃之际,经史之学既已衰退,诗文之学又如何能独存?所幸的是,国人弃之若敝屣的旧学,却被外人如日本人所看重。在清季十余年里,日本学者或与叶德辉诗歌酬唱,或与叶德辉互赠书籍,甚至还有日本留学生长期追随叶德辉学习中国传统的文字学和戏曲。因此,遭遇辛亥"国变"、虑及斯文将丧之时,叶德辉每每怀念他的日本同道,视其为弦歌再续的传人,如谓:"弦歌方永日,江汉兴兵戎。避地入南岳,倏忽经寒冬。后凋节相励,山有松与柏。中原正鼎沸,绝学延神宫。天意眷周孔,斯文将日中。"②

作为一个以读书为职志的传统学人,叶德辉"旅行尚挟三家册"③,即使是在逃难途中,也是不废吟读。避乱山中,叶德辉惦记省城家中图史诸物,因作《十忆诗》,分别回忆自己的藏书、藏画、藏碑、藏帖、藏经、藏砚、藏印、藏泉、藏镜、藏板,其中论及藏书,则谓"别来似隔良朋面,乱后如同故国思";忆及藏画,则谓"万轴都成身外物,只留题跋待知音";忆及藏板,则谓:"半生校刻颇辛勤,略代传钞续旧闻。唐末胶泥留韦集,蜀中铜范铸韩文。屡经扫叶疑存两,却恐煎茶买论斤。印本流传犹未遍,走能不胫重烦君。"叶德辉刻书,刻板皆贮省城武庙。当时叶德辉新刻的《元朝秘史》、《石林词》、严长明《归求草堂诗集》正待校错印行。湘省事变,叶德辉只身逃亡,当听说武庙已为兵占据,深恐藏板会遭马槽爨薪之祸,"系念无已,徒唤奈何"④。

因恐斯文将丧,避乱山中之时,叶德辉还初步完成了几部著作:

一是《观古堂藏书目》。为了记录一生精力之所在,缕述先世家学

---

① 叶德辉:《日本三君咏·竹添光鸿》,《岁寒集》,长沙叶氏观古堂1929年版,第2页。
② 叶德辉:《日本三君咏·盐谷时敏》,《岁寒集》,长沙叶氏观古堂1929年版,第3页。
③ 叶德辉:《叠韵一首》,《朱亭集》,长沙叶氏观古堂1929年版,第2页。
④ 叶德辉:《忆藏板》,《朱亭集》,长沙叶氏观古堂1929年版,第11页。

及生平所历之境，叶德辉曾在光绪辛丑、壬寅（1901—1902）年间为自己的藏书编《观古堂藏书目》。此次逃难，又随身携带该目，重为编定，"意谓兵燹之后，书必丧亡，书亡而目存，亦聊作前尘之梦影而已"①。此后，因续有收藏，该书目又陆续添加、修正，于1916年正式刊行。该书不但可以补正张之洞《书目答问》之缺误，而且也足以为《清史·艺文志》提供史材，是一部重要的目录著作。

二是《藏书十约》。藏书编目既成，叶德辉又举历年之见闻，证以阅历之所得，编成《藏书十约》，以代家书。该书后来被誉为"藏书之指南，修古之汲绠"，成为一代名作。

三是《书林清话》。叶德辉感叹："当今天翻地覆之时，实有秦火胡灰之厄。"深以书种不存为忧。因此编《观古堂藏书目》，作《藏书十约》。因《藏书十约》乃是有关藏书的原则、方法的大纲性总结，其有未尽者，叶德辉又随笔记下，积久成帙，逾12万言，编为12卷。这就是叶德辉一生所作最为享誉学林的著作《书林清话》之初稿。该书后来几经修订，于1920年正式刊行。

二　强为斯文重此身

避乱山中期间，因万念俱灭，叶德辉一度萌发薙发为僧之念。据叶昌炽《缘督庐日记》宣统三年十一月二十六日（1912年1月14日）记载："叶焕彬衡阳函，言长沙军变，只身遁于南岳僧寺，志在披薙，仍携谱稿，纂辑不辍。"但最终放弃了这一想法。至辛亥年末（1912年初）局势渐渐稳定时，叶德辉又回到了长沙。

"初心岂负黄冠约，高躅独寻皂帽新。已作秃翁何所恨，萧条谁更惜余鬓。"就算是自己出家为僧，于世何补？"难将一发系千钧，国耻无因到小臣"，既然政局非人力所可挽回，那么，做一个新朝遗民，尚有更多值得去做的事，那就是"坐笑禾中人突出，老依柱下史为邻"②。自己既因读书种子而生，则亦因为读书种子而活。这是比出家抑或殉节更为有意义的事。当然，叶德辉放弃出家还跟当时的局势演变有关。以

---

①　叶启倬、叶启慕：《观古堂藏书目跋》，叶德辉：《观古堂藏书目》，长沙叶氏观古堂1916年版。

②　叶德辉：《戏柬谢惩叟朱亭》，《书空集》，长沙叶氏观古堂1929年版，第7页。

叶德辉拥护前清的立场，本有可能被革命军划除。然而，湖南光复之初，章太炎致电湖南革命军，曰：湖南不可杀叶德辉。杀之，则读书种子绝矣。① 章太炎乃革命元勋，这一语使叶德辉的生命得到保障。此外，从人事变迁上看，辛亥革命实际上没有叶德辉预想的那么"翻天覆地"，湖南新都督谭延闿乃叶德辉故人，新军将领、报馆主笔皆有叶德辉的朋友居中沟通，故无人侵犯。

"已作殷顽穷不死，那堪秦劫烬犹温。相逢乱后真多幸，日夕论文共酒尊。"② 乱后重回长沙，叶德辉痛惜的是故国文物遭秦火之劫，因此与故人相约要"日夕论文"。又云："平生狂笑杂哀歌，世乱途穷益坎坷。文藻江山思故国，诗人门户尚词科。鹤征三录迟君作，蛾术重编奈老何。野史亭荒耆献在，暂随遗老入盘阿。"③ 清人李集曾撰《鹤征录》，李富孙、李遇孙为之补辑，记录清代康、乾之时举博学鸿词科所征召的人才；之后，李富孙又为康熙博学鸿词科所征召的这些人才一一作传，即使拒绝征召的人员也作了记载，是为《鹤征后录》。博学鸿词科的被征召人士，有的是闻人，也有不少山野隐士，一旦成为朝廷猎取的对象，声名鹊起，为后人钦羡，故而有撰书来记录他们的历史。《蛾术编》是清代学者王鸣盛晚年仿顾炎武《日知录》所著的一部著作，对我国古代制度、器物、文字、人物、地理、碑刻等均有考证，具有很高的学术价值。以重撰《鹤征录》、《蛾术编》相期待，说明叶德辉等人心系文献耆宿。"国"已灭了，但文化传承尚要继续，故有"暂随遗老入盘阿"之说，即避世隐居。

在寄赠日本弟子诗中，叶德辉以"前朝未死人"自居，叹息"道穷无怨只伤麟"，向往避世之桃源，表示："喜闻查客常通汉，那有桃源可避秦。去国肯随朱舜水，结园初仿冒巢民。海滨气候应相似，禾黍离离正早春。"④

既然以前朝未死之人自居，那么，如何确立自己在新朝的位置，才

---

① 叶德辉：《两知己诗·章太炎》，《书空集》，长沙叶氏观古堂1929年版，第6页。
② 叶德辉：《岁暮长沙重晤湘乡王佩初孝廉礼培有赠》，《岁寒集》，长沙叶氏观古堂1929年版，第8页。
③ 叶德辉：《长沙重晤程六子大见示麓山堂诗卷及近作奉赠二律即题集首》，《书空集》，长沙叶氏观古堂1929年版，第1页。
④ 叶德辉：《日本盐谷节山温由湘回国道经上海寄怀松崎鹤雄七律二首》，《书空集》，长沙叶氏观古堂1929年版，第5页。

能找到人生的价值,也才能活得更加理直气壮?这是叶德辉在辛亥革命后与友人反复讨论的话题。在《和钱硕人枉赠二首》中,叶德辉写道:"乱后都成隔世人,乾坤末造不须论。本无窃愤成私录,强为斯文重此身。十帙丛书追学海,百年都讲愧经神。中朝旧事烦君说,礼注犹存杜子春。"忠清而不殉清,是为了斯文的存续,学海、经神、礼注等事均需赓续。又云:"不成顾怪亦归奇,万古愁添万古悲。眼底曹蜍真细物,口中宋玉有微辞。鲸鳞跋浪能驯伏,鹏翼博云肯下垂。已缺金瓯期空补,莫教无当玉成卮。"[1] 这里,叶德辉纵论历史人物,在评判之中也表达了自己的愿望。明末昆山归庄与顾炎武俱有才名,而耿介绝俗,不与人往来,是以乡里有"归奇顾怪"之誉。更为重要的是,二人均尚气节,是清初遗民的典范。明亡清立,归庄抗拒薙发令,引发血案,僧装遁身。后归隐昆山,卖书画为生,不仕清,佯狂愤世。尝游历名山大川,凭吊今古,常大哭。归庄有《万古愁曲》,以曲的形式抒愤懑不平之气,发千古兴替之慨,是咏史之作。顾炎武更谋反清复明大业,被人告发,只身北上。在痛定思痛中,倡博学于文、行己有耻,倡经世致用,开有清一代汉学之先河,为后世所推崇。归顾二人声气相投,友谊甚深,被后人视为学人特立独行的典范,也是叶德辉揄扬的对象。所谓"不成顾怪亦归奇,万古愁添万古悲",意谓做顾炎武或归庄那样的人,有与他们一样的气节、一样的悲愁和一样的作为。至于曹蜍、宋玉等人,则犹有瑕疵。东晋曹蜍,曾官至尚书郎,权重一时;又擅书法,与王羲之父子争衡。《世说新语·品藻》载东晋庾道季言,中有"曹蜍、李志虽见在,厌厌如九泉下人"之论,意谓曹蜍、李志虽还活着,但精神不振如行尸走肉。曹蜍官高而功业不显,庸庸碌碌缺少才智,是以在后世的言说中,曹蜍往往成了无个性、苟且偷生的代名词。宋玉是战国时期楚国的文学家,与屈原齐名,曾做过楚国的文官,得到楚王的赏识,赐田云梦泽;后因国君昏庸、小人当道以及自己孤高不群而失职,被放逐到赐地居住,有《九辨》、《登徒子好色赋》等。在《登徒子好色赋》中,宋玉借登徒子之口,道出自己"为人体貌娴丽玉,口多微辞,又性好色"等特色,孤洁自恋,颇有"众人皆醉我独醒"之意。叶德辉此处云"眼底曹蜍真细物,口中宋玉有微辞",谓不屑做曹蜍等

---

[1] 叶德辉:《和钱硕人枉赠二首同韵》,《书空集》,长沙叶氏观古堂1929年版,第7页。

庸碌无为的人，也对宋玉这位赋体的开创者有微辞。"已缺金瓯期空补，莫教无当玉成卮"，大意谓大清江山残山剩水，难以恢复，不要再做那些华而不实的诗赋了。

在新旧政权交替之际，叶德辉回顾自己生平遭际，记其遗憾之事，曾戏作《三恨诗》，从中更可见出叶德辉关怀所系。

一为《恨不读永乐大典》。《永乐大典》本为明代解缙所编一部大型类书，收录图书七八千种，辑成22877卷。全书按韵目分列单字，按单字依次辑入与此字相关的各项文字记载，故叶德辉诗云："永乐修大典，右文古所希。鸿篇富乙览，治理实相资。四部浩烟海，搜采俱有遗。括以洪武韵，如纲张四维。"赞修《永乐大典》乃右文盛举。除正本外，《永乐大典》尚录有副本一份。正本约毁于明亡之际；副本则于清朝咸丰时逐渐散佚。至1900年八国联军入侵，副本或被焚，或被劫。清代乾隆时期修《四库全书》，曾从《永乐大典》整理编辑出若干佚书。叶德辉指出："当时急于求成，遗采颇多，疏略可叹。其经后人补辑者，如宋辛弃疾《稼轩诗词》为其裔孙启泰辑刻；宋苏过《斜川集》为赵怀玉辑刻，《宋会要》一百五十卷，宋《中兴礼书》二百三十卷，《续礼书》六十四卷，为徐松辑，未刊行。"倘若乾嘉诸老充分利用《永乐大典》的资源，将其中所收录的佚文史料全部整理出来，则《永乐大典》散亦不散，就不至于留此遗憾。叶德辉引不读《永乐大典》为平生一大恨事；所恨者不仅在于一己未能读，更在于乱世文物凋零、国宝外流的命运，由此慨叹："我生去古远，道微世正衰。中丁庚子乱，一炬寒劫灰。胡兵争攫取，残帙如雨飞。斯文天欲丧，当道谁见几。坐视两朝物，同深千载悲。……此恨永无极，掩卷重徘徊。"①

二为《恨不读道藏》。《道藏》成书于赵宋，有北藏本与南藏本之分。北藏本存于陕西华阴庙，南藏本是明初金陵道院重编刊行。《道藏》中包含了很多典籍，"大抵周宋诸子、宋元旧本，多具于目"。虽然明人刻子书时尝从中刻一部分流传于世，但未刻的更多，如老、庄二子的唐宋旧注，汉晋以来名人所撰古籍，皆不曾刊刻流传。乾嘉之时，孙星衍为毕沅校刻诸子书，曾取北藏本参校，但未刊刻以广传播。或许

---

① 叶德辉：《三恨诗·恨不读永乐大典》，《书空集》，长沙叶氏观古堂1929年版，第14页。

与《道藏》芜杂有关，乾隆朝开馆修《四库全书》，遍搜海内大典，竟然没有收入《道藏》，以致失去了将《道藏》流传开来的机会。叶德辉早年（1891）辑录《淮南万毕术》一书时，见《道藏》书目有《淮南服玉法》，又有《三十六水法》，亟欲抄刻，无从访求。后于旧书摊头获残本数种，引以为快事，也更引未读《道藏》为恨事。"迄今数更兵乱，两《藏》俄空，不知所举各书，尚有二三在人间否？琅环福地，梦寐思之矣。"是以有本诗之作。"忆余始通籍，作宦淹京华。人言白云观，尚有巨册储。簿书日鞅掌，征逐困道途。老室在咫尺，不得供猎渔。归田忽廿载，时访隐士庐。又从云麓寺，偶见残废余。所惜非全部，岁久饱蠹鱼。此生竟虚负，有梦追华胥。"① 叶德辉以不读《全藏》为恨，并非向往道教的玄虚之境，而是因未能一睹其中诸多典籍之面目。

三为《恨不读敦煌石室藏书》："敦煌古安乐，鸣沙峙其东。上有千佛洞，古物藏壁逢。书则唐卷轴，经擅绒绣工。千年始发见，而我不相逢。"敦煌石室藏书发现于1900年，当时报告地方政府后，当地衙门并未重视，而是命令就地封存。此后，英人斯坦因、法人伯希和曾先后到敦煌探险，以重金贿赂当地道士，精选大量文物，捆载而去。罗振玉、王仁俊曾先后编了《敦煌石室书目》，其中王著《敦煌石室真迹录》出版后，从北京寄给叶德辉，使叶德辉初步了解到敦煌石室收藏之富，深以未睹敦煌石室书为憾。他非常羡慕在伯希和住处抄录经卷目录的罗振玉，幻想着已经失去的宝物能重返故国："焉得返赵璧，列架先栋充。往事成梦想，结愿无始终。作诗告来哲，无耻傭书傭。"② 直到1914年，叶德辉北上京师作《买书行》，还在谴责"疆吏诚聩聋，坐令环宝失"③，并将故书散佚的原因归咎为新学的兴起："新学仇故书，假途干禄位，哀哉文物邦，化为傀儡戏。坐观九鼎沉，人亡邦国瘁。"④

综观叶德辉在辛亥革命前后的思想情感，有对清朝覆亡的悲痛，有

---

① 叶德辉：《三恨诗·恨不读道藏》，《书空集》，长沙叶氏观古堂1929年版，第14—16页。

② 叶德辉：《三恨诗·恨不读敦煌石室藏书》，《书空集》，长沙叶氏观古堂1929年版，第16—18页。

③ 叶德辉：《买书行》，《于京集》，长沙叶氏观古堂1929年版，第3页。

④ 叶德辉：《后买书行》，《于京集》，长沙叶氏观古堂1929年版，第12页。

对新政权的攻击,而更多的是对"斯文之丧"的焦虑。他批评"十年世变尚新法,斯文扫地孔孟非"①。"斯文"一词,出自《论语·子罕》:"天之将丧斯文也,后死者不得与斯文也。"据《辞海》解释:"斯,此;文,指礼乐制度。后以'斯文'指文人或儒者。"可以说,"斯文"代表的就是以儒家文化为核心的传统文化。儒家文化是叶德辉赖以安身立命之所在,而纲常名教又是维系儒家文化数千年存续未绝的精神理念,是文化中国活的灵魂。在叶德辉的思想世界里,对斯文的关怀远远超出了对清王朝这样一个具体事物的依恋。国亡而文化不可亡,这就是叶德辉"强为斯文重此身"的意义所在。

第三节 另类的遗老

"鼎革"之后,湖南耆绅或蜷伏乡里,或移居他地,湖南学界风流寝歇,弦歌不再。另一方面,大量流寓上海或青岛的遗老们又形成了一个特殊的遗老圈,或定期读经,或结社唱和,不与外界相往来。这其中就不乏叶德辉的故交,如缪荃孙、叶昌炽、夏孙桐、蒯光典、郑孝胥等。与这两个遗民群体稍嫌寂寞的生存状态相比,叶德辉的生活可谓"多姿多彩"、"轰轰烈烈"。叶氏弟子曾言:"改革以来,湘中耆绅大半物故,吾师出生入死保障乡里之志未之或忘。"② 所谓"保障乡里之志"或许有所夸张,但不甘于被摆布以对抗而非逃避的姿态来显示自己的存在,却是事实;与地方当局的种种冲突使叶德辉几度成为舆论关注的焦点。另一方面,叶德辉虽然忠于前清,也曾赞成袁世凯复辟帝制,但对爱新觉罗一朝的兴亡并不感兴趣,没有郑孝胥等人的复辟宏愿;相反,他是站在一个旁观者的立场上来看待新人与遗老。诸如此类,都使叶德辉在民国初年成为一个另类的遗老。

一 以战为守攻民党

对于所有的遗老们而言,辛亥鼎革是一场"浩劫";而叶德辉在民

---

① 叶德辉:《印人歌赠吴县王叟石匏兼题其友酴轩印谱》,《书空集》,长沙叶氏观古堂1929年版,第7页。
② 杨树达等:《郋园学行记》,《近代史资料》1985年第4期,第140页。

国初年频频卷入与地方当局的冲突，除了辛亥革命所造成的大环境变迁之外，还与他本人的个性有关。1913年，叶德辉第一次逃亡后出走上海，跟叶昌炽坦言，自己与民党为敌，前刊《翼教丛编》鸣鼓而攻无可避免，此时只能以战为守，日与党人阋于里门；以至于鞠裳老人怀疑叶德辉在自夸，发出"若果然者，何以免于今世邪"的质疑。① 不过，揆诸史实，倒也相差不远。

叶德辉对国民党的不满首先体现在抵制国民政府对坡子街事务的渗透管理上。

坡子街是长沙的商业中心，商贾辐辏、贸易繁荣，一些著名的店号如劳九芝堂药号即设于此处，叶德辉的父亲叶浚兰营业之处也在坡子街。坡子街上有两个重要的建筑：一是火宫殿，一是福禄宫。火宫殿为火神庙，又叫乾元宫，建于清乾隆年间（1747），重建于清道光年间（1826），是由绅商捐资兴建的一所公众祀神和娱乐场所。火宫殿有丰富的庙产，除在河西有田之外，坡子街上的许多店铺都是火宫殿的物业。福禄宫则是一座财神庙，由钱业同业组织财神会所建立。两大建筑中，以火宫殿与叶氏家族关系最为密切。因火宫殿为绅商捐资兴建，其主持者不是僧尼，而是坡子街上的巨商大贾。他们以火宫殿为大本营，设立保安团。保安团全称是"长沙保安息争公所"，管辖坡子街、新坡子街、双井巷、保安巷一带。团是由保甲制度遗留下来的自治组织，几条街组成一团，三团组成一铺（后改名为都）。各团设团总一名，负责管理团内事务；各街则设有几名值年，担当同样的管理工作。清末，长沙、善化府县共划为254个团，每团设团总1人，值年若干。团总大多由富商大贾出任。由于火宫殿与保安街团结为一体，火宫殿的值年也即是保安团的值年。清朝末年，火宫殿的值年通常由老八家充任，其中叶公和即是重要的一家，叶德辉的父亲叶浚兰充任街团团总，在火宫殿的事务中拥有较大的发言权。② 叶德辉自己也说过：

---

① 叶昌炽：《缘督庐日记》，江苏古籍出版社2002年版，第7145页。
② 参见杜迈之、张承宗《叶德辉评传》，岳麓书社1985年版，第42—43页。黄永豪：《坡子街上的对抗——二十世纪初年城市与国家建构初探》，《历史人类学学刊》第3卷第2期（2005年10月）。又，叶浚兰大约属于勇势凌人之辈。叶德辉后来抱怨："先君为人方严慈惠，素为乡里所钦，然可欺以方。时有以讼事相干请者。"以至于叶德辉受累不少。参见叶德辉《郋园六十自叙》，长沙叶氏观古堂1923年版。

> 鄙人自幼生长坡子街，祖遗商号叶公和，生聚于此者四世。前清光、宣两朝，即为本街之总理，遇有街团公事，经众议定，向由叶公和偕同新旧值年，领衔对付。①

可见叶氏家族在坡子街的影响力。叶德辉由于父亲的关系，较早地参与到保安团、火宫殿事务中，并于1912年8月在火宫殿后坪创办了丽泽小学，亲任校长。不过，真正使叶德辉在坡子街上声名大震，还是在民国初年叶浚兰去世、叶德辉接任街团团总以后。

1912年八月十九日（1912年9月29日），叶浚兰去世，享年76岁。叶德辉继任坡子街团总，继而出任长沙、善化两县总团总，并兼火宫殿值年。上任伊始，就因护国寺与富强女校发生了冲突。

辛亥革命后，在革命党人的建议下，长沙城内许多清朝专祠被充军用，坡子街上的护国寺也被改成烈士祠。民国初年，庙宇除了象征着封建迷信被改造之外，庙产往往又成为新式学堂利用的资源，毁庙兴学成为风气。因此，护国寺成为新旧双方争夺的对象。

1913年春，湖南妇女运动领袖唐群英倡议借坡子街护国寺创建富强女校，得到了曾国荃之孙曾霖生的赞同，后者以捐资兴建人曾国荃之孙的身份具禀湖南都督谭延闿，将该寺捐给女校。女校负责人之一郑曾传芬持都督批示，前往该寺与住持接洽，同时向坡子街保安团值年余太华、劳九芝、东协盛、詹彦文等报告。坡子街保安团值年要求郑曾传芬出示契约证据，郑曾传芬拿不出来。于是坡子街保安团一方面阻止唐群英等人接管该寺，一方面以叶德辉领衔联名具呈都督谭延闿，声称护国寺乃街团公产，非曾国荃捐资独建，曾霖生无权捐入富强女校。最终迫使谭延闿取消批示。当郑曾传芬等人前往理论之时，正在乾元宫议事的叶德辉以街团团总的身份，对郑曾传芬等人"当面加以教训"。事后，唐群英等散发传单，将女校办学不成归咎于叶德辉，声称该寺为曾所独建，女校负责人当日赴团报告余太华等均表同情，突然被叶德辉嗾使积诚中学校长刘肇隅统率数百人毁坏什物，洗掠重要服物；大骂叶德辉把持地方、阻挠兴学，是"惯痞"。

---

① 《叶德辉启事》，《长沙日报》1913年3月18日。

对此,叶德辉则在《长沙日报》上刊登启事,进行回应,表明反对曾霖生将街团公产护国寺捐给富强女校乃街团迭次集议的结果,并最终得到谭延闿的批准,并非叶德辉个人的意见,而富强女校"乃独集矢于鄙人,目为惯痞";叶德辉认为:"似此市井口诅,不应出之于女学校,尤不应出之该主笔人。"并借"惯痞"二字,大做文章:

> 鄙人惯痞,惯自前清。少年薄德,终日花天酒地,自命为护花司令,亦长为檀越主。自经中国国民全体不认之满奴瑞澂牵挂弹章,翻然改悔,清心寡欲,不履红尘。革命以后,自问无横草之功,既未尝钻充为临时革命之人,亦未尝入党为倚势欺人之事。惯已消灭,痞于何生?平生文章事业,百不如人。香奁艳体之诗,少年习染。今则无闻再过,槁木死灰。幸告该校司文笔者,此事自来乾元官理论。即兴诉讼,曾霖生、贝允昕乃此讼主人。否则,不成诉讼。前清民间恶习,凡油伙坐拼之事,必使妇女当先。既为学校中人,不必为缩头之事。鄙人有言,土匪则逃,土司则骂。以其不足言文明也。兴学为地方要务,鄙人惟知送子侄读书,代街团理事,无暇强为识字之人,日日与诸君斗口舌也。箴告箴告,听者听者。①

叶德辉的答词尖酸刻薄,俨然暗示唐群英及背后主笔之人为"钻充为临时革命之人"、"入党为倚势欺人之事",并且含沙射影,似有攻击主政的谭延闿等人之意。因辛亥革命后,在湖南地方政权中,前清谘议局的成员占据了重要位置。不仅都督谭延闿为前清谘议局议长,而且,财政司长陈炳焕、外交司长粟戡时、交通司长龙璋及龙绂瑞、盐政处长黄瑛皆为谘议局议员;司法司长洪荣圻、筹饷局周震鳞以及会计检查院长易宗羲则为革命党人。概而言之,革命后,相当一部分前清立宪派成员摇身一变,成为国民政府的成员,其变化最大者非谭延闿莫属。谭延闿本为前清进士、谘议局议长,在湖南政权易手之时,并无任何功劳,却摇身一变而成湖南都督和国民党湖南支部的骨干,其身份转变可谓迅速。谭延闿自属"识时务"之"俊杰",具有"与时俱进"特质。然而,从传统的道德观念看,这无异于政治上的骑墙派、见风使舵派。故叶德辉

---

① 《叶德辉启事》,《长沙日报》1913年3月18日。

在表明自己"自问无横草之功,即未尝钻充为临时革命之人,亦未尝入党为倚势欺人之事"的同时,实际上也间接讥刺了在新政权中得势的人。这类言辞自然叫人不舒服。

与富强女校争夺庙产仅是叶德辉与国民政府冲突的开始。之后,因与国民党地方政府直接争夺对坡子街的命名权,叶德辉几乎惹来"杀身之祸"。

事情的起因要追溯到1912年10月。其时,革命元勋黄兴由上海抵返故乡湖南省会长沙,受到湖南人民的热烈欢迎。为了表达对黄兴的崇敬,湖南各界特将长沙城的德润门(即坡子街口的小西门)改为黄兴门、城内坡子街改名为黄兴街。不过,对于这一礼遇,黄兴随后就加以婉辞。

当其时也,叶德辉正因父丧在湘潭乡下。黄兴离开长沙后,叶德辉由湘潭回到长沙,命令扫街夫撤去黄兴街牌,恢复了坡子街的街牌。不但如此,叶德辉还乘机在1913年5月写了一篇题为《光复坡子街地名记》的文章,公开调侃、讥刺当道阿谀献媚黄兴事,沿街散发。在这篇文章中,叶德辉首先提出:湖南省城坡子街乃繁富之区,在此经营的商贸店号四五百户,时间久远者二百余年,近者也有百数十年,与外省往来,无不称坡子街某号某商,商场地名断不容以一时一人之名义轻相改署。他攻击那些提议、主张改名者乃"一二无知鄙夫",目的是"孤媚贡谀",又说对这些献媚之举黄兴本人并不领情。接着,叶德辉又引证中外历史,说明改名应是以人适物、以地名人,而不是以人名地、以物适人。若要改名,也应援引顺治帝与维多利亚女皇之例,将黄兴改为"坡子街",不当改坡子街为"黄兴"。最后,叶德辉又仿古赋论难的方式,设立四个"或曰",从多个方面来论证改名之不可。一则以明妃村、莫愁湖、薛涛井为例,说明古代亦有以人名为地名者。但那是后人为纪念绝代之佳人,表达致慕致爱之意,故以当时之产地,慰万古之相思。黄兴乃须眉丈夫,岂可以妇人女子拟之?一则以俗地名中的鸡公坡、鸭婆桥等为例,说明动物亦可以为地名。但黄兴是人,怎能以毛羽虫介之族相拟乎?一则曰长沙有朱张渡、宗伯师臣等地名,前者因朱张讲学城南而得名,后者以明庄天合故居而立名,但那是"其人已死,后人追思其迹而称之"。黄兴发名于明德学堂,生长于善化金坑,要改名,也应当改明德学堂为黄兴学堂,称金坑为黄兴坑,"不当扰及坡子街也"。在说明黄兴不可名街之后,叶德辉又以苏州有"胥门",乃因伍子胥被吴王赐死之地,"后人哀之而名其城门,然则不祥甚矣"!暗示改德润门为"黄兴门"无异于诅咒黄兴。"黄兴年方强壮,富贵薰蒸,善颂善祷者,固当急去之以祝其长年,而乃不谙典故如此,余何问焉!"①

黄兴在当时被视为革命英雄、开国元勋,而叶德辉则是世人心目中品德恶劣、思想守旧的反革命分子。因此,叶德辉此举历来被看作是对革命元勋的攻讦,是叶德辉仇视辛亥革命的表现。② 这个看法不无道理。从思想感情的角度来看,黄兴自然属于叶德辉眼中的所谓"铜马黄巾寇"之属,不满乃至于敌视黄兴是叶德辉的真实思想。因此,在《光复坡子街地名记》一文中,叶德辉对黄兴极尽讽刺之能事,尤其是用设问的方式,证明黄兴非妇人、非毛羽虫介之族等,无不显示出叶德辉对黄兴的敌意。

不过,据笔者浅见,在这篇文章中,黄兴只是叶德辉借以议论的由头。改名本非黄兴自己主张,而且也被黄兴所拒绝。叶德辉真正要讽刺的是那些借改名阿谀献媚的"当道者",暗示他们此举乃"不谙典故"、不识大体、将黄兴等同于妇人女子、毛羽虫介、陈人死者等。后来叶德辉坦言:"去年四月,作文戏侮谭延闿、唐蟒,本出有心,亦事事先有防备。"③ 矛头所指,乃谭延闿、唐蟒等人。而叶德辉之所以要攻击当道,除了不满于他们"钻充为临时革命"、投机取巧之外,还在于维护商号利益的需要;更为重要的是,是维护自身对街道事务的控制。正如有的学者所指出的,它是"地方领袖与地方政府长期对立的其中一段插曲","事件不仅关系到街道命名,背后更涉及争夺城市街道、控制社

---

① 参见程千帆、杨翊强《叶德辉〈光复坡子街地名记〉补注》,《中国文化》1996年第1期,第194页。

② 杜迈之、张承宗的《叶德辉评传》(岳麓书社1985年版)认为叶德辉对黄兴"肆意诽谤",借以打击革命党人的威信,发泄其对辛亥革命的不满。程千帆、杨翊强的《叶德辉〈光复坡子街地名记〉补注》(《中国文化》1996年第1期)一文虽然在一定程度上纠正了张、杜著的说法,指出张杜所云"对黄兴肆意诽谤"是想当然之词,然而依然是从叶德辉仇视黄兴、仇视革命的角度来解读这篇文章,认为该文开头"以白布为地"影射改名是办丧事,结尾以胥门乃伍子胥赐死之地,改德润门为黄兴门"不祥",文章以死起以死结,淋漓尽致地发泄了叶德辉对革命元勋黄兴的仇恨。

③ 《叶德辉致缪荃孙(三十六)》,顾廷龙整理:《艺风堂友朋书札》,上海古籍出版社1981年版,第557页。

会资源和建构国家权力等问题。事件主线是地方领袖与地方政府围绕城市和社会资源的角力；旁线是地方商人与国家政权的疏离，以及地方权力架构的转变"①。在近代社会变迁过程中，当国家权力通过地方政府向原本属于民间自治领域的地方事务渗透之时，叶德辉作为旧式绅士，成为政权疏离的对象。叶德辉抵制坡子街改名，正是抵制地方政权对街道事务的控制。然而，当叶德辉将其不满诉诸笔墨，又将革命元勋黄兴作为戏弄嘲笑之对象时，恰恰为地方政府、革命人士打击他提供了一个政治正确的理由。

此前，唐才常之子、时任炮兵团团长的唐蟒就因叶德辉在前清有《觉迷要录》之作，怀疑其父被害与叶德辉有关，遂请求都督下令军事厅拿办叶德辉正法。当唐蟒具呈时，"情词激烈，必欲得叶而甘心焉"②。而谭延闿因与叶德辉为故交，遂亲书信函密递叶处，令其暂避；其他当道要人闻知此事者也都秘密通知叶德辉，劝他暂行他往。叶德辉以呈控各款无关重要，且多误会，又有都督及当道告密，必定会主持公道，故不甚措意。

1913年5月26日上午，正当叶德辉在火宫殿召集省城254团开会提议整顿团规之时，突有机关枪营兵等一拥而入，将叶拘拿，声称带回本营重办。③ 在叶德辉被押送的途中，"所过街市，街众无不骇异"。街团紧急聚议，一面由各铺户盖用图记具保状，一面聚众尾追。由于街团的保护，叶德辉得以出逃。值得注意的是，代表公众舆论的报纸对此事进行了报道与评价。据载，在捉拿叶德辉的过程中，曾有张姓营长当众宣布唐才质所控告的叶德辉的三大罪状："（一）前清时不应署《觉世要录》，助清廷惨杀同胞。（二）光复来不自匿迹，竟敢摧残富强女子实业学校抗争公地，辱殴女士郑曾传芬。（三）今复以二百五十四团名义，刁难肥料捐款，使贫民工艺厂捐款无着，有碍该厂种种之进行。该

---

① 黄永豪：《坡子街上的对抗——二十世纪初年城市与国家建构初探》，《历史人类学学刊》第3卷第2期（2005年10月）。
② 《补记叶德辉被拿之真相》，《申报》1913年6月16日第6版，要闻二。
③ 另一说法是叶德辉在看戏回家途中被士兵所捉。当时，叶德辉圃出戏园门，既有士兵多人向其询问姓氏。"叶见来势甚汹，答以姓王。兵士谓尔未必姓王，恐是姓叶。叶谓我本姓叶，却欲如何？兵士谓都督传尔到案。叶谓都督何事传我？我非犯罪，何用尔等来传？兵士不用分说，扭之使行。"参见《申报》1913年6月16日第6版，要闻二《补记叶德辉被拿之真相》一文。

营系受军事厅指挥提拿交案云云。"① 对此，报纸一方面称："叶德辉者，湘绅王先谦高足，前清著名顽固党也。"② 说明叶德辉作为"前清顽固党"的形象已成为外界的共识。另一方面，似乎也并不全盘照搬所谓的三大罪状说，而是另有解释，将叶德辉编撰《觉迷要录》说成是为了保护湘中文人学士，用意未可厚非；摧残女校则是因为街团自身利用公产办学校，而女校欲占庙产，街团联名起诉而以叶德辉署名。关于刁难肥料捐一事，则云："去岁湘省举办肥料捐。叶闻其事，大不谓然。一日与该捐局局长左学谦相遇于某机关，叶多方讽刺，并直叱其吃粪。左深衔之。此把持粪捐之说所由来也。"③ 报纸还透露："闻此事起因系叶近日又有游戏文章，讥讽某当道。唐恨之刺骨，遂撮指此三事而运动军队前往拘拿。"④ 暗示叶德辉被捉的直接诱因是写作与散发《光复坡子街地名记》一文。

叶德辉在众街团的庇护之下最终脱险，显示出叶德辉作为地方领袖余威仍在。对此，叶德辉不免有所得意，认为此举正好让当道领教了自己"乡居之德望，人心之诚服，外交之敏速"⑤。不过，叶德辉既已公开与国民党当局为敌，在长沙自难立足，故被众人救出脱险后，叶德辉先是逃到武汉，再由武汉逃至上海。在沪上，日日与寓居上海的缪荃孙、叶昌炽等人借抄校书，又参与当时流寓上海的前清遗老们的超社活动，常与东南名宿沈曾植、樊增祥、瞿鸿禨、郑孝胥、沈瑜庆、夏孙桐等人聚会。诸人处世态度不尽相同，如叶昌炽就有诗言："梅子熟时晴雨变，海上酒楼集群彦。春傭饼师皆吾徒，同是流人锁常见。但当避俗如避仇，剑气珠光莫轻炫。"⑥ 似乎倾向于韬晦终身，与叶德辉不自知"匿迹"、主动挑衅当局的做派颇有出入，但在叶德辉看来，客居上海，得与东南故人重见，商量旧学，诚为快事。

---

① 《叶德辉之旧怨新潮》，《申报》1913 年 6 月 2 日第 6 版，要闻二。
② 同上。
③ 《补记叶德辉被拿之真相》，《申报》1913 年 6 月 16 日第 6 版，要闻二。
④ 《叶德辉之旧怨新潮》，《申报》1913 年 6 月 2 日第 6 版，要闻二。
⑤ 《叶德辉致缪荃孙（三十五）》，顾廷龙整理：《艺风堂友朋书札》（下），上海古籍出版社 1981 年版，第 556 页。
⑥ 叶昌炽：《缘督庐日记》，江苏古籍出版社 2002 年版，第 7145 页。

二 讥评时政遭追捕

叶德辉在上海客居半年之久,于1913年下半年回到长沙。然而,由于讥评时政,又卷入了与湖南新都督汤芗铭之间的冲突,再次命悬一线。

如前所述,辛亥革命后,湖南政权本由前清谘议局议员与革命党人共同主持,并且前清谘议局议员略占优势,导致革命党人的不满。革命元勋黄兴回湘考察之后,国民党人在湖南的影响扩大了,而谭延闿等人也逐渐向国民党靠拢——隆重欢迎黄兴本身即是一种政治表态。1913年3月,国民党人宋教仁被刺,引发了国民党反对袁世凯的"二次革命"。1913年5月,江西都督李烈钧、安徽都督柏文蔚发出声讨袁世凯的通电,而以谭延闿领衔。1913年7月17日,谭延闿宣布湖南独立,不久取消独立。但谭延闿自此失去了袁世凯的信任。1913年10月,袁世凯派汤芗铭以"湖南查办使"的名义领兵进入湖南,接着又任命汤芗铭为湖南督军兼民政长,驱逐谭延闿地方势力,谭延闿出走上海。在此背景下,叶德辉回到了湖南。

叶德辉回乡之初,汤芗铭本有意罗致,叶德辉以"迹涉嫌疑,远而避之"[1]。汤芗铭性情残暴,"专务杀人媚政府",不但谭延闿都督任内财政司长杨德邻、警察局长文经纬、会计检查院院长易宗羲、筹饷局长伍仁钧等国民党员被一律枪决,而且殃及无辜,仅在长沙一地就先后杀戮无辜群众达一万七千余人,有"汤屠夫"之称。汤芗铭又严格限制民间收回纸币,以致数十家出票之店因挤兑而倒闭。对于汤督芗铭的所为,叶德辉深不以为然,于是"腾书京师友人,力诋其谬"[2]。书落《亚细亚报》报馆,编者喜其文笔峭厉,遂公开刊载出来。汤芗铭大恨,遂起杀心,于农历癸丑年除夕(1914年1月23日),派军警将叶宅围住,捉拿叶德辉。叶则微服匿居洋行,次日乘日舶赴武汉,入京控诉,而汤芗铭则悬赏三千金追捕。与此同时,汤芗铭向袁世凯呈文弹劾,指控"叶德

---

[1] 《叶德辉致缪荃孙(三十四)》,顾廷龙整理:《艺风堂友朋书札》,上海古籍出版社1981年版,第555页。

[2] 关于此事有两种说法。叶德辉自身在与缪荃孙的信中以及后来的《郋园六十自叙》中都只言在与友人的信函中力诋汤督所为,类似于在私人信函中议论时政;杨树达等人所撰《郋园学行记》则称叶致信杨度,请其上书总统,为湘人申诉。又,据李肖聃《星庐随笔》(岳麓书社1985年版)记载,此信乃是寄与李肖聃,为李交于报馆。见该书第30页。

辉对黄兴等以骄为谄,数其祖逆"①,要求政府从严惩治。

到达北京后,当得知汤芗铭捉人并没有呈请袁世凯,而是自作威福外,叶德辉立即上书总统,呈明湘督无故捉拿、累及家属等。旋奉总统派员与叶德辉面晤,谓汤督当系误会,不必介意云云。

事情至此,叶德辉以为已经结案,加上得到了总统的保证,于是心胆益豪。在与众多友人相聚交流、逛遍京师书肆、了解书市行情后,遂于3月束装出京南返,拟往上海。不料行至汉口,又为汤芗铭之密探所缉拿。原来,叶德辉前有致友书,诋毁湘省政府,汤芗铭本已大恨;后叶德辉又具呈总统,控告湘政府用人行政不当至二百余款。虽然总统以其不应干涉政府用人行政为由并未批准叶德辉的控告,但汤芗铭更加忿恨,一意要将叶德辉捉拿正法。故闻其到鄂,即电请段督(湖北督军)派探缉获。②

叶德辉被捕的消息传出后,友人方表、杨惠周等在汉口急电北京营救。而旅京湘人如杨度、易培基、王闿运等亦奔走总统府、总理府陈请营救,都居中说项。有意思的是,连梁启超也致书汤芗铭之兄汤化龙,恳切责问。于是政府公电"叶素有文名,不宜草率,可交法庭办理"③。传闻袁世凯也曾电知汤督,谓"叶德辉虽属语文狂妄,究无罪状之可言,尽可无庸拿办"。汤芗铭奉此电后,即指示手下转电汉口,令勿解湘。而叶氏则称即欲拘捕而来,安能挥之使去,坚坐不肯出门。故汤督对于此事,颇觉为难,对他人表示,捉拿叶德辉出于手下某人之私意,鄙人并未与闻云云。④

大概汤芗铭也骑虎难下,故叶德辉被押在都督府内时,对其也是"供膳颇丰",优礼有加。最后,由叶德辉的朋友程颂万、胡棣华、沈克刚等人居中斡旋,一方面联名呈请汤芗铭释放,一方面规劝叶德辉出具悔结。叶德辉乃书"蒙政府察冤释放"字一行交颂万,⑤ 而后获释。

如果说坡子街风波至少在形式上是顽固保守人物攻击革命元勋,因而带有政治色彩的话,那么,此番与汤芗铭之间的冲突则反映了北洋军

---

① 《专电》,《申报》1914年4月19日。
② 《叶德辉被捕续闻》,《申报》1914年4月24日。
③ 《专电》,《申报》1914年4月19日。
④ 《叶德辉案之湘中消息》,《申报》1914年4月27日。
⑤ 叶德辉:《郋园六十自叙》,长沙叶氏观古堂1923年版,第7—8页。

阀高压下一个旧绅士的生存困境。当时舆论称："湘绅叶德辉，原籍江苏，学问文章，均尚优美，惟好为言论，以道人短长，故往往以文字贾祸。"① 友朋也"咎辉以文贾祸"②。事实上，在坡子街风波之后，叶德辉在言行上有所收敛，即使不满汤芗铭所作所为，也未公开挑战，只是在友朋信函中议论时政。在叶德辉看来，私人信函不同于公开散发传单，即有不满，何至招致杀身之祸？"盖去年之于湘督，本有意破其蒙蔽政府盘踞湘省之机谋，故时时挑战，使发露其野心。辉亦时有以防之，决不至为所捕获。至于湘督，本无关涉，偶然函论时政，乃今日之所谓言论自由，初不料其动杀人之心，亦不知其有弹劾之举，年终发难，猝不及防。"③ 多年后论及此事，叶德辉尤愤愤不平。乱世之下，安有言论自由！若无众多友朋、甚至以前的论敌如梁启超等人奔走营救，则叶德辉已成为汤芗铭刀下之鬼。

获释之后，叶德辉再度北上京师。一方面是避免汤芗铭，"恐其再有无赖之举"，一方面是拜访答谢曾经通电营救自己的众多友人。又结识了董康、吴印臣、陈士可、傅增湘、江瀚等人。诸人或精于目录版本，或富于藏书，均是邃于旧学者。此外，还时常与易培基、李肖聃、杨树谷等人游玩，与柯劭忞、夏孙桐、章士钊等聚饮唱酬。暇则至琉璃厂，搜访旧籍。值得一提的是，叶德辉还去拜访了救命恩人章太炎，被后者誉为"可与道古之人"④。

从1913年至1914年，叶德辉两度为当局追捕。一者因有意挑战，借坡子街改名之事发泄对趋时者的不满；一者因偶议时政，不为当局所容。为逃命，叶德辉奔走于京师、上海之间。在叶德辉看来，国变家难，天刑人祸，遘于一时，诚不为幸。不过，以叶德辉"不怕死"的个性，即使是逃亡，也从容不迫，并且将逃亡变成了拯救斯文之壮举。他对友人言："廿年不到京城，乘此一闹，两次北上，既获晤久不见之朋友，又得买久欲买之旧书，且作诗百余篇，居然又成一卷。桓魋匡

---

① 《叶德辉文字贾祸》，《申报》1914年2月12日。
② 《叶德辉致缪荃孙（三十六）》，顾廷龙整理：《艺风堂友朋书札》，上海古籍出版社1981年版，第557页。
③ 《叶德辉致缪荃孙（三十四）》，顾廷龙整理：《艺风堂友朋书札》，上海古籍出版社1981年版，第555页。
④ 汤志钧编：《章太炎年谱长编》卷4，中华书局1979年版，第478页。

人，固大有功于孔子者也！"① 此番表白或许不无自我解嘲之意味，却也合乎实情。在奔走京师、上海之时，道出汉口，"初以居忧废读，言不成文，掷笔两周，未亲几砚。今大祥已近，致毁非时，忧从中来，靡所寄托。客居日本旅馆，日友以同文之雅，恒以诗简相酬。积诗若干，遂成小集"②，是为《汉上集》。当时叶德辉尚处于为父守丧之期，故又言："文文山小祥有作，顾亭林庐墓题诗，谓为名教罪人。幸有古人分谤。"③ 北上京师，观光晤友，谈古论今，感慨时局，遂有《于京集》。透过《汉上集》、《于京集》，我们不但可以了解到叶德辉逃亡时的更多细节，而且也能把握叶德辉这一时期的思想情感。

叶德辉本于除夕之夜为汤芗铭发兵捉拿，甲寅元旦逃至武汉。在武汉，他被日本高桥领事招饮于府署，并与喜收藏中国画的日本人池部政次同席，感慨："仙山麟脯各行厨，欢宴相忘在客途。仰视明星回斗柄，新从元日饮屠苏。论交最喜同文轨，张乐相邀展画池。"④ 与日本友人诗词唱和，叶德辉称誉"东邻旧学新又昌"⑤，古风犹存，俨然蓬莱仙境；而最羡慕的则是日本"天皇一统千岁，不识人间鼎革名"⑥。思及己身之际遇，则着眼古今兴亡。为什么会有三代之治的局面？那是因为"古有太史氏，辂轩采国风。下以达民隐，上以启帝聪。顺美复匡恶，微言各效忠"。可惜这种上下沟通的制度未能保存下来，秦朝暴政，不允许百姓议论，上下隔阂；虽然后来"汉下求言诏"、"宋有登闻院"，对舆论沟通方面作了些调整，终究是"民气日幽轖，治始而乱终"。"大秦制近古，立政秉大公。凡百准舆论，建造多恢洪。郑人议乡校，直道殊可崇。东邻善步趋，维新气益雄。同心在朝野，互市连西东。"⑦ 自己因偶论时政，竟被汤督追杀，无异于秦时暴政中的"偶语弃市中"；相比之下，那些允许舆论上达、允许百姓议于乡校的做法都叫人向往。

---

① 《叶德辉致缪荃孙（三十六）》，顾廷龙整理：《艺风堂友朋书札》，上海古籍出版社1981年版，第557页。
② 叶德辉：《汉上集序》，《汉上集》，长沙叶氏观古堂1929年版，第1页。
③ 同上。
④ 叶德辉：《高桥领事招饮府署即席口占兼呈池部政次君》，《汉上集》，长沙叶氏观古堂1929年版，第2页。
⑤ 叶德辉：《挽永井久一郎》，《汉上集》，长沙叶氏观古堂1929年版，第2页。
⑥ 叶德辉：《客居日本松乃旅舍喜其礼俗有中土古风诗以纪之》，《汉上集》，长沙叶氏观古堂1929年版，第6页。
⑦ 叶德辉：《赠冈西门一首》，《汉上集》，长沙叶氏观古堂1929年版，第2页。

当然，在叶德辉看来，大秦"立政秉大公"并非因为西方政治制度先进于中国，而是因为"制近古"，保持了中国三代之治的遗风；中国则将这些圣人遗制丧失殆尽，而"善步趋"的日本（东邻）维新则真正做到了朝野同心、东西互市。因此，叶德辉由一己之言论不能自由激发的不是对西方民主制度的向往，而是对中国三代之治的追念，对世风日下、今不如昔的深切忧思。他与冈西门纵论古今兴亡，表示："中朝故事吾能说，夷夏兴亡亦偶然。左氏正辞非族辨，公羊微旨进中传。四方有圣同归化，一姓无王冈卜年。孤竹微箕难比例，求仁原不论亲贤。"慨叹："乘殷行夏成虚愿，日月江河自古今。"① 在武汉风度亭，他追念故人张之洞——这位主宰了晚清政局的大臣，犹有遗憾："相业人言比曲江，纵横才气本无双。文章运薄随澜倒，经济途穷算月椿。变法竟诒亡国祸，谈经难使老夫降。"② 在叶德辉看来，正是"变法"导致了清廷的覆亡。

叶德辉二次入都，再经武汉之时，曾去鹦鹉洲凭吊祢衡，对这位东汉末名士尤有感触，有诗云："萋萋芳草断碑横，荒冢临江夜气清。身死仅传《鹦鹉赋》，魂归同听鹧鸪声。孔融有恨亡知己，黄祖何因幸得名。乱世人材刀俎物，不缘挝鼓误平生。"③ 祢衡以鹦鹉自况，而叶德辉则以祢衡自况。当时，友朋均咎德辉"以文贾祸"，叶德辉以"乱世人材刀俎物，不缘挝鼓误平生"来解释自身的际遇，实质上也表达了一种无奈。不幸此诗一语成谶，预示了叶德辉将来的结局。

北上京师，目睹"故宫禾黍连芳草"之象，体会"九庙无惊神器改"的时局变迁，叶德辉感慨："一梦春明感逝川，坐观沧海变桑田。客来燕赵多慷慨，人到邯郸半熟眠。桥上鹃啼非蜀帝，山中鹤语尚尧年。"④ 在感伤之时，更多的是困惑。一方面，"新朝多是旧朝臣"，一方面"国亡不见帝从亡"；既无多少大臣殉国，亦无帝王从死。留下些许故国遗老，"南居黄浦东青岛"，还有部分遗老逃亡海外，君臣之恩付诸东流，凡此种种，都非传统伦理道德观念所能理解。

在京期间，叶德辉曾与王闿运同被县人招饮于张百熙祠，更是大发

---

① 叶德辉：《过冈西门斋中夜话》，《汉上集》，长沙叶氏观古堂1929年版，第2页。
② 叶德辉：《风度亭吊张文襄》，《汉上集》，长沙叶氏观古堂1929年版，第7页。
③ 叶德辉：《晚过鹦鹉洲吊祢衡》，《于京集》，长沙叶氏观古堂1929年版，第1页。
④ 叶德辉：《甲寅仲春重来都门感赋》，《于京集》，长沙叶氏观古堂1929年版，第1页。

思古之幽情。当时,湘中与前清有关的一些祠庙已被摧毁,改造成了纪念革命志士的烈士祠;其他一些省份的前清祠庙或毁或改;而地处京师的张百熙祠尚在。叶德辉因此感慨系之,诗曰:"长沙尚书吾同官,廿年不见骨已寒。生存华屋今庙食,乡人醵饮新衣冠。……中朝变法何人倡?公与南皮称'二张'。有心兴学转废学,学堂如林士尽盲。九原相见应太息,爱国终比卖国强。"张百熙是清末著名教育家,曾主持制定了第一套中国学堂章程;又倡导留学。张百熙大概料想不到,自己的改革之举最终为清王朝培养了掘墓人。留学生以及国内新式学堂的学生在接触到了外国先进的文化之后,普遍感到腐朽的清王朝不值得热爱,因而成为反清排满的主力军。因此,叶德辉叹息张百熙是"有心兴学转废学",有心救国终亡国。又云:"宣统三年革军起,二公不见真可喜。"张百熙未能见到辛亥革命,是他的幸运,否则,一睹"长江遍地是虫沙,生为国殇死无家"的情形,情何以堪?更为重要的是,辛亥革命后,道德标准变化,忠臣逆子乾坤颠倒:"中兴功臣庙易主,公之斯祠始萌芽。湘乡反是一国敌,南皮杂伍牛与蛇。"像曾国藩这样曾经让湘人引以为豪的道德楷模一变而成人民公敌,这样的变化是叶德辉难以适应的。他将这一切困惑向张百熙诉说着。又由时势变化说到个人际遇:"王、张、叶、孔半仅存,葵园潦倒遭人叱。岿然湘绮鲁灵光,蒲轮日下征遗逸。身遭亡国何足衰,新旧相阋谁作媒?康梁返国同疾首。"[1]在叶德辉看来,新旧之争本由康、梁等人挑起,而时势之变化,却使"康梁返国同疾首",可惜自己的先见之明当初不为人所接受。

在京期间,叶德辉还先后作《买书行》与《后买书行》,在摹刻一己书痴面目的同时,也尽情地诉说着对晚清以来当局不珍惜文物的不满。随着两诗的不胫而走,叶德辉的书痴形象也传播开来。

三 教育会长的作为

在两上京师、东游上海之后,叶德辉于1914年底回到了长沙。其时连遭国事、湘事及家事之变化,家族商业遭到摧残,不动之产已破损六七成,仅有房租可供日用。买书、刻书已不能如从前那样有充裕的经

---

[1] 叶德辉:《县人邀同湘绮年丈饮张文达祠赋呈同席诸子》,《于京集》,长沙叶氏观古堂1929年版,第2—3页。

费，须临时筹划。然而，时局的变化似乎又为叶德辉提供了一线生机。1915年，湖南教育会派系斗争激烈。其时，教育会长符定一遭到胡元倓攻击，后者欲推荐汪诒书为会长。而符定一不满于胡元倓的做法，遂托叶德辉弟子数人鼓动叶德辉参加省教育会长竞选。叶德辉不满于胡元倓、汪诒书的做法，"遂允之。及投票，余果得会长"①。因缘际会，叶德辉由被当局打击的对象一变而成"体制内"的人，亦颇具戏剧性。就任之初，叶德辉便发表了自己的任职宣言，从而颇能见出叶德辉的志向。

在这篇宣言中，叶德辉以他一贯的自信口吻开场："鄙人今日承诸君推举为会长。自问于教育一事，身历虽少，目验甚多。"然后自嘲："前清时代，鄙人以顽固守旧为一干人所攻。"何以要顽固守旧呢？原因是那时的教育都不讲实际。"教育本无实际，大都一班少年从日本速成毕业而归，目炫于地方大吏之前，为一时糊口之计。地方大吏，茫然不知教育何者为重，何项最先，但以举办学堂数多为升官发财之计，满纸奏报，无非空文。虽以兴学有名之张文襄，所属亦不能脱此陋习，更无论自桧以下矣。"施教者如此，受教者亦如此。"其时科举学堂，二者并立。入学堂者皆存一科举之念，以为毕业后可以赏举人，可以赐进士，即可以作某项实官。"而这些均是"鄙人深所鄙夷而不欲与闻其事者也"②。这也是所谓"顽固守旧"的由来。

叶德辉认为，当前兴办教育最重要的是做实事。他说："鄙见目前最注重者，在实业。"这里所说的"实业"并非开矿办厂之属，而是踏踏实实地兴办教育。叶德辉认为："今城中初、高小学与中学阶级多少不能相衔，以致学生毕业，无分升之学途，时有散归之事。城内如此，乡间可知。本属如此，外县可知。"因此首要之事应是"补缺乏之升学"，也即配备各级学校，使学子能有升学之途。其次，"政府津贴学款多寡不均，一省学堂精神遂不能一齐振作。凡此诸缺，愿与诸君协力辅助，以求完全，庶乎教育前途不至散漫无所归宿。诸君尽瘁桑梓，谅亦共表同情"。叶德辉还表示：前会长所办诸事，本皆应办之事、且已成效昭然，假如经费有余，自应继续遵守；希望本会旧人能"萧规曹

---

① 叶德辉：《郋园六十自叙》，长沙叶氏观古堂1923年版，第8页。
② 参见《省教育会长叶德辉宣言》，《湖南教育杂志》1915年第9期，第1—2页。

随",同负责任;若有不尽完美之事,则取决众议,共谋改良。

有意思的是,在这篇宣言中,除了发表对教育的见解之外,还有一段是叶德辉对个人操守的自我表白:

> 自问平生行径,豁然大公,操守尚为乡里共信。此事有三年之久,不敢恋栈,亦不敢卸肩。所以然者,鄙人素性不羁,脱然于富贵名利之域。此次会长之竞争,一则多由党见误会,彼此各有机心。一则为选举过渡时期,他人利用为投票要津,故其中生出种种幻象。须知鄙人在前清不主书院讲习,亦不曾监督学堂。湖南之校经堂,湖北之两湖、存古,数致聘书,却而不就,人所共知。即以今日选举规则相绳,亦仅有合格之处,今勉应诸君子之盛意者,一为教育界息争端,一为教育家谋实益。或有以不肖之心相待者,幸以鄙意达之。①

叶德辉出任湖南教育会长之时,正是袁世凯政府在教育领域推行尊孔读经政策之际。为响应袁世凯政府的号召,叶德辉的弟子刘肇隅发起成立了湖南经学会,借坡子街乾元宫丽泽旧学校办公。湖南经学会以"研究经义、发扬国学"为宗旨,宣称:"经学以发明义训、通知世用为本,不分汉宋门户,亦不拘守乡里私学小派,惟遵《纲要》按经分科,编辑要义以广切磋之益。"本会为讲学之所,除推叶德辉为都讲外,无会长、干事、评议等类。入会者须取得本会二人以上之介绍书,其必品端学正及素有经学门径者,余概不得轻率介绍。会讲常期每月四次,以各学校休沐日为率,其特开大会则由都讲临时决定。《简章》还特别声明:入会者可向叶德辉借阅汉宋经学之书;经费则由同人筹备,不收入会费,以"略表高洁之意";会友应守礼法,保持全会声誉,如有动违礼则及臆造新说、渎乱经义者,公同纠察,以后来会即不接洽。② 可见,湖南经学会实际上是以叶德辉为首的一个学术组织,以研讨经学为宗旨;经学会的主要活动就是叶德辉的定期演讲。

此外,叶德辉还以湖南教育会长的名义,同副会长蔡湘、陈建中一

---

① 参见《省教育会长叶德辉宣言》,《湖南教育杂志》1915年第9期,第1—2页。
② 《经学会简章》,叶德辉:《经学通诰》卷首,湖南教育会1915年版。

起，经由湖南巡按使沈金鉴代奏《明定读经程序、妥订教授系统、恳予饬部采用折》①，申请全面恢复经学在中小学教育中的核心地位，试图从教育体系着手以扭转经学衰退的局面，被教育部批驳为"强人所难"，"致蹈欲速则不达之弊"，所请变通各节"窒碍难通"，要求"毋庸置议"。②

袁世凯政府倡导尊孔读经，不仅是利用传统文化资源完成意识形态的重构，也是要借儒家学说为其复辟帝制张目。叶德辉赞成复辟君主立宪制，并直接参与了拥袁复辟的活动。1915年8月，杨度、孙毓筠、胡瑛、刘师培、严复等人在北京成立筹安会，以"发挥学理，商榷政论"为旗号，掀起了讨论国体、改立君宪的逆流，为袁世凯复辟帝制鸣锣开道。善于趋时的汤芗铭送二千元给叶德辉，要叶德辉成立分会，并借讲武堂为会址。叶氏弟子闻风而起，遂往会址分派干事，推叶德辉为会长，符定一为副会长，左学谦、杨树谷、黄瑛等均为会员。叶德辉后来否认自己曾出任此职，说："余始终未到会。"③ 但也承认，"于袁氏帝制，曾无异词"，赞成袁世凯复辟。他说："清祚既倾，中原无主，唐高宋艺，果能救民水火，则逆取顺守，天下后世终得而谅之。特视其人如何耳。"④

1915年10月20日，汤芗铭在都督公署大堂召开国民代表大会，选举所谓"国民代表"。叶德辉以"硕学通儒"的资格被指定为"代表"。关于此事，叶德辉后来表示是被"窃名"。当他得知自己以"硕学通儒"的资格被指定为"代表候选人"时，两次致书代理湖南巡抚严家炽加以拒绝，不为接受。投票之时，"余属戚友初选人弗往。开匦，余仅三票。沈克刚为监选，窃他人票补之"⑤。1915年10月26日，湖南国民代表大会进行国体投票，叶德辉参与其中，成为赞成国体变更的成员之一。随即汤芗铭举行"拥戴大会"，上劝进表。此后，汤芗铭又多次上劝进文；胁迫各公法团体上表赍京者更是多达百余起。叶德辉对这

---

① 《湖南巡按使沈金鉴奏据情代奏明定读经程序、妥订教授系统、恳予饬部采用折并批令》，《政府公报》1915年12月21日。
② 《教育部奏遵核叶德辉等请变通读经办法拟请毋庸置议折》，《政府公报》1916年1月13日。
③ 叶德辉：《郋园六十自叙》，长沙叶氏观古堂1923年版，第8页。
④ 同上书，第8—9页。
⑤ 同上书，第9页。

些劝进活动，即使不是主要的鼓吹者，也是赞成者。

除了配合袁世凯政府尊孔读经的活动之外，叶德辉在教育会长任上的又一作为是反对袁世凯政府与日本签订"二十一条"，并亲任湖南排日首领。其日本弟子松崎鹤雄在《柔父随笔·湖南的博学叶德辉》中曾提到此事。日本人园田一龟也在《新中国人物志》中提到："民国四年中日交涉发生时，（叶德辉）又为排日之首领，将其住宅充大本营，又赞成袁世凯之帝制。"① 王森然也说："民国成立后，（叶德辉）曾做湖南教育会长，收藏古书珍籍，都三十五万卷，其为人以一代之硕学，而谈时事，屡遭奇祸。（民国四年中日交涉，曾为排日之首领，以其住宅作大本营。）故时人称叶德辉有古侠义之风，王先谦有醇儒之雅，王闿运有仙骨云。"②

教育会长本有三年任期。就任之初，叶德辉曾表示既不敢恋栈，亦不敢卸肩。然而，局势的发展并没有让叶德辉完成一任教育会长的工作。袁世凯复辟帝制遭到了全国人民的反对。1915年12月，蔡锷在云南宣布独立，组织护国军，兴兵讨袁。1916年1月13日，叶德辉以教育会长的名义领衔，与蔡湘、陈建中、符定一等联名电请袁世凯讨伐云南蔡锷、唐继尧，立颁登极诏书。他表示："中国非帝制不能立国，帝制非今上不能立宪。立宪，所以为一国图永安，即为兆民谋乐利。此德辉参与筹安会主张君主立宪之本意也。"③ 并说：君主立宪本为全国各省一致主张；蔡锷、唐继尧、任可澄扰已定之国基，树人民公敌，凡我全国人民无不痛心切齿，义愤难伸。要求皇帝"大张天讨，拯滇民于水火之中"，"伸民愤而振国基"；"立颁登极诏书，以慰四海云霓之望"④。1916年3月22日，袁世凯下令撤销"帝制"，废止"洪宪"年号，复任大总统；而云南、贵州、广西、湖北、浙江、四川、陕西等省宣布独立。在这种局势下，汤芗铭为保全自己，亦于1916年5月29日宣布湖南独立，并致电袁世凯以促引退；又致电尚未独立各省，敦促各省谋求大局之解决、共遂护国之夙愿。袁世凯在众叛亲离中，惶惶不可

---

① ［日］园田一龟：《新中国人物志》，黄惠泉、刁英华译，良友图书出版公司1930年版，第360—361页。
② 王森然：《近代名家评传初集》，生活·读书·新知三联书店1998年版，第2页。
③ 《长沙教育会叶德辉等来电》，《政府公报》1916年1月17日。
④ 同上。

终日,于 1916 年 6 月 6 日在绝望中死去。而汤芗铭尽管已宣布独立,仍为人民所不容。1916 年 7 月 5 日,汤芗铭出逃;8 月,谭延闿二度掌湘。

当袁世凯复辟帝制失败之时,叶德辉正回苏州扫墓。其时,湘绅政治立场多有变化,原来赞成帝制者纷纷改弦更张,举起护国旗帜。据称,有人劝叶德辉也站出来申明自己充任支持国体变更的国民代表乃系窃名,被叶德辉所拒绝。他说:"余窃名必涉严、沈,是不可。且帝制余所主张者。昔魏忠贤建生祠,各省巡抚以下皆列名,岂皆本人意乎?毋多事。有祸余不惧也。"① 叶德辉虽然对充任国民代表之事有所保留,却不讳言赞成君主立宪制。汤芗铭败走后,叶德辉作为"帝制党"再度成为打击对象,甚至有人要没收叶家财产。但最终有人申明叶为汤芗铭、严家炽所借名,没收财产之祸才得以避免。叶德辉不得不避兵还吴,回苏州长住,直至 1919 年冬才回到长沙。

在拥护袁世凯复辟问题上,叶德辉始终如一,而于趋时反复者颇有不屑。他曾对人言:"滇桂告警,湘绅沈克刚、汪诒书愤起景从,卒召湘乱。沈为湘督汤芗铭召集国民代表劝进之首领,汪则壬癸以来叠为张鸣歧、汤芗铭四次密保而中央见弃者也。桂兵未至,闻风先逃。余亦避乱还吴,日闻恶耗。"② 二人本为袁世凯复辟帝制的拥护者,却最终反戈一击。在叶德辉看来,这无异于没有操守。

"叹风伤麟吾道非,建元祀孔与时违。斯文欲坠千钧发,没字犹飘五色旗。"③ 对于叶德辉而言,破产的不仅是恢复帝制这一政治主张,更是重振经学维系世道人心这一文化理想。叶德辉无法看清"吾道非"之非在何处,转而认为这是斯文之丧的体现。"方今海内犹乱离,比之秦火祸更奇。六经扫地斯文丧,太牢祀孔将信疑。"④ 为避兵乱,叶德辉彻底退出了湖南政界,回到故乡苏州长住。

值得注意的是,叶德辉虽然主张中国非帝制不能立国,但此后并无

---

① 叶德辉:《郋园六十自叙》,长沙叶氏观古堂 1923 年版,第 9 页。
② 叶德辉赠曹赓笙《观古堂藏书目》一书题跋,转引自杜迈之、张承宗《叶德辉评传》,岳麓书社 1985 年版,第 39 页。
③ 叶德辉:《赠曹赓笙太守允源时主江苏图书馆事》,《还吴集(丙辰)》,长沙叶氏观古堂 1929 年版,第 16 页。
④ 叶德辉:《惠耕渔茂才属题先德四世传经图象册》,《还吴集(丙辰)》,长沙叶氏观古堂 1929 年版,第 22 页。

意种种复辟活动；虽然与故旧往来，但并不认同其他遗老的政治野心，而是常有批评。如沈曾植在张勋复辟时期曾出任尚书；张勋复辟失败后，沈曾植顶着"尚书"的头衔隐居于上海。对此叶德辉评论道："近又有人为人叙书，称子培为尚书。此张勋时代之名称，出自张勋，固属伪诏；果其出自皇上，则主忧臣辱（此不可以辛亥壬子之人例），当死难京城。岂有背负尚书官衔，而逃命上海者。前此复辟，请归政之首衔二人，一则电报窃名，一则亡命逃走。遗老架子可谓倒塌尽矣。尝言今日遗老皆亡国大夫，断无再做中兴功臣之理。今之新人，动曰爱国，而日寻干戈。今之旧人，动曰复辟，而日谋金钱。中国之不亡亦天幸矣。"① 除了不满遗老们再做"中兴功臣"的政治野心，叶德辉也不满于遗老们的道德气节，痛骂另一遗老罗振玉，"谓其自命遗老，又盗卖清宫宝物。论者以为至当"②。颇有不屑于与诸人为伍之意。亦可见叶德辉"自外于"一般的遗老。

---

① 《叶德辉致缪荃孙（四十四）》，顾廷龙整理：《艺风堂友朋书札》，上海古籍出版社1981年版，第563页。

② 杨钧：《草堂之灵》，岳麓书社1985年版，第195页。

第七章　存古续绝：叶德辉晚年保存旧学的努力

无论是在前清时期，还是在民国初年，也无论是权绅时代，还是"遗老"时代，藏书、著书、刻书都是叶德辉日常生活的主题。这是叶德辉个人的性情爱好、学人的本分，也是叶德辉绍续传统、保存国学的途径。袁世凯复辟帝制失败后，叶德辉寓居苏州，这类活动成为他"遗世独立"、逆时而动的姿态。正如叶德辉弟子所言，"沧桑屡变，国故沦胥，鹗飞泮林，触目增感。而吾师之坚忍卫道，日与异己者笔舌鏖战，虽屡挫抑，而百折不回"①。在叶德辉眼里，时势变迁，举目皆非，唯有闭户弦歌、穷途著书，才存斯文于一线。

第一节　存古书，保国学

一　藏书以传古

叶德辉重视藏书，酷好藏书，曾戏作《买书》一诗，道尽买书的感受，中谓："买书如买妾，美色看不厌。妾衰爱渐驰，书旧方益烈。二者不可兼，得失心交接。有时妾专房，不如书满箧。买书如买田，连床抵陌阡。田荒逢恶岁，书足多丰年。二者相比较，同在子孙贤。他日田立券，不如买书钱。吾生好坟籍，终日为书役。大而经史子，小者名家集。二十万卷书，宋元相参积。明刻又次之，嗜古久成癖。道藏及佛经，儒者偶乞灵。藏本多古字，佛说如座铭。百川汇巨海，不别渭与泾。"② 该诗一度流传甚广。近代词人况周颐曾记载：

---

① 蔡传奎：《郋园北游文存跋》，叶德辉：《郋园北游文存》，财政部印刷局1921年版。
② 叶德辉：《买书》，《于京集》，长沙叶氏观古堂1929年版，第3—4页。

第七章　存古续绝：叶德辉晚年保存旧学的努力

> 癸丑、甲寅间，余客沪上，始识长沙叶奂彬（德辉），素心晨夕，一见如故，穷不见疑，狂不为悟，是在气类，弗可强为谋也。奂彬有书癖，书在长沙，其收藏如何美富，余未得见也，所著《藏书十约》，无一语不当行。又《书林清话》，尤澹博精审，稿将及寸，余曾暇观。当时尚未卒业，刻未审锓行否矣。阅近人某笔记，载有《奂彬买书行》一首，书痴面目，刻书妙肖。余喜诵之，移录如左……①

一代词人因喜《买书》之对书痴面目刻画得惟妙惟肖，在自己的著作中全文照录。可见该诗影响之大，亦可见叶德辉嗜书之名流传之广。

叶德辉勤于搜集，"竭四十年心力，凡四部要籍无不搜罗宏富，充栋连橱"②。辛亥时，插架已达16万卷有奇，以重刻计之，在20万卷之外，后十余年又有扩张。据估计，其藏书至其1927年被杀止可能已超过30万卷。是以他在长沙寓宅内所筑藏书楼观古堂，与道州何绍基的东洲草堂、湘潭袁芳瑛的卧雪庐及岳阳方功惠的碧琳琅馆并称为湖湘四大藏书楼；而在全国范围内，又与近代另一藏书家傅增湘齐名，有"北傅南叶"之誉。叶德辉弟子作于1922年的《郋园学行记》声称："吾师藏书三十余万卷，中多宋元明本及历代名人校抄，故版本之学近推吾师与江阴缪筱珊学丞为海内第一。"③丰富的藏书吸引了不少学人前来观瞻，特别是日本学人，"来游湘中者，必登门求见，备观书籍金石字画，归国则刊之笔记以志荣幸"④。1909年，日本留学生宇野哲人来华，在长沙洪家井存养书屋拜访了叶德辉，惊叹叶德辉藏书之富与学识之博：

> 书屋是曾国藩旧居，厅堂上悬"勋高柱石"匾额。今主人是进

---

① 况周颐：《眉庐丛话》，山西古籍出版社1996年版，第338页。
② 刘肇隅：《郋园读书志序》，叶德辉：《郋园读书志》，上海澹园1928年版，第1—2页。
③ 杨树达等撰：《郋园学行记》，《近代史资料》1985年第4期，第114页。
④ 同上书，第125页。

士出身,仕吏部主事等,后退而在野。博览多语,最爱古书,所藏满堂。爱客,毫无城府。予新来,亦以青眼相待,循循不倦。应予之请,取出所珍藏书册、书画及古钱以示,无一不是天下之珍品。品目之多,予等几无寒暄应酬之暇。其中,如唐经生书《阿毗达磨大毗婆娑论》,如葛长庚手书《道德宝章》,如宋版《玉台新咏》,无不是爱书家所垂涎之物。又北宋胶泥活字印《韦苏州集》,墨色如漆,可谓天下一品。又有《元朝秘史》六本,云内藤湖南所藏文廷式本即本于此。主人将其所著及所刻各一部赠予,又托予各携一部寄赠桂湖村、岛田翰两君。①

丰富的藏书为叶德辉的学术研究创造了条件,他的名著《书林清话》、《藏书十约》等都是在藏书基础上写成的。在近代藏书家中,叶德辉以精通目录版本著称。据其弟子言:叶德辉"平时每得一书,必竭数日之力,逐卷校读而后释手,即一书有无数刻本,亦必复读重校,辨其行字异同是非,或某本有误脱、某本有增窜,一寓目即终身不忘。插架齐一,书根多出手书。客中须检其书,则寓书世兄群从云:'某书在其橱某架某行某卷。'一一检得抄寄,百无一误。每遇旧书止钤姓名斋堂道号印章,一见即知其人之时代履历"②。由此可见,叶德辉对藏书之内容、对目录版本之熟悉。

不过,亦有异议。如近代藏书家伦明在《辛亥以来藏书纪事诗》中对叶氏观古堂就颇不以为然,认为叶氏"素精小学,辑录各书,具有条理,但版本目录,非所长耳";"君所见古书不多,所著《书林清话》、《余话》,大率撮自诸家藏书志。自编《观古堂藏书目》,亦无甚佳本。据云尚有《续目》,未编成。君殁后,见其《郋园读书志》,不过如是,勿刊可也"③。以为叶德辉所见有限,观古堂所藏并无稀罕之物,并因此否定《观古堂藏书目》的学术价值。

湘中大儒王闿运的弟子杨钧则从另一个角度讥刺叶德辉的学问:"郋园之撰《书林清话》,意欲人人言版本。"④ 并举其师王闿运为例,

---

① [日]宇野哲人:《中国文明记》,张学锋译,光明日报出版社1999年版,第144页。
② 杨树达等:《郋园学行记》,《近代史资料》1985年第4期,第114页。
③ 伦明:《辛亥以来藏书纪事诗》,上海古籍出版社1990年版,第117页。
④ 杨钧:《草堂之灵》,岳麓书社1985年版,第203页。

说明版本之与学问关系甚少:"湘绮一生所见书画必不少于我辈,而于赏鉴全然莫辨,即可知赏鉴别为一事,版本亦别为一事。非有学问者即善赏鉴;知赏鉴,究版本,即为读书也。"目录版本乃藏书家所为。"藏书既多,自有目录,自言版本,亦必然之势。必欲张大其词,谓为目录学、版本学,则余未之敢信。好书者之喜收书,与书家之喜收碑帖,刻印家之喜收佳石无异。其有目录,自不待言。而碑版之有宋拓、元拓,石之有青田寿山、新坑老坑,又与版本相关。未尝有人别为之学,亦实不可谓之为学也。然则书之目录与版本,亦不可谓之为学,似非贬抑之词。"[1] 以王门学风来看,读书取大意,适用即可,版本不必考究,多识版本,不过是收藏家、鉴赏家的事,哪里称得上学问?是以杨钧对叶德辉自许为"必传"的《书林清话》有"《清话》不清"之讥。

伦明与杨钧分别从不同的角度对叶德辉的藏书和目录版本学提出了质疑。时至今日,目录版本是不是学问,已无须讨论。至于叶德辉藏书是否丰富、是否有珍稀秘本,尽可见仁见智,此处也存而不论。笔者关注的是,叶德辉藏书意欲何为?换言之,他的藏书理念是什么?在近代社会文化变迁的背景下,叶德辉的藏书又呈现出什么特色?

藏书是保存与传播民族文化的重要手段,也是文人生活的一个重要组成部分。可以说,注重藏书是历代读书人共同的精神。然而,由于收藏图书的出发点不同,藏书家的宗旨不同,境界亦有差别,是以产生了不同类型的藏书家。

明代学者胡应麟曾依据书画收藏分为赏鉴、好事两类,将典籍图书的收藏者分为赏鉴家、好事家和雅尚家三类,从而奠定了藏书家分类说的基础。清代学者洪亮吉曾在《北江诗话》中,依据藏书主人的旨趣和成就特征,将藏书家分为考订家、校雠家、收藏家、赏鉴家、掠贩家五类:"得一书必推求本原,是正缺失,是谓考订家,如钱少詹大昕、戴吉士震是也;次则辨正其版本,注其错讹,是谓校雠家,如卢学士文弨、翁阁学方纲是也;次则搜采异本,上则补石室金匮遗亡,下则备通人博士之浏览,是谓收藏家,如鄞县范氏天一阁、钱塘吴氏瓶花斋、昆山徐氏传是楼是也;次则第求精本,独嗜宋刻,是谓赏鉴家,如吴门黄

---

[1] 杨钧:《草堂之灵》,岳麓书社1985年版,第144、203页。

主事丕烈、邹镇鲍处士廷博是也；又次则于旧家中落者贱售其所藏，富室嗜书者要求其善价，眼别真赝，心知古今，闽本蜀本，一不得欺，宋椠元椠见而即识，是谓掠贩家，如吴门钱景开、陶五柳、湖州施汉英是也。"

叶德辉在洪亮吉的分类基础上又有所调整。他认为："考订校雠，是一是二，而可统名之著述家。若专以刻书为事，则当云校勘家。"①将藏书家分为著述家、校勘家、收藏家、赏鉴家与掠贩家五类。具体来说，钱谦益、王士禛、朱彝尊是著述家；毛晋兼校勘家与收藏家；钱尊、季沧苇是赏鉴家；孙星衍、马征君是考订、校雠、收藏、赏鉴兼而有之；卢见曾、秦恩复以及张敦仁、顾广圻等，则是纯粹的校勘家。叶德辉所论不仅涉及藏书家分类的标准，而且涉及应标举的藏书家数。

那么，叶德辉自己又是属于哪一类的藏书家呢？大体来说，判断藏书家所属流别，必须依据诸家所藏之书及其他著述。叶德辉刊行于1916 年的《观古堂藏书目》，为我们展示了叶德辉藏书的概况。该目凡四卷，卷一经部 13 类、卷二史部 12 类、卷三子部 14 类、卷四集部 6 类，为四部 45 类，共计著录藏书 5148 种。此目"于一切宋元刻本、名校旧抄，大半载而未尽，然明以来精刻善本则详录靡遗"；"可以补正张文襄《书目答问》之缺误，亦足备《清史·艺文志》之史材"②。

此外，叶德辉平时每得一书，必缀一跋，"或校其文字之异同，或述其版刻原委，无不纤细毕详"③。这些题跋由叶氏门生弟子收集整理，最终于 1926 年汇集成《郋园读书志》，1928 年于上海刊印。该志 16 卷，依四部分类排列。卷一、二为经部，凡 96 种；卷三、四为史部，凡 97 种；卷五、六为子部，凡 126 种；卷七至十六是集部，凡 389 种，总共 708 种。该志"大抵体近述古《敏求记》，较多考证之资；例本甘泉《杂记》，兼寓抉择之意；远追晁、陈二家志录之流别，近补纪、阮二公提要之阙书，是固合考订、校雠、收藏、鉴赏为一家言，而不同于何无锡终日为达官搜采旧书、顾广圻毕生为人校刊善本，迹同掠贩，徒

---

① 叶德辉：《书林清话》，岳麓书社 1999 年版，第 208 页。
② 叶启倬、叶启慕：《观古堂藏书目跋》，《观古堂藏书目》，长沙叶氏观古堂 1916 年版。
③ 叶启发：《郋园读书志跋》，叶德辉：《郋园读书志》，上海澹园 1928 年版。

耗精神也"①。《郋园读书志》本为题跋之作,然而叶德辉于"目录版本之学寝馈数十寒暑,储藏既富,闻见尤多","随笔所书,动中窾窍","沾溉无穷,其津逮来学之功巨矣。岂仅于藏书家分据一席已哉"!② 不以自矜收藏之美富为宗旨,而立足于诏示后学入门之径,从中折射出叶德辉将藏书与学术传承紧密结合、为读而藏的思想特色。

为读而藏本是藏书最为基本的宗旨,然而,在近代社会文化变迁的过程中,却出现了收藏与阅读相分离的现象。晚清以来,国内尊西趋新风气日盛,传统古籍作为旧学的载体遭到冷遇,使传统人士有"古籍沦亡"之忧。另一方面,当古籍所承载的学术思想被淡化之时,古籍作为古玩的收藏价值却依然存在。在官藏古籍沦亡的同时,私家收藏之风却蔚然兴起。著名藏书家傅增湘曾指出:"自桑海以还,新旧递嬗,而癖古嗜书,一时乃成风尚。十余年间,南北藏书家崛起,有名于世者,以数十计。……大腹之贾,乳臭之儿,依附雅流,托为韵致,万金挥手,百城自尊。然四部不知,三史挂壁,徒以锦帙牙签之富侈紫标黄榜之雄,其人固无足论矣。其或豪门贵胄,雅好芸香,收异罗珍,辇金四出。诸子百家,循目以求富;金源天水,按谱以索真。观其书簿流传,非不灿然美富,而衡鉴多爽,兰艾杂陈。徒自诩其胜情,终见訾于世论。"③ 正是在这种背景下,所谓藏书家恰恰成为古玩家,藏、读分离,古籍收藏变成了一种商业牟利行为,或者附庸风雅之举,而背离了藏书的基本宗旨。

叶德辉对这种嗜古风气进行了深刻的批判。他指出:"近日南中多田翁,海上巨腹贾,京师贵游子弟,大都藉收藏宋元本书之名,以为结纳文士之芳饵。以余所知,其目能识一丁者盖尠,又焉知书本之善不善耶?"④ 这类以古董视图书的藏书家无异于洪亮吉所言的"掠贩家"。他多次抱怨,现在买书人日多,而读书人日少,致使古书价高,读者不能买,买者不能读。"宋椠贵至千金,插架等于古玩;廖板齿侪十客,牟

---

① 刘肇隅:《郋园读书志序》,叶德辉:《郋园读书志》,上海澹园1928年版。
② 同上。
③ 傅增湘:《董康东游日记序》,董康:《董康东游日记》卷首,1940年重印本。
④ 叶德辉:《别本结一庐书目序》,朱学勤:《结一庐书目》,长沙叶氏观古堂光绪壬寅版。

利甚于权场。以故鬻书者日见其多，读书者日见其少。"① 当古籍变成了古玩、藏书变成了投资之后，最终会损害古学的保存。

叶德辉又记一事：

> 往时京师书估，一言及经厂本书籍，则攒眉摇首，若视坊刻书为尤贱者。然其书无不字大如钱，且兼白棉纸精印，而列之插架尘封，漏湿等于废纸残篇。乃闻近二三十年声价顿增，厂甸列肆中几无一册之存在。询之书友，则云：迩来一干部员，相与争购明版白纸印本书，不问有用无用，但求装潢精好，列层壮观。故昔年极不行明人书，今皆有俄空之势。缪筱珊学丞尝与余戏言："今日买书人多读书人少，真咄咄怪事！"②

叶德辉一方面痛惜古籍之沦亡，一方面批评藏书者，甚至有"今日藏书之人，即昔日焚书之人"③ 之论。当藏书与读书相分离之时，其文化传承功能退隐，而商业牟利性质凸显，叶德辉是以有"藏书之人即焚书之人"之叹。在此背景下，叶德辉重视藏书，但不以藏书家自居，不以矜奇炫贵为尚，而是为读而藏，将藏书作为研究学术、保存国学的一个组成部分。因此，他的收藏标准有异于常人。

从藏书内容上看，叶德辉重视经部、史部书籍的搜求。在古籍购置的先后顺序上，他曾提出应"先经部，次史部，次丛书"，对经书表现出特别的重视，因经学乃是传统学术的核心，是学人应讲求的。此外还重视目录书籍的收藏，因目录是一代典籍之记载，是文化遗产的账簿。"簿录之学，所以考一代典籍之存亡；私家之藏，所以补一朝馆阁之阙略，譬如入五侯之厨，虽不得遍尝其鲭膳，而览其食谱，不犹愈于过屠门而大嚼乎？此余于目录之书，所以终身好之而未有已也。"④ 约略估计，观古堂所藏目录学书籍共有122部，较《四库全书总目》所著录的20余部为多。⑤

---

① 叶德辉：《书林清话》，岳麓书社1999年版，第218页。
② 叶德辉：《通典又一部》，《郋园读书志》卷4，上海澹园1928年版，第4页。
③ 叶德辉：《书林清话》，岳麓书社1999年版，第218页。
④ 叶德辉：《校刻百川书志序》，《百川书志》，长沙叶氏观古堂1914年版。
⑤ 参见沈俊平《观古堂藏书述略》，《中国典籍与文化》2000年第3期，第65页。

从藏书版本看，叶德辉反对佞宋，注重搜集明清近刻。自明清以来，凡藏书大家无不偏好宋、元刻本。这一方面是因为宋版图书质量好；另一方面也是物以稀为贵和国人尊古薄今的观念使然。叶德辉认为，宋元本之可贵，在于它有资于校勘；而以古玩视宋元本，则背离了藏书的本意。宋刻书固然质量好，但亦多讹舛，"古今藏书家奉宋椠如金科班律，亦惑溺之甚矣"①。"藏书家贵宋元本，于近刻则奴仆之，此大惑也。"② 在叶德辉看来，藏书家侈列宋元，摒弃近刻书，以为近刻书不足与载籍之列者，"此乃骨董家之所为"③，无异于掠贩家。他主张："读书者之藏书，原不在百宋千元之争胜。"④ 他在搜集图书时，"于宋元明抄外，尤好收国朝诸儒家塾精校精刊之本"⑤，藏书中，清刻本、明刻本占了绝大多数，而宋元刻本不多，仅几十部，不到全部藏书总数的1%。

重别本、重本是叶德辉藏书的又一特色，尝言："版本之学，为考据之先河，一字千金，何可藐视。昔贤读书，尝以一字聚讼纷纷。故予每得一书，必广求众本，考其异同。盖不如是不足以言考据也。"⑥ 观古堂藏书中，同一种书，往往收藏有众多别本、异本，"别本重本之多，往往为此前藏书家所未有"⑦，多者达四五种以上，所藏《十三经注疏》即达六种版本以上。这正体现了叶德辉以藏书服务于考据的理念。

"不欲居藏书之名，惟锐以传古自任"，这本是傅增湘对民国藏书家董康的评价。其实，这一评价用在叶德辉身上，也完全适合。正是"以传古自任"的精神，使叶德辉超越了一般藏书家的思想境界，成为近代著名的传统学者。

二 刻书保国学

从学术传承的角度看，刻书如果不是比藏书更重要的话，至少同藏

---

① 叶德辉：《书林清话》，岳麓书社1999年版，第132页。
② 同上书，第189页。
③ 叶德辉：《别本结一庐书目序》，朱学勤：《结一庐书目》，长沙叶氏观古堂光绪壬寅1902年版。
④ 同上。
⑤ 叶启崟：《郋园读书志后序》，叶德辉：《郋园读书志》，上海澹园1928年版。
⑥ 叶启发：《郋园读书志跋》，叶德辉：《郋园读书志》，上海澹园1928年版。
⑦ 刘肇隅：《郋园读书志序》，叶德辉：《郋园读书志》，上海澹园1928年版。

书一样重要。要避免古籍沦亡，除进行图书的收藏、整理之外，还须让它化身千万，广为传播。正如叶德辉所言："藏书而不知刻书，何异骨董行客。刻书而不知藏书，亦棚铺坊肆所优为，曾何与于表彰先哲嘉惠来学之事？"①叶德辉一生都很重视刻书，其"所著及校刻者凡数十百种，多以行世"②。此外，叶德辉还曾与王先谦、张祖同一起主持晚清湖南官书局思贤书局的出版工作。思贤书局是晚清影响较大的几家官书局之一，经费比较有保障，而书局主持者又多是当时的硕学鸿儒，因此出版了不少质量较高的古籍和时人文集，在近代湖南乃至中国出版史上都占据重要一席。然而，随着清末新政的实施，新学的兴起，湖南的传统刻书业受到挤压，日益萎缩，加上石印活字板流行以后，刻工四散，致使"刻工少"成为制约传统刻书者的一大因素。在辛亥革命前，叶德辉与王先谦商议，拟借思贤书局汇刻经书，而最终遭遇时事变迁，未能如愿以偿。此后，只能靠个人之力来从事出版活动。

1916年，叶德辉还吴避兵，寓居苏州，往来沪上，正逢张元济主持下的商务印书馆有出版大型古籍丛书《四部丛刊》的计划。叶德辉闻讯欣喜过望，热心参与到这个活动中来，成为民国初年这项古籍挽救的重大文化工程中的功臣。

商务印书馆最初以出版新式教科书著称，民国初年转向古籍的整理出版，把中国固有的历史文化典籍的保存与传播作为一项长期性的任务。这与张元济的指导思想分不开。张元济认为："吾辈生当斯世，他事无可为，惟保存吾国数千年之文明，不至因时势而失坠。此为应尽之责。能使古书流传一部，则于保存上多一分效力。吾辈炳烛余光，能有几时，不能不努力为之也。"③因而将出版重点由获利甚厚的新学书籍，转向背时违俗的古籍旧学。

叶德辉与张元济为壬辰科（1892）进士同年，早就相识，又有着相同的文化关怀。他不但热心支持《四部丛刊》出版计划，在某种程度上，还是这一重大出版活动的倡议者，是这一活动的发起人之一。叶

---

① 叶德辉：《常熟顾氏小石山房佚存书目序》，《郋园山居文录》卷上，长沙叶氏观古堂1922年版，第5页。

② 许崇熙：《郋园先生墓志铭》，闵尔昌纂，《碑传集补》卷53，上海书店出版社1988年版，第1581页。

③ 转引自吴方《仁智的山水——张元济传》，上海文艺出版社1994年版，第113页。

第七章 存古续绝:叶德辉晚年保存旧学的努力 241

德辉在致瞿良士的信中曾说:"弟数年前与张菊生同年倡为《四部丛刊》之议,欲合部最要最善之本,聚于一编。合二人之藏不敌尊处一鳞片羽,屡思援朱竹垞、钱湘灵、黄俞邰、周雪客征刻唐宋人秘本书之例,藉重大名,列于公启。以时局扰攘,执事又以议员在京,江海阻修,无缘通耗。道旁筑室,三年于兹。"① 又说:"此事本发端于鄙人。"② 1919 年春,叶德辉重来上海,张元济再申前议,叶德辉极为赞成,以为:"《四部丛刊》之举,有功前籍,津逮后人,诚如例言'愿有似乎石仓、奢更甚于南皮'。……弟向劝各洋书店汇印善本周秦两汉诸子及唐宋名家诗文,今并涉及经史,更为煌煌巨观矣。"③ 他在阅过商务印书馆初拟的《四部丛刊目》之后,表示:"以浩如烟海之簿籍,择尤提要,成此鸿编,《百川学海》无此规模,《永乐大典》逊其精要。其中各书采集善本,一在存古,一在信今。以校勘兼赏鉴之长,以表章寓嘉惠之意。季札闻乐而叹观止,娄护传食而得候鲭。此书一成,信为空前绝后之作。"④ 叶德辉本非商务股东,而如此推重《四部丛刊》之出版,则因这一活动正是自己未酬心愿的实现。一直以来,叶德辉都希望能集合同志之力,遍刻古人之书,挽救古籍于危亡之际,以保书种、文种。在叶德辉看来,《四部丛刊》的出版不仅仅是商务印书馆一家之事,更是以保守中国固有文化为职志的诸位同道的共同事业,"不过藉商馆机石,流传世间未见之奇书"⑤。而对商务印书馆出征《四部丛刊》之事,叶德辉表示"惟有馨香祷祝,企其成功而已",并希望商务印书馆的主事诸人"勿惮其难,勿求其速,假以岁月,合此浮图"⑥。

为了协助商务印书馆完成此项盛举,叶德辉和当时供职涵芬楼的夏

---

① 《叶德辉致瞿启甲(一)》,王逸明主编:《叶德辉集》(4),学苑出版社 2007 年版,第 415—416 页。
② 《叶德辉致瞿启甲(二)》,王逸明主编:《叶德辉集》(4),学苑出版社 2007 年版,第 416 页。
③ 《叶德辉致夏敬观(四)》,王逸明主编:《叶德辉集》(4),学苑出版社 2007 年版,第 393 页。
④ 《叶德辉致夏敬观(五)》,王逸明主编:《叶德辉集》(4),学苑出版社 2007 年版,第 394 页。
⑤ 《叶德辉致瞿启甲(二)》,王逸明主编:《叶德辉集》(4),学苑出版社 2007 年版,第 416 页。
⑥ 《叶德辉致夏敬观(六)》,王逸明主编:《叶德辉集》(4),学苑出版社 2007 年版,第 398 页。

敬观书信往返，反复商量，"不厌其烦地出主意，提建议，辨别版本的优劣，研讨书目的取舍，甚至还关心到了选题对《丛刊》销售的影响"①。仅据王逸明先生辑录的郋园信札来看，叶德辉致夏敬观的15封信中，讨论《四部丛刊》的多达十余封，其中几封信详说《四部丛刊》所采版本、所选书目之事，长达数千言。其所作为，已经超越了一个藏书家的范围，而成为《四部丛刊》的策划、组织者之一了。

大体上来说，一部书的发凡起例决定了这部书的编写原则，而一项出版计划的发凡起例无异于这项出版计划的总体规划与原则。《四部丛刊》的书目条例都撰自叶德辉一人。当然，叶德辉所撰，原本吸收了众家之思想，撰成后亦经同仁"斧削"指正，而后才成为商务印书馆的出版原则。笔者将《书林余话》所载叶德辉撰写的"例言"与上海商务印书馆正式发布的《四部丛刊例言》两相比较，发现除个别表述有所修改外，在出版的价值取向、选题的标准、版本的确立方面，商务印书馆基本上采纳了叶德辉的意见。由此可见，叶德辉在《四部丛刊》出版活动中发挥了重要作用。可以说，《四部丛刊》虽是商务印书馆主持的一项出版活动，实质上是众多著名学者、藏书家共同参与、共襄其成的一项重大文化工程，而叶德辉正是其中不容忽视的一位。

第一，昌明国学，端赖流布古书。

古籍出版是一项文化传播活动，旨在传承中国固有文明。而在旧学日衰、古籍渐成富贾之古董的背景下，从事大规模的古籍汇刊活动就更有力挽狂澜的意蕴。叶德辉所撰例言，首先将《四部丛刊》的出版活动与国故的保存联系起来，赋予其绵延斯文的意义。例言称："昔曹石仓学佺有言：释道二家，汇刻经典累数万卷，名为藏经。至于儒家，独付阙如，诚为恨事。张文襄之洞劝人随举《书目答问》中一类，刊成丛书，以便学者。二公锐意及此，迄未有成。鄙见以为：昌明国学，端赖流布古书。涵芬楼广收善本，海内贤达，勉以流通，不吝借瓻之助，冀成集腋之功。故不辞力小任重之讥，毅然图始。区区之意，学者谅之。"这就为《四部丛刊》的出版定下了"昌明国学"的基调。商务印书馆除将叶德辉的"鄙见"改为"窃以为"；将叙述他者的"涵芬楼"

---

① 梁颖：《郋园轶事——读叶德辉遗札》，《藏书》第6辑，齐鲁书社2002年版，第77页。

改为"筑涵芬楼"外,全盘接受了叶德辉的这一定位。1919年10月,包括叶德辉在内的25位同志联合发布的《印行〈四部丛刊〉启》将这一定位作了进一步的阐发:"睹乔木而思故家,考文献而爱旧邦。知新温故二者并重。自咸同以来,神州几经多故,旧籍日就沦亡。盖求书之难,国学之微,未有甚于此时者也。上海涵芬楼留意收购,多蓄善本,同人怂恿影印,以资津逮。间有未备,复出公私所储,恣其搜临,得于风流阒寂之会,成此《四部丛刊》。"说明《四部丛刊》的出版是在国学式微前所未有的情况下为挽救旧籍、振兴国学而采取的措施。该启为张元济所起草,无疑也是诸位同仁的共同心声。

叶德辉主张:"即刻一书,务使学人同趋于正轨而不误于歧途,此平生刻书之宗旨也。"①他将这一思想渗透到为《四部丛刊》所撰例言中。从"昌明国学"的宗旨出发,《四部丛刊》"衡量古今,斟酌去取,几经详审,始得成书";而之所以要如此慎重其事,则因意欲"于存古之中,兼寓读书之法"②,刻书不仅仅是为了网罗散佚,更是为了传承学术,固辨析取舍之间以导引正学为标准。当然,具体到什么样的"读书法"才是治学之正途,则难免见仁见智,可另当别论,但这一价值取向本身无疑值得肯定。

第二,古书出版选题应以存古、有用、利市为标准。

《四部丛刊》作为一部大型丛书,虽遍及四部,但在选择书目上,是有独特的考虑的。"四部之书,浩如烟海,兹编止择其急要者登之。"③从经部来看,《四部丛刊》没有收入宋学总汇《通志堂经解》、《经苑》和汉学总汇《皇清经解》及《皇清经解续编》等书,这是因为它们已广为流传,几乎达到了"家藏户遍"的程度。从史部来看,除正史、编年、地理外,取别、杂传载之古者。子部则九流十家,取其古雅而非出于伪托者收入。诗文集则取其已成宗派者。算学、兵书、医经,在古人为专门之学,在今日有专科之书,作者层出不穷,后来或更居上。今但取其初祖数种著录,以为学者导源星宿之资。史部中的《通典》、《通志》、《通考》,类书中的《太平御览》、《册府元龟》,集部中

---

① 《叶德辉致夏敬观(六)》,王逸明主编:《叶德辉集》(4),学苑出版社2007年版,第395页。
② 叶德辉:《书林余话》,岳麓书社1999年版,第290页。
③ 同上书,第291页。

的《全唐文》、《全唐诗》,皆以卷帙繁重,自宜别印单行,兹编概不阑入。史部艺文、经籍诸志,以及古今官私书目,所以辨章古今学术,藉考典籍之存亡,他日拟汇集诸家藏书记、目、题、版之属,别为一编印行,故兹于书目不录一部。《四部丛刊》的一大特色,是收入了较多的集部书籍,并且采及近人,对于清代文学予以了较多关注,其理由是"有清一朝文学,实后进之津梁。张文襄有言:读书门径,必须有师。师不易得,即以国朝著述名家为师"[1]。对于注本,则采用宋、元以前旧注,凡近人注本,概不轻用。

《四部丛刊》的这一选题标准是在吸收了众多学者的意见之后形成的,其中特别吸收了叶德辉的意见。商务印书馆拟印书目提出后,曾向叶德辉等藏书家咨询,商酌去取。叶德辉一一为之复勘,颇有增省。如史部之书,叶德辉认为:汉荀悦《汉纪》、晋袁崧《后汉纪》,此为编年纪事之祖,断乎不可缺少;又如子部,《鹖子》、《慎子》本非完书,又非古本,无关考证,可以删除;又如集部,叶德辉认为,《山谷集》后宜增秦观《淮海集》,《水心集》前宜增陈傅良《止斋集》,《鹤山大全集》前宜增真文忠公《西山集》。"以上所增,皆两人一时齐名,录一阙一,未免挂漏。"[2] 至于那些既非希见之书,又非必用之书,则宜去掉。

《四部丛刊》选书中最终收及清人文集,是叶德辉断断力辩的结果。最初,集部之书拟断自明朝,不汲近代,而叶德辉提议增加清代部分。这一主张遭到沈曾植等人的反对,认为经、史、子三部未收清人书而集部多收清人书,于全书体例不合;再者四部分布不匀,经、史、子录书太少。缪荃孙也认同沈氏的看法。于是张元济拟删却近代诸集,增加宋金元人集,或兼采北、南词家专集。叶德辉得知消息后,在致夏敬观的书信中反复申论,力持原议。他提出了两个维持原议的理由:一则"为流通古书起见,不得不有利市之心",利市则流通,不利市则不流通。所谓利市,也即从商业的角度考虑,古书出版应获得一定的利润。而要获得利润,则首先所刊之书能够销售出去。要使古书有销路,则必

---

[1] 叶德辉:《书林余话》,岳麓书社1999年版,第293页。
[2] 《叶德辉致夏敬观(六)》,王逸明主编:《叶德辉集》(4),学苑出版社2007年版,第397页。

须考虑读者的需求，所谓"投其所好"。叶德辉认为："近二三十年，国朝人诗文集几欲凌驾宋元。人之求之者，得甲失乙，每恨不全。今则类聚一编，触手皆备，其为人所必购，自不待言。究竟中国读书之士好词章者多，务实学者少。"这就是为什么原目于经史子三部书采录少而集部书采录多、近人集采录尤多原因之所在。二则因经、史、子三部之书与集部情况不同，"经、史、子三部不能出前朝人范围，诗文则百态翻新，国朝已别为风气"。并且，"东西各国于有清一代文学已公论为可研究之学问，而中国尚古学者固多欲备其书，即新学中咬文嚼字之人亦多不惜重货以购求诸家诗文各集"。叶德辉反复提醒夏敬观等人，《四部丛刊》之出版，正欲通过荟萃近人诗文集带动全书销售；如果删除清朝诸家诗文集，"于体例则合，则销售转不合，此当审慎再三而始可定局者也"①。

叶德辉还建议，《四部丛刊》之出版，固然为流通古书起见，但也要预算成本，为此应"只宜取有用之书"，拟刊书目之增、删都以此为标准，并且对应增、应删之书提出具体的建议。他与夏敬观"不惮往复推详"②，表达自己的主张。如关于明代总集的选择，叶德辉认为："《明文衡》、《明文海》似是网罗宏富矣，非明文之全。《文衡》选自程篁墩，偏重道统；《文海》选自黄梨洲父子，意在征文考献，不在选文，比于《文粹》、《文衡》二书，未免繁重，故弟主张用《明文在》，转觉简练菁华。"③ 此后又重申自己的意见："《明文衡》、《明文海》鄙意始终不主张，与其刻此占纸张之近人书，固不如匀出纸张多印古书。明人文集如宋、刘、唐、归外可取者少，其诗亦然。总集一《明文在》足以了之，以其所采精也。"④ 又如关于宋、元、明三朝诗选，夏敬观拟删《宋诗存》、《元诗选》、《历朝诗集》，叶德辉则表示"弟意万不可删"，盖此三集所以代宋、元、明三朝选本。夏敬观本为诗人，对于诗家流派有自己的赏鉴与偏好，而叶德辉时有异见，如夏敬观拟将《西

---

① 《叶德辉致夏敬观（一一）》，王逸明主编：《叶德辉集》（4），学苑出版社2007年版，第401页。
② 同上书，第402页。
③ 同上。
④ 《叶德辉致夏敬观（一三）》，王逸明主编：《叶德辉集》（4），学苑出版社2007年版，第404页。

昆》、《唐诗鼓吹》、《瀛奎律髓》、《乾坤清气集》等配为一朝选家,叶德辉表示"断乎不能苟同",谓:"《西昆》犹属诗宗,《唐诗鼓吹》、《瀛奎律髓》、《乾坤清气集》乃三家村头巾气之书,阁下以欲配为一朝选家,顾乃牵就列入,思虑周密,无如不能增色也。"① 由此可见叶德辉热心任事、知无不言的个性,当然亦可见叶德辉自信太过。但叶德辉同时也表示:"弟以局外人,自不如馆中经理人于书之行销不行销别有经效,弟所以不敢附和,亦不敢主张者此也。"② 自己只是尽到竭诚建言的职责,至于商务印书馆是否采纳,则并不勉强,所谓"弟如此说,不必如此行也"③。

具体到何书当选、何书当删,这与选者对于学术文化的不同认识乃至不同偏好有关,诚所谓"见仁见智",因此,笔者无法判断叶德辉所言合理与否。但从存古的角度看,他建议词曲也应择取三五大家及有名总集为全书之殿,这一主张无疑是合理的。四部是中国传统学术的分类,涵盖全体,词曲理应囊括进去,诚如叶德辉所言,"大而经史,小而词典,荟萃一集,蔚为大观,则《四部丛刊》之名称不至有见首不见尾之恨"④。

总体上看,叶德辉对于古书出版选题强调三个原则:一是存古,二是有用,三是利市。古书出版本为存古起见,将常人不易接触到的古书化身千万、传播开来;然而古书浩如烟海,而出版社经费有限,不能不有所鉴别选择。选择应以"有用"为标准。所谓"有用之书",是一个学术评价标准,也即那些为当时所重、对后人治学有津逮之功的书。这正是《四部丛刊》出版宗旨中的"存古之中,兼寓读书之法"的具体化。而古书出版要达到存古、有用两个目的,都必须以"利市"为前提,也即得到市场的认可,通俗地说,只有销售出去,才能发挥它的文化传播功能。为此,又必须考虑市场的需求、读者的爱好,利用读者的爱好与需要来拉动整套丛书的销售。从后来商务印书馆正式确定的"四

---

① 《叶德辉致夏敬观(一三)》,王逸明主编:《叶德辉集》(4),学苑出版社2007年版,第405页。
② 同上书,第404页。
③ 《叶德辉致夏敬观(一四)》,王逸明主编:《叶德辉集》(4),学苑出版社2007年版,第405页。
④ 《叶德辉致夏敬观(六)》,王逸明主编:《叶德辉集》(4),学苑出版社2007年版,第398页。

部丛刊例言"来看,叶德辉的思想主张大都得到体现。而这一思想,对于今天的图书出版无疑也具有一定的借鉴意义。

第三,古书重刊应精择版本。

古书出版的成功与否不仅取决于书目选题,底本的选择也至关重要。《四部丛刊》动议之初,缪荃孙、王秉恩等人主张按张之洞《书目答问》中所列诸本付印。叶德辉"力言其非",以为"文襄书目,行之海内数十年,稍知读书者,无不奉为指南,按目购置";转而主张:"今惟取世不经见之宋元精本缩印小册,而以原书大小尺寸载明书首,庶剞劂所不能尽施,版片所不能划一者,一举而两得之。"① 这一建议得到了张元济的首肯。

对于版本之选,叶德辉认为:"兹事本属创例,讨论不厌其详。在议始者未尝存牟利之心,在参校者不可无惜名之见,既费巨本,当具别裁。若使草率图成,未免负此盛举。"② 故不仅确立了《四部丛刊》选择版本以"世不经见之宋元精本"为主的总体原则,而且还对具体的每本书所应选择的善本进行了充分的讨论。他在校勘《四部丛刊目录》时,一方面将"目中善本一定不可移易者,上皆用朱圈识别之",另一方面对"其中鄙见未合及敝处所藏、他人所藏胜于目载之本者"则在原目中进行批注。除此之外,还在与张元济、夏敬观等人的长信中反复辨析,对商务印书馆拟印的四部各本逐一提出自己的意见。

值得注意的是,叶德辉不仅详论每种版本之优劣,并且还每每指出应用版本藏在何处,用什么样的方式能获得,如主张《经典释文》用叶梦得校抄宋本,同时又表明"余有此本";主张《方言》用宋刻原本,又表明此书在北京傅增湘处,可向其借印。而在与张元济的信中,也反复商议刊印诸事项与原则,提出:"今日海内藏书家,固以江南之瞿、山左之杨,为南北两大国,然其他藏书之人所藏,亦有出于二家之外者。此次汇印,板片则取异不取同,征求则就近不就远,一则在保留古本,一则利在易借荆州,盖必如此,始足达吾辈流通古书之素心,而

---

① 叶德辉:《书林余话》,岳麓书社1999年版,第289页。
② 《叶德辉致夏敬观(六)》,王逸明主编:《叶德辉集》(4),学苑出版社2007年版,第398页。

其途亦较有归宿也。"① 并对每一部应选用的版本——说明,既考虑到版本之善,又兼顾获取之易。

版本之差异,从表面上看只涉及书的外在形式的不同,故有时为人所轻视,以为不过是藏书家或古董家所讲求。叶德辉曾记:"同年友某尝与吾笑谈,谓平生不知板本,但见其书有字即读。吾戏语之曰:'君所读书皆无字。'是亦各明一义矣。"② 而叶德辉之所以斷斷力辩版本之优劣,乃因"版本之学,为考据学之先河。一字千金,于经史尤关紧要"。故于《四部丛刊》所采用的版本,"皆再三考证,择善而从"。

所谓"择善而从",是通过仔细比勘,定其是非,而非仅以时代先后论。比如,明徐氏仿宋刻本《三礼》。明人翻宋岳珂本九经,徐刻《周礼》不如岳本之精,岳刻《仪礼》不如徐本之善。这些都须逐一细校,才能定其是非。又如北宋失传之书,赖有元、明人翻本,转出南宋本之上者。宋、元旧刻,固然尽善尽美,但阅世既久,非印本模糊,即短卷缺页。在收藏家固不以为瑕疵,而以之影印,则于读者殊不相宜。叶德辉"每恨前人仿宋元旧刻,字句总有参差";故在《四部丛刊》的活动中,希望通过精择底本与影印方法,确保影宋本的质量,以期"千万化身,不失庐山真面"。叶德辉的这一版本思想最终也成为《四部丛刊》采择底本的原则。《例言》声明:"兹之所采,多取明人复影本,喜其字迹清朗,首尾完具,庶学者引用,有所依据,非有宋、元本不贵,贵此明刻本也。"③ 这正是叶德辉思想的体现。

叶德辉除了积极建言、为《四部丛刊》确立指导思想之外,还参与到实际事务中来。他多次表示,自己所有之书均可借出,自己所无之书亦可介绍借印。当时,叶德辉居住苏州,往来沪上,而所藏之书大部分都在长沙寓所。叶德辉向夏敬观索得《四部丛刊》采用书目,寄回湖南,由子侄们按目检查。鉴于当时古书运载不便,叶德辉还提出:"或装运上海,或就近由湖南贵分馆用照片照出汇寄上海,均可商量。"④

---

① 叶德辉:《与张菊生同年论借印四部丛刊书》,《郋园山居文录》卷下,长沙叶氏观古堂1922年版,第20页。
② 叶德辉:《书林清话》,岳麓书社1999年版,第22页。
③ 《四部丛刊例言》,上海书店编:《四部丛刊书目》卷首,出版信息不详。
④ 《叶德辉致夏敬观(六)》,王逸明主编:《叶德辉集》(4),学苑出版社2007年版,第398页。

此后因运载不便，叶德辉又提出了"此事总以借得瞿书为功之半，江南图书馆次之。弟书远在湘中，邮寄究多不便，苟非瞿、丁及涵芬楼所无，余皆尽就近易借者借之较简便，亦较迅速也"①。叶德辉先后将自己所藏的《仪礼郑注》、《古列女传》、《越绝书》、《吴越春秋》等书借给商务印书馆。②更为难能可贵的是，叶德辉还多方联络、多方奔走，为商务印书馆向国内外藏书家借印底本，甚至通过日本友人转向日本静嘉堂借印底本。关于此事，叶德辉的侄子叶启勋曾回忆：

> 十余年前，先世父考功君与海盐张菊生侍郎元济、江安傅沅叔学使增湘，倡印《四部丛刊》，集南北藏书家之秘籍，以供采择。时先世父正居苏城，书首例言，皆力任之。于时四部惟大、小二徐《说文》尚待搜访。盖大徐《解字》宋本见于归安陆存斋运使心源《皕宋楼藏书志》者，其子早已售之静嘉堂，海内无第二本。小徐系传则宋本残帙，亦且无传。吴中黄荛圃主事丕烈《百宋一廛书录》所载虞山钱遵王尊述古堂影宋钞本，亦无踪迹。会余因事道沪上，先世父亦由苏来申。侍郎以地主之谊，并欲商借余家藏书，招宴于其家。席间谈及二徐《说文》，苦无善本可印。时江阴缪筱珊学函荃孙亦在座，遂告侍郎以述古，世父则告以大徐《解字》陆藏宋本亦可转托友人商假。侍郎色喜，即席促筱老致函乌程、先世父致函友人。未逾月，友人复函，已得藏主允许，惟书不愿出门，且恐印时污损。几经函商，遂由侍郎备印资三千金，托藏主自影，以晒片寄申。据以印入《续古逸丛书》，再据以印入《四部丛刊》。③

今保留在《郎园山居文录》中的叶德辉《与日本白岩龙平借印宋本书启》使我们能够了解到当年叶德辉为借到该书是如何对白岩龙平晓之以理、动之以情的。经过叶德辉的居中沟通，终于使《四部丛刊》收入《说文解字》宋刻本，避免了遗珠之憾。

叶德辉不仅为解决《四部丛刊》的底本借印问题出力不少，还对

---

① 《叶德辉致夏敬观（六）》，王逸明主编：《叶德辉集》（4），学苑出版社2007年版，第399页。
② 参见张树年主编《张元济年谱》，商务印书馆1991年版，第181页。
③ 叶启勋：《宋本说文解字题跋》，《拾经楼紬书录》卷上，长沙叶氏丁丑1937年版。

《四部丛刊》的销售策略提出了很好的建议。如，他主张："印本有六七分定妥，即将目例排印百分或二百分，先寄日本分布。彼国图书馆办理得法，不似中国之无经费无办法，其书必能多销。富人好藏书壮门面者亦不少。西文翻译者则多寄于美国，德、法次之，英颇市井，恐不尚也。"叶德辉并以自己所著《六书古微》的销售情况作为经验之谈："拙著《六书古微》，前年驻湘之德领事、天主教堂之法牧师售去百余部，次则日本门生带归国者，英美人则无之。美好文，特在长沙人少耳。以是知德法之好中国书过于英美，且过于日本也。"①这个建议对于《四部丛刊》的销售也起了一定的作用。

协助张元济出版《四部丛刊》是叶德辉晚年还居苏州后的一大活动。而叶德辉不惮其烦、不辞辛苦，出谋划策，除了他热心任事的个性使然之外，还在于这一活动寄托了他的文化理想。在近代国学式微、古书难求的背景下，古书刊印不仅是一项传统意义上的"积金"与"积德"的雅事，更是一项绵延斯文的壮举。古籍是古学的载体。要保存古学以免其不坠，首先必须保存古籍。而要保存古籍，最主要的是让它化身千万、流传开来。是以叶德辉将《四部丛刊》的出版宗旨定位于"昌明国学，端赖流布古书"上面。而要让古书服务于"昌明国学"，则古书出版就不能仅仅停留在"网罗散佚"上面，而须导引学术，即"存古之中，兼寓读书之法"。古书书目的确立、底本的选择，无不围绕着这一宗旨展开。正如叶德辉不以藏书家自居一样，他也不以出版家自限，而是将古籍出版与国学研究融合在一起，凸显了古书出版的"传先哲之精蕴，启后学之困蒙"的学术传承意义。

第二节　探字原,存中文

1915年，叶德辉曾接受日本某人的访问，大谈文艺戏曲。李定夷的《民国趣史·遗老传》中曾有《叶德辉文艺谈》一则，记载了这次会谈的情况：

---

① 《叶德辉致夏敬观（一五）》，王逸明主编：《叶德辉集》（4），学苑出版社2007年版，第406页。

近有日人某君往访湖南名士叶德辉，谈及文学戏曲之事。叶君云：《说文》为一种东汉人实学，不可以钟鼎铜器篆籀目之。研究此书最大要之门户，前清乾隆时儒者似犹未知，日本人亦罕有精造者。然其学甚难，鄙人于此已研究三十年矣。顷如剧曲亦极难学，恐不能输入日本。盖中国人情风俗方言，皆与日本不同，不能仅如诗文之同文也。王国维有《曲考》，十得六、七。然而日本人则恐难洞晓其源流。现今戏曲之脚色，还不如二十年以前。此等歌舞之事，亦随文治为盛衰。近十年以来，政府不注重文学，故此等戏曲现时知音者甚稀也。目今第一唱工为谭鑫培，第二则刘鸿昇。谭有老脚，唯音清转，倘有先正典型。刘则自作聪明，不知停顿开合之妙。每听其音，辄为之心急，生惧以其唱时忽高忽长，恒恐其不能落韵合拍也。此种弊端，致听者衷曲不畅。至于秦腔，则其音躁急，令人听之心烦矣。①

这则报道虽然迹近"掌故"，但颇合乎叶德辉的思想逻辑与个性。叶德辉在此主要论及两事：一为文字学研究，一为戏曲研究。于前者推崇《说文》为中国文字学之正宗，而于清儒研究《说文》者犹有微辞，"鄙人于此已研究三十年矣"一语，则自负之气扑鼻而来。于后者品评王国维的《曲考》十得六七，言外之意，犹有改善提升的空间，而日本人恐怕不能通晓此学。

时隔几年之后，1920年，叶德辉又在长沙接受了日本青年学者诸桥辙次的访问，两人进行了一场笔谈。叶德辉再次侃侃而论，广涉湘学、吴学，汉学、宋学，今文经学、古文经学，程朱理学、陆王心学，自然不忘攻击康有为的公羊学。值得注意的是叶德辉论及自己的一段话：

鄙人学派，与湖南不同。鄙人原籍江苏苏州吴县。有清一代经学之汉学肇基于此地，即世称昆山顾炎武、吴县三惠（惠周惕、惠士奇、惠栋）是也。曾文正为古文家，王闿运为诗文家，王先谦为

---

① 李定夷：《民国趣史》，国华书局1915年版，第20页。

桐城古文家,皆非汉学家也。鄙人于三公皆不相同。二王先生相交四十年,平日相见,不谈学问,以学问不同,必起争辨也。盐谷温、松崎鹤雄知鄙人与二王先生异。盐谷从鄙人受曲学,松崎从鄙人受小学(《说文》之学)。此二学为贵国向未讲求者。鄙人欲传之贵国以存中国将绝之学,惜乎非一年二年所能卒业也。鄙人尚有阴阳五行之学,此皆曾文正、二王先生所不知者。[①]

在这段话中,叶德辉除了暗示自己乃接绪三吴汉学之余绪、是不同于二王的正宗汉学家之外,又论及(自己的)文字学与戏曲学都有日本传人,表示"欲传之贵国以存中国将绝之学",自己通晓的绝学还有阴阳五行等。

由此可见,叶德辉是抱着传绝学的信念来从事传统学术研究的,并希望通过学术传承,将中国将绝之学传到日本。而他自负的学问中,有戏曲研究与文字学研究。叶德辉的戏曲研究成就及其对日本汉学界的影响暂且不论,这里先看看叶德辉的文字学。必须说明的是,文字学乃高深学问,非专门之家不得与论,笔者在此无意于评论叶德辉文字学研究的具体得失是非,而是从近代文化转型的角度,探究叶德辉的文字学研究究竟是在怎样一种背景下展开的,有着怎样的文化关怀,呈现出什么样的特点。

一 清末民初的汉语言文字之危机

语言是表达思想的工具,文字则是表达语言的载体。同时,语言还是各民族文化历史发展演变的产物,是一个民族区别于其他民族的重要表征,是国学的重要组成部分。保守传统文化,延续传统学术,都必然以保存汉语言文字为前提。然而,清末民初,中国传统语言文字遭遇到来自各方的挑战。此种挑战,就语言文字学领域而言,是传统的研究范式正在被具有近代意义的科学范式所代替;就社会领域而言,则是传统语言文字正面临着繁难无用的指责,因而成为被改造甚至被废弃的对象。

---

① 李庆编注:《东瀛遗墨——近代中日文化交流稀见史料辑注》,上海人民出版社1998年版,第163页。

语言文字的演变过程,也是历史文化的演变过程。文字之孳乳,随时代而繁滋;人类之知识语言,亦随文字循环而增进。在历史的演变过程中,形成了一套自己的规范与特征。因此,传统的文字学研究在某种程度上也即是文字史的研究,由今溯古,探求文字的初意与演变的规律。小学是中国传统学术的基础,发展至乾嘉时期,由经学的附庸而蔚为大观,成为一门独立的学问。乾嘉小学的特点是以许慎的《说文解字》为字书之正宗,由此上溯,探寻古圣人之原义。这种研究取向,要义在于强调师法相传、学有根源,而在表现形式上是文本考证。然而,在晚清民初新旧递嬗的过程中,这种传统路径遭遇到科学范式的挑战。清末以来,从钟鼎彝器到龟甲兽骨,大量文物的出土为人们探求古文字提供了更多的路径,同时也向以许慎《说文解字》为核心的传统文字学提出了挑战。正如梁启超所指出的:"自金石学兴,而小学起一革命。此前尊《说文》若六经,袄孔子以许慎,至是援古文、籀文以难许者纷作。"[①] 金石学虽始于宋代,而金石学能对小学起到"革命"作用,既与清末文物的大量出土有关,更与人们的科学信仰有关。这种以实物结合文献的考证方法,由于越来越具有"科学"的意义,从而获得了正面的价值。清末以后,在学术上具有"新"的品质、引领学术新风向的人物,无不与这种对实物的重视与运用相关。至20世纪20年代,王国维将此种考证方法概括为"二重证据法"(包括整个考据学),为中国新实证主义树立了新的范式。在二重证据的范式下,地下之实物无疑是代表新品质的"科学"的证据。具体到文字学研究上,不但研究重点转移到钟鼎金甲之文上,而且还出现了以钟鼎金甲之文取代以《说文》为代表的中国正统文字的倾向。

对汉语言文字更大的挑战来自于社会领域。自戊戌维新运动以来,像一切传统学术一样,汉语言文字也成了中国落后的罪魁祸首。相当一部分人认为,中国字是当今普天下文字之至难者,阻碍了识字率的提高与文化教育的普及,不利于开启民智。改造汉字,使人们易识易学,并节省出时间来学习各种更有用的实学,成为一种思潮。在此背景下,各种汉字改革运动此起彼伏。从早期的切音字运动,到民国初年的注音字母运动,再到五四时期的国语罗马字运动,汉字改革成为社会广泛关注

[①] 梁启超:《清代学术概论》,《梁启超全集》,北京出版社1999年版,第3090页。

的问题。各种方案中,或者主张统一文字的读音,或者主张将象形文字改为表音文字,以拼音取代汉字;或主张存汉语废汉字,而最激进的,当属《新世纪》派的万国公语说。20世纪初,以《新世纪》为代表的部分西化派,提出取消汉语言文字、以万国新语取代汉语的主张,掀起了万国新语运动。虽然新世纪派的主张最终没能广泛推行,但在此后的各种改革汉字运动中,对汉字质疑的声音始终存在,废除汉字的主张也不绝如缕。如钱玄同就提出:"废孔学,不可不先废汉文,欲驱除一般人之幼稚的、野蛮的顽固的思想,尤不可不先废汉文。"在时人的认识中,汉字改革不仅仅是学术领域的问题,更是民族兴亡的关键。切音运动的倡始人卢戆章甚至把推行切音字看作是国家振兴之本。汉语言文字不仅仅是在形体上存在繁难的缺陷,而且同一切传统学术一样,成为顽固守旧的代名词。中国传统语言文字存在的合法性遭到质疑。对汉语言文字的关注,已超出学术领域,成为一个公共的文化问题。

语言文字作为国粹的要素之一,是国学的重要组成部分。语言文字固然会随着历史的发展而变化,但在清末以来的文字改革运动中,隐含着切断传统、否定中国语言文字的历史虚无主义倾向。在此背景下,叶德辉的文字学研究,不仅是基于个人学术兴趣的延续,也包含着对上述中国语言文字危机的思考与回应。

二 叶德辉的文字学研究

叶德辉继承了乾嘉汉学的思想,主张:"崇圣不可以徒致,必首事于通经;通经不可以陵节,必循涂于识字。"[①] 故以文字训诂作为经学研究的组成部分。早在科举应考之时,叶德辉就开始了文字学研究,历时四十载,撰成《〈说文解字〉故训》一书。该书"专辑《三仓》、《尔雅》、两汉经传训诂、周秦诸子古书古义,引列各字之下,俾读者字字得其来历,不为毛晋校本、段玉裁注本所欺。凡一切钟鼎彝器之文,概不阑入,庶几许书条例,如日月之重光,仓颉制作之精神,不为佉卢神珙异域之野言所侵夺"[②]。叶德辉对此书期望甚高,视为阐发许

[①] 李肖聃:《湘学略》,岳麓书社1985年版,第217页。
[②] 叶德辉:《与日本后藤朝太郎论古篆书》,《郋园山居文录》卷下,长沙叶氏观古堂1922年版,第33页。

慎《说文解字》之条例、仓颉制作之精神的扛鼎之作。不过,这部凝聚了叶德辉毕生心血的著作最终稿佚未刊,世人无由一睹真面目。但该书的思想主张还是散落在叶德辉晚年完成的几部小学著作中。

其一,《六书古微》,共十卷,成于乙卯(1915)冬,刊于丙辰(1916)冬。因初刊错误太多,未及发行,即于丁巳(1917)重刻(但牌记仍示丙辰冬刊)。该书是根据叶德辉为日本弟子松崎鹤雄讲解文字学时所撰讲义整理而成的。该书未成之前,叶德辉曾对弟子言:"吾有一书,不求今人知,当通之重译,俾异方之人读吾书者,知吾国文字之英灵,非佉卢梵夹之徒所能比拟。"① 由此可见,叶德辉此书不仅是为了考释文字,更是为了向外国人表明中国文字的精妙。《六书古微》对古文字生成的六种原则指事、象形、转注、假借、会意、引申进行了探讨,以追寻造字之初意,提出了很多新见解,特别是区分了指事与象形,在研究方法上则是"以本书证本书,佐以六经、《史》、《汉》、周秦两汉诸子、汉人经史子注"②。

其二,《说文读若字考》七卷,著于1902年左右,而后时有修改,编摩二十年之久,刊于1923年。不同于《六书古微》探求古字形迹,此书主要是探讨古字音韵。此书取《说文》所称"读若某"者数百条一一为之疏通证明,以发明字之本音,使读者能寻字音之原、穷文字之妙。有学者称,前人著述,自乾嘉一二大师外,于古韵分部不甚讲求,"此编则依据段玉裁《六书音韵表》十七部之说,以证声音,亦殊扼要",誉该书"至为赅洽"③。

其三,《同声假借字考》二卷,于1923年刊行。鉴于近儒于同声通用之字多所发明,而以同字假借为引申,于依声托事之字不能划分,叶德辉此书专门发明同声假借之义。他按照诸经次第,除篆隶正小有异同不举外,将所有同声假借字悉数录之,"庶学者知同声字之假借与六书中之假借划然不同,夫而后可与言治经,可与言识字,是亦足为近儒分出一例矣"④。

---

① 左念康:《六书古微跋》,叶德辉:《六书古微》,长沙叶氏观古堂1916年版。
② 宗弼:《六书古微序》,叶德辉:《六书古微》,长沙叶氏观古堂1916年版。
③ 杨树达:《说文读若字考提要》,湖南文献委员会编:《湖南文献汇编》第2辑,湖南文献委员会1949年版,第152页。
④ 叶德辉:《同声假借字考》卷上,长沙叶氏观古堂1923年版,第1页。

其四,《说文籀文考证》刊行于 1930 年。据叶启勋《补遗》叙称:"先世父文选君晚岁撰《说文籀文考证》,属稿粗定,即被难。稿几佚而幸存。"① 则此书近乎叶德辉的绝笔之作。此编首载《说籀》四篇,继取《说文》所录籀文二百余文一一加以考证,"颇为详洽";特别是与清代以来湖湘学者不措意于钟鼎款识之学相比,该著独取宋代宣和考古图、博古诸图以至近代吴大澂所载彝器铭文证古籀之字形,被誉为"最为有识"②。

以上四种著作,又于 1931 年结集成《郋园小学四种》,以长沙观古堂的名义刊行。此外,在叶德辉与友人的通信中,文字学也是多次论及、重点关注的一个话题。既有具体学术见解的阐发,更有对清末以来中国语言文字命运的关注。综合这些有关小学的论著,可见叶德辉的文字学思想:

第一,溯文字演变之历程,肯定许慎《说文解字》保留了古圣造字之初意。

中国文字究竟是如何产生的?叶德辉提出:古圣造字无空言虚义,其原则有二:本乎声音,根乎实象。文字同于易象。古文字出于知识初开之野人,如画像、结绳,都是文字的初始形态,被中国学人尊为字初祖的仓颉不过将这些文字加以整齐划一。仓颉之前,即有文字;仓颉以后,复有师说。

> 字非一二圣人所造,仓颉不过整齐之,如周公制礼乐、孔子订六经之例。不得谓周公以前无礼乐、孔子以前无六经,即不得谓仓颉以前无文字也。且仓颉同时造字者,尚有沮诵,而今不传者,以仓颉之书,汉人独表章之,治其学者如张敞、杜业、爰礼、秦近,皆其徒。自扬雄作《训纂》,而众家遂废。许氏博采通人,裒录其遗说,而成《说文解字》一书。其文不必皆仓颉之旧,亦犹仓颉不必皆古文之旧也。古文多出于知识初开之野人。凡盘古万物之形象、史皇结绳之记载,一点一画,皆出于自然。③

---

① 叶启勋:《补遗叙》,叶德辉:《说文籀文考证》,长沙叶氏观古堂庚午仲夏刊。
② 杨树达:《说文籀文考证提要》,湖南文献委员会编:《湖南文献汇编》第 2 辑,湖南文献委员会 1949 年版,第 155 页。
③ 左念康:《六书古微跋》,叶德辉:《六书古微》,长沙叶氏观古堂 1916 年版。

了解文字演变的历史,追寻圣人造字之初意,既是叶德辉从事文字学研究的宗旨,又是其文字学研究的路径。若要倒溯古文字之形体与初意,则必须掌握文字演变的几大关节。叶德辉提出:从古文字产生,到后来之变化,仓颉为初祖,而李斯为发明仓颉第一人;汉代扬雄为发明仓颉第二人,许慎为发明仓颉第三人。那么,由许慎到扬雄,由扬雄到李斯,乃考察古文字的必经之路。

> 文字有上古、中古、下古三世之分,取象有人身、草木、鸟兽、百物之异。许氏九千余字,已视造字时之数倍蓰过之;即较扬雄作《训纂》时亦几增半。然则五百四十部首,亦可断其非《仓颉篇》之原文。当时博采通人,囊括今古,成一代之文典,为六艺之指归。循其迹以推寻,犹可得始制文字之精意。①

文字发展自有其历史,不但许慎之前有文字,就是仓颉之前亦有文字,仓颉之字尚非最古之文字。周宣王时,太史籀又著《史籀篇》,亦保留了六书之古意。《史籀篇》为古篆之枢纽,后被称为大篆。其实,《史籀》所载文字,与秦以后所出古孔壁古文、鼎彝古文、奇字古文三者各异。周末时,文字主要有古籀与古文两种,各国还有私造文字杂出其间。至秦统一天下,李斯奏同文,罢各国不与秦国文字相合者。李斯作《仓颉篇》,赵高作《爰历篇》,胡母敬作《博学篇》。三家皆取《史籀》大篆,或颇有省改,所谓小篆者也。而三家之中,赵、胡二家不尽守仓颉之旧,唯李斯守其义,故当时即以"仓颉"原名称之。因此,李斯乃为发明仓颉第一人。汉兴之后,仓颉之传几乎中断。孝宣时召通仓颉读者,张敞从受之,凉州刺史杜业、沛人爰礼、讲学大夫秦近,亦能言之。而扬雄采诸人之意,作《训纂篇》,集李斯以后仓颉学之大成。故扬雄为发明仓颉之第二人。扬雄之后,有杜林,有贾逵,有许慎。许慎所作《说文解字》,九千余字,重文千余字,与扬雄时相比,已增数倍;其部首有古文、有籀文、有古文奇字,已非李斯所据仓颉之原篇。不过,许慎的《说文解字》虽增多了许多字,但他必不背师说,保留了仓颉古意。因此,许慎为发明仓颉之第三人。

---

① 宗弼:《六书古微序》,叶德辉:《六书古微》,长沙叶氏观古堂1916年版。

《说文》之于文字考古的意义，在于它尊信古籀，而古籀之所以被许慎尊信，又因它保留了仓颉之意，因而，《说文》诚为古字之正宗。这一点，从《说文》叙中就可见出。许慎在《说文》叙中，明称"今叙篆文，合以古籀"，又称"世人诡更正文，诸儒说文解经，谊不合孔氏古文，缪于史籀"，既表明自己的原则，又批评世人"诡更正文"，笃信古籀之心由此可见。叶德辉又进一步推论："史籀若非根据仓颉，许君必无此尊信之专。"① 因此，由仓颉到史籀，由史籀到李斯、扬雄、许慎，即表明了中国古文字的圣圣相传；由许慎倒溯古文字之初始状态，则是文字考古的不二法门。

虽然文字圣圣相传，但在传承的过程中也存在着变化。叶德辉考察了文字演进的规则："大抵文字递变，始则由简而繁，古文变为大篆是也。继则由繁而简，大篆变为小篆是也。结绳以后，书契代兴，其文约略象形，点画极少。迨挚乳渐广，形求其具，义求其详，仓颉因之而作六书，而文字之用以备。至史籀，部分为十五篇，仓颉之文，始有传受。秦时厌其繁重，乃省改之。此其递简递繁，递繁又递简。溯其远流，其详可得略说也。"② 此种观点，也属允当之论。

除专门著述之外，叶德辉还在他处多次论及中国文字演化的脉络，如谓："余尚谓中国文字之始，为上古穴居巢居时代之野人，发于自然之性灵，画为记事之表帜。迨沮诵、仓颉二圣人出，录其文整齐之，或修改之。秦以前，二圣之字并存。六国时诸侯异制，文字亦异形。至秦始皇时始画一。李斯乃为仓颉之学者。"③

梳理中国文字演变的历史，其意义不仅在于为探寻古字之初意扫清道路，还在于维护中国传统文字的合法性。既然中国文字之传承有绪，则由许慎上溯扬雄、扬雄上溯李斯、由李斯上溯仓颉，步步倒溯，可探到中国文字的最初形态，以及古圣人造字之初意。在此过程中，许慎之书是考据古字的必要桥梁。文字是一种历史演变的结果，有其源有其流，有其约定俗成的内涵和规范，而非可以任人兴废。由篆文上溯古籀，是为文字考古的不二法门。那么，当与此渊源全不相涉的钟鼎古器

---

① 叶德辉：《说文籀文考证序》，《说文籀文考证》，长沙叶氏观古堂庚午（1930）仲夏刊行。
② 同上。
③ 叶德辉：《广说文统系图说》，《郋园北游文存》，财政部印刷局1921年版。

出现时,又如何能据以否定历代相传的正统文字?

第二,批评乾嘉诸儒的文字学说。

叶德辉文字研究中的又一要目是批判乾嘉诸儒文字学说。叶德辉研究文字学本由乾嘉诸儒开启门径,却逐渐不满于旧说,走向批判否定,甚至教授弟子时以"勿学乾嘉诸儒"为诫。弟子左念康回忆:"康昔始治六书,师告以读《诗》、《礼》注疏及周秦两汉诸子;有不通者,则检王念孙《读书杂志》、王引之《经义述闻》、阮文达《经籍纂诂》考之,不可惑于戴震、段玉裁师弟之谬说,塞聪蔽明,致终身不知其究竟。"① 那么,叶德辉为什么要弟子"勿学乾嘉诸儒"呢?原因是:"乾嘉诸儒,或不知其义,则妄为改窜,以就己说。此许氏所谓俗儒鄙夫玩其所习,蔽所希闻,不见通学,不睹字例之条者也。"叶氏不满乾嘉诸儒擅自改窜旧文、失存真之义。叶德辉自己曾搜罗诸家校注《说文》之书,比较各家优劣,以为"乾嘉以来,治小学者无虑百数十家,而黄茅白苇弥望如乱丛,如段玉裁、王筠、桂馥三家书,号为首出",然而即使是号称"首出"的三家,也各有弊端,"段则妄改旧本,王则识解凡庸,桂则博引繁称,漫无抉择。尝取三家互勘,谓其袭谬沿讹,实段氏一家阶之厉"②。将矛头直指三家代表,批评之严厉,尤以段玉裁为甚。

叶德辉认为,《说文》乃文字学之正宗,在流传过程中,又经过后唐徐铉、徐锴兄弟专门校勘,保留了古意,于宋以前古本必具有师承。自唐宋以来,许书相传不绝,实赖大小二徐之功,其中大徐本又尤为可信,不像小徐本经过后人的窜改。他认为:"盖大徐奉诏修定,必尽窥中秘之藏。观其按语及表附新修字义,辨正俗书讹谬、笔迹异同。其矜慎精详,必无擅改之病。然自毛汲古阁刻本,剜改至四五次,殊违徐氏之初心。而乾嘉诸儒校注此书,乃至依《玉篇》、《广韵》、《经典释文》、诸经正义、唐宋人类书所引校改增删,既不首辨引者之移易旧文,复不知各书多有《字林》、《续说文》羼杂,而徒好奇逞博,迷惑后人。"③ 徐本乃《说文》之正宗,而六朝唐宋人经典类书、释氏音义所

---

① 左念康:《六书古微跋》,叶德辉:《六书古微》,长沙叶氏观古堂1916年版。
② 刘肇隅:《六书古微跋》,叶德辉:《六书古微》,长沙叶氏观古堂1916年版。
③ 宗弼:《六书古微序》,叶德辉:《六书古微》,长沙叶氏观古堂1916年版。

称引者，往往羼杂他种字书，或意为删省，不知墨守；清儒以他书改徐本《说文》，丧失了《说文》之本意。故叶德辉疾言清儒文字学之谬。

叶德辉承认："元明以来，小学垂晦者殆五百余年，至乾嘉乃大明。诸家学子争为许君之功臣，校注诠释，不遗余力。"肯定乾嘉诸儒的考证工作，使垂晦五百余年的小学得以大明。但是，参照他书妄改旧本《说文》是乾嘉小学家一弊端；而以钟鼎彝器纠弹许书，更是一弊端，其中如庄述祖之《说文古籀疏证》、严可均之《说文翼》，"至欲以鼎彝铭字，补诗书之遗佚，纠许郑诸儒之缪误。疑经惑古，余窃非之"①。可见，叶氏对乾嘉诸儒的批判又与他对钟鼎彝器铭文的看法有关。

第三，钟鼎彝器铭文可资考证古文字，但不能取代《说文解字》。

晚清以来，随着钟鼎彝器的大量出土以及殷墟甲骨文的发现，考古学成为新兴的学问。文字学的研究重点也由传统的《说文解字》转移到金甲之文上面，甚至出现以金甲之文否定《说文》的倾向。如何看待新材料？如何运用新材料？是每一个从事相关领域研究的学者必须面对的问题。对于这些地下出土之实物，叶德辉始而怀疑，继而渐信，并以之证古，但始终不肯违背正宗的许慎《说文解字》，反对以金甲之文取代《说文》。

起初，叶德辉不信金器铭辞，不以之解篆籀，并多次表达对金器铭辞的怀疑。综合其理由，大体有二：其一，钟鼎彝器并非皆为真器，其中很多都是宋以后伪造之物。叶德辉认为，就钟鼎彝器而言，年代越早，被发现的可能性越大，发现的数量越多。许慎的《说文解字》叙曰："郡国亦往往于山川得鼎彝，其铭即前代之古文。"所谓"往往"，说明经常发现、不断发现，"恒见"之物。叶德辉因此推论："许君生东京，所见鼎彝，必较今人相倍蓰。"但《说文》中对此持谨慎态度，各部掇拾之字寥寥无几。这并非因许氏不通此类文字，而是此类文字，比起有源可溯的古文字来，更难以置信。至于宋人著《宣和博古图》、薛尚功《钟鼎款识》、王厚之《复斋钟鼎款识》，更不尽可信，"夫宣和伪造糅杂其间，木椠传雕易滋形误"②，一方面依据的鼎彝之器有真有

---

① 叶启勋：《说文籀文考证跋》，叶德辉：《说文籀文考证》，长沙叶氏观古堂庚午（1930）仲夏刊。

② 同上。

第七章　存古续绝：叶德辉晚年保存旧学的努力　261

假，一方面诸人著录时不尽依原文，且其书一再翻雕，去真益远，比不得《说文》有徐铉、徐锴兄弟专门校勘可以取信。近世乾隆的《西清古鉴》、阮文达的《钟鼎彝器款识》、吴荣光的《筠清馆金文》、吴云的《两罍轩彝器图释》、潘文勤的《攀古楼钟鼎彝器款识》，"虽考订精严，然其真伪不能千人皆见"①。其二，宋代考古学家在以钟鼎彝器考证古字上颇多罅漏。如吕大防的《考古图》、王黼的《博古图》所载三代法器，文字多半雷同，而且没有确凿的证据分清何者为夏、何者为商、何者为周。三代本有尚忠、尚质、尚文之不同，照理其铭文应有不同。而今人所见之器铭如出一手，是为可疑。宋代考古学家所载钟鼎铭文与经典所载也不一致。如《周礼·考工记》中记栗氏为量，其铭曰："时文思索，允臻其极。嘉量既成，以观四国。永启厥后，兹铭为则。"《礼记·大学》载汤之盘铭，曰："苟日新，日日新，又日新。"还有《左传》昭公七年宋正考父鼎铭等，与今所传钟鼎彝铭全不相类。可见，以真伪难辨之钟鼎彝器考证文字，终究难以令人信服。叶德辉强调："士生数千百年后，膺鼎日出，考释或疏，既无古书以相证明，复非人人所能共见之物，则求古而不免实戾于古矣。"②

为确保弟子为学不误入歧途，叶德辉一再告诫弟子，不得以金甲之文淆乱《说文》。1914年，他在写给日本弟子松崎鹤雄的诗中，曾云："《说文》字书祖，汉学今未沦。相传部首字，乃得仓颉真。六书首指事，结绳记有因。象形与会意，孳乳义日新。……无双许祭酒，百家能广甄。师承重古学，今文亦采频。杂取大小篆，源流贯周秦。旁搜及奇古，彝鼎罗玢璘。墨翟书可怪，新莽制不遵。是谓有抉择，五经披纷纶。……南唐二徐氏，兄弟皆苦辛。官本资校定，系传人共珍。"强调文字学中相传有序的文献的重要性，要松崎鹤雄"慎勿参异说，强效西施颦。《方言》略可证，《释名》靡足陈。勿惑《春秋》纬，徒隶与为邻。金铭多赝鼎，有楦亦麒麟"③。告诫松崎鹤雄既不要掺杂他书来更改许书，更不要以真假不明的金甲之文代替对《说文》的尊信与研究。

叶德辉曾多次强调，自己不信金器铭辞，反对以之证《说文》，并

---

① 刘肇隅：《六书古微跋》，叶德辉：《六书古微》，长沙叶氏观古堂1916年版。
② 同上。
③ 叶德辉：《读说文一首寄松崎柔甫》，《汉上集》，长沙叶氏观古堂1929年版，第12—13页。

非墨守成规,乃出于矜慎之心。在与友人书中,他解释道:"弟向不欲以鼎彝铭字,佐证《说文》,并非以《说文》为天经地义、不可违背之书,不过以许氏一家言,在汉人学中,自为一派古学。鼎彝既非人人共同共晓之物,自不能以一二人所独赏独好者,妄以一时臆见,变乱古人之家法,窜改文字之形声。弟向所持论如是云云,盖亦读书矜慎之心,并非姝然墨守一先生之言,以为圣人复起,不可易也。"①

1916年还居苏州以后,叶德辉接触到越来越多的钟鼎彝器之拓本;此后又几番北游京师,广识学人,对金甲之文的态度渐渐发生了改变,由怀疑而不得不信。在叶德辉看来,毛公鼎、周颂敦、齐侯罍、盂鼎之类,"文辞古奥,动至数百余言,虽典谟训诰,其精深殆又过之",因而相信他们"决非后人所能拟作,更非后人所能伪造"。而且许慎当年所见鼎彝铭文也都是相似的,今天就不能因这些铭文如出一手就怀疑它。再者,近人如吴子苾、吴平斋、张叔未、徐籀壮、陈寿卿、潘伯寅、吴愙斋诸先生精研博考,著有成书,"非如杨升庵之补缀石鼓文、何义门之误信隐秀编,滋人疑窦也。此余三十年前所不信者,三十年后始渐信之"②。而对于此前的疑窦,即为什么铭文不分三代都相类似、似乎不合乎文质递变的常规,叶德辉又作出了另一番解释。一者"钟鼎诸器,出于东周列国时为多",究竟它们属于夏、商还是周,本来就是由编撰金器人所臆定,没有一定的检测标准;一者铭词的内容多半是"述先人之功,纪君赐之物",事情大多相类,所赐也大多相同,则"其文不必有所异同"。这种情形,就好像今日内阁所拟诰命之文,格式一致,人人可以通用。其他宗庙之器,则曰"用孝享";家用之器,则曰"永保用"。舍此本无他文可以参用,"固不得以其诸器一律而疑之"③。既然钟鼎彝器非尽皆伪造,则无妨用以考证。"夫使鼎彝确非赝作,拓本又复精神,则《说文》以前之古文,亦正足资考索。"④

---

① 叶德辉:《与易敦白论鼎彝铭字书》,《郋园山居文录》卷下,长沙叶氏观古堂1921年版,第35页。
② 叶启勋:《说文籀文考证跋》,叶德辉:《说文籀文考证》,长沙叶氏观古堂庚午(1930)仲夏刊。
③ 叶德辉:《答松崎鹤雄问钟鼎彝器书》,《郋园山居文录》卷下,长沙叶氏观古堂1921年版,第30页。
④ 叶德辉:《与易敦白论鼎彝铭字书》,《郋园山居文录》卷下,长沙叶氏观古堂1921年版,第35页。

正是在对钟鼎彝器的态度改变了之后，叶德辉在文字考古中也渐渐由固守《说文》走向二重证据，是以有《说文籀文考证》之作。与此前的小学著作相比，该书最大的变化是对于许慎与铭文关系的解释。《说文解字叙》有云："郡国往往于山川得鼎彝，其铭即前代之古文。虽叵复见远流，其说可得略说也。而世人大共非訾，以为好奇者也。"此前，叶氏怀疑钟鼎彝器时，只取前一句，说明汉代许慎时已有钟鼎彝文，并且其时钟鼎数必数倍于后代，而《说文》中所取寥寥，慎之又慎，乃因地出之物无源流可考。暗示着许慎对铭文持怀疑态度。此后则转而认为，汉时钟鼎出世者甚稀，而识钟鼎文字者亦少，世人非訾铭文，唯有许君笃好此等铭文，并在《说文解字》中录为重文。不过《说文》中没有分别何者为钟鼎彝铭，没有提供一个可供辨别真伪的标准，致使后世赝鼎日出。

《说文籀文考证》还提出，《说文》一书，字则参以古籀，谊则博采通人；不考古籀，不知文字递嬗之因；不采通人，不知诂训相传之古。除《说文》保存了籀文之外，一些钟鼎彝铭也保存了籀文，两相取证，可以考古籀之形。宋代学者在文字考古上失之粗略，而近代收藏家如潍县陈介祺、潘祖荫、吴式芬等，其拓本之精，载入吴大澂《集古录》者，实足掩阮文达《积古斋》、吴荣光《筠清馆》之长，"取精用宏，于古籀文多有徵信"。至此，叶德辉对清代学者的考古之学进行了充分的肯定，提出：新出土的古器，"其物可觇上古三代之文明，其文可订宣和薛氏之讹谬，稽撰而明谕之，是固治小学者所必从事者矣"①。

然而，钟鼎彝器可以作博物之资，可以增加重文异字，却不能代替《说文》成为中国文字的正宗。在叶德辉看来，虽然《说文》采纳了铭文，铭文为《说文》之前的古字，但两者非替代关系。他强调："当知金石自为专门之学，不可以混许书。许书乃仓颉之嫡传，为汉儒墙有师承之遗说。"②他表示"不敢附和"王筠以铭文证许书、吴大澂据铭文驳许书的做法，因为"钟鼎自钟鼎，《说文》自《说文》"，《说文》虽然采录鼎彝古文，但鼎彝终究不可以混乱《说文》。他主张："钟鼎本

---

① 叶德辉：《说文籀文考证序》，《说文籀文考证》，长沙叶氏观古堂庚午（1930）仲夏刊。

② 叶德辉：《广说文统系图说》，《郋园北游文存》，财政部印刷局1921年版。

不尽真器，其文出于后人所释，人各一说，又无古书以相证明，此固各为一家之书，离之则两美，合之则两伤，而不必为之强作调人者也。《说文》本李斯小篆之学，钟鼎多列国文字，安得融为一冶，致使笃信许书者，益诋其钟鼎彝器全出伪造而一概抹杀耶？"①

清末以来，文字考古的最新材料是殷墟甲骨文，一时言小学者，喜其于钟鼎之外，又获一种古文字。于是赏奇析疑，互相训释。叶德辉认为，此等动植之物，不如金石之坚久，而传写滋讹，不如汲冢书中《穆天子传》之文，虽有郭璞，有所不识。并且残篇断简，零畸破裂，文句不完备，刀刻易失真，因此采取了极为审慎的态度，主张："存其物未尝不可以为博物之资，而要以之考文字，却有同强不知以为知。"②

总之，金文甲文，可以考古，却不能取代《说文》的正宗地位。金甲之文残缺不全，其系统性无法与《说文》比拟。钟鼎甲骨固然是实物，是客观的，而要以之考古字，则全在人们的考释。"夫文字全在训释，训释必求之同时之古书以相比证，否则取相类之文辞句法互相参稽。"③ 金甲文不会自动显示其意义，关键在于人们对它的释读。而要释读，必然要调动其他知识信息。正如陈寅恪所说："自昔长于金石之学者，必为深研经史之人，非通经无以释金文，非治史无以证石刻。群经诸史，乃古史资料多数之汇集，金文石刻，则其少数脱离之片断，未有不了解多数汇集之资料，而能考释少数脱离之片断不误者。"④ 因此，铭文并非如人们所想象的那样更具有科学的依据；对铭文的释读需要原有的文字学知识。在金甲文与《说文》之间，与其说金甲铭文可以帮助人们纠正《说文》，不如说《说文》可以帮助人们考释铭文与甲骨文，而后才可以运用铭文考证《说文》，达到交验互证的境界。而单纯地、片面地以铭文考《说文》、纠《说文》，只会刺激笃守许氏的人反过来视铭文全为伪造而一概抹杀。因此，叶德辉反复强调："以经史记言记事之义，以疏证商周古器，未尝无益于多闻。若信金石遗字，以订

---

① 叶德辉：《答松崎鹤雄问钟鼎彝器书》，《郋园山居文录》卷下，长沙叶氏观古堂1921年版，第31页。

② 叶德辉：《与日本后藤朝太郎论古篆书》，《郋园山居文录》卷下，长沙叶氏观古堂1922年版，第33页。

③ 同上。

④ 陈寅恪：《积微居小学金石论丛续稿序》，湖南师范大学学报编：《杨树达诞辰百周年纪念集》，湖南教育出版社1985年版，第10页。

第七章 存古续绝：叶德辉晚年保存旧学的努力

正六经，则蹈惑古疑经之弊。"① 矜慎之中，流露出尊经信古的保守心理。

此外，在叶德辉的文字学研究之中，除抵制以金甲之文对许慎《说文》的窜改之外，还包含着一种抵制外来文字的侵略、维护中国文字的独立的用意。清末以来的汉字改革运动，其前提是通过中西对比，认为中文为象形文字，与西方的表音文字相比，难学、难识，造成中国识字者少，教育不普及，因此总体倾向是给汉字注音，拼音、文字并存，提高汉语的表音性能。叶德辉反对以象声字与形声字判断文字优劣，认为："西文以音为主，实西域字母之滥觞。然去形而求声，则周公元圣不过工为洛音，孔子大成无非习为鲁语，即以周、孔之身教，定天下之方音，恐亦有指画不能通其意者，何况佉卢横行之文字？"以字母代替字体，去形求声，则中国方言众多，由声求义，则必然混淆难一。至于说中文难学，叶德辉也认为这是没有根据的说法。"今日学西文者则曰西简而中繁，学中文者则曰西难而中易，此固各安所习，各尊所闻。譬如饮食之有异同，嗜欲之难强合，儿童辨日，安难定其是非？"② 中西文字所尚不同，彼此是非，均属无谓。若一定要分辨优劣，智西愚中，则是别有用心，用夷变夏。

在字母说的基础上，民国初年，国内又掀起了一股读音统一运动。对此，叶德辉很不理解。他认为，天下但有方音无正音，有今音无古音。九州之大，以何地音为正，此人所不能指定者。古音即前古方音辗转递变而成今音，故古音有存者有亡者，读音统一究竟以何者为标准？这是没办法确定的。字母之说出入西域，以字母代表汉字，会"漓其本真"，抹杀了汉字的特殊性，定有扞格不通之病。表音字与象形字，都是历史地形成的，习惯自然，各得其利。要解决中国人识字者少的问题，不必非得效法西方采用字母注音。若人人都知六书假借之义，则当识之字可以减半，也易学、易用。叶德辉不反对语言的统一，但认为："若中国言语大同，必待路轨交通自然趋于一致。"③ 反对强行改造汉语。

---

① 叶德辉：《群经字考题跋》，《郋园读书志》卷2，上海澹园1928年版。
② 叶德辉：《非幼学通议》，《翼教丛编》，上海书店出版社2002年版，第133页。
③ 杨树达等：《郋园学行记》，《近代史资料》1985年第4期，第113页。

三 在新旧学术视野下的不同定位

叶德辉一生以文字学、目录版本学作为治学的两大法宝，晚年尤遂心于古文字的考释，并且自视甚高。叶德辉明言自己应在历代《说文》学家中占据一席之地，应进入《广说文统系图》。这是从传统的《说文》学的角度对自己的定位。

《说文统系图》本是清代文字学家桂馥所作，列举许慎以下历代治《说文》学的代表性人物八人，有元魏江、北齐颜之推、唐李阳冰、南唐徐锴、北宋徐铉、南宋张有、元吾邱衍。乾隆间画家罗聘将此绘成画，众多学者为之作记，并提出异议。如张埙、王念孙、王懿荣等都认为，桂系所列八人太少，未能囊括在《说文》学中有建树、有影响的学者，纷纷主张扩充《说文》统系。叶德辉也作《广说文统系图说》，提出了自己的看法。

其实，所谓"说文统系图"即是《说文》学的知识谱系。究竟将哪些人编排进这个统系中，除了与选编者的见识有关外，更取决于按照什么标准来筛选人物。张埙主张应增加许慎之前的贾逵、许慎之后的许冲、李腾、郭忠恕、顾野王等人。王念孙认为，凡传述许君之学者，皆不可缺漏，主张应增加梁代著有《演说文》的庾俨默、宋代撰《补说文》的僧昙域、撰《说文正隶》的钱承志等人。至于许慎《说文》渊源所自，有贾逵父子等十余人，"图之亦不可胜图，凡此皆不必图者也"。可见，王念孙侧重的是许慎之后的治《说文》学者。王懿荣也提出，其图既然缘始于《说文》，则"许君前断无可图，许君后非专治许书者，谊不得入其书"，主张以"专门有心得者"为选录标准；至于引古器真品文字证《说文》者，若真通古文、识真器者，也应在此图中占据一席之地。①

叶德辉认为：诸家说多未安。一方面，叶德辉出于《说文》自《说文》，金石自金石，不可以考古学代替文字学的立场，主张《说文统系图》应选择专精《说文》、不掺杂古器铭文者入，故反对王懿荣的观点；另一方面，叶德辉尊崇《说文》，注重《说文》的渊源与去向，故主张应图"导先河者"。他提出："贾逵为许君之师，则图中不可不

---

① 参见叶德辉《广说文统系图说》，《郋园北游文存》，财政部印刷局1921年版。

列。沮诵之传已绝，仅有存者仓颉之遗，若无李斯、赵高、胡毋敬开继于前，张敞、杜业、爰礼、扬雄、杜林诸人说解于后，许君亦无所秉承。此许君自叙所举其著书之渊源，则图中亦不可不列者也。"① 许慎之后，则应列许慎之弟子如孟生、李喜、尹珍等人。"至近儒为《说文》之者，自以段玉裁为首功，余若王、桂、钱、钮诸家，又在附庸之例，图之不可胜图也。"②

在论说各家地位高低的同时，值得注意的是，叶德辉还有一段自我评价：

> 或问余笃嗜许学，比之于段、桂诸人何如？余曰：昔桂氏本杏坛打扫夫，衍圣府中免其役，因号复民。余则自命万岁里打扫夫，以从其后。不求免役，不求复民。附之图之尾，如郑板桥自称徐青藤门下走狗之意，或不以为僭妄也夫。③

清儒之中，叶德辉只许段玉裁为首功，其他名家如王筠、桂馥等人则在附庸之例，所谓"图之不可胜图也"，无非极言此等人不必进入《说文》学的正册，不必进入广说文统系图。而自己"附之图之尾"，则至少与段、桂诸人不相上下。这个评价不可谓不高。

有意思的是，叶氏这一自我定位，与他人的评价相差甚远。如李肖聃在《湘学略》中就说："（叶氏）所著书多，《说文读若考》、《六书古微》，专门家或能纠其违失。独所辑《书林清话》称述藏家故实，广采名人燕语，学者谓其必传。"④ 张舜徽论及叶德辉时也说："其治学于群经、小学，所造均浅，虽有述造，未足名家。惟所撰《书林清话》及《余话》，称述藏家故实，广采名流燕语，扬榷得失，语多造微。"⑤ 对于叶德辉小学成就都含有不那么以为然的意思。叶氏弟子杨树达指出《六书古微》混淆象形与指事，又分会意为多种，是"多歧亡羊"之举；于《说文籀文考证》则赞其取鼎彝铭文考证古籀之形"最为有

---

① 叶德辉：《广说文统系图说》，《郋园北游文存》，财政部印刷局1921年版。
② 同上。
③ 同上。
④ 李肖聃：《湘学略》，岳麓书社1985年版，第218页。
⑤ 张舜徽：《清人文集别录》，华中师范大学出版社2004年版，第576页。

识"。诸人的批评，或许由于具体学术观点的分歧，见仁见智乃情理之中。如同样是评《六书古微》，冯汝玠认为叶德辉"虽有特殊之解，实多为偏执之词"；而叶启勋则谓"可见其人不人云亦云，不为稗贩者所误矣"①。然而，细究一下，他们在相当程度上是受了叶德辉对金甲之文的保守态度的影响。或者说，叶德辉对于金甲之文的保守态度，影响到其学术地位的确立。

当代学者罗继祖曾专门列《叶德辉的文字学》一文，评价叶德辉的文字学研究。针对叶德辉有关"《说文》自《说文》，钟鼎自钟鼎"之语，罗继祖驳斥："所说直如梦呓。研究文字自当穷源竟委，岂能如所说钟鼎自钟鼎，《说文》自《说文》，割裂为二？况古器不能无伪，贵能去伪存真，交验互证，从而窥见文字嬗化之迹，岂能强分畛域？使彼此不相涉，而翻谓离之两善，合之两伤耶？叶又诋宋人王、薛辈为好事，遇古器强名为夏、为商，非有确据。按：宋人所见诚隘，于文字之学粗涉藩篱，此时代所局限。乃郋园生值同、光，又及交潘郑庵、张广雅诸人，而所见如此，抑又何耶？"并由此判断："叶郋园德辉精目录版本之学，于古文字茫如也。"②

当然，此事尝有可辩。叶德辉此处要表明的态度是，《说文》乃文字之正宗，渊源有自，是李斯小篆文的延续，是汉学最古的一派；并且《说文》是文字演化的结果，有其特定的规范。钟鼎彝器即使不伪，也只能表明是《说文》之前存在过的文字，是列国文字，未必即是《说文》的前身。古文字本有多种，如孔壁古文、钟鼎古文、汗简古文，各有不同；而大篆是保留了仓颉古意的正宗。因此，钟鼎彝器铭文可以考证《说文》之前其他古文字的形态，却不能取代《说文》本身。叶德辉强调的是《说文》之前古文字的多样性，罗则将铭文当作了《说文》之源。

从评判标准来看，罗继祖先生的观点实质上代表了文字学研究的新标准。不懂钟鼎铭文即是不懂古文字，不能运用钟鼎铭文以考《说文》即是不懂文字学，遑论"名家"。换言之，叶德辉的文字学是不是足以

---

① 中国科学院图书馆整理：《续修四库全书总目提要·经部》，中华书局1993年版，第1144页。
② 罗继祖：《两启轩笔麈》，上海书店出版社2000年版，第189页。

名家，首先看叶德辉对于金甲之文的态度，其次才是具体见解的高下。

叶德辉的自我定位，是以传统文字学研究为标准，遵《说文》为正宗；而他人的评价，则是从文字学研究的新范式出发。晚清民初乃中国学术文化转型时期，传统的四部之学演变成七科之学，个体的研究为学术研究机构、学术团体所代替，而最主要的是研究新方法的采用与价值取向的调整。具体到考据学领域，以王国维为代表的"二重证据法"，无疑引领学术新潮流。相对于传统范式而言，"二重证据法"的关键显然在于地下之实物。在科学的名义下，人们倾向于认为地下之实物更具有科学的依据。就文字学而言，意味着钟鼎彝器、龟甲兽骨比起《说文》等纸质文献来，更古、更真，更能穷文字之源流。因此，弃《说文》取金甲成为文字研究的新趋向。近代以来有名的文字学家，无不注重对金甲之文的钻研。这一点，恰恰是叶德辉所不能接受的。叶德辉不反对甲骨文、金石学本身，并且本身也颇有钻研。《郋园山居文录》所收，即有大量的释读之作，足证叶氏于此寝馈之深。但叶德辉仅以此作为博物之资，绝不以之诠解经义小学。所谓"钟鼎自钟鼎，《说文》自《说文》"，反对的是以考古取代文字学。叶德辉劝从事金甲文研究的日本学者后藤朝太郎，固然不必半道而弃，亦应分出心来研究纸上之遗文。这无疑使叶德辉在文字学领域里，不能预新范式之流，因而不足以名家。不过，叶德辉的弟子们在强调叶德辉的文字学成就时，尤为注意"挖掘"叶德辉对金甲之文的研究。《郋园学行记》称："吾师能识古文奇字，凡钟鼎彝器金玉器铭字、古刀币秦汉镜瓦玺印之属，一经吾师审定考释，无不厘然当于人心。曩读吾师金石题跋及与友人论学之书，大抵曲证旁通，能使读者精神一振。……若近日出土之龟兆文字，以及古竹简刻书，其文奇古多不可识，吾师以古籀递变之形象释之，一经考定，无以易其说。"[1] 叶启勋在论及叶德辉不信金甲之文后，笔锋一转："然其《说文籀文考证》一书，引金文相发明者多。是德辉三十年前所不信者，三十年后始信之。可见其虚心向学，非徒好逞异说，妄下己意，墨守陈言也。"[2] 这个现象堪称玩味。叶氏弟子在无意中努力提升

---

[1] 杨树达等：《郋园学行记》，《近代史资料》1985年第4期，第113—114页。

[2] 叶启勋：《六书古微提要》，中国科学院图书馆整理：《续修四库全书总目提要·经部》，中华书局1993年版，第1144页。

乃师的学术地位,也暗示着学术评判标准的确发生了变化。

获得新、旧学者双方推崇的王国维曾说:"古来新学问起,大都由于新发现。有孔子壁中书出,而后有汉以来古文家之学。有赵宋古器出,而后有宋以来古器物、古文字之学。……然则中国纸上之学问赖于地下之学问者,固不自今日始矣。自汉以来,中国学问上之最大发现有三:一为孔子壁中书,二为汲冢书,三则今之殷墟甲骨文,敦煌塞上及西域各处之汉晋木简,敦煌千佛洞之六朝及唐人写本书卷,内阁大库之元明以来书籍档册。此四者之一已足当孔壁、汲冢所出,而各地零星发见之金石书籍,于学术有大关系者,尚不与焉。"[1] 据此,一个学者能否作出新学问,在很大程度上与他对新发现的敏感相关,与他能否大胆运用新材料破旧立新有关。以文字学领域而言,金甲之文的意义不在于在多大程度上佐证了《说文》,而在于在多大程度上推翻了《说文》。王国维的《史籀篇疏证》、《史籀篇叙录》,一证《史籀》篇之时代,一证史籀为篇名而非人名,此两大发现,被人推崇为"乃三百年来文字学之一大进步","发二千年来未发之覆"[2]。相比之下,叶德辉的情形颇为不同。对于晚清以来的各种新发现,叶德辉并非闭目塞听。他曾作《三恨诗》,其中之一就是《恨不读敦煌文书》,一方面从民族主义的立场,痛惜中国文献的外流,一方面则从学术研究的角度,痛惜不读敦煌文书所造成的缺憾。具体到与文字学有关的新发现,从钟鼎彝器到殷墟甲骨文,则最初怀疑,继而渐信,最终亦能运用金甲之文从事考古。但是,叶德辉的趋新显然有限。他坚持对金甲之文的考释必须借助于传统的经史知识,反对以金甲之文取代正统《说文》的做法。当叶德辉的固守与学术新话语相遇之时,就出现了悬殊甚大的两种评判。

正如经学研究在清季以来不纯粹是一个学术问题一样,文字学研究在清末民初也不单纯是一个学术问题,而具有思想史和社会史的意义。当金甲之文对正统《说文》学的冲击与近代社会思潮中对中国语言文字的批判缠绕在一起之时,叶德辉所要表达的就不仅仅是学术见解的不同,而是维护中国学术文化的姿态。清末以来一浪高过一浪的汉字改革

---

[1] 王国维:《最近二三十年中中国新发见之学问》,《静庵文集》,辽宁教育出版社1997年版,第203页。

[2] 中国科学院图书馆整理:《续修四库全书总目提要·经部》,中华书局1993年版,第1176页。

运动中，都潜藏着中西文字优劣对比的思想，暗喻着汉语言文字不仅繁难，而且是一种落后的文字，是保守思想的载具，理应被改造乃至废弃。这一思维方式让语言文字承担了过多的历史责任。有鉴于此，叶德辉力图通过文字考古，证明中国文字是历史地形成的，不可任人兴废；同时，通过阐明中国文字的独特法则，向外人表明中国文字的英灵，争胜于外人。同样，叶德辉反对字母运动，不仅是基于文字学本身的原理，基于对中国文字特性的了解，更包含着护惜中国文字的苦心，体现的是一种固守中国文字的民族情感。所谓"耻与佉卢伍"，明确地反映出其抵制西化的民族情感。直到20世纪20年代，在与弟子杨树达的信中，还一再表明反对字母之说："今日爱国之士，正当根据许郑，发明仓颉孔子二圣之精神，岂宜慑于潮流，为此依违之论？以吾弟高才特识，自当好学深思，幸勿为此皮毛之谈。……今文之学使人不读书，字母之学使人不识字……率天下之人，不读书，不识字，其为害将无止也。"① 所著《说文解字故训》，亦是为了保存古圣制作之真精神，使其不致被异域之野言所侵夺；《六书古微》则希望能翻译成外文，使外国人知道中国文字之英灵。凡此种种，显示出叶德辉文字学研究的文化关怀。

第三节 薪火相传，旧学转新

1922年8月28日，新文化人胡适在他的日记中慨叹："现今中国的学术界真凋敝零落极了。旧式学者只剩王国维、罗振玉、叶德辉、章炳麟四人；其次则半新半旧的过渡学者，也只有梁启超和我们几个人。内中章炳麟是在学术上已半僵了，罗与叶没有条理系统，只有王国维最有希望。"② 这里，叶德辉被视为旧式学者的代表之一，虽然因"没有条理系统"而遭到胡适的批评，到底还是不容忽视。的确，在理董旧籍等传统学术领域内，叶德辉的成就已引起了新旧各方的注意。从某种意义上来说，叶德辉的晚年也是他传衍旧学的努力开花结果的时期。这种努力不仅在旧学范围内产生了影响，通过学术传承，还对近代学术发展

---

① 杨树达编：《郋园手札》（手稿），藏于湖南师范大学图书馆。
② 中国社会科学院近代史研究所中华民国史研究室编：《胡适的日记》，中华书局1985年版，第440页。

产生了影响。

一 叶德辉对民国初年湖湘学术的影响

正如本书第一章所述,叶德辉尚汉学而独崇朱子,在思想立场上继承了湖湘文化尊崇理学的传统,而在具体的治学路径上则取法三吴汉学,批评不事考据的湘人湘学。叶德辉对湘学的批评与湘学内部的自我反思汇合到一起,成为近代湘学内部的一股新思潮——湖湘汉学的代表人物。改变湖湘经学之陋、提升湘学在全国主流学术界的地位,是叶德辉与王先谦"名山之约"的具体内容。可以说,"名山之约"在20世纪20年代大体上得以实现。一方面,叶德辉的个人成就得到了湖南以外的学术界的肯定;另一方面,叶德辉的弟子中,出现了一批以精通目录版本、文字训诂著称的学者,从而改变了湘中经学人才匮乏的局面。

叶德辉家富藏书,博学多识,几乎得到湘中学者的公认。王先谦服其涉览之博,纂注《汉书》、《释名》、《世说》等,多采其说。"葵园兢兢持矩矱,与郋园契好。而郋园能于商量邃密之余,烛其症结所在,虽葵园亦不能不服之。"①皮锡瑞每有造述,多从商略名例。当然,亦有不以为然者,如王闿运就坚持读书人贵在经世致用,就算叶德辉读过很多书,若不能变化气质,一如村野童生派,则此类学问又有何用?王闿运承认,读书必先识字,但非识《说文解字》,识字要靠自己融会贯通,进行体悟。王闿运追求的是"独立千载谁与友,自成一家始逼真",治经当求有用、心得与独创,而王先谦、叶德辉等人续、辑、编、注等属,根本算不上著述,他曾对王先谦一友人说:"闻君与王葵园至善,可劝其少著书,夹七夹八,未免太难。"王先谦的学术研究相当一部分是"集注"的形式,即通过汇集前人之注疏,解释经史,而不是直接阐发义理,故王闿运有"夹七夹八"之讥。王先谦"集注",尚且注意裁断,至于叶德辉就走得更远了,所谓"从不轻下己见"。这在王闿运眼里,即是无心得。叶德辉之子曾比较叶德辉与杨钧治学之同异,说:"吾父著书,与白心大异。吾父仅集前人之说,而不辩论是非。白心己见太深,耆然独断。"此话传到杨钧耳中,杨钧颇不以为然,回应

---

① 黄兆枚:《郋园先生传》,《郋园全书》卷首,长沙叶氏观古堂1935年版。

第七章　存古续绝：叶德辉晚年保存旧学的努力　273

道："必先有己而后有见，必先有见而后著书。叶氏子之言，毁其父者也。"① 杨钧推许叶德辉版本知识为湘中第一，但不承认目录版本可以上升为学问。

对于叶德辉的学术成就，更权威的评价来自于省外的学者。早在光绪二十二年（1896），缪荃孙就称赞叶德辉"其人熟悉于目录之学，所见亦博，近时之英隽"②；而叶昌炽则引叶德辉为"吾宗之巨擘"③。1899 年，章太炎在读到《翼教丛编》之后，一方面指责叶论学"必牵涉政变以为言，则自成其瘢宥而已"，同时也承认"是书驳康氏经说，未尝不中窾要"④。自此与叶德辉建立了学术往来。在章太炎看来，叶德辉虽然顽固守旧，但知识远过王壬秋（闿运），亦未尝与腐败官僚同气，是学术传承的人才。辛亥革命之初，他力主保护叶德辉，强调："湖南不可杀叶德辉。杀之，则读书种子绝。"⑤ 叶德辉因此引以为知己。民国初年，章太炎被袁世凯软禁于北京之时，因湘督汤芗铭追捕而逃难京师的叶德辉前去探望，并与论学，被章太炎誉为"可与道古"之人。⑥ 章太炎还为叶德辉的丽楼图题诗，中云"叶君何卓跞，储书满园丛"，又说"礼失求四夷，采伐穷瀛蓬"，"周召久衰歇，楚宝遗南封。悲哉永嘉年，托子留教蒙"⑦，表彰叶德辉在保存旧籍方面的贡献。1924 年，叶德辉因反对湖南省宪，与主张联省自治的章太炎发生了冲突。后者在致叶德辉的信中，一方面指责叶德辉不审时度势、为虎作伥，一方面表示"终以读书种子为可惜"，并慨叹："前得手书，称三体石经多用马融义，仆先曾寻讨及此，独兄亦能知之。如此好学问，甘作谯周，何欤？"⑧ 当然，章太炎肯定叶德辉"如此好学问"，仅仅是在"道古"的层面，而在"开新"的层面则不可与言。此外，1927 年叶德

---

① 杨钧：《草堂之灵》，岳麓书社 1985 年版，第 305 页。
② 缪荃孙：《艺风老人日记》，北京大学出版社 1986 年版，第 829 页。
③ 叶昌炽：《缘督庐日记》，江苏古籍出版社 2002 年影印本，第 2442 页。
④ 章太炎：《书〈翼教丛编〉后》，汤志钧编：《章太炎政论文选集》，中华书局 1977 年版，第 96 页。
⑤ 叶德辉：《两知己诗序》，《书空集》，长沙叶氏观古堂 1929 年版。
⑥ 1914 年 7 月 24 日，章太炎在致女婿龚未生的信中写道："近日除念劬、柱中及诸学生外，得叶德辉一人，可与道古。"参见汤志钧编《章太炎年谱长编》卷 4，中华书局 1979 年版，第 478 页。
⑦ 章炳麟：《焕彬同学属题丽楼图》，《甲寅》，《文苑》1 卷 5 号，第 7 页。
⑧ 汤志钧编：《章太炎年谱长编》卷 4，中华书局 1979 年版，第 749—751 页。

辉去世后，梁启超在与家人的信中也说叶德辉"学问却甚好"①。梁启超是叶德辉在戊戌新旧之争时的论敌，也承认叶德辉学问甚好。这些评论表明，叶德辉"学问甚好"在一定程度上已成为学术界的共识。

叶德辉不仅以其个人的学术成就赢得了外界的肯定，还培养了众多门生弟子，改变了湘人不通考据的局面。叶德辉有诗言："门下多卢郑，多惭绛帐师。"②言外之意，自己比东汉经学家马融更过之。据叶氏弟子称："吾师乡居二十年，执经问业者各府县皆有之。官场子弟亦多束脩来学。吾师不受贽雁，不馈酒食，投艺即改，有问必答，及门之士供其寝食，导之遍读所藏书，分门授学。"③故尽管叶德辉一生不登书院讲席，不执学校教鞭，但登门从游弟子甚众。还居苏州后，叶德辉曾先后作《寄怀湘中诸子二十五首》和《除夕怀人绝句四十七首》，所记大多数为叶德辉交往的同辈与指导的后学，达二三十人之多。择其要者，有：

刘肇隅，字帝生，号澹园居士，湖南湘潭人。刘帝生与其兄宝森一起从叶德辉问学。宝森早夭，成《尚书大传礼征》一书。刘帝生则多年追随叶德辉，精考据，兼服膺程朱存诚之学。叶氏目录版本之学，刘知之甚多。叶诗中曾有："从我于陈楚，频年避乱兵。谈经同老宿，问字始方名。端坐如泥塑，相随执梃行。同门日寥落，吾道托干城。"④叶氏刻书，刘常任校勘之役。曾著有《郋园四部书叙录》、《守阙斋诗钞》、《观海堂文钞》等。

易培基（1880—1937），字寅村（吟村），号鹿仙，湖南长沙人。曾任湖南省立第一师范学校校长、故宫博物馆馆长。易培基在治学上，也是循乾嘉诸儒之轨辙，"手不去丹黄"，"治学专东汉"⑤，于目录、版本、金石均有造诣。易培基后因被诬，卷入故宫盗物案中。湘人时诋之，独叶德辉在时左右之，谓寅村学力未逮，而所见甚高，终非庸流也。王定安亦称其金石跋尾与小诗多可存者。易常自言："吾未尝远游外国，亦未毕业学堂，专以土货忝高位。使吾闭户读书，覃心著述，未

---

① 丁文江、赵丰田编：《梁启超年谱长编》，上海人民出版社 1983 年版，第 1145 页。
② 叶德辉：《寄怀湘中诸子二十五首》，《还吴集（丙辰）》，长沙叶氏观古堂 1929 年版，第 8 页。
③ 杨树达等：《郋园学行记》，《近代史资料》1985 年第 4 期，第 136 页。
④ 叶德辉：《寄怀湘中诸子二十五首》，《还吴集（丙辰）》，长沙叶氏观古堂 1929 年版，第 8 页。
⑤ 同上。

必无所成也。"闻者咸是其言①。

蔡传奎，字斗南，湖南湘潭人，"能志吏部所志，笃信善道，潜心经世之学，旁及金石考据训诂词章，虽不亟亟以著述自见，而吐辞成章，奇气奋发"②，著有《缦庐遗集》。

符定一（1877—1958），字宇澄，湖南衡山人，毕业于京师大学堂师范馆，1908年回湘执教，历任省立第一中学校长、湖南师范校长、湖南教育会副会长等职。新中国成立后，任中央文史馆馆长、全国政协委员、全国人大代表、国务院文教委员会委员等职。符定一早年曾师从皮锡瑞，治今文经学；后转治古文经，承清代乾嘉正统派之学风，笃守经古文派之遗绪。著有《联绵字典》、《新学伪经考驳谊》。符氏以笃守经古文家法，而深斥经今文，又以遵循许氏《说文》为主，而不信古器物之文字，被人以"见隘"相讥，而符氏不顾也。另一方面，符氏之学，也受到一部分人的肯定。《联绵字典》为解释联绵字之作，即两字为一训解字，就性质而言，与清代阮元纂《经籍纂诂》相似，"惟阮元之书，正当研治经学小学极盛之时，乃成应时之产物；而先生之书，乃在今日出现，当经学垂绝之秋，故不为人之所重视耳"，甚至有人称其"在声韵学上之造诣，比之黄侃，似更推进一步，而为晚近音韵学上不易多见之学人也"③。《新学伪经考驳谊》则是驳康有为之《新学伪经考》，也为吴县胡绥之（玉晋）所推重，谓为"不可少之书"。章太炎也肯定其"列举今学引古经者以证古经之不伪，可谓切中肯綮"④。

叶德辉弟子中最有名的当为杨树达。杨树达（1885—1956），字遇夫，湖南长沙人，是我国著名的语言文字学家、历史学家，在经学、史学、汉语语法修辞学、古文字训诂学、甲骨文、金文研究上造诣极深，得到国内外一流学者极高的推崇。因其对《汉书》的研究成就，当时即被人称为"汉圣"；其在文字学上的成就，被公认为是20世纪中国治训诂学者"海内第一人"。1942年即为国家教育部部聘教授，1947年因"继承清代朴学风度，整理古书，研究古文法与古文字学"而荣膺

---

① 李肖聃：《星庐随笔》，岳麓书社1985年版，第89页。
② 顾崇裘：《缦庐遗集序》，蔡传奎：《缦庐遗集》，丁卯夏月湘潭蔡氏刊于京师。
③ 马念祖：《符定一治学小记》，《中华文史资料文库》第14辑，中国文史出版社1996年版，第30页。
④ 符定一：《新学伪经考驳谊叙》，《新学伪经考驳谊》，商务印书馆1937年版。

第一届中央研究院院士,1953年又成为新中国第一届哲学社会科学部学部委员,兼任湖南省文史馆第一任馆长。

杨树达与其兄杨树谷早年均从叶德辉问学。叶德辉曾有诗云:"弟兄才调似机云,瀛海归来学更勤。房魏无功兴礼乐,何如关薛重河汾。"① 自注:"杨芗诒遇夫兄弟昆促,髫年从吾受业。芗诒有经世之志,屡起屡踬;遇夫则息交绝游,终日闃如也。"② 于昆仲之间,对一心向学的杨树达尤为赞许。其时,叶德辉于制艺之外,授以《说文解字》、《汉书·艺文志》、《四库全书总目》、《史通》、《文心雕龙》等书,令其每书下句读,日必四五纸,"及门中多不如程课,惟遇夫及县人刘廉生宝森兄弟为之"③。这种训练显然为杨树达一生的学术事业打下了坚实的根基。

从叶德辉到杨树达,即体现了学术薪火相传的一面,也体现出旧学转新的一面。

除了接受叶德辉的教导,以文字训诂、目录版本作为治学之门径外,杨树达还继承了叶德辉对湘学的反省意识,注意外界的评论,并力图扭转外界对湘人不通考据的认知。

对湘学不通考据的批评,以章太炎为最。章太炎曾言:"大抵湘中经学亦颇杂沓;然有一事则为诸家同病,盖于江、戴、段、孔古音之学实未得其分毫也。偶一举及,其疵病立见矣。"④ 简而言之,湖南人都不懂文字学。章太炎对王闿运尤多批评,直言"三王不识字,此公殆尤甚"。叶德辉多次援引章氏此语,不无借讥刺王闿运以自重之意,但也是为了警醒乡党。叶德辉的这种意识,又为湘中后学所继承。如符定一曾慨叹:"清季以来,学风衰坏,师儒撰述乃时时见于湖湘,藏之名山,传之其人。王、叶之名鼎鼎矣。顾湘绮文优于学,湘军作志,倾倒一时。若解经注子,则向壁虚造。章太炎有言:'三王不识字,此公殆其尤也。'葵园注书,似是汉学一派,然捃摭旧谊,绝少发挥,以视先生之训诂解经、薄宋轶唐、直接汉魏,盖有天渊之判矣。"⑤ 这里,符定

---

① 叶德辉:《除夕怀人绝句四十七首》,《还吴集(丙辰)》,长沙叶氏观古堂1929年版。
② 同上。
③ 叶德辉:《新序集证序》,《郋园北游文存》,财政部印刷局1921年版。
④ 支伟成:《章太炎先生论订书》,《清代朴学大师列传》,岳麓书社1998年版,第6页。
⑤ 符定一:《郋园北游文存序》,叶德辉:《郋园北游文存》,财政部印刷局1921年版。

一援引章太炎之语，主要还是为了区分湘中二王一叶之高下，凸显叶德辉经学之正宗。而到杨树达，则完全转化为对湘学的反思。20世纪20年代，杨树达北上任教于北京各高校之后，其学术成就逐渐为外界所认识，得到了包括章太炎、沈兼士、陈垣、陈寅恪等学界名流的推崇。章太炎曾说："湖南前辈于小学多粗粗，遇夫独精审，智殆过其师矣。"① 诸人在揄扬杨树达个人成就时，往往将其与湘中前辈、与湘学区分开来，所谓"不类湘学"②。可见，一个杨树达并没有改变外界对湘学的固有认知。是以20世纪20年代，他和湘籍学者、训诂学家曾运乾（星笠）任教于北京高校时，曾有"雪耻之盟"：

> 太炎先生尝云："三王不通小学。"谓介甫、船山、湘绮也。三人中湘士居其二。余昔在北京，曾与星笠谈及此；余谓此时吾二人皆游于外，他日仍当归里教授，培植乡里后进，雪太炎所言之耻。星亦谓然。③

20世纪20年代杨、曾之间的"雪耻之盟"与19世纪90年代王、叶之间的"名山之约"前后呼应，可谓一脉相承。至30年代，杨树达与曾运乾果然都相约回到湖南任教，以培养湘中后学为己任。然而因抗日战争的爆发，文字训诂等无用之学又成为不急之务，加上曾运乾英年早逝，湘中小学音韵训诂几成广陵散绝之势。尽管如此，自从湘中出了杨树达、曾运乾等人以后，再无人批评湘人不识字了。此外，民国年间，湖南出现了一批全国著名的学者，如余嘉锡、张舜徽、陈天倪，其治学皆由王闿运所不承认为学问的目录版本、文字训诂入手。此种局面的形成，不能说与叶德辉的大力提倡毫无关系。

另一方面，杨树达的作为往往有出于叶德辉期待的范围之外者。青出于蓝而胜于蓝，是学术传承中经常出现的现象，而从叶德辉到杨树达思想旨趣的变化，则不仅仅缘于青与蓝、冰与水之间的关系，而是近代学术嬗变局势下的旧学转新的体现。叶德辉对杨树达寄予厚望，曾有

---

① 杨树达：《积微居回忆录》，上海古籍出版社1986年版，第62页。
② 同上书，第108页。
③ 同上书，第216页。

"吾弟好学深思,读书处处得法"之语,并勉励杨树达成为"第一流人"①。而所谓"第一流人"除了坚实的学术功底外,还须有尊经崇儒的信仰。1921年,叶德辉在为杨树达《说苑集证》、《新序集证》作序时,在充分肯定两书学术价值的同时,又云"遇夫《集证》二书出,其有功于经学而为吾道之干城者,不诚实获我心哉"!②将二书之作看成自己翼经卫道思想的继续。叶德辉希望杨树达不仅继承自己的学术成就,而且继承自己的翼经卫道思想,但这却未必是杨树达所能接受的。叶德辉一生攻击今文经学,曾对杨树达言:"今文在今日仅一《公羊》为全书,余皆断简残编,本无可以致力。加以袭、魏之偏陋,湘绮之荒唐,流为康、梁,已成亡国之祸。再不为学者提,令害将与洪水猛兽同科。……今文之学使人不读书,字母之学使人不识字,学术杀天下没,此皆此类孤陋著伪之书。幸其学容易为人看穿,屡振不起。不然,率天下之人不读书不识字,其为害将无止也。"③希望弟子们不要误入今文歧途。而杨树达则婉讽乃师:"今古文之争,因外来侵势,遂可不必重提。"这实际上也正是对叶德辉保守思想的某种扬弃。此外,杨树达等人在继承叶德辉汉学功夫的同时,也吸收了欧洲语源学的方法,从而突破了叶德辉固守清代汉学的局限,完成了由旧而新的转变。

二 叶德辉对日本新汉学的影响

1920年,当日本留学生诸桥辙次访问叶德辉时,叶不无得意地说:"鄙人承贵国学士商家相知二十余年,平时与贵国人交情亦更亲切,故贵国现时无不知有鄙人者,惜不能人人握手也。"④虽有所夸张,但叶氏与日本学者交往面之广、人数之众由此可见。由于与日本学人交往密切,特别是通过指导日本留学生,叶德辉对日本学术界也产生了一定的影响,其所传之绝学在日本得到发展。

在叶德辉指导的日本弟子中,以盐谷温与松崎鹤雄最为著名。盐谷温(1878—1962),出生于江户著名学者家庭,祖父盐谷簀,伯祖父盐

---

① 杨树达编:《郋园手札》(手稿),藏于湖南师范大学图书馆。
② 叶德辉:《说苑集证序》,《郋园北游文存》,财政部印刷局1921年版。
③ 杨树达编:《郋园手札》(手稿),藏于湖南师范大学图书馆。
④ 李庆编注:《东瀛遗墨——近代中日文化交流稀见史料辑注》,上海人民出版社1998年版,第163页。

谷宕阴,父亲盐谷青山都精通汉学。早年毕业于东京大学文科大学的汉学科,后进入大学院,学习中国语言文学史。1906年10月,作为文部省的留学生,为期四年,前往中国和德国留学。1909年秋天,盐谷温在中国陕西旅行将归,经水野梅晓的介绍,前往长沙拜访叶德辉。据盐谷温回忆:"先师一见如故,开口论学,议论风发。余至为倾倒,决意受业。"① 是年冬遂正式拜叶德辉为师,学习戏曲。叶德辉自述:"日本文学博士盐谷温君光宣间在长沙从余问学,先后五六年,于经史百家之书,无不购诵,一一穷其要领,而尤喜治元明戏曲、南北九宫之辨。虽限于方音殊俗,不尽能悟,而心知其意。有时为之讲授,亦颇解颐。君之尊人青山先生以治汉学、能古文,鸣于其国中。……博士之好古励学,非独家法相承,亦其耳濡目染者,皆文书之事也。"② 叶德辉忆盐谷温诗中有"经苑儒林承旧德,词山曲海拓新闻"之句,说的是盐谷温的家学渊源以及戏曲研究;又有"欲向晚香窥典册,蓬莱相望隔重云"之句③。晚香书塾为盐谷温伯祖父盐谷宕阴所辟,盐谷家族三世讲学其中。叶德辉借此表示自己也很向往盐谷家的藏书与学问。盐谷温在长沙,"日夜从事词曲钻研,时而伺暇赴丽楼质疑请教。先师执笔,一一答之。解字断句,举出典,辨故事,源泉滚滚,一泻千里,毫无凝滞。由朝及午,由午及晚,善教善诱,会心之处,鼓舌三叹,下笔生风,以毛发般细楷正书之,一二十行直下,乐而不知时移。……夏日酷暑,流汗滴纸亦不顾。冬日严寒,指冻不能操管亦不厌。开其秘笈,倾其底蕴以授余。……余以不才,得通南北戏曲,实先师教导之赐"④。1912年夏,盐谷温留学期满回国,叶德辉以马融谓门人之"郑生今去,吾道东矣"之语许之。盐谷温回国后,执掌日本东京大学中国文学教席,著有《支那文学概论讲话》、《曲学概论》和《元曲研究》等书,在开拓近代日本汉学界对中国古典戏曲小说研究方面,有很大影响。

1915年,盐谷青山率日本第一高等学校学生赴中国旅行期间,会同泷川君山、今井鳄山、谷山老岳诸君子,专程往长沙访叶德辉表示敬

---

① [日]盐谷温:《先师叶郋园先生追悼记》,海客甲译,《斯文》1927年第8期。
② 叶德辉:《曲学概论序》,《郋园北游文存》,财政部印刷局1921年版。
③ 叶德辉:《乱后重回长沙喜晤盐谷节山温》,《岁寒集》,长沙叶氏观古堂1929年版,第6—7页。
④ [日]盐谷温:《先师叶郋园先生追悼记》,海客甲译,《斯文》1927年第8期。

意,感谢其纳盐谷温从游门下。"先师为此倒屣相迎,延留数日,诗酒
徵逐,极尽一时之盛。"① 1923 年,盐谷温之女悦子到长沙拜访叶德辉,
将盐谷温日译之《桃花扇》及博士学位论文《元曲研究》奉呈叶德辉,
请为赐序。"先师欣然承诺,暂留原稿,阅后添加朱批,并赐序言。"②
在序言中,叶德辉表示,自己原本有心写一部《剧史》,论列古今戏曲
沿革,撰次历代优人事迹,辑为小传,以饷国人;适盐谷温来学,遂传
之其人,赞《元曲研究》一书"推论元曲始末,及南北异同,莫不缕
析条分、探原星宿",并表示"幸余书未编定,若较君作,真将覆酱瓿
矣"③。对于这篇序言,盐谷温表示:"于疏浅拙作褒奖有加,凭添异
彩,余回想留学时期苦辛,如步蟾宫,如登龙门,喜悦不可名状。"④
珍惜之情溢于言表。

叶德辉的另一日本弟子松崎鹤雄是东京朝日新闻社的记者,也曾是
竹添光鸿的弟子。1910 年左右松崎鹤雄前往长沙拜叶德辉为师,住在
叶家跟随叶德辉研习《说文解字》,前后达八年之久。叶德辉曾赞其:
"不居蓬岛作神仙,来向扬亭看草玄。尚恨眼中奇字少,客囊多费买书
钱。"⑤ 松崎鹤雄的劬学好古由此可见一斑。经过几年的钻研,松崎鹤
雄"训纂五千熟,方言八九谙",被叶德辉誉为"东方古君子,西域老
瞿昙"⑥。松崎鹤雄回国时,叶德辉有诗抒怀:"今日天涯还握手,送君
东去衍儒宗。""颉皇秘钥亲勘破,籀史遗文待其传。"⑦ 与前述许盐谷
温归国为"吾道东矣"异曲同工,同样表达了向日本传衍儒学的思想。
松崎鹤雄后来任职于满铁大连图书馆,也有盛名。

除盐谷温与松崎鹤雄曾长期追随叶德辉之外,短期拜访叶德辉的日
本学人举不胜举。盐谷温云:"先师以学问品德名世,东瀛学子往游禹
域,无不怀抱访丽楼、瞻先师丰神、览其藏书之愿。宇野博士、高濑博

---

① [日]盐谷温:《先师叶郋园先生追悼记》,海客甲译,《斯文》1927 年第 8 期。
② 同上。
③ 叶德辉:《元曲研究序》,转引自刘岳兵《中日近现代思想与儒学》,生活·读书·新知三联书店 2007 年版,第 5 页。
④ [日]盐谷温:《先师叶郋园先生追悼记》,海客甲译,《斯文》1927 年第 8 期。
⑤ 叶德辉:《除夕怀人绝句四十七首》,《还吴集(丙辰)》,长沙叶氏观古堂 1929 年版,第 27 页。
⑥ 同上书,第 7 页。
⑦ 同上书,第 9 页。

士、铃木豹轩博士、诸桥、后藤诸君,亦到湘中亲谒先师,如松崎柔甫则从游多年,专修《说文》。"① 访问叶德辉的日本学人并非仅仅是为了"览其藏书",还在多方面进行请益。如 1920 年 5 月,日本留学生诸桥辙次专门拜访叶德辉,向叶氏请教经学源流与派别,并表示自己有志于"溯伊洛而究洙泗",想从事理学研究,请教叶氏该读何书。叶德辉指出:"先生有志程朱之学,则知理学正轨,熟读《五子近思录》及周子、张子、朱子、吕子诸书,再参陆陇其所著书,则其功过半矣。"② 诸桥辙次后来成为日本著名的汉学家。在此前后,后藤朝太郎也曾登门拜访,向其询问中国文字古篆流别,叶氏一一解答。后来后藤朝太郎成为日本著名的"支那通"。

对叶德辉而言,与日本学人的交往不仅仅是一般意义上的互通有无、取长补短,更包含着借日本学人传中国将绝之学的用意。清末民初是中国传统学术文化转型之时,传统的义理、考据、词章之学在国内几成广陵散绝之势,使叶德辉渐生"吾道孤矣"之叹。而来自日本的学人对中国文化的热爱与钦佩让叶德辉感到日本旧学新昌,是古学理想的栖身地。这是叶德辉与日本学人诗词唱和中一再表达的情怀。永井久一郎、盐谷青山的词章之学,使叶德辉感到"东邻旧学又新昌,诗句人争袭盛唐"③;竹添光鸿的《左传》研究,使《春秋》学大义重现,不致湮灭无闻,"应笑老奴劬学苦,传经且听伏生鳣"④;内藤虎次郎的惠赠古籍,使叶德辉看到了日本对文物的护惜。又如目录版本学本为日本所无,乃从中国输入,却有后来居上之势,"如森立之《经籍访古志》、岛田翰《古文旧书考》,皆于宋元古钞各书,考订至为精析"⑤。更为重要的是,日本年轻学人的笃学好古,使叶德辉看到了古学的希望。叶德辉把日本学人对传统旧学的热爱看成是"天意眷周孔,斯文将日中"⑥,

---

① [日]盐谷温:《先师郋园先生追悼记》,海客甲译,《斯文》1927 年第 8 期。
② 李庆编注:《东瀛遗墨——近代中日文化交流稀见史料辑注》,上海人民出版社 1998 年版,第 164 页。
③ 叶德辉:《客居日本松乃旅舍喜其礼俗有中土古风诗以纪》,《汉上集》,长沙叶氏观古堂 1929 年版,第 5 页。
④ 叶德辉:《竹添井井新有黄门之痛寄诗唁之》,《还吴集(丙辰)》,长沙叶氏观古堂 1929 年版,第 10—11 页。
⑤ 叶德辉:《书林清话》,岳麓书社 1999 年版,第 8 页。
⑥ 叶德辉:《岁寒集》,长沙叶氏观古堂 1929 年版,第 3 页。

引日本学人为绵斯文衍绝学的同道，也乐于将自己的学问毫无保留地传授给日本人。1916年，日本人兼山春篁曾画《丽楼藏书图》相赠，叶德辉在赋诗致谢时，除了历数自己祖上的辉煌外，对自己的学问能传到日本尤为自豪："短札论交到海东，竹添盐谷两文翁。喜闻吾道薪传广，又见先生画笔雄。"① 所谓"喜闻吾道薪传广"正是这种情怀的体现。

另一方面，叶德辉也注意吸收日本汉学家的学术成就。《书林清话》就多次引证日本学人的观点，特别是日本目录版本学家岛田翰的考证；《书林余话》论及叶德辉参与策划的《四部丛刊》，特别注意日本学界的反响，并附录日本汉学家神田喜一郎、武内义雄的评论，表示从两人的评论中，"足见彼国人之深于汉学，在吾国今日殊罕见也"②。

晚清民初，叶德辉与日本学者密切交往的这一段时期，也是日本新汉学产生、发展并走向成熟的时期。日本虽然历来受中国文化的影响，但由于德川幕府时期日本实行锁国政策，故其学多承明代学术，极为粗疏。明治维新以来，随着中日学者交往的增多，以及欧美学术的影响，日本兴起了新的汉学研究。这种新汉学继承了清代学术的传统，同时又以西洋汉学为参照，注重实证，注重资料的搜集，因此古籍收藏、版本目录是其热门领域。③ 1930年，黄孝可在《燕京学报》第2期撰文《1929年日本史学界对于中国研究之论文一瞥》，指出日本的支那学派史学家"大率以清朝三百年之考据学为基础，而参用欧美式之科学的研究法，加以前人未睹之新资料相继发见，益助其学之进步"。尚汉学的叶德辉自然以其精密的考证为日人瞩目；尤其是具体到目录版本方面，更是个中翘楚，为日本学者所欣慕。此外，戏曲小说研究也是叶德辉的专长，日本学者从中汲取甚多。虽然日本的戏曲小说研究发端于欧洲汉学的影响，但中国学者的推动也不无作用。关于这点，历来研究者只注意到王国维的作用。王国维著有《戏曲考原》、《曲录》及《古剧脚色》等书，并且刚一问世，就被日本《艺文》杂志摘要介绍，或全文译载，

---

① 叶德辉：《日本兼山春篁先生后兴画丽楼藏书图见赠赋诗诸谢》，《还吴集（丙辰）》，长沙叶氏观古堂1929年版，第20页。
② 叶德辉：《书林余话》，岳麓书社1999年版，第293页。
③ 关于日本新汉学的情形，可参见李庆《日本汉学史（二）——成熟和迷途》一书，上海外语教育出版社2004年版。

在日本汉学界产生了极大的反响。① 后来王国维又有《宋元戏曲考》之作，王氏遂成曲学不祧之祖，受到了日本学界的关注。其实，在戏曲小说的研究上，叶德辉也对日本汉学界产生了重要影响。叶德辉个人喜爱戏曲，在日常生活中经常游宴观剧。叶氏藏书中收集了相当的剧本，并且对于脚色、曲牌、曲调的演变有颇多考证。盐谷温从叶德辉学习元明戏曲，达五六年之久，其戏曲研究，可谓得叶德辉之真传。从此角度说，叶德辉对于日本汉学的发展，间接地起到了推动作用；而日本学徒"无不知高名者"② 就在情理之中了。

至20世纪20年代，叶德辉作为"湖南硕学"、"大儒"在日本学界广为人知。1926年10月，日本人田冈正树在长沙访问叶德辉，次日叶德辉回访，田冈正树"诗以记之，并志向往"，诗云："地灵人亦杰，天人未可公。张朱曾到此，前躅尚腾芬。二王近日出，经学俱建勋。郁郁钟灵地，何人任典坟？岳云又湘雨，佳气日氤氲。干戈今满地，殷勤护斯文。"③ 推誉二王是经学建勋，叶德辉是斯文护士。

如果说个人游记之类的感想包含了人情交往的个体因素，难以成为公论的话，那么，作为日本汉学中心的京都大学对叶德辉的评价，则在一定程度上可代表日本汉学界的共识。20年代，日本对华东方文化事业的北京人文科学研究所酝酿成立。京都学派主帅之一狩野直喜，主持"对支文化事业调查会"，建议在中国内地设立中国文化研究所，用优厚条件聘请中国学者参与其事，并按学科分类开列了各方面拟聘学者的名单。其中"叶德辉门派"被列为"杂家"类科目拟请人员。④ 虽由于受到官方的干预，北京人文科学研究所最后的人选没有完全以学术为凭据，叶德辉也最终没有成为日本北京人文科学研究所的成员，⑤ 但京都大学对于叶德辉的重视由此可见一斑。

---

① 关于王国维戏曲研究对日本学术界的影响，参见陈鸿祥《王国维传》一书，人民出版社2004年版，第367页。
② 李庆编注：《东瀛遗墨——近代中日文化交流稀见史料辑注》，上海人民出版社1998年版，第164页。
③ [日] 田冈正树：《叶郋园老学见访赋此书怀并序》，转引自王雨霖《辽东诗坛所载叶德辉死事》，《书屋》2006年第1期，第50页。
④ 参见桑兵《民国学界的老辈》，《历史研究》2005年第6期，第4页。
⑤ 日本北京人文科学研究所成立于1927年12月，叶德辉已于1927年4月离世。这当是原因之一。但在成立之前，日本方面最终确立的名单中，是否有叶德辉，不得而知。

第八章 一去郋园呼不返，
　　　　读书种子竟如何

正如叶德辉一生"轰轰烈烈"、跌宕起伏一样，叶德辉之死也是"惊天动地"的大事，在坊间流传甚广，以至于以讹传讹、演义成传奇。那么，叶德辉晚年究竟都从事了哪些活动？是如何一步步走向死亡的？本章试对此进行探讨。

第一节　还乡仍作客，何处是桃源

1927年4月，叶德辉在长沙被作为"土豪劣绅"遭到镇压。稍后，湘人朱德裳有诗咏之："故里都无恙，斯人不可寻。抵牾当日事，凄恻此时心。宾客偷书卖，江山似陆沉。长沙作归计，已叹错弥深。"[①] 叹息叶德辉回到长沙乃一大错误，言外之意，假如叶德辉一直隐居苏州不回长沙，也许就得以逃过一劫颐养天年、寿终正寝了。无独有偶，近代掌故学家郑逸梅也认为，假如叶德辉一直为吴下寓公，"决不遭此杀身之祸，而文物美人，亦不致飘零散佚，想叶地下有知，定必懊悔无已也"[②]。叶德辉晚年本隐居苏州，几年之后又回到长沙，卷入地方政争纠纷中，最终在长沙去世。这里姑且不论叶德辉之死与回到长沙之间是否存在着必然关系，仅追踪叶德辉去湘、回苏、返湘时的心路历程，以反观叶德辉晚年的心态与思想。

叶德辉一生以"半吴半楚之人"自居。他生于湖南长于湖南，长期活跃在湖南政、商、学界，但并不局限于湘中一隅，而是经常东游吴

[①] 朱德裳：《三十年闻见录》，岳麓书社1985年版，第219页。
[②] 郑逸梅：《叶德辉流寓金阊》，《掌故小札》，巴蜀书社1988年版，第96页。

会、北上京师，广识同道；与旧籍吴中更是保持了密切的联系，几乎每年都要回乡扫墓。1916年春，袁世凯复辟帝制活动失败，汤芗铭逃走，湘省兵乱频仍。叶德辉因曾任筹安会湖南分会会长被指控为"帝制党"，遭到众人的攻击，家产几乎被没收，后经人说项才得以脱险。但自此在长沙难以立足，遂变回苏扫墓为回苏长住了。

回苏之初，叶德辉寄居在他往年回苏扫墓之时经常借宿的阊门客舍，顿有游子回乡之感："垂老方知客绪忙，五年两度宿金阊。夜深明月应相识，人是他乡我故乡。"① 之后，又移居阊门曹家巷，凭屋十余楹，拟归隐于此。"移居久已谋归隐，表字新添号辟兵。更欲买田阳羡去，闭门长此学躬耕。"② 历史上曹家巷曾是说书、歌妓之流聚集之地，此后遗风也尚存。故得知德辉寓居于此，友人曾以诗调笑其"艳福不浅"。德辉答言："归舟拟写载书图，那得西施泛五湖。何事谰言添艳福，不妨理学笑迂儒。诛茅早作僧庵住，剪烛因嫌客舍孤。春草闲房悬磬室，此生安稳住吴都。"③ 有心仿效隐居太湖的范蠡在吴郡终此一生。

虽是避乱隐居，但叶德辉的日常生活显然风雅而精致，颇让人艳羡。时人曾有记载：

> 湘中大儒叶德辉，为学一宗许郑。……曾为吴下寓公，于金阊门外赁屋十余楹，以贮周彝汉砚名画法书及秘籍珍本，叶乃著书啸傲其间。仰苏先生与之神交有年，某日乃往访之，并欲一窥其宝藏。至则叶款以佳茗。须臾，诸姬妾捧玉轴金黄色缄以出，容仪照灼，卫鬓楚腰，皆绝色也。仰苏先生赏鉴其清秘，无不为精隽稀有之品。叶且留之晚宴。姬妾亲斟葡萄佳酿，为之醉饱以归。仰苏先生尝语人曰："叶公诗婢，多于郑康成也。"④

在苏州，叶德辉遍访叶氏历代先祖在苏州的故居旧址以及叶氏宗祠；又游玩苏州园林名胜，如拙政园、虎邱、沧浪亭，尽情领略吴越文

---

① 叶德辉：《夜宿阊门客舍口占》，《还吴集（丙辰）》，长沙叶氏观古堂1929年版，第1页。
② 叶德辉：《移居曹家巷》，《还吴集（丙辰）》，长沙叶氏观古堂1929年版，第1页。
③ 同上书，第2页。
④ 郑逸梅：《叶德辉流寓金阊》，《掌故小札》，巴蜀书社1988年版，第96页。

化的底蕴,感受叶氏家学的源远流长。由于叶氏一门与吴越文化关系极重,叶德辉在游览之时,频添别样的感慨。如苏州沧浪亭有五百名贤祠,嵌有与苏州历史有关的五百多个人物平雕石像,其中叶氏先祖就有七人。故叶德辉游沧浪亭,备感亲切与自豪,有诗曰:"吾家祖像衍七叶,石林、菉竹、光禄卿。尚宝祖孙两龛列,文敏风采蔼可亲。一堂俎豆似宗庙,星物屡换池馆春。"同时亦感慨:"清风明月总无情,不恋诗魂恋歌舞。只今华屋又山邱,何年伐尽千章树。"①

三吴素有"人文渊薮"之称。在这里,叶德辉与一批才俊日相往来,如陆恢、朱锡梁、金天翮、费仲深、程仰苏、叶振宗等。他们或为旧雨,或为新交,但都旧学精邃。其中作为同里后学的朱锡梁嗜学好古,著有《草书探源》、《词律被体》等书,被叶德辉誉为"吴中汉学硕果之仅存"②。叶德辉作《赠朱梁任七古》一首,描述朱氏好学之情形:"朱生好学尤好古,读书不畏饥寒苦。读破万卷如有神,通天地人儒不腐。平生好奇似子云,六书真欲穷初祖。鼎彝铭字出山川,犹恨孤文关难补。……袖携手稿过寒斋,疑闻一一如刀剖。迩来读遍天文书,忽悟十干象星聚。……吴侬众口笑狂生,非常怪论时倾吐。天放交游四世人,其三斗筲何足数。朱生朱生今之嵌奇历,落人亦是文章秘。三吴汉学久式微,龙门一石中流柱。他日名山有著书,祖武遥绳朱乐圃。"③每次朱锡梁造访,叶德辉"必留与久谈,以文字相商榷。而逢人说项,辄谓锡梁成就,他日必有以异于人"④。金天翮擅诗,叶德辉每语人云:"金君诗皆千锤百炼而成之,读之极妥贴,造之极艰辛。"⑤被金天翮引为知甘苦者。金天翮欲从叶德辉受经学训诂,叶氏"抵掌为道学术途径",并云"近世诗人多而文人少,文人多而学人少",勉励金君做一名学人,为其点定诗若文,"攻其疵,绳其美,过从甚密"⑥。

此外,叶德辉还结交了许多饱学之士,如费韦斋、赵学南、李谷

---

① 叶德辉:《还吴集(丙辰)》,长沙叶氏观古堂1929年版,第13页。
② 叶德辉:《龙启瑞口韵通说书后》,《郋园山居文录》卷上,长沙叶氏观古堂1922年版,第42页。
③ 叶德辉:《赠朱梁任七古》,《浮湘集》,长沙叶氏观古堂1929年版,第11页。
④ 朱锡梁:《郋园六十自叙补记》,长沙叶氏观古堂1922年版。
⑤ 叶德辉:《天放楼诗钞序》,《郋园山居文录》卷上,长沙叶氏观古堂1922年版,第12页。
⑥ 金天翮:《叶郋园先生六十寿言》,《郋园六十自叙》,长沙叶氏观古堂1923年版。

遗、庄思缄、王严士等。费树蔚（1883—1935），字仲深，号韦斋，擅诗词。庄思缄（1866—1932），字蕴宽，江苏武进人，晚清至民国期间著名的政治活动家，国学大师，佛教界名流居士，诗、词、书画俱佳。赵诒琛，字学南，因家学渊源，亦爱藏书，筑有"峭帆楼"贮书，并刻《峭帆楼丛书》18种。叶德辉言其"神交与我有同心，乡邦文献求先进"①，曾作《峭帆楼歌赠赵学南隐居》一首，赞其收拾残丛、再续斯文之功。

对于叶德辉而言，回到苏州不仅是回归祖籍，更是回到自己的精神港湾。"频年粤湘搆兵衅，翻喜桃源在吴郡。学子依然诵汉唐，居民不知有魏晋。"吴郡古风依旧，相对于兵乱频仍的湖南，不啻世外桃源。"我欲菟裘还故乡，廿年尘网犹牵引。愁对青山与白云，空言誓墓违庭训。长沙卑湿不可居，当门萧艾难挥锄。"② 想归隐吴下，却又"廿年尘网犹牵引"，不能彻底放下。

然而，新旧递嬗乃全国范围内的大势所趋，吴郡也不能自外，弃旧迎新同样发生在吴郡。吴江曾有三高祠，祭祀春秋越国范蠡、晋张翰、唐陆龟蒙等人。叶德辉感叹："我生丁乱离，日盼干戈戢。六年困江湖，奔走携书笈"，准备瓣香拜祠前，却发现三高祠已被改造成学堂，神龛前改成了学生寝室。"弦歌聚生徒，分年重阶级。不读孔孟书，谁铸黄金揖？儒风日式微，墨学九而十。"即使是在吴郡，自己依然不合时宜，故"高蹈寂无人，欲语先羞涩"③。他拜访主持江苏图书馆的曹赓笙太守允源，感慨"城南州学弦歌寂，坐拥书城待席珍"，而守护古籍则是他们共同的使命，"夜深梦有衣冠拜，收拾残编胜掩骸"。在"文汇文宗双阁废，异言异服九流分"的局势下，他们"却甘牛马同奔走，欲注虫鱼重典坟"，只能以"白发传经遗一老，壁藏奚畏祖龙焚"聊以自慰，但同时又难免有"叹凤伤麟吾道非，建元祀孔与时违"的自我嘲笑。④

---

① 叶德辉：《峭帆楼歌赠赵学南隐居》，《还吴集（丁巳）》，长沙叶氏观古堂1929年版，第7页。
② 叶德辉：《赠曹赓笙太守允源时主持江苏图书馆》，《还吴集（丙辰）》，长沙叶氏观古堂1929年版，第15页。
③ 同上书，第16—17页。
④ 同上书，第15—16页。

三吴是清代汉学重镇之一，导其源者为昆山顾氏与吴县惠氏。二人不但"化被三吴，泽及桑梓"，而且被后世推为有清两巨师。还吴期间，叶德辉结识了惠栋的后人惠耕渔茂才，并为其所藏《先德四世传经图》题诗，推崇惠氏"父子孙曾历四世，大师一席谁与争。至今人称惠氏学，世无朱云敢折角"；同时表明自己追踪三吴诸老、笃守汉学的心愿。然而，世事变迁，汉学在吴中也呈衰势："自遭国变藏屋壁，茫茫四顾无所适。晚归吴下识文孙，独抱斯图语来历。方今海内犹乱难，比之秦火祸更奇。六经扫地斯文丧，太牢祀孔将信疑"，是以叶德辉叹息盛世不再，古学难续。①

吴中曾是藏书家云集之地，先后有虞山钱谦益绛云楼、毛晋汲古阁、张金吾爱日精庐、黄丕烈士礼居等著名藏书楼。藏书楼既多，图书交易亦很发达，"书肆之盛，比于京师"。而今"上海飞凫客，群翔集于茶坊酒肆之中，而吴门玄妙观前，无一旧书摊，无一书船友。俯仰古今，不胜沧桑之感矣"！② 图书的稀少使叶德辉对吴郡世外桃源的观感大打折扣。他在与缪荃孙的信中写道："居苏只翻书不方便，余无所不便。乾嘉时，苏城到处皆藏书，今无一家，可哀也。"③ 这一缺陷甚至使叶德辉产生移居上海的想法："辉居苏清闲著书，较在湘为安乐。惟家藏书籍为儿辈把持，不能运苏。偶思检寻，极不顺手。欲移居上海，又落入野鸡遗老窠中，心中实有所不愿。"④ 凡此种种，都使叶德辉还乡之初"翻喜桃源在吴郡"的喜悦之情渐渐减退，转生"还乡仍作客"⑤之感。

"还乡仍作客"不仅缘于湖湘、三吴两地文化的差异，更缘于鼎革造成的传统文化的失落。回归故里并没有缓解叶德辉与这个时代的紧张关系，遗民身份没有改变。他曾作《题陈定生仿东坡古木竹石立轴长歌一首》，借歌咏古之高士而自况。中云："我今披图更长叹，故家乔木同薪炭。一朝鼎革一兴亡，文书图画云烟散。其间传者几人存，惟有孤

---

① 叶德辉：《还吴集（丙辰）》，长沙叶氏观古堂1929年版，第22—23页。
② 叶德辉：《书林清话》，岳麓书社1999年版，第211页。
③ 《叶德辉致缪荃孙（四十三）》，顾廷龙整理：《艺风堂友朋书札》，上海古籍出版社1981年版，第562页。
④ 《叶德辉致缪荃孙（四十四）》，顾廷龙整理：《艺风堂友朋书札》，上海古籍出版社1981年版，第563页。
⑤ 叶德辉：《还吴集（戊午）》，长沙叶氏观古堂1929年版，第1页。

臣孽子一文一字兼金换。君不见郑所南画兰不画根，至今失路哀王孙。又不见黄向坚画山只画滇，万里寻亲苦不言。道人忠孝亦如此，浩然正气留乾坤。"① 郑所南是南宋遗民，善画工诗；南宋亡后，他怀念故国河山，将所作文章结集为《心史》，盛以铁匣，藏于苏州承天寺的井里，直到明末才被发现。陈定生则是明末四公子之一，明亡后，藏身家中土室，十年不入城市；或往城外山中痛哭，闻者悲之。故国之思，千秋同感；借他人之酒杯，浇己胸中之块垒。"同是沧桑劫后身，头衔仍署义熙民"②，是以将诗社命名为"汐社"。"汐社"本是南宋遗民谢翱的诗社，叶德辉借以名之，其寓意亦不言自明。所谓"诗歌编汐社，图画入山庄"③，"独留诗人在空谷，汐社来往人千秋"④，可见叶德辉还是以"遗民"自居。

另一方面，叶德辉念念不忘湘中诸友，曾作《寄怀湘中诸子二十五首》，又作《除夕怀人绝句四十七首》，所怀亦多半是湘中旧友与及门弟子。加上不时地要处理家事，故在寄迹姑苏期间，曾几度回湘。1919年冬，叶德辉再度回湘省亲，湘督张敬尧折节登门拜访，"且挽留久居备顾问。见则力言汪诒书以子弟荐事不遂、朱恩绂以财纸币汇水被禁，因此开罪，遂鼓煽在京湘人造谣毁余。余久盼公归。今喜极，凡有教训，无不拜纳"。叶德辉"见其人极爽朗"，于是"造福桑梓"之心重生，向张陈请停收地方苛细杂捐，如年终抽收房捐、盐斤加价等，张"皆立允"。叶德辉因此盛称张敬尧"受言爱好，远胜于芗铭"⑤。当时，张敬尧之弟张敬汤在湘任参谋长，见叶德辉回湘，执简愿为门生，叶德辉甚喜。见其诚恳，"遇事匡正遵导之入于正轨"。叶德辉甚至认为，"敬汤气质亦非十分恶劣，徒以所识无赖之湘人，逢长其恶，以致无所忌惮"。自从与叶德辉相接，"诸人亦稍稍敛迹矣"⑥。叶德辉支持张敬尧无异于又一次冒天下之大不韪，因其时湘人正因张敬尧行为不法、蔑视教育，各界掀起了"驱张运动"。叶德辉的弟子杨树达即被教育界推

---

① 叶德辉：《还吴集（丁巳）》，长沙叶氏观古堂1929年版，第9页。
② 叶德辉：《还吴集（戊午）》，长沙叶氏观古堂1929年版，第4页。
③ 同上书，第2页。
④ 叶德辉：《还吴集（丁巳）》，长沙叶氏观古堂1929年版，第8页。
⑤ 叶德辉：《郋园六十自叙》，长沙叶氏观古堂1923年版，第9页。
⑥ 杨树达等：《郋园学行记》，《近代史资料》1985年第4期，第143页。

选为代表之一,进京请愿,控诉张敬尧。而叶德辉则签名致电北京政府,称颂张敬尧"功高尧、舜,德兼文武"①。1920年,张敬尧败逃湖南,叶德辉除"帝制党"的名声之外,又被湘人目为"安福党"。

1921年夏天,叶德辉应友人之约,北游京师。在京期间,叶德辉观花饮酒,唱和应酬,无日蔑有;又常为他人赋诗题卷,作序弁书,好不潇洒。其时,弟子杨树达在北京高等师范学校任教,"数日一过从,时挟其著书,殷殷请益。其成者必索一序,盖犹承平时在余家园问字时光景也"②。客居京师的杨树达,日治经史诸子百家,"心有所获,辄笔之所读书上下两端,亦或间诂行间,朱墨杂糅,一皆可以理董",积帙渐多,为疏证为集证,连篇累册,"不知客中之岑寂、人世之乱离",深得叶德辉的赞誉,谓其"天君泰然,固有足觇其学养者"③。除杨树达外,叶氏其他弟子如蔡传奎、左念康及友人符定一、易敦白等人亦时常追陪其间,又与宋伯鲁、江瀚、秦树声、傅增湘等人论学。"衣冠强半义熙民,高会从容自率真。宋玉微词倾坐客,江淹别赋动离人。诗名淮海流传远,理论鹓䳜著作新。学派久闻南北合,相逢旧雨更情亲。"旧雨新知,桃李春风,聚集一堂,诚为人生快事。诸人中符定一与易敦白"训故博通苍雅学,形声辨析鼎彝铭",让叶德辉产生"谁云识字多忧患,极目鹏抟九万程"之感;蔡传奎与左念康则是"中郎史意太冲才",当年都曾师事叶德辉,而今又登堂授受,重新追陪问学,叶德辉自称"束脩有愧先生馔,狂简欣闻小子裁。敢道河汾多将相,匡时终望出群材"④。一时对斯文之存与匡时济世又生信心。

1921年冬,叶德辉南返回苏,之后则迁回长沙。1922年(农历壬戌年),叶德辉在长沙度过了春节,有诗记曰:"十年改步再逢壬,但觉乾坤浩劫深。故国孤棱天上梦,私家函史井中心。魅多岂畏桃符禁,客至聊将桂醑斟。但愿南天烽火熄,此生安稳老山林。"乾坤浩劫,故国孤棱,叶德辉只求此生能安稳老山林。然而,兵乱频仍,做个安稳的遗民似乎并非易事,他只能祈祷天下太平,"晓起钩帘闻鹊噪,似传喜

---

① 杨逢彬:《叶德辉与晚清民初的湖湘》,《中国图书评论》2007年第10期,第31页。
② 叶德辉:《新序集证序》,《郋园北游文存》,财政部印刷局1921年版。
③ 同上。
④ 叶德辉:《北征集》,长沙叶氏观古堂1929年版,第3页。

讯到销兵"①。

叶德辉出生于1864年，按照中国传统，将在1923年迎来60周岁的寿诞。是故1922年，门生故旧就向叶子索要事略，拟撰寿诗、寿文。叶德辉以为："儿子不能道一字，不如自叙为得其实。"故作《郋园六十自叙》，回顾自己一生屡历之险境、家庭之困苦。该叙开篇第一句即为："数十年轰轰烈烈、天子不得臣、国人皆欲杀、海内诵其著述、遐荒识其姓名之叶德辉，至是而年始六十，此为第一次揭晓事。不然，天下莫不知有叶某其人，而不接其丰采、不测其寿年，是必以为东方朔游戏人间，不老亦不死，苏子训摩挲铜狄，非人亦非仙矣。"狂态可掬，且道出了其心之所系。"天子不得臣"与清朝鼎革有关，自己在前清之时"未一日补官"，但念及"二百余年列祖列宗煦育卵翼之人民，一旦改革，罹于刀兵水火之劫，而以湘中为尤惨"，故仍有"国破家亡，主忧臣辱"之感。②"国人皆欲杀"与自己守旧、热心任事有关。在自叙中，叶德辉总结了自己的志向与旨趣，云："余生平以造福桑梓为志愿，三十年前事事得心应手，乡人隐受其福。改革以后，举手龃龉，不能稍一发舒初愿。是固湘人之劫运未尽，而余之晦气有以乘之也。"③将自己丧失对湘事影响权归结为"湘人劫运未尽"与自己"晦气"。而"海内诵其著述、遐荒识其姓名"则无疑是叶德辉对自己学术成就及其影响的自负。在世事日益不如人意的情况下，叶德辉仍然找到了人生三乐：一是八旬老母饮食起居如少年，是为一乐；二是诸侄子各守师承，读书不失家法，楹书之托将在竹林；三是自己酷好聚书，孜孜于版本之鉴别，藏书丰富，四库应读之书既已遍读，四库未见之书亦随见随读，诸从子继起，世业青箱，五经诒笥，书香济美，家泽延长。

或许是六十将至、人生已过大半的缘故，1922年也是叶德辉极为怀旧的一年。他先后作《五先生咏》，追念对自己有过知遇之恩的五位地方官员；又作《壬戌感逝诗》，追忆十三亡友，自言："余交游遍天下，奚止此十三人！然此十三人者，为文章道谊之交，不可以寻常声气论。"④十三亡友中第一人为杨锐。杨锐作为"戊戌六君子"之一喋血

---

① 叶德辉：《浮湘集》，长沙叶氏观古堂1929年版，第1页。
② 叶德辉：《郋园六十自叙》，长沙叶氏观古堂1923年版，第1页。
③ 同上书，第9页。
④ 叶德辉：《浮湘集》，长沙叶氏观古堂1929年版，第4—5页。

京师菜市口，但叶德辉一直为其鸣不平，以为杨锐并没有附和康有为，不主公羊学，而是"平生《左传》学专长"，又精小学，尊许氏《说文》；杨锐被杀是"玉石俱焚"，是遭朋党之祸的牵连。第二位是陶鄮仪，字履谦，湖南安化人，道光名臣陶澍之孙，工篆隶，擅诗文，重藏书，故亦与叶德辉交好。此外还有张祖同、皮锡瑞、孔宪教、黄自元等，均是清末著名的湘绅。其中皮锡瑞是叶德辉戊戌新旧之争中的论争对手，但这不妨碍此后两人的学术交往。忆及皮锡瑞一生遭际，叶德辉犹有不平："师承歧路缘先误，党锢终身亦可伤。"为皮锡瑞主张"非常怪论"的公羊学感到惋惜，又为皮锡瑞终生没能解除管束处分鸣不平。张祖同、孔宪教、黄自元等都是与叶德辉齐名的湘绅，特别是张祖同、孔宪教，与王先谦、叶德辉并称四大劣绅。诸人同时又是擅长词章之学的学者。十三亡友还包括当年昆仑唱和除叶德辉之外的三个主角，即李辅耀、易顺鼎、朱益濬。李辅耀是湘阴李星沅之孙，名门之后，所谓"翩翩浊世佳公子"，据说性情笃厚，惓惓于君亲朋友，诚所谓"真古人也"。李辅耀晚年卜居长沙浏阳门定王台侧。忆及李辅耀，叶德辉"太息老成凋谢尽，定王台畔黯消魂"。朱益濬曾与叶德辉"商量东塾《读书记》，沉潜南皮《劝学篇》"，在叶德辉看来是"卫道有心真学问，昆仑岂待小诗传"。易顺鼎则于1920年卒于京师，使叶德辉感叹"十载别君成永诀，千秋期我恨来迟"。十三亡友中俞廉三、庞鸿书先后任湖南巡抚，对叶德辉有关地方事务的计策多有采纳，并且庞鸿书于《水经注》致力颇深，"伤心后死悲禾黍，不忍凄凉过故宫"。此外还有叶昌炽、沈瑜庆等。叶昌炽精通目录版本，曾有《语石》、《藏书纪事诗》等传世，与叶德辉交往密切，对叶德辉的学术影响也较大。入民国后，叶昌炽以遗老自居，后卒于家。沈瑜庆（1858—1918），字志雨，号爱苍，又号涛园，福建侯官人。晚清大臣沈葆桢之子。光绪十一年（1885）举人。曾任广东按察使、江西布政使、州布政使。民国初，侨居海上，与遗老结超社。四年（1915），任福建通志局总纂修。著有《涛园集》。据汪辟疆的《近代诗人小传稿》记载："涛园以名父之子，故早有匡济之志。及回翔中外，旋起旋罢，则以禀性刚直，不肯与世俯仰。平生最熟《左传》、苏诗，引吭高歌，声出金石。及落笔为诗篇，遣词铸语，比类达情，罔不镕铸二家，奔赴腕底。诗成讽诵，殊不见其裁合之足迹。斯其过人者也。"故叶诗有"小郑公随大郑公，一门风教本相同。山中桥梓材梁栋,海上蓬莱气郁葱"之语。① 诸人已逝,叶德辉不免生"称孤道寡"、"硕果仅存"之感。

所谓"文章道谊之交",折射的正是叶德辉自身的思想旨趣。叶德辉未能或不愿将自己改造成新人物,成为世人眼里的遗老。六十寿诞时,湘人杨钧送寿联一副,中用"遗老"二字,叶德辉表示"不当",自己是"遗而未老、老而未遗",自别于一般意义上的遗老。

叶德辉"遗老"情绪主要体现在对学术文化的看法上。当时,为配合叶德辉的六十大寿,叶德辉的弟子们撰写了《郋园学行记》一文,分"学"与"行"两个方面记述了叶德辉一生的活动。叶德辉因恐弟子所写不合己意,故在审定时"略有发挥意志之处"②。在"发挥意志"之时,叶德辉不忘攻击晚清公羊学"学术杀人",公羊学"名为尊经,实则诬圣",谓"后之假公羊以行其邪说者,推波助澜,极于离经叛道而不之觉";又指责公羊学家王闿运"乃六朝文士,经学非其所能"③。这些不合时宜的思想很难为杨树达接受,以至于不愿《学行记》以自己的名义刊行。④ 这亦算是叶德辉六十寿诞时一个小小的插曲吧。不过,这场争执并没有影响到师徒间此后的交往。至1925年,在为友人题跋《经学通诰》时,叶德辉还在哀叹"世乱未已,弦诵何时"。当然也有故国之思。正是在忠于故国的立场上,他晚年对康有为的看法有所改变。同样是赠友人的《经学通诰》上,叶德辉曾在原书第2页指名道姓攻击康有为的地方,作了这样一则眉注:"康有为在戊戌时假今文经学以弥逢其变法之论,所作《伪经考》、《改制考》附会经学,惊世骇俗,摇撼人心。以后朝局新旧相争,构奉教仇雠之祸,国本为之摇动。清社旋以覆亡。康实不能辞其咎。惟国变以来,惓惓于故国故君,始终不贰。其晚节末路,颇足以盖前愆。故定本全删去其名,以彰公论。"⑤表彰康有为惓惓于故国故君,有气节。

以今天的眼光来看,叶德辉惓惓于故国故君之思,斷斷于经学正途

---

① 叶德辉:《浮湘集》,长沙叶氏观古堂1929年版,第10页。
② 杨树达编:《郋园手札》(手稿),藏于湖南师范大学图书馆。
③ 杨树达等:《郋园学行记》,《近代史资料》1984年第4期,第101、109页。
④ 《学行记》原拟以杨氏兄弟名义刊行,因《学行记》中有诋毁王闿运等湘中前辈之语,又抨击晚清公羊学,以及字母学等,均不为杨树达认同,故杨婉辞署名之事。
⑤ 这条材料承王逸明先生提供,在此致谢。

歧途之辨，自属不识时务。但在叶德辉的思想世界里，君臣伦理、儒家经学都是信仰之所系，是斯文之所在，故要以力挽狂澜之姿态逆时而动。然而，现实的情形却是挽而不住，叶德辉的精神家园早已坍塌。故叶德辉为自己六十画像题辞时，有"少年科第，为湘劣绅。谤满天下，人故鬼新"之语。"劣绅"之形成除了强悍的个性之外，更源于对文化理想的执著，故处处不合时宜。不是不知道"谤满天下"的后果，却不屑于做乡愿，反以特立独行为荣耀。在执著之中，又饱含着愤懑与无奈，是以有"人故鬼新"的激烈之辞，盖久赘其生，早已把自己看作是阳间之鬼了。

第二节 高才生不偶，大乱死无名

再度回到长沙之后，叶德辉基本上是潜心旧学、穷途著书。他渴望南天烽火燧，安稳老山林，平静地度过下半辈子。然而，究竟如何才能消除兵戈水火之患？在这个问题上，叶德辉的主张与当时的潮流背道而驰，并因此遭到省议会的弹劾。

民国建立以来，军阀混战，乱象丛生。湖南地处南北要冲，是南北军阀的必争之地。人民深受其苦。在北洋军阀汤芗铭、傅良佐、张敬尧统治期间，灾难尤重。1920年，旅沪湘人组成湖南改造促进会，提出"湘事湘人自决"的主张。时任湘军总司令的谭延闿利用湖南人民要求自治的情绪，于7月22日发表通电，提出了"湘人治湘"的口号，主张湖南自治。这一主张得到了本地和旅京津各地湘绅的支持。1920年11月，赵恒惕就任湘军总司令后，继续推行湘省自治政策，同时聘请李剑农等13位专家负责起草《湖南省宪法》，该宪法于1921年公布。湖南省的制宪自治运动得到了主张联省自治的章太炎等人的支持。1922年，章太炎等在上海组织联省自治促进会，湖南代表参与其中。1924年，吴佩孚雄踞洛阳，欲实现其武力统一的梦想，多次派人游说赵恒惕废弃省宪法；章太炎则三次公开致电湘省议会，鼓励坚持省宪自治。

对于湖南当时发动的这场运动，叶德辉颇不理解。相反，他认为，"湖南费百万金钱，縻百万尸骸者，皆此省宪为之厉阶"[①]，是省宪、自

---

① 《章太炎致叶德辉书》，《申报》1924年4月6日。

治阻碍国家统一，带给湖南人民深重灾难；主张取消省宪。1924 年 3 月，叶德辉致书章太炎讨论省宪、自治，并将该信制成传单，广事传播，一些报纸竞相转载，并因此引起了湖南省议会的注意。1924 年 3 月 24 日，湖南省议会开议时，有的议员指出叶德辉发传单讨论宪政，"措词背谬，无异谋叛省宪"，值此风雨飘摇之时，"竟有此破坏根本大法之人"。由叶德辉的"破坏省宪"，又进一步联想到叶德辉从前的种种罪名。有的议员提出："如此是非不分之妖孽，且前曾为洪宪勋臣，后又为张敬尧走狗，非拿办不可。"有的议员提出："此怪物留之终是湘祸，应将除去，并要抄家。"省议会最后通过议案，"取缔此项传单，禁止各报登载"，并咨请省长"拿办叶德辉"。①

得知消息后，叶德辉好"文断乡曲"的本性再度发作。他致函当道，表明自己"系根据宪法讨论，并无何项作用"。同时，叶德辉还致函省议会，质问道：

> 公等法人，不应有此违法之举。言论自由，国宪省宪同载此条例。诸君如系守法，当以法律相责让；如系讲学，当以文字相讨论。鄙人非行政官，不畏贵会弹劾；非《大公报》，不畏贵会封禁。湘事各有秘密，鄙人所言，尚存忠厚，幸勿自扰。②

叶德辉此函被报纸披露后，又激发了省议员的公愤，成为湖南省议会 3 月 27 日会议的一大讨论热点。议员们有的批驳叶德辉的"言论自由"运用不当，是"文字毁宪"；有的指责叶德辉"本非湘人，无爱省观念"，是故意捣乱；有的提出叶德辉是"帝制余孽"，不配讨论省宪；有的认为叶德辉是"内乱现行犯"，讨论颇久，最后一致决定由主席咨催政府从速拿办叶德辉。③ 之后，省议会议长晤见省长，催促政府拿办叶德辉。

然而，就在省议长晤见省长、催促拿办叶德辉之时，叶德辉在家大摆筵席，宴请从洛阳吴佩孚幕南来的宾客谭道南、葛应龙、符定一等

---

① 《叶德辉主张毁宪之反响》，《长沙大公报》1924 年 3 月 25 日。
② 《昨日省议会对于叶德辉之轩波》，《长沙大公报》1924 年 3 月 28 日。
③ 同上。

人,并请赵恒惕政府的实业司长唐承绪、警察厅长刘武作陪,"宾主共聚一堂,觥筹交错,亦属一时盛况"①。省议会要省政府拿办叶德辉,而叶德辉却邀请政府之人赴宴,不免"故开玩笑"之用意,省议员感到此事"骇人听闻",因而"窃恨已极"。于是在3月31日省议会开会,再度讨论叶德辉一案,认为:"此等毁宪之徒,如不拿办,不惟无以对章太炎,而本会亦无存在之余地。"②省议会第二次向省政府发出催促政府拿办叶德辉之咨文,敦促省政府向警察厅发布了一道捉拿毁宪分子叶德辉的命令。

与此同时,主张联省自治的章太炎也在报上公开答复叶德辉,认为叶德辉发表毁宪言论,是冒天下之大不韪,"举国持论,皆以兄不可理喻之人",谴责叶德辉"悍然与全省军民为敌","此种倔强气骨,不用于项城称帝之时,而用之于桑梓濒危之日,何其悖欤"!③又建议叶德辉还居吴地,"吴中旧宅,松菊犹存,何不翩然避地,吟咏自适,乃必介北援以抗舆论,借强寇以胁宗邦,亦异乎吾所闻也"④。

从章太炎的立场来看,叶德辉拥护吴佩孚的武力统一,实有"是非不分"之愚,枉费其满腹经纶。不过,正如章太炎所言,叶德辉本属儒人,非可与专做鹰犬者并论。叶德辉反对省宪、鼓吹放弃自治,固然与他抵制民主宪政有关,最主要的还是基于渴望和平统一的愿望。叶德辉曾慨言:"辛亥改革以来,奸人假国是以窃位号,朝割一城,夕据一邑,横征暴敛,残民以逞者所在皆有。"⑤军阀混战、时局扰乱,给老百姓带来了深重灾难,渴望和平成为百姓的普遍心理。叶德辉也不例外。在叶德辉晚年的思想中,除抒发"故国"之思外,渴望海宇承平亦是他反复表达的主张。这些似乎都是无可非议的。然而,究竟怎样才能实现和平?叶德辉囿于传统的中央集权观念以及北洋军阀武力统一的政策宣传,而昧于现代民主政治。其实,为什么民国建立后中国不但没有走上富国强兵之路,反而陷入军阀混战、民不聊生的困境?这一现象早已引起了思想家、政治家们的思考。正是基于对时局动荡原因的分析,才有

---

① 《叶德辉昨招宴宾客》,《长沙大公报》1924年3月30日。
② 《省政府明令拿办叶德辉》,《长沙大公报》1924年4月1日。
③ 《章太炎复叶德辉书》,《申报》1924年4月6日。
④ 同上。
⑤ 叶德辉:《陈璩章传》,《郋园北游文存》,财政部印刷局1921年版。

了联省自治思潮的兴起。联省自治是当时最时髦的政治口号。在此背景下，湖南军阀谭延闿、赵恒惕等人提出"湘人治湘"等口号，制定省宪，倡导自治，尽管含有与北洋军阀对抗、保持地盘和权位的真实用意，却无疑为自己披上了一件时髦而合乎民心的外衣。因此，叶德辉发表毁宪言论，无异于触犯众怒，与全省军民为敌。不过，若说叶德辉昧于时局则诚有之，若以叶德辉讨论宪政、发表反对意见为"莠言乱政"而欲置之于死地，只能说是非常时期的非常做法，似乎不合乎言论自由的现代民主精神。

由于赵恒惕对于省宪本身并不真心拥护，且为求得吴佩孚的支持有意修改省宪，故所谓拿办叶德辉之事最后亦不了了之。

1925年夏天，叶德辉再度应友人之约，北游天津、北京。在京期间则下榻于杨树达寓所，"出则共载游山水，入则谈经论史"；又在京师购得《乾嘉诗坛点将录》中人诗集十余种，此为南方所极难得者，故叶德辉视为此次"在京第一快事"①。叶德辉称赞杨树达"胸襟干净，无一点尘氛，一意读书著书，他日成就，当在葵园之上"，视与杨树达"谈文道古"为"极平生之乐"②。此次入京还与邵瑞彭、徐森玉、王揖唐、薛子奇等人晤谈，亦是快事。中秋节后，即南返。

自京师归后，叶德辉大病几殆，至第二年始痊愈。1926年3月，依附北京政府的赵恒惕被驱逐出湘，唐生智代理省长。不久，北伐军进入湖南。叶德辉"目极时艰，绝口不言世事，日以著书为乐"③。除了撰《说文籀文考证》之外，叶德辉用力至深的是《乾嘉诗坛点将录诗征》一书。1926年底，叶德辉曾写信给章士钊，中云：

> 弟闭门著书，《乾嘉诗坛点将录诗征》，久已属草，自乾隆丙辰始，至道光丙申止，百年之间，国运之盛衰，人才之消长，以及诗派之变迁，一一采录甚详，包括甚富。此书成，自谓又一必传之作。盖原书本出游戏，易于流传。今加之以国故，辅之以选诗，使作者面目精神人人可以想象，岂非极有趣味之书乎？往年收藏有清

---

① 杨树达书编：《郋园手札》（手稿），藏于湖南师范大学图书馆。
② 同上。
③ 叶启倬：《先君叶德辉遇害事实》，[日]盐谷温：《先师叶郋园先生追悼记》，《斯文》1927年第8期。

一代诗文集颇多,本储为清史之用。年华虚度,事已无成。此特其绪余,亦尚存史例也。叶德辉。长沙苏家巷。十二月二十。①

为此,章士钊特意在《甲寅周刊》杂志上回复:

乱世无文人立足之地,此中外古今一例。焕彬先生行辈甚老,世或以为不在人间矣,而仍穷途著书如是。特出此函表之,亦欲使留心文化者略为警动尔。②

《乾嘉诗坛点将录诗征》是叶德辉极为重视的一本著作,其意义当然不仅仅在于"极有趣味",而是征文苑、备掌故、觇世运、观兴衰。"点将录"这种著录形式,本渊源于明代《东林点将录》。据《明史》卷306《阉党传》,明末阉党中的王绍徽为排击东林党人,曾戏仿《水浒传》"英雄榜",编排了108名东林党人,撰成一部《东林点将录》,献给魏忠贤按名黜汰,实为一部"黑名单"。其用意之恶毒为人诟病,但这种别致的形式却引起了后世文人的仿效。清代乾嘉之际,大兴舒位、钱塘陈文述再次运用这一形式,将百余诗家配以《水浒传》108名将的外号,或肖其性情,或拟其行止,或举其诗文经济,进行点评,是为《乾嘉诗坛点将录》一书。在作者本人,不过是游戏之作,故并不入集,但其中也不乏正经用意,不仅是对乾嘉诗坛的粗笔勾勒,还有不少冷隽的诗评。叶德辉曾按榜名搜访乾嘉诸儒诗集读之,深感此书比拟之工、措辞之巧,令人叹绝,故将该书校勘整理,加以刊布。又感时异事迁,旧录诸贤非惟篇章散佚、取证未由,即姓氏里籍,亦难尽审,故有意继起汇编《乾嘉诗坛点将录诗征》。为此,他穷年搜访清诗人文集,费十年之力始得聚其全帙。在此基础上,"考诸人履贯事实,作为小传,复征引诸家《诗话》,详其出处交际,不独昔人孤诣可免沉沦,而一朝诗派儒风皆得有所考镜"。③其目的在于借此觇国运之盛衰、人

---

① 《叶德辉致章士钊函》,《甲寅周刊》第1卷第14号,《通讯》。转引自《章士钊全集》(6),文汇出版社2000年版,第438页。
② 章士钊:《诗征——答叶德辉》,《章士钊全集》(6),文汇出版社2000年版,第437页。
③ 叶启勋:《郎园读书志跋》,叶德辉:《郎园读书志》,上海澹园1928年夏刊。

才之消长、诗派之变迁,将文人雅兴的游戏之作上升为历史的考察。稿目粗定,未及裁定即去世。后来叶德辉的子侄在编撰《郋园读书志》时就将这部分内容收入。今本《郋园读书志》中有四册专门考证乾嘉诗坛诸家诗集,即是叶德辉的《乾嘉诗坛点将录诗征》一书的初稿。

局势越来越紧急,省城内外渐觉不安。弟子们都劝叶德辉他往避难,并曾谋划迎叶德辉赴东京,但叶德辉"以革党内不乏相知弟子,且坚信苍天不丧斯文,未从人言"[①];又以为"近日既不与人交接,复未论及是非,自可置身事外"[②]。1927年春,当时在长沙担任教育学校校长的陈子展曾为筹款去拜访叶德辉,为我们留下了叶德辉生命尽头的一些片断。当时,陈子展问叶德辉是否知道外面宣传"铲土豪劣绅"的事,叶德辉回答:"知道的。我是书家,不是土豪;我是痞绅,不是劣绅。"又说:"你近来看见了你的老师易先生和曹先生吗?人家骂我是文妖,长沙没有文妖,只有两个字妖,一个是易寅村,一个是曹孟其。"当陈子展告诉叶德辉外界有人怀疑自己是无政府主义者时,叶德辉说:"你懂得蒲鲁东蒲鲁西,克鲁包得金克鲁包得银吗?你是卖破铜烂铁的,顶多你只晓得真正国粹老牌,什么老子少子獐子(庄子)兔子的无政府主义。不过你光子学校的校长不做,偏做个瞎子学校的校长,和一般土豪劣绅的校董往来,你得当心呀!"然后,他又笑了。在陈子展看来,"这一笑只是愤世嫉俗的笑,并不是轻蔑和他谈话者的笑"。又以为:"叶先生一向不说话则已,说话就豪爽、辛辣、奇警、深刻。听了好像粗鄙,实则典雅;好像蹩扭,实则合理;好像玩笑,实则严肃。他可以说是一个正言若反,辩才无碍的雄辩家,也可以说是一个滑稽突梯,使你哭笑不得的幽默家。虽说如此,他有时却又端凝肃穆,周规折矩,俨然是一个从容在道的儒者。"[③] 而当这种愤世嫉俗在特定时期演化为游戏文字时,就成了他被镇压的导火线。

这次所作的游戏文字是一副对联。这副对联后来流传极广,有种种大同小异的版本。其一:农运宏开,稻粱菽麦黍稷,尽皆杂种;会场广阔,马牛羊鸡犬豕,都是畜生。其二:农运方兴,稻粱菽麦黍稷,杂种

---

① [日] 盐谷温:《先师叶郋园先生追悼记》,海客甲译,《斯文》1927 年第 8 期。
② 叶启倬:《先君叶德辉遇害事实》,[日] 盐谷温:《先师叶郋园先生追悼记》,《斯文》1927 年第 8 期。
③ 陈子展:《郋园先生二三事》,《新中华》复刊第 6 卷第 14 期,第 37 页。

出世；会场扩大，马牛羊鸡犬豕，六畜横行。其三：农运方兴，稻粱菽麦黍稷，杂种上市；会场扩大，马牛羊鸡犬豕，六畜成群。横批则只有一种：斌尖卡傀。不管是哪种版本，都首嵌"农会"二字，而横批则含不文不武、无大无小、不上不下、不人不鬼之意。可谓极尽侮人之能事。他对农民运动的仇视由此可见一斑。随着该联的传播，叶德辉反革命的思想也暴露于光天化日之下，成为他被捉的导火线。

三月初七日（1927年4月8日）夜，突有无数农协会员手持梭标将叶宅包围。当时叶德辉正自纂年谱，闻变欲走，已来不及，遂被农民协会捉拿，送押至长沙县署。第二天，亲友有去探视者，见叶德辉"神色自若，以为可保无虞"。当时家属曾遍恳有力各要人出为救援，均归无效。至初十日（4月11日），由长沙县署转送特别法庭。1927年4月11日，湖南人民第一次铲除反革命分子示威大会在教育会坪召开，公审叶德辉等人。特别法庭宣布叶德辉犯有五条罪行：（一）前清时即仇视革新派，戊戌政变，残杀革命人物，为内幕主张之人；（二）充筹安会会长，称臣袁氏，促成袁氏称帝；（三）促成吴佩孚武力统一，并主张赵恒惕受北京政府任命；（四）万恶军阀迭予要职，利用其封建思想，发表封建式之文字，为反动之宣传；（五）为省城著名反动派领袖，及著名土豪劣绅。情节重大，罪无可逭，判处死刑，并于当日下午绑赴刑场执行。

叶德辉之死在当时引起了震动。随着北伐风声愈来愈紧，北方一些著名学者也处于惶恐不安之中。1927年6月1日，清华大学国学研究院导师王国维投湖自尽，据说与叶德辉之死不无关系。

叶德辉死后，一些旧友曾在私下场合进行纪念。戏剧学家吴梅曾作挽诗二首，其一曰：

> 目空天下士，为我偶垂青。
> 岂意一朝别，南天见落星。
> 恢谐得奇祸，刑辟失常经。
> 安得中郎笔，重书有道铭。

其二曰：

第八章　一去郋园呼不返,读书种子竟如何　301

> 大名垂四海,小隐寄三吴。
> 曾造通儒第,如披博古图。
> 奇文收紫简,馀技事丹炉。
> 竟杀读书种,天高何处呼。①

叶德辉的弟子杨树达将昔年叶氏书札装帧,孙人和为题《踏莎行》一阕,云:

> 细雨微风,桃红柳翠。清游姗笑思前事。离愁不断已经年,神仙好语空相寄。
> 玉石纷郁,董犹倒置。人间黯澹真何世!乌丝展尽更悽俱,南天梦坠湘江水。②

高步瀛题诗云:

> 火炽昆冈玉石燔,覆盆谁复问衔冤。河汾应补王通谧,湘澧空招屈子魂。
> 学术将为天下裂,典型尚有几人存。郋园著作从头读,积雪寒窗日又昏。③

在这些纪念文字中,都把叶德辉看成是一代大儒,对叶德辉的遭遇表示了同情。

相比之下,日本学者的反应更激烈,纪念更正式。1927年5月,由日本人田冈正树主编的《辽东诗坛》上即刊载了松崎鹤雄所撰写的《叶德辉传略》;6月,又刊载了《叶郋园殁后之消息》;此后又陆续发表了一些悼念叶德辉的诗文,称"一去郋园呼不返,读书种子竟如何"。1927年7月,叶德辉的日本故旧在东京举行追悼会,并由

---

① 转引自左舜生《游戏邀祸的叶德辉》,《万竹楼随笔》,台北文海出版社1967年版,第152—153页。
② 参见杨树达编《郋园手札》附录(手稿),藏于湖南师范大学图书馆。
③ 同上。

盐谷温等人编撰了《叶郋园先生追悼录》,在当时被誉为学术界的美举。

　　一代大儒最终被当作土豪劣绅而镇压,留给后人无尽的思考。

结　　论

作为近代史上的一面多棱镜，叶德辉现象蕴涵着诸多的信息。通过对其生命历程的追溯与思想世界的梳理，重构叶德辉所处的历史语境，可以对这些信息进行较为合理、准确的解读，从而超越猎奇心理，形成"理解之同情"，落实叶德辉在各种学术文化活动中的位置。

首先，对儒家伦理与经学的信仰是叶德辉成为"遗老"的思想基础。从叶德辉的经历来看，这种思想基础的形成既受到了湖湘文化的影响，又受到了三吴文化的影响，是近代区域文化互动的结果。

叶德辉生长于有"理学之邦"之称的湖南，浸淫于湖湘文化之中。作为一种地域学术，湘学向来奉理学为正宗。这种特色在近代得到强化。它在客观上造就了湘人以维护封建纲常为己任的文化使命感，以及名教无往而不胜的虚骄之气。湖南被塑造成忠义之邦，维护儒家伦理纲常成为湖湘士子的自觉意识。这种公共心理无疑会潜移默化地影响到叶德辉。叶德辉每每表彰湘学的忠义传统，引以为豪。他在戊戌变法时期以扶世翼教为己任、攻驳康有为的"邪说"，无疑与湘学的这种卫道传统有关。

另一方面，由于祖籍江苏，叶德辉又接触到了乾嘉三吴前辈的著作；加上北游京师、习染京师风尚，叶德辉形成了明确的汉学意识，每以接绪三吴汉学余绪为荣，而批评"湘学不知考据"。当叶德辉对湘学的批评与近代以来湘学内部的汉学思潮相契合之时，叶德辉便成为晚清湖湘汉学的代表人物，是湖湘学风嬗变的关键环节。

汉学作为清代最能代表学术新趋势的思潮，在某种程度上是主流学术的体现。当乾嘉汉学大兴之时，湖南独披其风最稀。嘉道以后，随着湘水校经堂的设立，汉学被引进湖南。同时，湘人内部汉宋之争，也刺激了湖湘汉学的发展。汉宋之争这类学术问题，仅靠德性的傲慢难以解决。因不通考据而为通儒所笑,对于湘籍学人来说,是一种刺激。特别是当评判标准由代表"道"与"术"的理学转移到较为纯粹的经学层面时,湘学与主流学术的差距立显。如何缩短湘学与主流学术的差距,提升湘学中的闻见之知的比重,成为从曾国藩到郭嵩焘、到王先谦的一种自觉追求。因此,当汉学在全国范围内从总体上走向衰落之时,在湖湘内部却出现了汉学渐兴的局面。叶德辉因具有经学根柢,被王先谦视为振兴湖湘经学之同道;而叶德辉对湘人不通考据的批评也不仅仅是基于三吴汉学的傲慢,在一定程度上也代表了湖南本省人的自我反思。

对湖湘理学传统与三吴汉学余绪的继承,使叶德辉形成了"尚汉学而独崇朱子"的学术思想旨趣。尚汉学代表了对儒家经传的重视,以汉学维护儒家的学统;崇朱子则代表了对儒家义理的信仰,以朱子学维护儒学道统。

其次,叶德辉是近代文化保守思潮演进过程中的重要一环,其文化思想具有重要意义。

叶德辉首次"名动天下",缘于戊戌变法时期的新旧之争。这在叶德辉生命历程中是一件大事,在湖湘文化发展史上、在近代社会文化思潮发展史上都是一件大事。以此为契机,叶德辉的文化关怀超越了湖南一省,影响及于全国。他也由湖湘汉学代表人物上升为全国性的旧派代表人物,成为近代文化保守思潮的重要组成部分——"翼教派"的领袖。

对于叶德辉而言,戊戌新旧之争首先是学术之争,其次是思想之争。他以古文经学为立论基础,对以康有为为代表的晚清公羊学说进行了批驳,显示了湘人在汉学方面的实力;同时,他以康有为、梁启超、谭嗣同等人的激进维新思想为参照,对中国近代文化建设的原则问题进行了深入思考,从而在康梁之外,提出了另一套方案,形成了自己的思想与信念。他所揭示的一些命题,成为此后文化建设者反复议论的焦点。

针对康有为、梁启超、谭嗣同等人唯有大变、全变才能救国的主张,叶德辉反复申辩,"变法先变人",表示"只言去弊,不言变法"。前者坚持整肃风纪、端正人心,是变法成功的前提条件;后者质疑的是为什么西方行之有效的善政一入中国就百病丛生,认为变法的关键不在于移植更多的西方善政,而在于寻找到一个能使西方善政移植到中国后产生应有效果的方法,弊去法自然变。叶德辉的思想既有传统道德风俗论的影子，又呈现出一种条件论者的特点。他不是否认学习西方善政的必要性，而是反对对西方善政的过分迷信。

叶德辉反对将人道设教的孔教改造为神道设教的宗教，提出判断中、西教优劣与否，当从人心之利害、彼教之消长、名义之虚实、推行之难易等方面进行分析，主张"孔不必悲，教不必保"。而这种思想主张的内在依据是叶德辉对夷夏之辨、对新旧之辨的独特看法。叶德辉坚持，夷夏之辨的有效性不因暂时的敌强我弱而失效，反对合种通教之说，反对破夷夏之防，最根本的是反对以强力判断文化优劣。这种思想在显示其保守性的同时，又隐约触及了现代进步意识的某种困境。在叶德辉之后，力之强弱与教之文野的关系，成为从章太炎到杜亚泉等人反复议论的一个话题。

与早期以倭仁为代表的保守者相比，叶德辉既延续了他们对中国文化存亡的关怀，又在很多方面进行了调适。

一是对西学的态度有了很大的变化。倭仁的文化保守，是与闭目塞听、昧于世事联系在一起的。对于他们而言，西方文化是一种完全陌生的文化，充其量不过是些奇技淫巧，不值得儒家士大夫注意。加上西方文化是伴随着西方武力侵略而来的，这就更加强化了他们抗拒西学东渐的民族主义情感。因此，其文化保守是一种情绪化的卫道精神的体现。而叶德辉则承认学习西方文化的必要性。他再三强调"视西艺若仇雠者，一孔之儒也"，主张"士当师其通农商诸学之长，工当师其制造之长，兵当师其练习测绘之长"。这与全盘抗拒西学的倭仁等人相比，有了很大的变化。倭仁"以礼义为甲胄，以忠信为干橹"，将道德人心的作用夸大到可以代替甲胄干橹的程度。叶德辉则认识到中国在强力方面的不足，也主张通过兴工商办实事等措施来增强国力，通过强力与西国竞争；而在对内关系上，则须坚持本位文化，以文化固结人心，凝聚民族精神。在叶德辉的思想逻辑中，礼义忠信与甲胄干橹之间，并非互相替代的关系，而是相辅相成的关系。

二是对中国传统文化内部的继承与创新的原则进行了探讨。倭仁感到，西方的奇技淫巧诱惑人心，有可能将儒家士大夫引上名利之途，从而构成中国文化的威胁。因此，其关注的焦点在于要不要学习西学，而对中国传统文化本身的继承与创新问题，也即古今关系或新旧关系，基本上没有涉及。至戊戌变法时期，叶德辉感到，中国文化面临的威胁，不仅来自于外部的西方文化、中西文化竞争,更主要的是来自于内部的自乱阵脚,自毁长城。激进维新派追求的是"日日新"、"又日新",将几千年来被国人信奉的古文经都打入"伪经"的冷宫,将孔子塑造成托古改制的圣人。这在叶德辉看来,是学术溃裂,异说蜂起,是中国文化最大的威胁。天下无百年不变之学术,学术自应适时而变,但必须保存文化的统绪,坚持先因后创,遵循儒家经典所教导的"温故知新"之原则。

新旧之间如何推移,成为此后中国思想家关注的焦点所在。大体而言,文化激进者主张除旧布新,除一分旧,才能布一分新,不破不立;而叶德辉提出的"温故知新"、先因后创,成了文化保守者的基本主张,不过又有所发展。以国粹派而论,其所要保的"国粹"与叶德辉所要翼的"教"——传统儒学相比就有很大不同。首先,对西学更加开放,超越了中体西用的范围。国粹派不仅接纳了西艺这些具体的科学知识,而且西方的社会学、哲学等关涉思想观念的学说也被引入,融合到中国传统文化中。其次,国粹派扩大了传统学术的范围,打破了儒学的正统地位,挖掘传统文化中合乎时代潮流的、进步的学说,如诸子学等。就此而言,国粹派的"新",不仅仅是从温故中出,更是用新眼光看待旧学问,是一种"淬而新之"。它追求的已不是被动的"存古",而是寓存于兴,通过发展国学来保存国学。在国粹运动之后,章太炎又进一步提出:"温故知新仅足以为师,不足语于进步。"从而推进了对新旧递嬗问题的认识。但在民族文化的立场上,在文化关怀上,则与叶德辉的"翼教"一脉相承,两者是源与流的关系。

再次,叶德辉是近代学术转型之际固守传统学术范式的代表人物,不但为保存中国传统文化作出了一定的贡献,而且以其学术成就在中国近代学术史上占据了一席之地。

近代学术文化并不是按照叶德辉所希望的"温故知新"的模式发展的,而是日益走向了"破旧立新"。作为一种纠偏,叶德辉将其学术研究重点落实到"温故"上面,以绵斯文衍绝学为职志,致力于中国传统学术的研究与保护,从而与近代学术文化的发展趋向产生了一定疏离,显示出"逆时而动"的特色。由于受自身思想的局限,他的各种学术活动的结局是不同的,但都产生了一定影响,代表了近代时势逼迫下传统学者的努力与调适。

在叶德辉的学术活动中，经学研究无疑是核心之一。对经学的研究与思考，贯穿了叶德辉的一生。从学术层面看，叶德辉尊信古文，攻击公羊学不遗余力。其对康有为公羊学说的批驳不无洞中要害之处，对传统的古文经学研究方法的介绍与总结，于后学不失其津梁作用。而从思想史的角度看，叶德辉的经学思想代表了近代经学嬗变下的另类努力。

综观近代经学蜕变的整体趋向，是经学逐渐丧失维系世道人心的功能的过程，是经典文本与义理相分离的过程，也是经学的学术价值与社会价值相分割的过程。而叶德辉则"逆时而动"，力图维系传统经学的整体性与系统性。晚清公羊学重义理弃事实（包括历史事实与经典文本），将经学变成了任意发挥新说以服务于政治的工具。正如朱一新、叶德辉等人所担心的，他们在宣判古文经典为伪经的同时，也启后生疑经毁圣之渐。然而，经学不以经典为文本依据，则义理也就失去了合法性依据，丧失了权威性。这种做法埋下了经学衰亡的伏笔。另一方面，以国粹学派为代表的部分古文经学家尊重经典，继承了传统经学实事求是的学术精神，而放弃了传统经学的义理追求。章太炎区分儒学与经学，把后世对六经的义理发挥划归为儒家的任务，而将经学定位于对经的解释之学，侧重"陈事实"。他说："说经之学，所谓疏证，惟是考其典章制度与其事迹而已，其是非且勿论也。……其用在考迹异同，而不在寻求义理。……其学惟为客观之学。"[①] 认为经学同于史学，其用在于求是。不同于这两种做法，叶德辉既强调对经典文本的重视，又坚持经学研究的最高目标是通大义，凸显了经学义理的重要性。然而，偏向于文献考证的古文经学研究，又使叶德辉无法对经典进行现代解读，为经学确立适时应变的新价值，于是只能折回传统的儒学信仰，即以三纲五常为核心的名教。

在传统社会里，经学不仅是一门学术，也是教化的工具、资治的工具，在社会政治生活中发挥着重要的作用。然而，近代经学走向了学术价值与工具价值的分离。以康有为为代表的晚清公羊学家牺牲了经学的学术性，以经术缘饰吏事，最终因学术上的漏洞而为人诟病。[②] 国粹学

[①] 章太炎：《通程》，《检论》卷4，《章太炎全集》（三），上海人民出版社1982年版，第456页。

[②] 关于这一点，汪荣祖在《从传统中求变——晚清思想史研究》（百花洲文艺出版社2002年版）中多有论述。

派则摆脱了尊经崇道的传统价值取向，主张经学研究必须摆脱对君权和急功近利的政治的屈从，而归于对客观真理的追求。他们在强化经学学术价值的同时抛弃了传统经学的工具价值。叶德辉则反其道而行之，其思想由维护经学的学术价值、反对对经术的简单运用转变为强调经学的工具价值，企图通过挖掘经学的实用价值来挽回经学的颓势。

无疑，叶德辉的努力失败了，但给后人留下了深刻的思考。或许，对于经学而言，最主要的不是简单的抛弃或固守，而是研究如何对儒家经典予以符合时代语境的文化利用？这不仅是叶德辉未能解决的难题，也是今人面临的困惑。

文字学与戏曲学也是叶德辉的重要研究领域。叶德辉一生重视文字学，晚年致力尤深，并且颇为自负，而学术界却少有认可，原因就在于叶德辉固守传统文字学研究范式，抵制文字学研究考古化。可以说，在文字学研究上，最能反映叶德辉与近代学术转型趋势相冲突的一面。从今人的角度看，叶德辉的文字学研究在当时固然属于不"预流"之列，却包含了深刻的文化关怀；对日益考古化的古文字研究也不无纠偏之作用。观剧本是传统士大夫的日常娱乐活动，叶德辉将戏曲上升到学问，由观剧进而研究剧本的变化、角色的变化，是近代戏曲学家之一。

如果说对叶德辉的经学成就、小学成就、戏曲学成就，学术界的评论不免见仁见智的话，那么，叶德辉在理董旧籍方面的成就，则得到了学术界的公认。他注重藏书，却不欲居藏书之名，而以传古自任；在存古之中，兼寓读书之法，将古籍刊刻与国学研究融合在一起。这些活动保存了中国的文化遗产，有利于学术文化的赓续传承。

叶德辉不仅以个人的学术成就得到了海内外学术界的承认，还对近代学术风气产生了影响。以湖湘学术而论。王先谦提倡经学，使湘中子弟知晓经今古文之别；而叶德辉以目录、版本等学教授弟子，使湘中学风朝着更为纯正的汉学方向发展。他们的子弟也多学有所成，改变了湖南经学人才匮乏的局面，其影响甚至延续到民国年间。以海外汉学而论，叶德辉徒人及于域外，多年指导日本留学生，其文字学、戏曲学都传入日本，对日本近代新汉学的发展产生了推动作用。在叶德辉身上，形成了一种有趣的现象，一方面因为抵制西化、固守传统而在国内被符号化为旧派人物，逐渐沦为边缘，另一方面却正因为按照中国本来的面貌研究中国固有之学问而与国际汉学"接轨"。

最后，叶德辉一生由权绅而劣绅，由劣绅而遗老，最终以"劣绅"的身份获罪。其身份转换是近代社会变迁的折射，其跌宕起伏的命运是古今交会、中西碰撞的社会转型之际旧式文人的缩影。

叶德辉一生科举应考，归田著书，参与省政，经营商业，可谓多重身份并存，而在自我意识中，诸种身份的底色还是"绅士"。曾自评"少年科第，为湘劣绅。谤满天下，人故鬼新"；又以"遗而不老，老而不遗"自居。"劣绅"与"遗老"两重身份看似不相关，而在叶德辉身上则是有机地结合在一起，背后都隐含着对传统文化的认同。

正如本书所揭示的，叶德辉的"劣绅"形象萌芽于戊戌时期的新旧之争，确立于清末新政时期。叶德辉成为"劣绅"与其强悍的个性有关，而最关键的原因则是因其抵制新学、新政，是守旧的思想立场，是因旧而劣。对于叶德辉而言，"劣绅"是成为"遗老"的基础，"遗老"则是"劣绅"的逻辑演绎。

从表面上看，"遗老"的形成源自改朝换代，代表着对旧政权的留恋与忠诚，以及与新政权的不合作。没有清亡民立这一变革，就不会有清朝"遗老"的出现。然而，综观叶德辉的一生，其"遗"更深刻地源自对传统儒家文化的信仰，和对时代思潮的疏离。清季以来，西潮东涌，中国传统文化的固有权威日益动摇，引发叶德辉"斯文之丧"的焦虑。他逆时而动，以绵斯文传绝学为己任，与日新月异的社会现实处于紧张的对峙之中。可以说，在清朝灭亡之前，叶德辉就已经沦为文化意义上的"遗民"；而清亡民立这一政治事件，则推动叶德辉"遗民"意识的明朗化。以叶德辉的眼光来看，清朝的灭亡不仅是一个具体朝代的灭亡，更是儒家文化沦亡的象征，是人伦废弃的"天地之变"。因此，尽管叶德辉在1910年长沙抢米风潮中遭到革职处分，与清帝并无君臣之恩，他还是以"遗老"自居。在抒发故国之思、禾黍之悲的同时，更痛惜的是传统文化的衰退。叶德辉的"遗老"情结主要不是对爱新觉罗一朝的眷恋，而是对儒家伦理纲常的坚守，是对斯文、绝学的传承。这是叶德辉与民国初年一般遗老的不同之处，也是他自嘲"遗而不老，老而不遗"的实质所在。

当革命浪潮席卷而来之时，叶德辉的"遗老"身份被淡忘，而叶德辉之"劣"再度被关注，并与"反革命"等内涵联系在一起，最终断送了叶德辉的性命。

叶德辉一生逆历史潮流而动,其独特的行事风格与个性为世人所侧目。叶德辉死后,更有不少人从叶德辉自身探讨其死因。如当时同被农协捉拿的还有杨钧,但"舆论及协会中人"皆谓杨钧"为善人,且认错谬",故予以保护;而叶德辉却不能逃过此劫。对此,杨钧评价道:"郋园性至乖僻,不近人情,余早知其不免。"① 那么,所谓"性至乖僻"的内涵到底是什么?叶德辉的门生故旧、亲朋好友都曾予以阐释。如叶氏弟子曾言:"吾师为人磊落光明,欲言则言,欲行则行,不知趋时,亦不知避谤。"②"欲言则言"不仅包括"勇言利病"③,而且也意味着好道人短长。其品题人物,评判是非,"舌涌波涛,笔掣雷电"④,诚所谓"跌宕文史,惊骇流俗"也。⑤ 传统文人身上的狂妄气质由此可见一斑。而且,叶之"惊骇流俗"并非仅仅局限于文史领域,却每每延及政治,似乎对民主政治中的"言论自由"情有独钟、运用自如。民国建立以后,"湘中耆绅大半物故",而叶德辉"出生入死保障乡里之志未之或忘",放言高论不少煞;非议坡子街改名、控诉汤芗铭苛政、诋毁湖南省宪,都曾掀起波澜。他生平遭遇的几次杀身之祸无不与他的"言论自由"有关。是以舆论评价,有叶德辉"以文贾祸"之论。

欲言则言缘于刚直之性,而当这种亢直之性与对传统文化的信仰结合在一起时,促成了叶德辉逆时而动的行为特色。正如叶德辉门人王啸苏所言:"先生以迈异之才,秉坚刚之性,独鸣威风,易致青蝇。举凡《翼教》之编、弹时之《启》,皆中横膺罗网,动触棘矜,以马融之经师,罹牛缺之惨祸。"⑥ 换言之,在叶德辉看似不近人情、游戏人生的个性背后,是对传统文化的执著。在叶德辉自己看来,书生议政乃天职,所谓"儒臣立朝,得展匡济生民之略;贤人在野,亦操有转移风化之权"⑦。因此,世人眼里的"干预时政"恰恰是传统读书人经世致用

---

① 杨钧:《草堂之灵》,岳麓书社1985年版,第213页。
② 杨树达等:《郋园学行记》,《近代史资料》1985年第4期,第144页。
③ 李肖聃:《郋园全书总叙》,《郋园全书》第1册卷首,长沙叶氏观古堂1935年版。
④ 符定一:《郋园北游文存序》,叶德辉:《郋园北游文存》,财政部印刷局1921年版。
⑤ 金天翮:《叶奂彬先生六十寿言》,《天放楼文言》,沈云龙主编:《近代中国史料丛刊》,台湾文海出版社1976年版。
⑥ 王啸苏:《叶郋园先生全书序》,《郋园全书》第1册卷首,长沙叶氏观古堂1935年版。
⑦ 朱锡梁:《叶郋园先生六十生朝重宴集序》,叶德辉:《郋园六十自叙》附录,长沙叶氏观古堂1923年版,第4页。

精神的外化，而"坚定不移"则恰恰是传统读书人最看重的节操。

说到节操，叶德辉显然有许多为人诟病之处。他一方面以卫道之士自居，另一方面声色犬马，逾闲荡检，被湘中大儒王闿运讥为"村野童生派也"①。率性而为、不拘小节也是叶德辉沦为"劣绅"的原因之一。叶德辉似乎并不爱惜自己的名声，权绅、劣绅、遗老，种种恶谥照单全收，反讽的是时代变迁下"过于识时务者"的快速转换与见风使舵，所谓"怀砖一向又掷砖"抒发的正是对这种现象的不满。

尽管叶德辉一生以力挽狂澜之姿态致力于绵斯文、衍绝学，但现实无疑使他失望，故多次表示不怕死、生不如死，自外于现实世界。叶德辉曾言："庄生毁孔子，孔子第一知己是庄生；黄祖杀祢衡，祢衡第一知己是黄祖。"② 这在一定程度上是叶德辉的"夫子自道"。他更直言"杀人必流寇，杀我必知己"③，道出异于常人的生死观。从这个意义上说，农民运动只是成全了叶德辉的心愿。当然，这是一种无奈的选择，在"求死"的背后，既是对现实的抗争，更是对理想的殉道。

作为近代史上的一面多棱镜，叶德辉一生还涉及众多领域，折射出近代社会文化变迁中的诸多面相。本书所揭示的，只是其中一部分。由于史料的缺乏，以及本人学识水平的有限，尚有许多问题，有待以后继续探讨。如叶德辉曾长期担任长沙商会会长，他在任会长期间有哪些活动？有哪些影响？这个角色在叶德辉生命历程中有何意义？这些问题在本书中都未能进行足够的考证。因此，本书与其说是对叶德辉研究的完成，不如说是一系列探讨的开始。正如英国历史学家爱德华·卡尔所言："历史是现实与过去之间永无止境的对话。"在现实的参照下，我们不断地向历史追问，依靠对现实的理解，来理解古人；依靠对历史的理解，来为现实找寻答案。或许，这正是本课题的价值所在。

---

① 王闿运：《湘绮楼日记》，岳麓书社1997年版，第1984页。
② 《叶德辉致缪荃孙（十四）》，顾廷龙整理：《艺风堂友朋书札》，上海古籍出版社1981年版，第543页。
③ 叶德辉：《两知己诗·章太炎》，《书空集》，长沙叶氏观古堂1929年版，第6页。

参考文献

一　叶德辉著作

[1]　叶德辉：《郋园全书》（144种，1—200册），长沙叶氏1935年版。

[2]　叶德辉：《郋园读书志》，上海澹园1928年版。

[3]　叶德辉：《郋园杂辑》，光绪丁未九月长沙叶氏观古堂刊。

[4]　叶德辉：《郋园六十自叙》，长沙叶氏观古堂1923年版。

[5]　叶德辉：《郋园北游文存》，财政部印刷局1921年版。

[6]　叶德辉：《郋园诗文集》，长沙叶氏观古堂1929年版。

[7]　杨树达撰，崔建英整理：《郋园学行记》，《近代史资料》1985年第4期。

[8]　叶德辉：《经学通诰》，湖南教育会1915年版。

[9]　苏舆：《翼教丛编》，上海书店出版社2002年版。

[10]　叶启勋：《拾经楼紬书录》，丁丑（1937）十月叶氏刊。

[11]　叶德辉：《双梅影闇丛书》，丁未长沙叶氏郋园刊。

[12]　叶德辉：《觉迷要录》，长沙思贤书局1905年刊。

[13]　叶德辉：《书林清话·书林余话》，岳麓书社1999年版。

二　相关典籍、史料

[1]　王先谦著，梅季坤点校：《葵园四种》，岳麓书社1986年版。

[2]　征文考献楼主编：《葵园述略》，1948年版。

[3]　郭嵩焘：《郭嵩焘诗文集》，岳麓书社1984年版。

[4]　郭嵩焘：《郭嵩焘日记》，湖南人民出版社1982年版。

[5] 王闿运：《湘绮楼诗文集》，岳麓书社1996年版。

[6] 王闿运：《湘绮楼日记》，岳麓书社1997年版。

[7] 叶昌炽：《缘督庐日记》，江苏古籍出版社2002年版。

[8] 顾廷龙整理：《艺风堂友朋书札》，上海古籍出版社1981年版。

[9] 刘肇隅：《守阙斋诗钞》，出版信息不详。

[10] 刘肇隅：《郋园四部书叙录》，丁卯（1927）长沙叶氏观古堂刊。

[11] 刘肇隅：《郋园刻板书提要》，丁卯（1927）长沙叶氏观古堂刊。

[12] 刘肇隅：《观海堂文钞》，出版信息不详。

[13] 许崇熙：《沧江诗文钞》，出版信息不详。

[14] 符定一：《新学伪经考驳谊》，商务印书馆1937年版。

[15] 蔡传奎：《缦庐遗集》，丁卯（1927）夏月湘潭蔡氏刊于京师。

[16] 湖南文献委员会编：《湖南文献汇编（第一辑）》，1948年版。

[17] 湖南文献委员会编：《湖南文献汇编（第二辑）》，1949年版。

[18] 曾国藩：《曾国藩全集》，岳麓书社1986年版。

[19] 熊希龄：《熊希龄集》，湖南出版社1996年版。

[20] 唐才常：《唐才常集》，中华书局1980年版。

[21] 谭嗣同：《谭嗣同全集》，中华书局1981年版。

[22] 樊锥：《樊锥集》，中华书局1984年版。

[23] 张之洞：《劝学篇》，上海书店出版社2002年版。

[24] 李肖聃：《湘学略》，岳麓书社1985年版。

[25] 钱基博：《近百年湖南学风》，中国人民大学出版社2004年版。

[26] 刘茂华：《近代湘学概论》，《南强旬刊》1938年连载。

[27] 李元度著，易孟醇点校：《国朝先正事略》，岳麓书社1991年版。

[28] 纪昀：《四库全书总目》。

［29］江藩：《国朝汉学师承记》，中华书局 1983 年版。

［30］方东樹：《汉学商兑》，生活·读书·新知三联书店 1998 年版。

［31］陈澧：《东塾读书记》，生活·读书·新知三联书店 1998 年版。

［32］康有为：《新学伪经考》，生活·读书·新知三联书店 1998 年版。

［33］钱穆：《中国近三百年学术史》，商务印书馆 1997 年版。

［34］梁启超：《中国近三百年学术史》，中国书店 1985 年版。

［35］梁启超：《梁启超全集》，北京出版社 1999 年版。

［36］朱一新：《无邪堂答问》，中华书局 2000 年版。

［37］徐世昌：《清儒学案》，中国书店 1990 年版。

［38］章太炎：《国学略说》，上海文艺出版社 2001 年版。

［39］章太炎：《国学概论》，上海古籍出版社 1997 年版。

［40］汤志钧编：《章太炎政论选集》，中华书局 1977 年版。

［41］皮锡瑞：《经学历史》，中华书局 2004 年版。

［42］刘师培：《经学教科书》，上海世纪出版股份公司 2006 年版。

［43］王国维：《静庵文集》，辽宁教育出版社 1997 年版。

［44］中国科学院图书馆整理：《续修四库全书总目提要·经部》，中华书局 1993 年版。

［45］叶启勋：《叶郋园先生年谱》，《南强旬刊》1938 年连载，未完。

［46］皮名振：《皮鹿门年谱》，商务印书馆 1939 年版。

［47］丁文江、赵丰田编：《梁启超年谱长编》，上海人民出版社 1983 年版。

［48］汤志钧编：《章太炎年谱长编》，中华书局 1979 年版。

［49］王代功：《湘绮府君年谱》，沈云龙主编：《近代中国史料丛刊》第 60 辑，台湾文海出版社 1970 年版。

［50］张树年主编：《张元济年谱》，商务印书馆 1991 年版。

［51］金梁：《近世人物志》，沈云龙：《近代中国史料丛刊续辑》，台湾文海出版有限公司 1976 年版。

［52］［日］园田一龟：《新中国人物志》，黄惠泉、刁英华译，良

友图书出版公司 1930 年版。

[53] 李定夷：《民国趣史·遗老像传》，国华书局 1915 年版，江苏广陵古籍出版刻印社 1998 年根据民国本重排。

[54] 吴树梅：《湘辀丛刻》，光绪二十六年版。

[55] 陈三立：《散原精舍文集》，辽宁教育出版社 1998 年版。

[56] 吴庆坻：《蕉廊丛脞》，中华书局 1990 年版。

[57] 张翰仪：《湘雅摭残》，岳麓书社 1988 年版。

[58] 黄濬：《花随人圣庵摭忆》，上海古籍出版社 1983 年版。

[59] 胡思敬：《国闻备乘》，上海书店出版社 1998 年版。

[60] 汪康年：《汪穰卿笔记》，章伯峰、顾亚主编：《近代稗海》第 11 辑，四川人民出版社 1985 年版。

[61] 董康著，傅杰点校：《书舶庸谈》，辽宁教育出版社 1998 年版。

[62] 徐一士：《一士类稿》，辽宁教育出版社 1997 年版。

[63] 左舜生：《万竹楼随笔》，沈云龙主编：《近代中国史料丛刊》第 5 辑，台湾文海出版社 1967 年版。

[64] 王揖唐：《今传是楼诗话》，辽宁教育出版社 2003 年版。

[65] 支伟成：《清代朴学大师列传》，岳麓书社 1998 年版。

[66] 罗继祖：《两启轩笔麈》，上海书店出版社 2000 年版。

[67] 卞孝萱等编：《民国人物碑传集》，团结出版社 1995 年版。

[68] 刘薰宁：《苦笑》，开明书店 1929 年版。

[69] 人间世社编：《人间小品·乙集》，1935 年版。

[70] 章士钊：《章士钊全集》第 12 卷，文汇出版社 2000 年版。

[71] 李肖聃：《星庐随笔》，岳麓书社 1983 年版。

[72] 朱德裳：《三十年闻见录》，岳麓书社 1985 年版。

[73] 杨钧：《草堂之灵》，岳麓书社 1985 年版。

[74] 欧阳哲生编：《胡适文集》，北京大学出版社 1998 年版。

[75] 王森然：《近代名家评传（初集）》，生活·读书·新知三联书店 1998 年版。

[76] 王森然：《近代名家评传（二集）》，生活·读书·新知三联书店 1998 年版。

[77] 张舜微：《清人文集别录》，华中师范大学出版社 2004 年版。

[78] 张舜徽：《爱晚庐随笔》，湖南教育出版社1991年版。

三 旧报纸、杂志

[1]《湘报》：光绪二十四年，第1—94号。
[2]《湘学报》：光绪二十三年至二十四年。
[3]《大公报》：1915年1月1日至1924年12月31日。
[4]《政府公报》：1915年12月。
[5]《长沙日报》：1913年1月1日至1915年12月31日。
[6]《申报》：1913年1月1日至1924年12月1日。
[7]《东方杂志》：1910年至1911年。
[8]《南强旬刊》：民国二十七年，第1—13期。
[9]《甲寅周刊》：1927年1月。
[10]《甲寅》：1915年第5期。

四 当代学者研究著作

[1] 杜迈之、张承宗：《叶德辉评传》，岳麓书社1986年版。
[2] 郑炎：《近代湖湘文化概论》，湖南师范大学出版社1996年版。
[3] 朱汉民：《湘学原道录》，社会科学文献出版社2002年版。
[4] 朱汉民：《湖湘学派史论》，湖南大学出版社2004年版。
[5] 冯象钦、刘欣森主编：《湖南教育史》，岳麓书社2002年版。
[6] 张学军：《湖南教育大事记》，岳麓书社2002年版。
[7] 周秋光：《熊希龄传》，湖南师范大学出版社1996年版。
[8] 许顺富：《湖南绅士与晚清政治变迁》，湖南人民出版社2004年版。
[9] 李玉：《长沙的近代化启动》，湖南教育出版社2000年版。
[10] 尹飞舟：《湖南维新运动研究》，湖南教育出版社1996年版。
[11] 吴仰湘：《通经致用一代师——皮锡瑞生平和思想研究》，岳麓书社2002年版。
[12] 王先明：《近代新学——中国传统学术文化的嬗变与重构》，

商务印书馆 2000 年版。

［13］郑大华：《晚清思想史》，湖南师范大学出版社 2005 年版。

［14］郑大华：《民国思想史论》，社会科学文献出版社 2006 年版。

［15］李帆：《刘师培与中西学术》，北京师范大学出版社 2003 年版。

［16］罗志田：《裂变中的传承——20 世纪前期的中国文化与学术》，中华书局 2003 年版。

［17］罗志田：《权势转移：近代中国的思想、社会与学术》，湖北人民出版社 1999 年版。

［18］杨思信：《文化民族主义与近代中国》，人民出版社 2003 年版。

［19］桑兵：《晚清民国的国学研究》，上海古籍出版社 2001 年版。

［20］李细珠：《晚清保守思想的原型——倭仁研究》，社会科学文献出版社 2004 年版。

［21］丁伟志、陈崧：《中体西用之间》，中国社会科学出版社 1995 年版。

［22］李雪梅：《中国近代藏书文化》，现代出版社 1998 年版。

［23］陈平原：《现代学术的建立——以章太炎、胡适为中心》，北京大学出版社 1998 年版。

［24］陈以爱：《中国现代学术研究机构的兴起》，江西教育出版社 2002 年版。

［25］陈赟：《中国现代性意识的困境》，华东师范大学出版社 2005 年版。

［26］李庆编注：《东瀛遗墨——近代中日文化交流稀见史料辑注》，上海人民出版社 1998 年版。

［27］李庆：《日本汉学史》，上海外语教育出版社 2004 年版。

［28］宇野哲人：《中国文明记》，张学锋译，光明日报出版社 1999 年版。

［29］王尔敏：《晚清政治思想史论》，广西师范大学出版社 2005 年版。

［30］王尔敏：《中国近代思想史论》，社会科学文献出版社 2003 年版。

［31］王尔敏：《中国近代思想史续论》，社会科学文献出版社 2005 年版。

［32］汪荣祖：《从传统中求变——晚清思想史研究》，百花洲文艺出版社 2002 年版。

［33］张朋园：《知识分子与近代中国的现代化》，百花洲文艺出版社 2002 年版。

［34］黄福庆：《近代日本在华文化及社会事业之研究》，台湾"中研院"近代史研究所专刊 1956 年版。

［35］余英时：《现代危机与思想人物》，生活·读书·新知三联书店 2005 年版。

［36］余英时：《文史传统与文化重建》，生活·读书·新知三联书店 2004 年版。

［37］陈弱水、王汎森主编：《思想与学术》，中国大百科全书出版社 2005 年版。

［38］康乐、彭明辉主编：《史学方法与历史解释》，中国大百科全书出版社 2005 年版。

［39］吴雁南：《清代学经学史通论》，云南大学出版社 2001 年版。

［40］周予同：《中国经学史讲义》，上海文艺出版社 1999 年版。

［41］沈玉成、刘宁：《春秋左传学史稿》，江苏古籍出版社 1992 年版。

［42］姜广辉：《中国经学思想史》第 1 卷，中国社会科学出版社 2003 年版。

后　　记

本书是在我博士学位论文《叶德辉思想与学术研究》的基础上修改而成。当它终于有机会与大家见面之时，离我最初接触到叶德辉这个话题已经过去了近十年。昔人云：十年磨一剑。生性鲁钝如我者，虽没能打造出一柄利锋宝剑，却由此对学术研究的艰辛有了深刻的体会。

我对叶德辉的兴趣可谓由来已久，早在21世纪初就信马由缰地写过一些小文章，但真正进行严格意义上的学术研究还是在2004年考入岳麓书院、师从陈先初先生攻读博士学位之后。回想起来，当初抱定要做叶德辉研究的决心，多半是"无知者无畏"的结果。一旦着手后，才认识到自娱自乐的涉猎与专业研究之间的距离有多远。如何超越猎奇的心理、将这个人物转化为博士论文的选题，从哪个方向突破，适合运用什么样的理论框架，有哪些可供参考的史料，等等，所有这些问题犹如一只只拦路虎挡在面前。在这个过程中，先生始终给予耐心细致的指导，从文章架构，到文字表述，都一一为我指点迷津。正是在先生一步步的启发之下，我的思路逐渐清晰，完成了从兴趣到专业研究的蜕变。如果说本书有一星半点值得肯定的地方的话，那么，首先应当归功于先生的辛勤劳动。

能够在岳麓书院这种既古老又现代的教育机构中求学，是人生的幸运。朱汉民院长以其独特的人格魅力将书院打造成名师荟萃之所，为我们营造了良好的学术氛围。在这里，我得到了姜广辉教授、吴仰湘教授、章启辉教授、肖永明教授、龚抗云教授、邓洪波教授、钱永生副教授、杨代春副教授等众多专家、学者的指点与帮助。学位论文外送盲审时，五位评审专家予以了高度评价。至今我不知道他们姓甚名谁，但他们的认真评审、客观公正使我终身难忘。答辩时，各位评议专家如湖南社会科学院的王兴国研究员、王晓天研究员、湖南师范大学历史文化学院的莫志斌教授以及岳麓书院的朱汉民教授、姜广辉教授、章启辉教授、肖永明教授等既充分肯定了我的努力与成效，又以他们的睿智为我指出了进一步完善的方向。通过答辩之后，我又费时两载，将论文进行修改，力求比较完美，以报答各位专家学者的厚爱。

　　五年攻博，我有幸遇到了一大批志趣相投的学友。同门师妹万琼华、刘旺华，师弟龚鹏、谭凯，学友刘平、殷慧，老师兼同学谢丰等人既是我生活中的好朋友，也是我治学过程中的伙伴。几年来，我们共同组织、参加了无数次的学术讨论，奇文共赏，疑义相析，相互切磋。他们求知的热情感染了我。师弟张天杰为我校读了"绪论"部分，纠正了不少错别字。

　　我所在的工作单位湖南师范大学历史文化学院是一所充满着人文关怀的学院。在这里，老一辈的专家如李长林教授、范忠诚教授对晚生后学关爱有加。李老先生多次询问我的学业，并为我提供资料信息。国家重点学科"中国近现代史"的学科带头人李育民教授、院长莫志斌教授等对我的工作、学习都给予了帮助。重点学科资料室的单年芬女士、历史系资料室的赵文石女士为我使用资料提供了很多便利。湖南师范大学的特聘教授、芙蓉学者郑大华教授多次拨冗听我阐述自己的研究思路以及基本看法，纠正我的偏颇之处，为我提供了有益的参考。

　　在研究叶德辉的过程中，也结识了一些朋友。北京友谊出版公司的王逸明先生长期搜集叶德辉的文献，不但向我馈赠了他编纂的《叶德辉集》，还无私地将其颇费周折才搜集到的《叶郋园先生追悼录》与我分享。和我仅有一面之缘的日本京都大学人文科学研究所的岛田美和女士，为我从京都大学翻拍《斯文》杂志中的相关文章。原岳麓书社社长夏剑钦先生也不时为我提供资料。拙著同样凝聚着他们的心血。

　　家人的无私奉献是我前行的动力。外子朱发建先生是我的同行，也是我的同事。在我求学的几年期间，他不仅承担了大部分家务活、分担了我部分工作压力，使我能够集中精力去做论文，而且对我的论文写作本身提供了众多帮助。我治学偏实证、重细节，而相对忽略逻辑思维与总体概括；发建则经常以其理性思维予以针砭，使我的论文多多少少朝"思想性"方向有所前进。无论是在我兴致勃发之时，还是在我消极颓唐之际，他都一如既往地予以支持与鼓励，不曾丧失对我的信心。没有他的付出，这篇学位论文可能难以完成。我的女儿朱丽雅能够自觉、自强、自立，从懵懂儿童成长为一名优秀的中学生，使我免除了后顾之忧。

本书的出版得到了湖南师范大学博士出版资金的资助，同时，还获得了湖南省第十五届优秀社会科学学术著作出版资助。感谢各位不知名的评委，他们对拙稿的充分肯定使我备受鼓舞。

最后，要感谢中国社会科学出版社的编审郭沂纹女士。是她的努力推动与辛勤劳动，才使本书得以面世。

再一次地感谢大家！

张晶萍
2011年2月写于长沙